Pablo Brañas Garza es catedrático de fundamentos del análisis económico en la Universidad de Granada y director del Granada Lab of Behavioral Economics (GLOBE).

T0350954

Economía experimental y del comportamiento

Economía experimental y del comportamiento

Pablo Brañas Garza, coordinador

Universidad de Granada

Antoni Bosch editor

Antoni Bosch editor, S.A.
Palafolls 28, 08017 Barcelona España
Tel. (+34) 93 206 07 30
info@antonibosch.com
www.antonibosch.com

© 2011 de la edición en español: Antoni Bosch editor, S.A.
© de la fotografía de la cubierta: Michael Blan/Stone+/Getty Images

ISBN: 978-84-95348-75-3
Depósito legal: B-24973-2011

Diseño de la cubierta: Compañía
Fotocomposición: Impderedigit
Corrección: Andreu Navarro
Impresión: Novoprint

Impreso en España
Printed in Spain

Contenido

Prefacio

Amparo Urbano
ERI-CES y Universitat de València

La economía experimental y la economía

Según Vernon Smith, premio Nobel de Economía 2002, *"La economía experimental aplica métodos de laboratorio para estudiar las interacciones de los seres humanos en los contextos sociales gobernados por reglas explícitas o implícitas"*. Las reglas explícitas pueden definirse por secuencias controladas por el experimentador y por la información sobre los sucesos que ocurren en la situación estratégica bajo análisis, entre *n* personas con pagos definidos (en el Capítulo 1 estas reglas se presentarán con todo detalle). Las reglas implícitas son normas, tradiciones y hábitos que las personas traen consigo al laboratorio como parte de su herencia evolutiva, cultural y biológica y, por tanto, no son controladas por el experimentador.

La economía experimental ha realizado su transición de "asunto" practicado por un grupo de especialistas a herramienta del análisis económico, lo bastante familiar para usarla sin comentario adicional, al igual que lo hicieron en su día la teoría de juegos, la economía matemática y la econometría. Aunque en sus inicios muchos economistas los veían con bastante escepticismo, los experimentos son, hoy en día, un lugar común. Esta transición ha dado lugar a cambios, tanto en la manera en que los economistas ven los métodos experimentales como en los propios métodos experimentales.

A pesar de los logros obtenidos por la economía experimental, a ésta aún le queda, al menos, un reto por resolver al que no es ajena la teoría económica. Así, aunque la integración de la economía experimental en la economía es un hecho, una de las cuestiones que aún no se han resuelto es cómo combinar la investigación en teoría económica y en economía experimental; es decir, cómo llevar a cabo una contribución mutua tal que ambas investigaciones salgan reforzadas. Algunos economistas proponen ir pensando en posibles experimentos cuando se desarrolla la teoría económica y pensar en la teoría cuando se llevan a cabo experimentos.

A este respecto, en lugar de preguntarse si la teoría económica describe el comportamiento humano de manera acertada, y debatir sobre cómo medir e interpretar las posibles discrepancias entre los resultados experimentales y los teóricos, resultaría de mayor utilidad investigar si la teoría recoge los elementos importantes que modelan el comportamiento humano (véase el Capítulo 6 sobre las preferencias sociales). Desde este punto de vista, el énfasis se desplaza desde la predicción teórica a la estática comparativa. Por ejemplo, un comportamiento experimental que consistentemente respondiera a cambios en las tasas de descuento, como predice la teoría de la negociación, nos convencería de que la teoría ha identificado el papel relevante que desempeña la impaciencia en el comportamiento humano, incluso si la teoría no es suficientemente completa para recoger cada aspecto de dicho comportamiento. Sin embargo, y dado que el grueso de la evidencia experimental sugiere que las sencillas teorías de la negociación dejan algunos aspectos del comportamiento humano sin explicar (véase el Capítulo 8 sobre la negociación), sería de gran utilidad que los experimentos también sugirieran cómo construir un método más preciso de evaluación del comportamiento humano.

Cuando los resultados experimentales no corroboran las teorías subyacentes, una reacción común, desde la vertiente teórica, es afirmar que la sencillez de los modelos teóricos no puede recoger todos los aspectos del complejo comportamiento humano. Pero estas afirmaciones olvidan una cuestión fundamental: uno de los propósitos de cualquier teoría es elegir, con criterio, qué consideraciones dejar fuera del modelo. El que existan circunstancias en las que la teoría no predice correctamente el comportamiento humano no es una razón para rechazarla. Un ejemplo de ello son los modelos que se desarrollaron para incorporar las consideraciones de "justicia" observadas en los experimentos sobre negociación (véase el Capítulo 6). Estos modelos, aunque incompletos, tienen la virtud de que sus predicciones son claras y pueden extenderse fácilmente a situaciones nuevas, confirmando que, en una amplia variedad de circunstancias, predicen el comportamiento mejor que los modelos estándar. Esta metodología conjunta es la que se necesita para progresar, y es la que debería potenciarse para combinar de manera efectiva la teoría y los experimentos. ¿Cómo lograrlo?

La teoría económica construye modelos del "mundo real" representados mediante funciones que proporcionan información sobre la situación que analizar. El entorno genera situaciones que dichas funciones transforman en resultados. La teoría es una herramienta para entender estas funciones transformadoras. Desafortunadamente, dichas funciones son demasiado complicadas para trabajar directamente con ellas. De la misma manera, un experimento asocia un resultado con un input: es un modelo de una situación, exactamente igual que una teoría.

El resultado de un experimento es, asimismo, un modelo. Por tanto, la combinación de teoría y trabajo experimental podría producir herramientas fáciles de utilizar, pero con la suficiente información sobre la función transformadora para que ésta resulte de utilidad.

Una manera de juzgar dicha utilidad podría basarse en la habilidad de predecir. Sin embargo, supóngase que se tiene tanto una teoría como un experimento sobre un determinado comportamiento económico, con diferentes predicciones. Las preguntas relevantes son: ¿Cómo combinar ambos para dar lugar a una predicción conjunta más precisa? ¿Cómo usar los experimentos para diseñar una nueva teoría económica?

Los experimentos pueden llenar el vacío que deja la teoría cuando no es informativa o es demasiado complicada para ser útil. Por ejemplo, el papel ejercido por los economistas en el diseño de las subastas de la *Federal Communications Commission* (FCC) de Estados Unidos evidenció la utilidad de la teoría económica. Sin embargo, antes de llevarse a cabo las subastas, la FCC financió varios experimentos para explorar sus propiedades (véase el Capítulo 12 para el análisis de los sistemas económicos). Estos experimentos tuvieron un papel importante en el perfeccionamiento del procedimiento de subastas concebido a partir de argumentos teóricos.

Hay que constatar que una parte del trabajo experimental se ha centrado en identificar las imprecisiones de la teoría económica. Por ejemplo, el modelo económico estándar de comportamiento individual es el que supone que los individuos maximizan su utilidad esperada. Sin embargo, amplia evidencia experimental sugiere que la gente no siempre se comporta de esta manera (el Capítulo 2 ofrece una panorámica sobre la toma de decisiones individuales). No obstante, uno de los obstáculos para una completa integración de la teoría económica y los experimentos es que no se tiene una idea clara de lo que hace "buena" una teoría. Existe una amplia evidencia de las "deficiencias" de la teoría de la utilidad esperada, así como una amplia colección de modelos alternativos (véase nuevamente el Capítulo 2) que tampoco salen siempre airosos en las comprobaciones experimentales. Si el objetivo de una teoría no es su realismo, sino su utilidad, entonces una de las dificultades de la teoría económica es que hay poco consenso sobre lo que hace que una teoría sea útil, aparte de su uso continuado. Lo anterior representa un reto al menos en dos aspectos: los teóricos necesitan ser más explícitos en sus teorías y en sus respuestas a los experimentos, y los experimentalistas, cuando interpretan resultados que corroboran teorías existentes, necesitan evaluar no sólo el incremento potencial de precisión de la teoría, sino también la creciente complejidad de la misma.

¿Cómo puede contribuir la teoría económica a la economía experimental? Primero, puede llenar el vacío resultante cuando los experimentos no son suficientemente informativos (a un coste razonable) para ser útiles. Segundo, la teoría económica puede ser útil para evaluar la validez de los experimentos. Los modelos teóricos del comportamiento pueden proporcionar una mayor comprensión de las relaciones entre los resultados experimentales y los aspectos no controlados de la situación experimental (validez externa), así como de la relación entre el entorno experimental y el comportamiento observado (validez interna).

En definitiva, la teoría económica y los experimentos económicos pueden combinarse para progresar fructíferamente en el conocimiento del mundo real y, de esta manera, evitar comentarios cruzados del tipo: "*Los resultados experimentales parecen contradecir la teoría, pero no se dispone de un método que mida la discrepancia entre ellos....*", "*... sin embargo, sospecho que los sujetos experimentales perciben realmente un protocolo experimental diferente bajo el que su comportamiento sería consistente con la teoría*", "*pero la teoría es una aproximación que no se puede esperar que se cumpla en cada situación, y el descubrimiento de esta excepción no nos dice nada sobre la teoría en otras aplicaciones*".

Muy al contrario, sólo cuando la teoría económica y la economía experimental vayan de la mano se progresará realmente en nuestro conocimiento del mundo real. Este es un reto apasionante en el que tanto teóricos como experimentalistas debemos involucrarnos.

A modo de conclusión

El éxito de la economía experimental es un hecho incuestionable. Los experimentos son, hoy en día, un lugar común en economía y pueden protegernos de intuiciones erróneas. No obstante, sería conveniente replicarlos en distintos contextos y lugares para evitar conclusiones precipitadas, por más que nuestra profesión no valore la replicación, sino los experimentos originales.

La investigación en economía experimental está firmemente asentada en el mundo académico y en continua expansión. En particular, esto es así en España, como puede observarse en la Figura 1. A este respecto, es importante destacar que la investigación en economía experimental se ha desarrollado con una clara vocación internacional, multidisciplinar, y con una capacidad extraordinaria de atracción. Esta atracción ha sido especialmente importante para los teóricos de juegos, que han encontrado en la economía experimental un campo natural para poner a prueba sus hipótesis y/o conjeturas. Dicha interacción ha sido importante para progresar en nuestro conocimiento del mundo real y debería continuar reforzándose en el futuro.

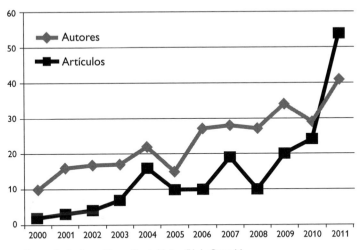

Fuente: Realizado por Teresa García-Muñoz (U. de Granada).
Los datos de autores y publicaciones no son acumulados sino anuales.

Figura 1. Investigadores y publicaciones en España.

El presente libro nace con la ilusión de iniciar al lector en la metodología experimental y en su aplicación al estudio económico del comportamiento, de los mercados y, más en general, de las instituciones y, así, potenciar vocaciones futuras que nos permitirán seguir avanzando en nuestra comprensión de la realidad.

AGRADECIMIENTOS

No puedo resistirme a la tentación de decir "*gracias a todos por haber colaborado*", que suena un poco a lo de siempre. Sin embargo, esta vez es así. Este libro ha sido un gran esfuerzo colectivo que reúne investigadores de Alicante, Barcelona, Bilbao, Bogotá, Calgary, Castellón, Davis (California), Düsseldorf, Granada, Guatemala, Madrid, Los Ángeles, Málaga, Milán, Norwich, Orange (California), Oxford, Roma, San José, Valencia.

Además, podemos decir que en este libro "están (casi) todos los que son" – ¡han faltado pocos!– y, sin duda alguna, que "son todos los que están". Como diría mi amigo Nikos (al que le doy las gracias ahora mismo por su aporte de vitalidad), en este libro hay muchos *American Economic Review, Econometrica, Games & Economic Behavior, Journal of Political Economy, Quarterly Journal of Economics*, etc…, incluso hay *Science, PLoS ONE* y *PNAS*.

Por cuestiones de espacio no puedo agradecer a cada persona en particular su apoyo en este proyecto. Mis "gracias" van dirigidas a todos los que han colaborado: ¡tenemos un libro espectacular! No obstante, voy a hacer algunas excepciones. Primero quiero agradecer a Antoni Bosch (Universitat Pompeu Fabra), que ha revisado y trabajado cada uno de los capítulos de este libro. Uno por uno. Su labor ha sido esencial. Vaya también todo mi agradecimiento para Iván Barreda y Marina Pavan (Universitat Jaume I), que han elaborado todo el material del profesor, realizando un trabajo de una calidad espectacular. Antonis Proestakis (¿Universidad de Granada o Creta?) ha revisado todos los detalles bibliográficos: Ευχαριστώ. No olvido a mi editora preferida, Circe, que estaba ahí detrás dando las coordenadas.

Tampoco quiero dejarme en el tintero a los que desde el principio dijeron "adelante". María Paz Espinosa (Universidad del País Vasco), Rosemarie Nagel (Universitat Pompeu Fabra), Praveen Kujal (Universidad Carlos III) y Giovanni Ponti (LUISS y Universidad de Alicante). Son los que siempre dicen adelante. Amparo Urbano (Universitat de València) y Alejandro Lorca (Universidad Autónoma de Madrid) también han sido muy importantes.

A Alfonso Sánchez (Universidad Pablo de Olavide), que soportó mi elevado nivel de estrés cuando se gestaba el proyecto a lo largo de la segunda mitad del año 2010. Y a mis compañeros (incluyendo a Aurora GG) del Departamento de Teoría e Historia Económica de la Universidad de Granada, que me aguantaron el resto del tiempo (antes y después).

A Vicky Ateca (Universidad del País Vasco) y Coralio Ballester (Universidad de Alicante) por estar ahí ¡desde hace veinte años!

Todos mis alumnos de doctorado (oficiales, ad hoc, graduados o ...) me han enseñado muchas cosas y me han ayudado a crecer: Ramón, Natalia, Luismi, Patricia, Máximo, Segun, Antonis, Filippos, Espín, Marisa y Levent. ¡Gracias!

Como puede que el siguiente libro tarde mucho, he pensado que mejor se lo voy a dedicar a mis padres. A mi mujer, María, le agradezco la enorme paciencia y respeto que tiene con mi trabajo (os puedo asegurar que esto no es lo normal en el mundo académico). Este año se ha superado y ha sido todavía más paciente y respetuosa con mis ausencias, horarios, etc. A mis tres hijas, Paula, Marta y Ana, también les he robado tiempo este año y también les doy las gracias por todos los gritos que pegan, por sus risas y sus energías.

Pablo Brañas Garza

Granada, 12 de mayo de 2011

A mis padres

PRIMERA PARTE
INTRODUCCIÓN

1. Experimentos en economía

Pablo Brañas Garza
GLOBE: Universidad de Granada

Iván Barreda Tarrazona
LEE y Universitat Jaume I, Castellón

*"Una forma posible de descubrir leyes económicas... Es por medio de **experimentos controlados**... Los economistas [desafortunadamente]... no pueden realizar experimentos controlados como los químicos o los biólogos, porque no pueden controlar fácilmente los factores importantes. Como los astrónomos o los meteorólogos se deben contentar generalmente con observar."* (Samuelson y Nordhaus, 1985)

Introducción

La economía no era considerada en general una ciencia experimental hasta fechas bastante recientes. Sin embargo, en los últimos años la investigación experimental ha venido aumentando de modo importante y sostenido. Actualmente, la mayoría de los economistas aceptan que una teoría cuyas predicciones no reciban apoyo alguno en el laboratorio merece ser al menos reconsiderada. El laboratorio nos permite situar a decisores humanos en una situación análoga a la que dicha teoría describe y ver cómo se comportan.

La consolidación de la rama experimental dentro de la economía se vio respaldada con el Premio Nobel concedido en 2002 a Vernon Smith, el padre de los experimentos económicos sobre mercados. En paralelo, se ha producido una intensificación en la publicación de artículos experimentales en las más prestigiosas revistas científicas de economía. Esto viene a indicar que los experimentos se consolidan como otra herramienta válida de la profesión. Con todo ello podríamos decir que la economía experimental se encuentra en la actualidad en una época dorada.

Este primer capítulo introductorio del libro se articula en tres bloques. El primero se dedica a hacer un breve recorrido por los inicios y algunos hitos fundamentales de la economía experimental y la economía del comportamiento. El segundo explica al lector cómo se realiza un experimento a través de unas nociones básicas; asimismo, se le da una serie de indicaciones acerca de los errores que no debe cometer si decide animarse a realizar un experimento. La tercera parte presenta sucintamente los distintos capítulos del libro agrupándolos bajo varias temáticas.

*"Los economistas son criticados a veces por el hecho de que la economía no es una ciencia. El comportamiento humano, dicen, no puede ser analizado con la misma objetividad que el de los átomos y las partículas... Más aún, no hay **laboratorio** en el cual los economistas puedan poner a prueba sus hipótesis."* [1] (The Encyclopedia Britannica, 1991)

Una panorámica de la economía experimental y la economía del comportamiento

La *economía experimental* no es nueva. Podemos remontar sus orígenes al menos al estudio de Daniel Bernoulli en 1783 (edición de 1954) acerca de la famosa Paradoja de San Petersburgo. Si se ofrece a un jugador ganar una cantidad de dos euros si sale cara (en el primer lanzamiento de una moneda) y seguir lanzando si sale cruz, pero doblando la cantidad en juego a cada tirada, ¿cuánto debería pagar por participar en esa lotería? La esperanza matemática del juego es igual a infinito, lo cual sugiere que el jugador debería estar dispuesto a pagar cualquier cantidad con tal de poder participar.

Para poner a prueba esta hipótesis, Bernoulli consulta entre las personas de su entorno. De dicho sondeo concluye que la mayoría de la gente no está dispuesta a pagar ni siquiera cantidades bastante pequeñas por participar. Este experimento tan simple fue el primero en llamar la atención sobre la divergencia entre cómo se comportan los humanos en sus decisiones económicas y cómo se espera que se comporten de acuerdo con alguna teoría. El caso que nos ocupa venía a reflejar que el mero cálculo de la esperanza matemática de un problema no tiene por qué predecir el comportamiento de las personas. Esta evidencia, por tanto, indicó que había que modificar y mejorar la teoría para explicar este fenómeno. Esta retroalimentación entre teoría y experimentos es la que ha llevado a muchas ciencias a mejorar de manera sustancial y es la que deberíamos aspirar a conseguir los economistas.

Siguiendo dentro de la línea de la toma de decisiones individuales, los experimentos de Thurstone (1931) fueron los primeros en explorar las preferencias sobre distintos bienes, sombreros, zapatos y abrigos, tratando de construir autén-

---

[1] La traducción no es literal.

ticas curvas de indiferencia. En 1942, Wallis y Friedman criticarían este experimento por el carácter hipotético de las decisiones. Este es el principio de un largo debate acerca de la validez de las decisiones bajo motivación hipotética o real, que ha venido separando la psicología experimental de la economía experimental hasta nuestros días.

En 1944, Von Neumann y Morgenstern realizaron una aportación teórica fundamental en el análisis de las decisiones individuales. Su teoría de la utilidad esperada servía para aplicarse a problemas del estilo del de Bernoulli y trataba de explicar las decisiones bajo riesgo e incertidumbre. Sus ideas tuvieron gran impacto en la teoría de juegos y en la economía experimental. En 1953, Allais inició la exploración sistemática de las violaciones de la teoría de la utilidad esperada. En su famosa paradoja iba reformulando un problema y observaba incoherencias entre las decisiones originales y las adoptadas con una formulación equivalente del mismo problema.

En épocas más recientes, otras teorías como la prospectiva de Kahneman y Tversky (1979) y la teoría de la utilidad esperada generalizada de Quiggin (1993) han tratado de superar el modelo de utilidad esperada.

Hoy en día, gracias a la evidencia experimental, se admite que los humanos no son neutrales al riesgo, ni siquiera ante ganancias pequeñas, y que existe asimetría entre una situación en la que un individuo se expone a pérdidas y una en la que puede conseguir ganancias; además, cada individuo suele interpretar de modo distinto las mismas probabilidades.

El análisis de modelos de la teoría de juegos en el laboratorio es otra línea de estudio importante en la disciplina. Existen cientos de artículos experimentales en los que se estudian problemas de interacción estratégica entre varios jugadores. Un ejemplo paradigmático es el "dilema de los presos", en el que se recoge una situación en la que actuar de manera egoísta lleva a los implicados a un resultado peor (para ambos) que si hubieran cooperado. El germen de este juego lo encontramos en el estudio para la corporación RAND en 1950 de Desden y Flood,[2] en el que los sujetos participantes en el experimento –donde repetían 100 veces el juego– cooperaron con mayor frecuencia de lo predicho por la teoría. Variaciones del dilema de los presos bajo distintos sistemas de ganancias, condiciones de información, comunicación, repeticiones, etc., pueblan la literatura experimental.

Otros experimentos pioneros, como los de Kalisch, Milnor, Nash, y Nering en

---

[2] Publicados en Flood (1958).

1954, que exploraban situaciones con múltiples jugadores, influyeron de modo importante en el diseño posterior de experimentos. Los trabajos de laboratorio de Schelling (1957) con juegos de coordinación también sirvieron de llamada de atención hacia ciertos parámetros del diseño que podían generar efectos no controlados (a priori) por el experimentalista. De todo esto hemos aprendido que seguir una metodología rigurosa en el laboratorio es fundamental para cualquier ciencia experimental. El proceso de análisis y revisión de los métodos empleados es continuo y marca lo que es deseable y lo que no lo es en la práctica experimental.

El análisis de los mercados fue otra área de investigación en la que tanto la teoría de juegos como la economía experimental encontraron un excelente campo de aplicación. En 1948, un profesor de Harvard, Edward H. Chamberlin, tuvo la idea de estudiar los mercados de manera experimental. Recurriendo para ello a estudiantes que podían vender unos productos ficticios en el mercado mientras que otros los compraban, quería observar si se cumplía la predicción de que los mercados se equilibran. Su mercado –en el que los estudiantes iban y venían negociando entre los pupitres hasta que se acababa el tiempo fijado– arrojó un resultado bastante preocupante: se vendía una cantidad notablemente mayor de la predicha y los precios no convergían al equilibrio (véase el Capítulo 10).

El impacto de este trabajo en el mundo académico no vino de su publicación –Chamberlin (1948)–, sino de que uno de los participantes de este experimento no quedó convencido de la interpretación (ni tampoco del diseño experimental) que su profesor había hecho. Quince años más tarde, este estudiante, llamado Vernon Smith, publicó dos trabajos –Smith (1962, 1964)– donde mostraba que, cuando la información acerca de las ofertas y demandas (de vendedores y compradores) era pública y existía repetición del mercado, los precios y las cantidades sí convergían rápidamente al equilibrio. Por este trabajo pionero y su continuación, Smith recibió el Premio Nobel de Economía en 2002.

Otra parte del desarrollo de la economía experimental llegó de la mano de la psicología de los años cincuenta y sesenta. A partir del ya mencionado dilema de los presos comenzó a desarrollarse una literatura fecunda sobre la capacidad de la gente para jugar en entornos estratégicos y para calcular el equilibrio de Nash.[3] Simultáneamente, desde dentro de la disciplina de la economía, también se comenzaba a aplicar conceptos de teoría de juegos a mercados no competitivos. De

---

[3] En un equilibrio de Nash (1950) cada jugador está haciendo lo mejor que puede desarrollar dado lo que están efectuando los demás jugadores (que a su vez es lo mejor para ellos). Puesto que ningún jugador tiene incentivos para desviarse unilateralmente, el equilibro se convierte en una situación estable. El lector no familiarizado con la teoría de juegos debe acudir al Capítulo 3 para profundizar en estos conceptos.

entre estos trabajos destaca el primer experimento sobre oligopolios (Sauermann y Selten, 1959) realizado en Europa por el alemán Reinhard Selten, que acabaría siendo premio Nobel de Economía en 1994 junto con el propio Nash y Harsanyi.

En 1960, Siegel y Fouraker investigaron la cooperación en el oligopolio y trataron de controlar diversos aspectos metodológicos como el anonimato o la motivación monetaria, que se han convertido, junto con la regla de no mentir a los sujetos, en sellos distintivos de la economía experimental y que han sobrevivido hasta nuestros días.[4]

De manera paralela a la economía experimental fue surgiendo la *economía del comportamiento*.[5] Ambas disciplinas están enormemente relacionadas aunque siendo estrictos no son en absoluto iguales. La economía experimental no deja de ser una herramienta (una metodología de trabajo) mientras que la segunda es una disciplina que tiene como objetivo el desarrollo de modelos teóricos sobre el comportamiento humano. Modelos que incorporen resultados obtenidos en la investigación empírica de ciencias "vecinas" (como las definen Camerer y Weber, 2006): psicología, sociología y antropología. Se trata de informar a la economía de lo que otras disciplinas ya han aprendido y, como dicen Binmore y Shaked (2010), esta corriente no es nueva, sino que ya la venía reclamando Selten desde 1978.

Los experimentos en estas disciplinas vecinas ya habían puesto de manifiesto las limitaciones de los humanos para calcular (racionalidad limitada o *bounded rationality*), su falta de fuerza de voluntad para enfrentarse a las tareas prioritarias (dilación), y que sencillamente los sujetos no buscan siempre lo mejor para ellos, es decir, no maximizan (véanse Camerer y Lowenstein, 2003; Weber y Daves, 2005). Como bien resume Brandts (2009), se trata simplemente de entender cómo funciona la gente "normal".

Hay al menos tres temas de investigación que se han desarrollado dentro de la economía del comportamiento. El primer tema es el bienestar relativo, es decir, si el bienestar de otros individuos influye en nuestro propio nivel de bienestar. Los resultados de múltiples experimentos, por ejemplo con el *juego del dictador* y del *ultimátum* (véase el Capítulo 3), muestran cómo un porcentaje no despreciable de personas es muy generoso: renuncian a una parte significativa de sus ganancias para beneficiar a los otros jugadores.

---

[4] No obstante, como ya hemos comentado, el proceso de revisión de los métodos es constante y existen visiones avanzadas de la disciplina que ponen en cuestión la adopción ciega de las reglas tradicionales. Véase para una elaborada crítica Bardsley *et ál.* (2010).

[5] Un libro muy recomendable es *Advances in Behavioral Economics* de Camerer *et ál.* (2003).

Otros ejemplos, como el *juego de la confianza* (véase el Capítulo 3), muestran que la gente también confía en los demás y que además es recíproca: se portan bien con quienes se portan bien con ellos. El trabajo de Charness y Dufwenberg (2006) es un buen ejemplo de modelización que incorpora aspectos sociales en la toma de decisiones.[6]

El segundo tema de interés de la economía del comportamiento son los sesgos en las preferencias. Un ejemplo clave lo tenemos en las preferencias dinámicas: presente frente a futuro. El influyente trabajo de Laibson (1997) ha hecho reflexionar sobre cómo la gente toma decisiones intertemporales. La miopía de las personas ante el futuro nos hace pensar si cuestiones vitales para la economía, como el ahorro o la planificación de las pensiones, se pueden dejar "alegremente" en manos de la gente, incapaz de hacer buenas planificaciones. También hay otros sesgos en el comportamiento (como la aversión al riesgo y a las pérdidas o el exceso de optimismo) que pueden tener consecuencias dramáticas en los mercados financieros.[7]

Muy conectado con lo anterior, tenemos el tercer tema de interés, que hace referencia a cómo razona y aprende la gente. La evidencia obtenida en el laboratorio nos indica que la gente no responde de manera inmediata como suponen los modelos de teoría de juegos, sino que necesitan algo más de tiempo. Por ejemplo, los modelos de niveles *k* de razonamiento indican que la mayoría de la gente no piensa que su rival sea igual de estratégico que ellos, sino que más bien "se consideran más listos" que los otros (véase Nagel, 1995). El aprendizaje (o cómo la gente adapta sus decisiones a nueva información) ha sido un tema muy importante en economía.

Básicamente hay dos tipos de modelos, los de "creencias" suponen que la gente las van actualizando a partir de lo que observan hacer a los demás. Es decir, no tienen por qué cambiar sus decisiones, aunque les reportaran una mayor ganancia, si no lo hacen los demás. Por el contrario, los modelos de "refuerzo" consideran que la gente reacciona según las ganancias y, por tanto, da mayor valor a aquellas estrategias que en el pasado proporcionaron una mayor ganancia (Rey Biel, 2008, hace una revisión de este tema).

Como hemos visto a lo largo de esta panorámica, muchos investigadores de áreas distintas a la economía contribuyeron en gran medida a los avances iniciales

---

[6] Brañas Garza y Jiménez (2009) presentan una introducción (en castellano) a este tipo de modelos teóricos.

[7] Véase De Bondt y Thaler (1995) para una buena revisión de los sesgos en la toma de decisiones financieras.

de la economía experimental. Actualmente estamos cerrando el círculo y la economía experimental vuelve a desbordar las barreras de la disciplina económica para mezclarse con la psicología, la antropología y la neurociencia.

La realidad es que la economía experimental se expande con velocidad (y facilidad). A lo largo del libro, el lector podrá comprobar cómo la metodología experimental ha entrado en campos como las finanzas, la macroeconomía y la ciencia política. Más aún, gracias a la experimentación y la interacción de los economistas experimentales con los neurocientíficos ha aparecido una nueva disciplina económica: la neuroeconomía (Camerer *et ál.*, 2005). Caminos muy parecidos han seguido los estudios experimentales que combinan juegos económicos con antropología (véase Henrich *et ál.*, 2001). La adopción de la metodología experimental ha supuesto, por tanto, también una puerta abierta a la interdisciplinariedad de las investigaciones sobre temas económicos.

¿Cómo se hace un experimento?

Un experimento económico tiene como objetivo el análisis de un problema en condiciones de laboratorio. Es decir, se pretende generar, en un entorno controlado, la situación económica que se desea analizar para, posteriormente, poder realizar variantes de la misma y compararlas.

Pensemos en los museos británicos que tienen por costumbre "no cobrar" a los visitantes, sino dejar, al final de la visita, que los visitantes donen dinero en una urna. La idea de dejar que la gente pague libremente el precio que desea pagar por visitar un museo parece descabellada pero, sin embargo, puede tener enormes ventajas: nos ahorramos los costes de controlar la entrada (tickets, máquinas expendedoras, personal, etc.); permitimos que gente que no pueda pagar no quede excluida; e incluso aquellos ciudadanos que queden encantados y que tengan una gran disponibilidad a pagar puedan hacerlo y donar, por ejemplo, ¡1.000 euros! Todo esto no sería posible con precios fijos, que se cobran en la entrada del museo.

Alpízar, con la ayuda de dos investigadores suecos, realizó en 2008 una serie de experimentos en parques naturales de Costa Rica. Allí, como en los museos británicos, tampoco se paga una cantidad por entrar, sino que se dispone de una urna donde se dona una cantidad libremente.[8] Pero, a diferencia de los museos británicos, la donación es a la entrada.

---

[8] Esto no es general en todos los parques. En muchos de ellos sí se paga. De hecho, en algunos experimentos de Alpízar *et ál.* lo que se permite es una donación "además" de la entrada.

En dicho entorno han realizado experimentos en los que se han ido variando ciertos elementos. En una semana concreta, y en diversos parques naturales, ofrecieron un mapa del parque gratis a la entrada. Tomando las observaciones de donaciones de esa semana en dichos parques y otras semanas del mismo parque en las que no se había regalado nada (control), estudiaron el efecto del "regalo". Aun descontando el coste del propio mapa, encontraron que los beneficios eran mucho mayores, es decir, los visitantes eran agradecidos (recíprocos),[9] y respondían al regalo con mayores donaciones. Hicieron otros experimentos más, como dejar "solo" al donante a la hora de hacer el ingreso en la urna (con una pantalla), o ponerlo en "medio de la familia". También consideraron otros cambios, como que la donación se hiciera a la entrada o a la salida, etc.

Como nos dice el propio Alpízar cuando le preguntamos por este tema:

"Cuanto más pública sea la donación, mejor; la reciprocidad en general no es demasiado alta y, a veces, no compensa los costes; la heterogeneidad entre sujetos es enorme: los eco-turistas donan mucho más dinero que los de sol y playa".

Nótese que dichos experimentos son reales. Es decir, turistas reales estuvieron participando en un "gran" experimento de campo sin saber que lo estaban haciendo. Este experimento es, además, importante por otra razón: sirvió para hacer recomendaciones de política económico-turística. Los experimentos pueden servir también para implementar medidas de política económica a pequeña escala controlada, antes de aplicarlas en un país.

Como aconseja Hey (1991), es fundamental tener en cuenta cuatro cuestiones básicas para realizar un experimento.

- La primera es que los participantes, en el laboratorio o en el *campo*, se enfrenten a un problema concreto (donar dinero en este caso);

- lo segundo es que el diseño sea tan limpio y claro como para que nos enseñe algo (por ejemplo, donaciones con y sin "gente mirando");

- tercero, evitar cualquier tipo de ruido o efecto no controlado (por ejemplo, mezclar regalos con intimidad en la donación o hacer cada tratamiento en distintos parques y semanas diferentes);[10]

---

[9] Véase Rabin (1993).

[10] Un típico fallo que aparece en los estudios que comparan dos técnicas médico-quirúrgicas en dos hospitales distintos. Al final el investigador no es capaz de discernir si la diferencia se debe a los profesionales, al entorno, a la tecnología o a la técnica en sí misma.

- finalmente, proporcionar los incentivos apropiados para que los participantes tomen la decisión que más les convenga y así poder aprender de sus decisiones.

Hay una serie de reglas metodológicas que todo experimento debe respetar.[11] Estos "10 mandamientos" son esenciales a la hora de diseñar un experimento. Es muy importante tener en cuenta que hacer chequeos al final del experimento no tiene sentido, pues ya ningún error tiene remedio. También debemos mantener siempre en mente el tipo de análisis de datos que vamos a realizar después, para así recoger no sólo los datos en el formato adecuado, sino en la cantidad deseable: datos de todos los tipos en número suficiente.

Recordemos de nuevo que, si se nos olvidó controlar algo importante, sería muy costoso volver a traer a los participantes al laboratorio para conseguir los datos que faltan. Los 10 puntos críticos que debemos tener bien diseñados desde el principio son los siguientes:

1. Los tratamientos. Un experimento se compone de distintos tratamientos. Estableceremos una serie de instrucciones, incentivos, reglas, etc., comunes a todos ellos y tan sólo realizaremos una *única* variación entre cada par de tratamientos. Por regla general, al tratamiento básico se le llama "control" y se usa como referencia. Nunca se deben cambiar dos cosas a la vez entre tratamientos. Eso sería un error fatal. No sabríamos a cuál de los cambios se debe el efecto observado.

Antes de hacer un experimento es conveniente hacer pilotos, es decir, pruebas del experimento con distintos valores (parametrizaciones) para ver cómo se comportan los sujetos, si comprenden el diseño y qué tipo de resultados obtenemos. Pero, ojo, no vale manipular los parámetros para conseguir los resultados deseados, a menos que la manipulación se advierta de forma explícita.

2. Entre e intra. Un diseño *entre sujetos* significa que distintos sujetos participan en distintos tratamientos: por ejemplo, para un total de tres tratamientos, un tercio de los sujetos participa en el tratamiento I, un tercio en el tratamiento II y otro tercio en el tratamiento III. Un diseño *intrasujetos* significa, por el contrario, que son los mismos sujetos los que participan en los distintos tratamientos. Por ejemplo, un mismo sujeto participa en el tratamiento I y luego en el tratamiento II.

Por lo general, es más limpio utilizar diseños con distintos sujetos para contrastar efectos, es decir, para estudiar cómo pequeños cambios afectan al com-

---

[11] Una buena introducción al diseño de experimentos se puede encontrar en Friedman y Sunder (1994) o Davis y Holt (1993).

portamiento humano. Sin embargo, no podemos por eso despreciar el uso de diseños con los mismos sujetos que, en muchos casos, son de gran interés, por ejemplo, para estudiar el aprendizaje o la transferencia de una situación a otra, o para mantener fijas las características personales.

3. Efectos de orden. A la hora de hacer experimentos en los que los sujetos irán tomando decisiones distintas, es importante controlar el orden de las mismas. Es necesario que los sujetos no tomen las decisiones en un mismo orden, sino que haya cierta aleatoriedad o al menos variabilidad. En cualquier caso, es extremadamente recomendable mantener un registro del orden de las decisiones. De este modo podremos ver, con posterioridad, si la propia secuencia puede haber producido algún efecto.

4. Los incentivos. Los experimentos económicos no son (o al menos en general no deberían ser) hipotéticos, sino que conllevan unas ganancias reales, que dependen de las decisiones de cada sujeto experimental (y de los otros sujetos). A diferencia de las preguntas hipotéticas (en las cuales cada uno puede responder cualquier cosa sin perder ni ganar nada), con ganancias dependientes de las decisiones adoptadas por los sujetos experimentales, se pretende incentivarles para que tomen sus decisiones de forma deliberada. A través de sus acciones nos revelan la información que nosotros buscamos y, en alguna medida, se evita que nos den la información "que ellos creen que nosotros queremos".

Pagando en función de las decisiones se suelen generar unos resultados más fiables que con preguntas sobre situaciones hipotéticas: muchos sujetos no son tan cooperativos ni tan ecológicos como dicen ser en las encuestas, cuando tienen que pagar por ello; tampoco son tan conservadores jugando en loterías, sino que suelen tener un comportamiento más arriesgado cuando juegan por dinero real.[12]

Para minimizar el coste del experimento, en ocasiones no se pagan todas las decisiones, sino una al azar. El sujeto no sabe cuál se pagará y, de este modo, se mantienen intactos los incentivos.

De manera parecida, a veces se le presentan al sujeto distintos escenarios en los que tiene que tomar decisiones y se le informa de que sólo uno se llevará a la práctica, sin decirle cuál. Esto permite obtener más información sobre el sujeto. No sólo sabremos si prefiere A o B, sino que además sabremos si prefiere A1 o B1,

---

[12] Se pueden consultar resultados recientes acerca del efecto del carácter hipotético o real y el tamaño relativo de las ganancias en los tests de aversión al riesgo en Barreda Tarrazona *et ál.* (2011).

A2 o B2, A3 o B3, etc., ¡y sólo le habremos pagado por una de sus decisiones! Este método se conoce como *Strategy Method* y en Brandts y Charness (2000) se puede ver una buena comparación.

5. La replicabilidad. Los experimentalistas deberíamos ser capaces de replicar un mismo experimento en distintos contextos, lugares, etc. Ello nos permitiría explorar diferencias intrínsecas a la población o al procedimiento. Para facilitar la réplica, conviene que todo experimento venga acompañado del máximo de información relevante (forma de reclutar a los sujetos, instrucciones, sesgos, etc.). Este material adicional debería permitir a un tercero repetir el experimento en idénticas condiciones o con las variantes pertinentes. No hay una política científica definitiva sobre este tema, pero muchas revistas, como el *Journal of Economic Behavior & Organization,* tienen un depositario de instrucciones experimentales. Los datos por el momento no suelen publicarse, pero no sería descabellado que una vez se hubiera publicado un artículo, se pusiesen a disposición de la comunidad científica los datos con los que se ha elaborado.

6. Control del experimento. Relacionado con lo anterior es muy importante que controlemos (tengamos constancia de qué ocurre) durante el experimento, ya que potencialmente todo puede afectar al comportamiento de los participantes y, por ende, a los resultados: desde la luz, la acústica de la sala, quién sea el experimentalista, el color de la pantalla del ordenador, todo puede tener un efecto. Como regla general no debemos cambiar nada a lo largo de todas las sesiones de un experimento (mantener la luz constante, no emitir sonidos, ni cambiar colores del fondo de la pantalla). Para ello resulta muy conveniente disponer de un laboratorio de economía experimental donde todos los experimentos se puedan realizar en idénticas condiciones y siguiendo un mismo procedimiento con sujetos similares.[13]

7. *Framing.* El efecto "marco" se refiere fundamentalmente a que hemos de ser conscientes del vocabulario que usamos y en qué contexto pedimos que los sujetos tomen decisiones. Si estamos realizando un experimento sobre bienes públicos no tiene mucho sentido (salvo que queramos indagar precisamente ese efecto) que usemos la palabra "egoísta" o "cooperativo", ya que puede influir en el comportamiento. Sabemos que el lenguaje, los formatos, los procedimientos,

---

[13] Por ejemplo, en España existe una creciente red de laboratorios de economía experimental: En 1992 se inaugura el primer laboratorio experimental de España, LeeX, en la Universitat Pompeu Fabra, y en la década siguiente surgen laboratorios en la Universitat de València (LINEEX), Universidad de Alicante (LATEX), Universitat Jaume I de Castellón (LEE), Universidad de Granada (GLOBE/EGEO), Universidad Autónoma de Madrid (MAD-LEE), etc.

etc., afectan a las decisiones de los sujetos. Brañas Garza (2007) muestra que una simple frase colocada en la parte baja de la hoja de instrucciones produce un efecto dramático en las donaciones en un experimento.[14] Hoffman *et ál.* (1996) observan cómo va cambiando el comportamiento al variar el vocabulario.

8. Los experimentalistas no mentimos. Con la idea de proteger la credibilidad de los experimentos y de los experimentalistas (que, a fin de cuentas, es un bien público) y que los sujetos confíen en que lo que dicen las instrucciones se va a cumplir, los economistas experimentales tenemos como norma inviolable no mentir a los sujetos experimentales. Otras disciplinas afines, como la psicología experimental, no tienen reparos en hacerlo, si el diseño lo requiere.

Es cierto que, en muchas ocasiones, nos vendría bien poder engañar a los participantes. Decir a los jugadores tipo 2 que hubo un jugador tipo 1 (que no existió en realidad) que eligió B y que, gracias a él, ellos tienen que elegir entre B1 y B2, es mucho más barato que: llamar a jugadores tipo 1; dejarles que elijan entre A y B; y finalmente, llamar a los jugadores tipo 2 para que elijan entre B1 y B2. Esto hace que el experimento cueste al menos un 50% más en dinero y en tiempo, pero lo hace creíble.

Los economistas experimentales hemos elegido apostar por mantener una buena reputación aunque esto resulte caro, tanto en términos de dinero como de cuestiones que no podemos investigar. En definitiva, el uso del engaño está estrictamente prohibido en la economía experimental ortodoxa.

9. Existencia de sesgos psicológicos conocidos. Hay una scric de sesgos muy estudiados que hemos de tener en cuenta a la hora de hacer un experimento: Los sujetos suelen ser aversos a las pérdidas, esto es, huyen de acciones que impliquen (o puedan implicar) pérdidas (véase el Capítulo 2). Tampoco les gustan mucho los cambios y suelen preferir el statu quo. Por tanto, no es nada anormal que mantengan una decisión, es decir, que no la varíen. Igualmente, es muy común que los sujetos asuman de manera inmediata una ganancia (efecto renta) o que con rapidez consideren que algo que obtienen es suyo y estén poco dispuestos a perderlo. A este último se le se conoce como efecto "dotación".

10. Observaciones independientes. A la hora de analizar los datos experimentales es importante que las observaciones sean independientes y comparables. Si, por ejemplo, tenemos a la población organizada en grupos en los que los sujetos in-

---

[14] La frase dice: *"Recuerda que él está en tus manos"*. En Brañas Garza (2006) se informa a los sujetos de que la donación será para pobres del Tercer Mundo y, en otro tratamiento, de que la donación también está destinada a esa población pero no se les mandará dinero, sino medicinas. Nuevamente, se produce un efecto muy notable.

teraccionan, es difícil que tengamos independencia respecto al sujeto, ya que lo que cada uno hace está condicionado a lo que pasa en su grupo. Por tanto, sólo tendremos independencia a nivel de grupo y necesitaremos más observaciones ya que el sujeto *per se* no será la variable de medida.

Este problema se agrava cuándo hay decisiones repetidas. Las decisiones de los sujetos en *t* no pueden ser consideradas independientes de aquellas en *t-1*, si realmente no lo son. Normalmente hay una solución sencilla si queremos independencia: no informamos al sujeto de lo que ocurre hasta el final del experimento (no hay *feedback*). De este modo es "como si" cada vez que juegue lo haga de nuevo.

Una alternativa a las observaciones independientes y al análisis mediante tests estadísticos que requieren independencia es el uso de la metodología de datos de panel que puede controlar por las interacciones tanto individuales como temporales.

Para terminar hemos elaborado una práctica *lista de comprobación*[15] para que aquel que quiera diseñar su propio experimento pueda repasar punto por punto detalles que pueden ser muy importantes. (Véase Cuadro 1.1)

Contenido del libro

Podemos estructurar el presente volumen en varias categorías amplias, todas ellas englobadas en el estudio económico del comportamiento. El lector encontrará las respuestas provisionales de la disciplina, basadas en la metodología experimental, ante una serie de cuestiones trascendentales que podemos resumir en las siguientes.

¿Cómo deciden e interactúan los humanos?

El bloque 1 se ocupa de ello. El Capítulo 2, *Toma individual de decisiones,* se ocupa de cómo los sujetos toman decisiones en situaciones de elección intertemporal, en condiciones de incertidumbre (en presencia de riesgo financiero), en la disyuntiva entre opciones, etc. En los capítulos siguientes se estudia cómo las personas toman decisiones cuando interaccionan con otras: los individuos no están solos (y lo saben) y sus decisiones afectan a las decisiones de los demás y éstas a las suyas. En el Capítulo 3, *Teoría de juegos: conceptos básicos,* se explican al lector algunas nociones elementales sobre cómo toman decisiones los individuos en entornos estratégicos y cómo podemos predecir estas decisiones: estrategias y

---

[15] Sobre la importancia del uso de las listas de comprobación remitimos al lector a Gawande (2011).

Cuadro 1.1. Lista de comprobación.

a) Reclutamiento

Público   ¿Cuál es el público al que dirigimos el anuncio de los experimentos? Dicho de otra manera, ¿estamos recogiendo la población que queremos?

Anuncio   ¿Estamos proporcionando información *ex-ante* sobre lo que van a hacer o sobre lo que se podría esperar de ellos en el anuncio?

Aleatoriedad   ¿La selección de los participantes es aleatoria dentro de la muestra? ¿Estamos eligiendo a los que se apuntaron primero (muy motivados)?, ¿o los últimos (rezagados)? ¿Tenemos un sesgo de autoselección en la muestra?

Experiencia   ¿Tienen experiencia previa? ¿Queremos que la tengan?

b) En el laboratorio

Tratamientos   ¿La asignación de los participantes a los distintos tratamientos/ sesiones es aleatoria? ¿Estamos teniendo en cuenta el orden de llegada? ¿Estamos separando a los amigos?

Implementación   ¿Es un experimento informatizado? ¿En papel? ¿Cuál es la tarea?

Anonimato[16]   ¿Los sujetos tienen intimidad? ¿Les permitimos que los demás no vean sus decisiones? ¿El experimentalista está respetando la intimidad?

c) Las instrucciones y las expectativas

Incentivos   Deben estar muy claros. ¿Estamos usando tasas de cambio sencillas para que el sujeto conozca en cada momento su pago posible? Si el pago es al azar debe conocerse la probabilidad de los pagos asociados a cada acción.

Framing   Si hay un efecto "marco" debe ser porque lo hemos buscado. Si no lo deseamos, debemos usar etiquetas neutrales.

Expectativas   ¿Saben unos lo que hacen los otros? ¿Pueden formarse expectativas que afecten a su comportamiento de manera no deseada?

Pagos   ¿Serán los pagos en privado? ¿Serán anónimos? ¿Se puede reconocer la acción tomada a través de las ganancias? ¿Podemos estar fomentando la competencia en ganancias? ¿Queremos un torneo entre ellos?

---

[16] Ciego o *Single blind* hace referencia a que los sujetos no sepan lo que hacen otros sujetos (privacidad respecto de sus compañeros). Doble ciego o *Double blind* indica que el experimentalista tampoco sabe lo que hace cada sujeto individualmente.

ganancias, equilibrio de Nash o perfección en subjuegos. En el Capítulo 4, *Juegos de coordinación*, analizaremos la dificultad de que la gente se coordine y cómo se las apañan para conseguirlo. En el Capítulo 5, *Respuestas iniciales en situaciones estratégicas*, estudiaremos los modelos que explican cómo la gente se adapta a situaciones nuevas. ¿Qué reglas suelen usar para decidir? Presentaremos evidencia de cómo resuelven las personas estas situaciones. En el Capítulo 6, *Preferencias sociales*, se profundiza en la cuestión de cómo nos afectan las ganancias de los demás y si las tenemos en cuenta a la hora de tomar decisiones. ¿Somos verdaderamente egoístas? o ¿existen situaciones en las que el bienestar de los otros tiene un peso importante en nuestra decisión? En el Capítulo 7, *Cooperación*, veremos qué factores facilitan la provisión de bienes públicos, es decir, la cooperación entre jugadores (o las dificultades que aparecen). En el Capítulo 8, *Negociación*, presentaremos el juego del ultimátum y haremos un repaso del análisis que la economía experimental ha hecho tanto de las situaciones de negociación desestructurada como estructurada. Finalmente, el Capítulo 9, *Respuestas desde el cuerpo: una introducción a la neuroeconomía*, va más allá, y nos explica cómo podemos observar el cerebro de las personas para tratar de medir e interpretar sus reacciones neurofisiológicas a las decisiones adoptadas e integrarlas en nuestra modelización económica.

¿Cómo funcionan los mercados?

Este es el tema abordado más ampliamente en este libro desde diversos puntos de vista. En el Capítulo 10, *La organización de los mercados y el equilibrio competitivo*, se presenta el mecanismo de subasta doble, uno de los más exitosos en términos de alineación entre teoría y evidencia experimental y robustez a violaciones de las hipótesis del modelo. En el Capítulo 11, *Mercados no competitivos*, podemos informarnos sobre el variado paisaje de los mercados de competencia imperfecta, que son de los que más se acercan a los que encontramos en la mayoría de los mercados reales. En el Capítulo 12, *Diseño de sistemas económicos*, nos adentraremos en sistemas para asignar recursos más complejos que la subasta doble; incluso en algunos casos son diseños concebidos para intercambiar bienes que nunca antes habían tenido un mercado, como por ejemplo los permisos de contaminación. En el Capítulo 13, *Finanzas*, veremos un breve resumen del universo que constituyen los mercados financieros, donde personas (y hoy en día superordenadores) mueven cantidades enormes de dinero en fracciones infinitesimales de tiempo. Además, el lector dispone de un apéndice en el que se explican los conceptos más avanzados. En el Capítulo 14, *Mercado de trabajo: incentivos, salarios y contratos*, analizaremos sistemas de incentivos diseñados para mitigar los problemas de agencia que aparecen entre empleadores y empleados, es decir, cuando el jefe no puede observar el nivel de esfuerzo del trabajador y este último lo sabe. El Capítulo 15, *Experimentos sobre organizaciones*, nos proporciona una visión de la empresa más cercana al *management* y abre la caja negra de la empresa para analizar los problemas del trabajo en grupo y el diseño de incentivos adecuados para lograr los objetivos de las empresas; en paralelo se estudia el efecto del liderazgo y las estructuras dentro de las empresas.

¿A qué otros campos se aplica la metodología de la economía experimental?
Aparte del estudio microeconómico de los mercados, veremos en el Capítulo 16, *Experimentos de macroeconomía*, que los experimentos se pueden aplicar también a la economía monetaria, al comercio internacional y a la evaluación de las políticas macroeconómicas. El Capítulo 17, *Experimentos en economía política*, hace un completo análisis de la agregación de las preferencias políticas y las elecciones, así como de los problemas que se generan en este contexto. En el Capítulo 18, *Diferencias de género en cooperación y competencia*, obtendremos respuestas acerca de la brecha salarial entre hombres y mujeres. El Capítulo 19, *Experimentos de campo y economía del desarrollo*, sale del laboratorio para llevarnos a algunas de las delicadas situaciones reales en las que la economía experimental puede resultar útil.

Conclusión

La economía experimental y del comportamiento constituye un elemento altamente dinamizador del progreso de la economía, dada la interacción que fomenta entre teoría y contraste empírico, aun cuando no existan datos de campo ajustados a la situación teórica que se quiere estudiar.

La metodología experimental tiene un amplio espectro de aplicación, pero debemos tener presente una larga lista de cuestiones fundamentales a la hora de diseñar un buen experimento que pueda ser útil para contrastar una teoría, poner a prueba una política o explorar una situación.

Multitud de campos de estudio de la economía han resultado enriquecidos por el análisis experimental y también por la interacción de los economistas con investigadores de otras áreas afines, sobre todo la psicología y la neurociencia. Este proceso interactivo debe seguir reforzándose en el futuro para llevarnos a un conocimiento más profundo del comportamiento humano en situaciones económicas.

Segunda parte
¿Cómo deciden e interactúan los humanos?

2. TOMA INDIVIDUAL DE DECISIONES

Manel Baucells
Universitat Pompeu Fabra y BGSE, Barcelona

Konstantinos V. Katsikopoulos
Max Planck Institute for Human Development, Berlín

Traducido por Marina Pavan e Iván Barreda

Introducción

Para tomar decisiones, las personas confiamos frecuentemente en nuestra intuición. A menudo no tenemos ni el tiempo ni la habilidad de procesar toda la información disponible para tomar una decisión de manera racional, es decir, resultado de un proceso cognitivo muy estructurado y elaborado. Por el contrario, la intuición está basada en la práctica y en la experiencia pasada, en el juicio y en el reconocimiento de patrones. Aunque la toma de decisiones intuitiva está ampliamente recogida en la literatura antigua y reciente (Mintzberg, 1994; Gladwell, 2005), presenta no obstante algunas dificultades.

En este capítulo, veremos algunos experimentos ingeniosos y sencillos que investigan si las intuiciones de la gente son correctas. Consideraremos la coherencia de la actitud de los individuos frente al riesgo, y respecto al tiempo, en la toma de decisiones; la percepción de la probabilidad y la certidumbre; y estudiaremos cómo se toman decisiones complejas multiatributo.

Preferencias por el riesgo y preferencias de tiempo

Actitudes frente al riesgo

La manera más directa de observar las actitudes de las personas ante el riesgo es considerar su elección entre una ganancia monetaria cierta A, y una ganancia mayor pero incierta, B. En el diagrama siguiente (Decisión 1), el cuadrado representa la decisión entre A y B, y el círculo simboliza los posibles resultados de elegir B. En este último caso los resultados son dos, igualmente probables (50%): una ganancia de 10.000€ o ninguna ganancia.

Decisión 1

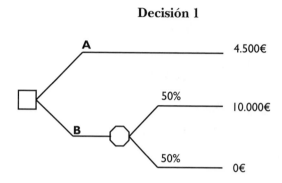

La pregunta clave aquí sería: ¿Elegirías A o B? A implica seguridad y B implica incertidumbre, es decir, tomar algún riesgo.

Consideremos ahora una situación diferente (Decisión 2), en la que se puede elegir entre una pérdida segura C y una alternativa incierta, D, que implica o una pérdida mayor o ninguna pérdida.

Decisión 2

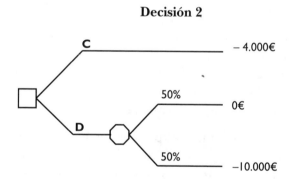

Nuevamente, deberíamos preguntarnos cuál es nuestra estrategia preferida. Decisiones de este tipo se han ido examinando repetidamente mediante experimentos. Los resultados muestran que, en la Decisión 1, la mayoría de la gente elige A. Esto significa que las personas son *aversas al riesgo en el dominio de las ganancias*: prefieren aceptar 4.500€ seguros, aunque el *valor esperado* (por ejemplo, la suma de la probabilidad de cada ganancia multiplicada por su valor) de B sea de 5.000€.

Por el contrario, la mayoría de la gente elige D en la Decisión 2. En este caso decimos que las personas son *amantes del riesgo en el dominio de las pérdidas*: prefieren el riesgo de perder 10.000€ con una probabilidad del 50% –y tiene un valor esperado de –5.000€– a una menor pérdida segura de 4.000€. Comparando las decisiones en los dos entornos podríamos decir que, normalmente, las personas son prudentes cuando se tratar de ganar y más arriesgadas cuando pueden perder.

¿Son consistentes estas elecciones? ¿Son racionales? Para poder contestar a estas preguntas, consideremos primero qué haría un individuo que fuera *neutral al riesgo*. Una persona neutral al riesgo siempre elige la opción con mayor valor esperado.[1] Esta sería la opción B en la Decisión 1, y la opción C en la Decisión 2. Por tanto, se enfrentaría a una pérdida segura de 4.000€ en C, pero podría recuperar 10.000€ con una probabilidad del 50% en B. En conjunto, tendría la misma probabilidad del 50% de ganar 6.000€ o perder 4.000€.

Neutral al riesgo

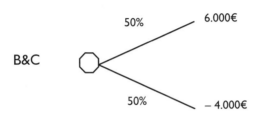

Comparemos B&C con la alternativa A&D, combinación elegida por la mayor parte de la gente que se enfrenta a este dilema. La combinación de A y D lleva a una ganancia cierta de 4.500€ por A, más 0€ con el 50% o menos 10.000€ con el 50% por D. Es decir, se ganan 4.500€ con el 50% o se pierden 5.500€ con el 50%:

Mayoría de nosotros

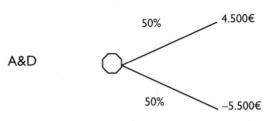

---

[1] El valor esperado (la "esperanza") es la suma de las probabilidades de distintos eventos multiplicado por el resultado de cada uno. La Teoría de la Utilidad Esperada supone que los individuos elegirán aquella acción que les genere la mayor utilidad esperada, es decir, para elegir no se multiplican resultados por probabilidades (la "esperanza"), sino la utilidad de estos resultados por sus probabilidades. Véase la primera sección del Capítulo 3.

En realidad, la combinación B&C *domina* la alternativa A&D: con esta última, cuando se gana, se gana menos, y cuando se pierde, se pierde más. De hecho, prefiriendo A&D, ¡estaríamos tirando 1.500€! El lector puede comprobar que con una probabilidad del 50% ganaría 6.000 (vs. 4.500) o perdería 4.000 (vs. 5.500). Este argumento, defendido por Kahneman y Tversky (1986), demuestra claramente la irracionalidad de algunas decisiones intuitivas.

En relación con las cantidades que se juegan en estas decisiones hay que reconocer que 1.500€ es mucho dinero. Además, inconsistencias de este tipo se dan repetidamente en el tiempo y en distintos ámbitos de decisión. Por ejemplo, cuando invertimos en Bolsa, las cotizaciones de nuestras acciones pueden subir o bajar. Si suben, percibimos una ganancia, y pretendemos evitar el riesgo. Si bajan, percibimos una pérdida, y preferimos asumir el riesgo. Se ha constatado que los jugadores de Bolsa a menudo mantienen posiciones de pérdida durante demasiado tiempo (con la esperanza de que se recuperen), mientras que venden posiciones rentables demasiado pronto.

Debemos preguntarnos si estas inconsistencias se observan también cuando los individuos se enfrentan a apuestas grandes. Analizando los datos provenientes del concurso televisivo Allá Tú (*Deal or No Deal*), se comprobó que los participantes cambiaban con frecuencia sus actitudes respecto al riesgo. Cuando el presentador del programa ofrecía a los participantes una suma cierta, la propensión a aceptar o rechazar esta oferta dependía de la percepción de dicha suma cómo pérdida o ganancia.

- Si el jugador había recibido ofertas más elevadas antes, era más probable que rechazase la oferta actual y prefiriese jugar a la lotería de los posibles premios contenidos en las cajas restantes.

- Si el participante había recibido anteriormente ofertas menores, aceptaba la oferta más reciente con una mayor probabilidad. Las ofertas previas hacían de punto de comparación, e influían sobre el grado de aversión al riesgo.

Desde un punto de vista racional, a la hora de tomar decisiones sólo cuenta el futuro. Por tanto, ganancias o pérdidas pasadas, así como las ofertas pasadas en el concurso televisivo, no deberían ser relevantes y no tendrían que pesar en las decisiones futuras.

Hay que tener en cuenta que nuestra actitud de asumir mayor riesgo en el caso de pérdidas puede arrastrarnos a una cadena de errores. En lugar de reconocer un fracaso, lo encubrimos con un nuevo fracaso, y la bola de nieve se hace más y más grande, hasta que consume toda nuestra riqueza, y la de los demás. En consecuencia, una buena recomendación es la de **fijar de antemano límites a nuestras pérdidas** antes de tomar una decisión y buscar la manera de comprometernos a cumplir con esta regla preestablecida.

Por ejemplo, si usted sale a pasear por la montaña, debe fijar una hora para volver. O si empieza un negocio, debe establecer una regla para abandonar el proyecto si no alcanza una determinada rentabilidad al cabo de un cierto tiempo preestablecido. En una inversión financiera, es posible crear un mecanismo «para limitar las pérdidas», haciendo que automáticamente se venda toda inversión que haya alcanzado una determinada pérdida. Nuestra recomendación es la de adoptar tales mecanismos.

Resumiendo, la mayoría de la gente es aversa al riesgo para las ganancias y amante del riesgo para las pérdidas. ¿Y en cuanto a casos mixtos, en los cuales haya ganancias y pérdidas? Considere el lector la siguiente decisión común entre el statu quo, E, y una opción incierta F que puede conllevar una ganancia o una pérdida de igual magnitud.

Decisión 3

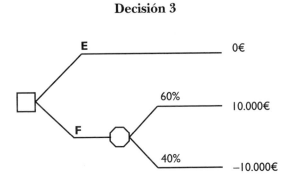

Ahora vuelva a preguntarse qué opción preferiría usted. En esta situación, la mayoría de las personas elegiría la alternativa E, es decir la gente es *aversa al riesgo en situaciones mixtas.* Prefieren el statu quo (ni ganancia ni pérdida) a una lotería con un valor esperado positivo, pero con una probabilidad del 40% de acabar en una pérdida.

¿Es esta una elección razonable? Para poder contestar a esta pregunta, considere el efecto de afrontar la Decisión 3 repetidamente, por ejemplo 20 veces. El riesgo en F se resuelve cada vez de forma independiente. Si usted elige F siempre, cabe la posibilidad de que pierda 10.000€ por 20 veces. La probabilidad de que esto ocurra es de $(0,4)^{20}$. Naturalmente, podría también ganar 10.000€ por 20 veces, con una probabilidad de $(0,6)^{20}$. Lo más probable es que obtenga un resultado intermedio entre los dos casos extremos; que *x* veces gane 10.000€ y (20–*x*) veces pierda 10.000€. La probabilidad de *x* puede ser calculada a partir de una distribución binomial caracterizada por $n = 20$ y $p = 0,6$. Abajo presentamos la distribución de probabilidad de las ganancias de este juego (las colas tienen una probabilidad tan pequeña que las hemos eliminado de la tabla).

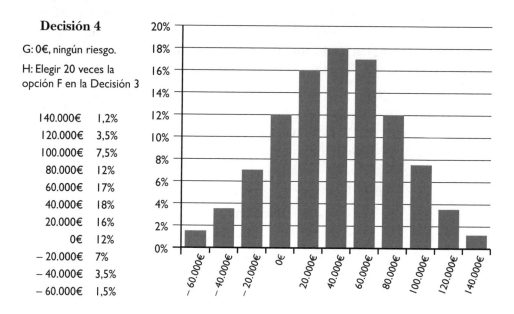

Decisión 4

G: 0€, ningún riesgo.

H: Elegir 20 veces la opción F en la Decisión 3

140.000€	1,2%
120.000€	3,5%
100.000€	7,5%
80.000€	12%
60.000€	17%
40.000€	18%
20.000€	16%
0€	12%
– 20.000€	7%
– 40.000€	3,5%
– 60.000€	1,5%

Figura 2.1. Resultados probables de H (20 veces F).

La tabla y la figura de arriba muestran el *perfil de riesgo,* ganancias y probabilidades, asociado con 20 repeticiones independientes de la opción F.

¿Qué opción preferiría esta vez? Visto que la probabilidad de perder dinero es menos del 13%, y la posibilidad de ganar cantidades considerables es bastante alta, esperaríamos que la mayoría de la gente seleccionara la opción H.

El cambio en las preferencias entre las Decisiones 3 y 4 denota que, cuando consideramos una única elección, tendemos a ser más aversos al riesgo que cuando nos enfrentamos a decisiones repetidas. Normalmente, la gente tiende a tomar decisiones de una en una, a menudo aislando la opción actual de las ocasiones futuras de tomar decisiones parecidas. Este fenómeno se denomina *efecto aislamiento.* Si las decisiones se analizan y consideran aisladamente, tendemos a escoger E cada vez que nos enfrentemos a esta elección o a elecciones parecidas. Visto en perspectiva, esto equivale a escoger G en la Decisión 4. No obstante, esta misma perspectiva nos recomienda ahora elegir H. ¡Nuestra prudencia al preferir E puede ser demasiado corta de miras!

Naturalmente, una persona que aplique el criterio del valor esperado aprovecharía todas las posibilidades y elegiría F tanto en la Decisión 3 como H en la 4.

La función de valor en la Teoría Prospectiva

Para explicar estos patrones de comportamiento, Kahneman y Tversky (1979) propusieron la Teoría Prospectiva (*Prospect Theory*). Según esta teoría, los resultados monetarios se perciben como ganancias o pérdidas a partir de un *punto de referencia*, al cual se atribuye un valor de cero (véase el ejemplo anterior del programa televisivo). El statu quo, el nivel de aspiración, y los objetivos son ejemplos de puntos de referencia que usan los individuos (Heath, Larrick y Wu, 1999).

Otro concepto importante en la Teoría Prospectiva es la *función de valor*, que posee tres características principales.

1) El primer rasgo es que dicha función toma valor cero en el origen. Por tanto, otorga una evaluación neutral a la situación hipotética de ninguna ganancia y ninguna pérdida.

2) El segundo rasgo es que la función de valor sigue el principio psicológico de *sensibilidad decreciente*: el impacto de una ganancia (pérdida) adicional disminuye al aumentar el total de las ganancias (pérdidas) acumuladas. Por tanto, la función es cóncava por encima del punto de referencia (para las ganancias) y convexa por debajo del mismo (para las pérdidas), como ilustramos en la figura de abajo.

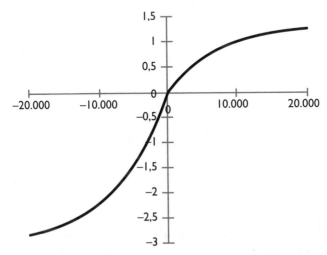

Figura 2.2. La función de valor subjetiva. Es cóncava para las ganancias, convexa para las pérdidas, y la pendiente es más pronunciada para las pérdidas que para ganancias equivalentes.

En esta figura, el eje vertical es puramente subjetivo y mide la satisfacción relativa. El eje vertical aquí elegido asigna un nivel de satisfacción de +1 a una ganancia de 10.000€. El principio de sensibilidad decreciente es válido tanto en el rango positivo como en el negativo. La siguiente situación extrema puede servir de ejemplo. A la mayoría de nosotros le parecería que la diferencia entre estar encarcelado uno o dos años es grande. Sin embargo, la diferencia entre cinco o seis años de cárcel nos parecería menor.

3) La tercera característica de la función de valor es que, en ella, las pérdidas se perciben como más importantes que las ganancias. Esto significa que cerca del punto de referencia la función es más empinada para las pérdidas que para las ganancias, una característica llamada *aversión a las pérdidas*. Por ejemplo, en la Figura 1 una ganancia de 10.000€ aporta una satisfacción +1, pero una pérdida de 10.000€ aporta pérdida de satisfacción de –2,25. Se observa como la pendiente, o inclinación, de la función de valor subjetiva para las pérdidas es más pronunciada que la pendiente para las ganancias. Esto indica que la desutilidad generada por una pérdida es mayor que el placer asociado a una ganancia de la misma cantidad.

La función de valor explica los patrones de comportamiento que hemos presentado hasta ahora en este capítulo. Por una parte, la forma de S de la función de valor da lugar a las actitudes asimétricas frente al riesgo que hemos visto en las Decisiones 1 y 2: aversión al riesgo para las ganancias y preferencia por el riesgo para las pérdidas. Por otra parte, el hecho de que las pérdidas sean percibidas como dos veces más grandes que las ganancias del mismo tamaño (aversión a las pérdidas) explica la aversión al riesgo en la situación mixta de la Decisión 3.

Actitudes hacia el tiempo
Consideramos en este apartado decisiones que parten de distintos momentos en el tiempo. Por ejemplo, la decisión 5 implica dos momentos en el tiempo.

Decisión 5

A: 100€ seguros ahora
B: 110€ seguros dentro de un mes

En situaciones como ésta, especialmente si pensamos en el dinero como "consumo", la mayoría de la gente prefiere recibir 100€ ahora. Después de todo, ¡más vale pájaro en mano que ciento volando! Consideremos ahora la siguiente decisión.

Decisión 6

C: 100€ seguros dentro de seis meses
D: 110€ seguros dentro de siete meses

Puestos a esperar, la mayoría de la gente prefiere la opción de 110€ dentro de siete meses. ¿El que se prefiera A y D es consistente, racional? Probablemente no, porque después de los seis meses la opción C equivale a la opción A de la Decisión 5, así como D equivale a B. Si elegimos A en la Decisión 5, es como si cambiásemos de D a C en la Decisión 6.

Si, como es habitual en los modelos económicos, el futuro se descuenta a una tasa exponencial, el valor actual de x en el periodo t es igual a x multiplicado por δ^t. Este último símbolo, δ, es el factor de descuento. Si r es la tasa de interés, entonces $\delta = 1/(1+r)$ es el factor de descuento. Las preferencias observadas en las Decisiones 5 y 6 no se pueden explicar basándonos en este tipo de descuento. Necesitamos un modelo que pondere la lejanía o cercanía del evento.

Un modelo más apropiado es el del *descuento hiperbólico*, en el cual el factor de descuento es δ^{t^γ}, donde γ es menor o igual a uno ($\gamma \le 1$). El término t^γ indica que, psicológicamente, las personas son muy sensibles al tiempo en el futuro próximo, pero poco sensibles al tiempo en el futuro lejano (véase la Figura 2.2). El factor de descuento disminuye pronunciadamente para diferencias temporales cercanas en el tiempo, pero no tanto para diferencias en un futuro más lejano.

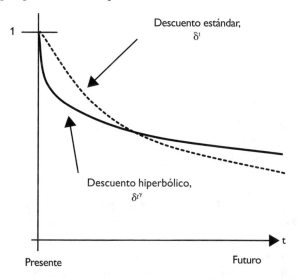

Figura 2.3. El factor de descuento hiperbólico. El valor de los acontecimientos futuros se reduce muy rápidamente cuando nos vamos alejando del presente, y más lentamente en el futuro lejano.

Una consecuencia de este fenómeno es una impaciencia excesiva en el corto plazo: mostramos una excesiva avidez por conseguir una recompensa ahora mismo. La segunda consecuencia es la **dilación**. Si se pospone una tarea costosa hasta mañana, el valor actual del coste es mucho menor. Al contrario, el beneficio que se recibe más tarde permanece casi inalterado. En consecuencia, ¡siempre parece buena idea dejar las cosas que nos cuestan para mañana!

Por ejemplo, supongamos que queremos adelgazar. Con el fin de alcanzar este propósito, tenemos que sufrir un coste ahora (ponernos a régimen) para lograr un beneficio más adelante (estar en forma dentro de dos meses). Si empezamos a ponernos a régimen mañana, el beneficio será casi el mismo (estaremos en forma dentro de dos meses y un día). Sin embargo, el coste (el régimen mañana) parece mucho menor. Naturalmente, la trampa está en creer que mañana empezaremos el régimen. De hecho, mañana aplazaremos de nuevo la decisión, y ¡acabaremos por no hacer nunca dieta!

Al contrario, para convencer a nuestros amigos de que realicen una tarea costosa, sólo hay que preguntarles con antelación, y cuanta más mejor. Por ejemplo, si le pedimos a un amigo que nos ayude con nuestra mudanza sólo dos días antes, nuestro amigo probablemente pueda librarse con alguna excusa. Sin embargo, si se lo pedimos con un mes de antelación, con toda probabilidad dirá que sí. Además, nuestro amigo también estará más contento de que se lo hayamos preguntado mucho antes: él nos ayudará de una manera que le resultará menos costosa.

Estimación subjetiva de la probabilidad

En la sección precedente nos hemos centrado en el comportamiento basado en la función de utilidad, suponiendo que los retrasos de tiempo y las probabilidades se calculan de manera objetiva. En esta sección, nos interesamos por la estimación subjetiva de la probabilidad por parte de la gente.

La realidad es que se ha observado una serie de sesgos que ponen en duda la precisión de la estimación subjetiva de la probabilidad. La gente usa una gran variedad de procedimientos heurísticos para hacer estimaciones de probabilidad. Dichos procedimientos pueden funcionar en ámbitos naturales, pero a veces pueden llevar a errores. Por ejemplo, consideremos la llamada "heurística representativa". Para comprender el funcionamiento de dicha heurística, suponga que le dan la descripción de una mujer llamada Linda, con educación, conciencia social y opiniones políticas.

¿Cree que es más probable que Linda trabaje como cajera en un banco y además sea feminista, o que simplemente trabaje como cajera en un banco? Antes de leer lo que sigue, deténgase a pensar, y luego conteste.

Parece que, por las características descritas, Linda sea más representativa de una cajera de banco feminista que de una simple cajera de banco, ¿verdad? Sin embargo, el conjunto de cajeras de banco es más numeroso que el conjunto de cajeras de banco que además son feministas, así que ordenar las probabilidades por su "representatividad" no resulta correcto en este caso. Además, a la gente le resulta difícil aplicar el teorema de Bayes[2] que permite modificar correctamente las probabilidades iniciales sobre la base de la evidencia nueva que se va obteniendo. Es más, parece que no sólo la gente en general, sino también los profesionales, como los médicos o los jueces, le conceden poca importancia a la probabilidad de partida.

Por ejemplo, ¿cuál cree que es la probabilidad de tener el SIDA si su test da positivo, suponiendo que no pertenezca a ningún grupo de alto riesgo, como los drogadictos? De nuevo, antes de leer lo que sigue, haga una pausa, reflexione y conteste a la pregunta.

Muchos pacientes, y también muchos médicos, creen que la probabilidad es cercana a uno. Ahora bien, la probabilidad a priori, o probabilidad base, de sufrir una enfermedad como el SIDA es muy baja (suponiendo que no se pertenece a ningún grupo de alto riesgo). Sin embargo, la fiabilidad del test es menor del 100%, digamos que es de un 99%, por lo que en uno de cada cien sujetos libres del síndrome, el test dará un falso positivo. Supongamos que la probabilidad base del SIDA sea de 1 por cada 500 personas. Si examinamos 1.000 sujetos de la población en general, entonces 2 resultarán positivos verdaderos, y cerca de 10 resultarán positivos falsos (1% de 998). En consecuencia, la probabilidad de tener SIDA dado que el test ha resultado positivo es de aproximadamente 2 sobre 12. Por tanto, de todos los que han resultado positivos en el test, sólo algunos tendrán SIDA, mientras que la mayoría serán falsos positivos.

Cuando tenemos en cuenta las probabilidades base, resulta que la probabilidad posterior es menos exagerada. Ignorar la probabilidad base induce a la gente a estar demasiado "segura" de todo. La buena noticia es que ignorar la probabilidad base puede corregirse si se usan frecuencias (Hoffrage *et ál.*, 2000). Es decir,

---

[2] Cuando nos planteamos la probabilidad de que ocurra un evento condicionado a otro (tener SIDA dado el resultado de un test de VIH) usamos el teorema de Bayes que vincula la probabilidad de A dado B con la probabilidad de B dado A.

si en lugar de describir la situación como "la probabilidad del SIDA es del 0,5%", se usa la frecuencia "se espera que 2 de cada 1.000 personas tengan el SIDA".

Otro fenómeno empírico relativo a cómo las personas calculan probabilidades es el exceso de confianza. Existen varias definiciones distintas de exceso de confianza. A veces se mide a través de la discrepancia entre la probabilidad objetiva y la subjetiva. Si una persona cree que la probabilidad de obtener cara lanzando una moneda es de $2/3$, su exceso de confianza se calculará como $2/3 - 1/2 = 1/6$.

Otro fenómeno parecido es la sobreestimación. Si en un test con 10 preguntas unos estudiantes creen haber acertado cinco respuestas cuando en realidad sólo han acertado tres, hay sobreestimación. Estos estudiantes han sobreestimado su puntuación en dos puntos.

Hasta hace poco se creía que el exceso de confianza estaba muy extendido. Sin embargo, en los últimos 20 años, algunos investigadores han puesto en duda que, como se había sostenido, este fenómeno sea tan generalizado; es decir, que la mayoría de la gente muestre un exceso de confianza la mayor parte del tiempo. De hecho, se han identificado algunos problemas en la manera en que se seleccionaron las preguntas (los datos) analizadas en los primeros estudios que apoyaron la hipótesis del exceso de confianza.

Por último, conviene preguntarnos cuál es el carácter normativo de estos sesgos. Por ejemplo, ¿el exceso de confianza es siempre negativo, o no? Si la gente resulta tener un exceso de confianza, puede que eso responda a algún motivo. En otras palabras, el exceso de confianza puede conferir ventajas adaptativas, por ejemplo aumentando la determinación, desarrollando la habilidad para engañar a los adversarios, y proporcionando compensaciones a los riesgos asumidos, pese a que depare fracasos ocasionales.

La elección

A lo largo de este capítulo hemos constatado que el comportamiento humano no siempre se ajusta al ideal de la racionalidad absoluta. A lo largo de los últimos años, los investigadores han buscado enfoques distintos para construir una teoría general de la decisión que describa, de manera razonable, el comportamiento observado de la gente. Un enfoque, presentado en la primera parte de este capítulo, fue el de modificar la teoría de la utilidad esperada para poder explicar los principales fenómenos observados. Un enfoque alternativo a la teoría de la racionalidad basada en el concepto de utilidad consiste en estudiar "*cómo la gente de verdad toma sus decisiones sin calcular utilidades o probabilidades*" (Gigerenzer y Selten, 2001).

Para explicar este enfoque, supongamos que es usted miembro de un comité encargado de dar becas a estudiantes. Recibe un envío con las solicitudes, que incluyen currículum, cartas de recomendación, etc. Se da cuenta de que hay tantos solicitantes que no va a tener tiempo de poder leer todo el material antes de que el comité que toma las decisiones se reúna mañana. Sin embargo, tiene que poder justificar su selección. ¿Qué puede hacer?

El modelo "racional": la teoría de la utilidad multiatributo

La teoría habitual de las elecciones multiatributo se basa en la utilidad: suponga que al valor x_{ij} de la opción X_i en el atributo j le corresponda una utilidad $u_j(x_{ij})$. Por ejemplo, un candidato puede carecer de experiencia previa y, entonces, seleccionarlo proporcionaría una utilidad igual a cero en la dimensión correspondiente a la experiencia. Con algunas hipótesis técnicas (por ejemplo, la independencia de las preferencias), resulta que existen unas ponderaciones w_j de modo que la utilidad total de la opción X_i sea igual a $\Sigma_j w_j u_j(x_{ij})$. Estas ponderaciones pueden interpretarse como la cuantificación de la importancia de un atributo sobre la utilidad de los demás atributos. Según esta teoría, el que elige deberá escoger la opción que proporcione la máxima utilidad total, la que sume mayor valor.

El modelo racional está claro, pero no está tan claro si la gente puede aplicarlo en la práctica. Para poder hacerlo, cada cual debería estimar su función de utilidad $u_j(x_{ij})$ y definir una ponderación w_j para cada atributo j. Este cálculo es muy difícil: por ejemplo, resulta que las estimaciones de las ponderaciones de los atributos están influidas por variables como el rango de valores de los atributos, que es teóricamente irrelevante. Además, los profesionales, los bomberos por ejemplo, a menudo no pueden o se niegan a proporcionar utilidades (para más ejemplos de este tipo, véase Katsikopoulos y Fasolo, 2006).

Modelo de comportamiento: Heurística no-compensatoria

Pongamos que usted no se rige por la teoría de la utilidad multiatributo. Podría hacer lo siguiente: elimine primero todos los candidatos que no tienen ninguna experiencia previa. Del conjunto de los candidatos restantes, elimine además todos los que han recibido una o más recomendaciones tibias o negativas. Finalmente, elija uno de los candidatos restantes.

Tversky (1972) propuso la "eliminación por aspectos" (EPA) como modelo de cómo la gente elige entre opciones multiatributo. En la EPA, los atributos se presentan ordenados y se consideran uno tras otro. En el ejemplo de arriba, el primer atributo es la cantidad de experiencia previa y el segundo es el número de recomendaciones tibias o negativas. Para cada atributo, eliminamos las opciones que tengan en aquel atributo un valor inferior o igual a un nivel de aspiración prefijado. En nuestro ejemplo, el nivel de aspiración respecto de la cantidad de experiencia previa es cero, y también es cero el nivel de aspiración en el número de recomendaciones tibias o negativas. La heurística termina cuando falta sólo una alternativa por escoger, o cuando todos los atributos han sido considerados. En este último caso, podemos elegir al azar entre los candidatos restantes.

Es psicológicamente verosímil que el orden de los atributos dependa de la bondad relativa de los atributos. En la heurística "elige lo mejor" (o ELM, Gigerenzer y Selten, 2001), los atributos están ordenados según su validez: dadas dos opciones sacadas de una muestra aleatoria X_1 y X_2, donde X_1 proporciona la mayor utilidad "verdadera" al agente que debe tomar la decisión, la validez del atributo j es la probabilidad condicional $\Pr[x_{1j} > x_{2j} \mid x_{1j} \neq x_{2j}]$.

Las heurísticas EPA y ELM implementan una manera muy sencilla de enfrentarse a una elección entre atributos: ¡evitarlas! En el ejemplo de arriba, recomendaciones excelentes o una carta de presentación estupenda no compensarían la falta de experiencia y el sujeto caería en la primera ronda. Los modelos de elección multiatributo con certeza que no permiten compensar entre atributos se llaman no-compensatorios, y formalmente corresponden a las preferencias lexicográficas.

Los modelos no-compensatorios reflejan la intuición de que la gente toma decisiones usando un número limitado de recursos, como el tiempo, la información y la capacidad de cálculo. En nuestro ejemplo, no se ha utilizado el atributo de la recomendación para algunos candidatos (los que ya han sido eliminados por carecer de experiencia). Además, la solicitud propiamente dicha no ha sido tomada en cuenta para ninguno de los candidatos. El cálculo resulta sencillo: a diferencia de la teoría de la utilidad, los valores de los atributos no son ponderados ni agregados, sino sólo comparados a partir de un umbral predeterminado.

Herbert Simon fue uno de los primeros que argumentaron firmemente que la gente usa una cantidad de tiempo, información y cálculo limitada para la toma de decisiones. Los recursos disponibles para tomar decisiones pueden ser limitados por el modo en que el problema de decisión está estructurado en el mundo. Por ejemplo, el tiempo de que dispone para revisar las solicitudes puede ser corto, porque también hay muchas otras cosas que hacer. A menudo los cálculos necesarios para aplicar un modelo compensatorio que permita, efectivamente, compensaciones están más allá de las capacidades de los humanos o incluso de los ordenadores, como cuando se elige la siguiente jugada en el ajedrez. En resumen, quien toma la decisión puede preferir seguir un proceso de selección más sencillo para poder explicar mejor cómo alcanzó su decisión y ser capaz de justificarla ante los demás.

En psicología, Tversky, Kahneman y sus colegas mostraron en sus investigaciones que las hipótesis de Simon eran correctas. Además, Gigerenzer y sus colegas han documentado ampliamente el uso de la heurística no-compensatoria en una variedad de ámbitos, como la biología, la ingeniería y el derecho.

El uso de los modelos matemáticos ha facilitado el estudio analítico de estas heurísticas. Análisis más recientes han descubierto algunas de las razones matemáticas del éxito de las heurísticas lexicográficas (Hogarth y Karelaia, 2007).

Conclusiones

En resumen, la gente suele tomar sus decisiones de una en una, y usa para ello algún punto de referencia con el fin de considerar las diferentes alternativas en términos de ganancias o pérdidas. La gente da más importancia a las pérdidas que a ganancias equivalentes, y acaba siendo demasiado aversa al riesgo en las situaciones comunes que implican tanto ganancias como pérdidas. Sin embargo, cuando nos enfrentamos a pérdidas podemos llegar a preferir el riesgo, escogiendo una huida hacia delante antes de aceptar una pérdida segura. En cuanto al tiempo, el "ahora" constituye una referencia poderosa, y las cosas pierden valor si se posponen, si se diluyen en el futuro. Esto explica la impaciencia de la gente por adelantar los premios (atracándose de comida) y atrasar los costes (posponiendo el comienzo de las dietas).

Cuando tenemos que tomar decisiones complejas que implican atributos múltiples, hay razones para creer que la gente toma decisiones usando heurísticas no-compensatorias simples. A pesar de su simpleza, las heurísticas lexicográficas como EPA y ELM pueden, bajo determinadas circunstancias, conducirnos a decisiones que aumentan la utilidad total, en comparación con otros modelos como el de la regresión lineal (Gigerenzer y Selten, 2001).

3. TEORÍA DE JUEGOS: CONCEPTOS BÁSICOS

Penélope Hernández
ERI-CES y Universitat de València

Marina Pavan
LEE y Universitat Jaume I, Castellón

Introducción

Este capítulo versa sobre los conceptos básicos de teoría de juegos utilizados en este libro. El objetivo principal es aportar la base necesaria para entender el análisis y la respuesta teórica a las preguntas planteadas a lo largo de los diferentes capítulos.[1] Se comenzará con el concepto de juego, para pasar a estudiar después varios tipos de juegos, bajo el supuesto de información completa, así como sus respectivas nociones de equilibrio.

Houston, tengo un problema: información, reglas, decisión

¿Qué situación en nuestras vidas no conlleva una decisión?

En el momento en que usted tiene que tomar una decisión se pregunta cuáles son las circunstancias, a quién afecta, cómo le afecta, qué obtiene en cada caso, cómo la puede llevar a cabo y, por supuesto, "si quiere" tomarla. Para cada una de las alternativas posibles, usted estudiará si puede ordenarlas según algún criterio. Dicho criterio lo marcará usted mismo basándose en su forma de pensar, en qué es importante para usted, en si puede establecer formas de comparar las distintas posibilidades. Así planteado, todo esto parece complicado, pero lo cierto es que muchas veces usted podrá ordenar las posibles eventualidades y además les

---

[1] Hay muchos libros de teoría de juegos: *Gibbons* (1993) es un clásico con conceptos elementales pero técnico. Entre los textos más modernos destacamos dos: *Olcina y Calabuig* (2002) y *Dixit y Nalebuff* (2010). El primero es un texto muy completo mientras que el segundo es muy intuitivo.

asignará un valor. La teoría de la decisión se centra en este paso previo a lo que vamos a estudiar en este capítulo. Supongamos que usted siempre que tenga distintas alternativas podrá ordenarlas, compararlas y asignarles un valor numérico de acuerdo con sus preferencias. Además, en caso de encontrarse con una situación incierta, utilizará un método sencillo para poder evaluar sus opciones. Este método consiste en hallar el *valor esperado EA*, es decir, la suma del valor de cada alternativa multiplicado por la probabilidad de que ocurra, esto es:

$$EA = p_1 a_1 + p_2 a_2 + \ldots p_n a_n,$$

donde a_1, a_2,..., a_n corresponden a todas las alternativas posibles y p_1, p_2,..., p_n denotan la probabilidad de que suceda cada una de ellas. El uso del valor esperado como criterio de elección implica que cuando los agentes toman decisiones en situaciones de riesgo o incertidumbre, se comportan de acuerdo con la teoría de la utilidad esperada. Como hemos visto en el capítulo anterior, la evidencia experimental no es precisamente optimista respecto al éxito de esta teoría para explicar el comportamiento.

Consideremos una situación cotidiana en la que varios agentes toman sus decisiones. Cuando la decisión de un agente afecta a los demás, formalmente a la situación se la denomina un *juego*. La razón de que lo llamemos así viene de cómo lo bautizaron los padres de la teoría de juegos, el matemático John von Neumann y el economista Oskar Morgenstern. Ellos entendieron que el proceso de abstracción que comporta intentar ganar en un juego es el mismo en cualquier toma de decisiones. Una vez aceptado que tenemos que jugar, enumeramos las reglas del juego, con quién juego, qué sabe él o ella y qué sé yo. Cuando analizamos un problema, debemos ser capaces de precisar qué es posible hacer, independientemente de nuestros objetivos y deseos. Esta independencia no siempre es fácil. A veces no consideramos todas las opciones bien porque creemos que son difíciles, bien porque creemos que no están a nuestro alcance y, por tanto, las desechamos en nuestro proceso de elección. Además, tenemos que ser capaces de evaluar lo que conseguimos con cada una de nuestras acciones teniendo en cuenta lo que pueden hacer los demás participantes. Y, por supuesto, ellos reflexionarán al igual que usted y razonarán del mismo modo.

Todo esto nos conduce al concepto de *elección racional*, que exige distinguir entre deseo y realidad. La racionalidad es, pues, la característica que hace que deseo y realidad sean independientes y, por tanto, la que nos lleva a tomar las decisiones con la cabeza y no con el corazón. Sin embargo, la racionalidad no implica que siempre seamos capaces de discernir qué es factible. Sencillamente, puede que no conozcamos algo y no por ello dejamos de pensar de manera racional. Por tanto, de una manera no muy precisa, las situaciones que vamos a estudiar son aquellas en las que los participantes actúan racionalmente, es decir que cada individuo involucrado en el juego es racional y, además, sabe que los demás son también racionales, y sabe que éstos saben que él sabe que son racionales, y así, hasta el infinito.

Cuando formalicemos situaciones con interacción estratégica, seguiremos un patrón para caracterizarlas. En primer lugar, nos preguntaremos si los agentes toman sus decisiones a la vez o si, por el contrario, existe un orden temporal.

- En el primer caso diremos que nos hallamos en un contexto de *juego simultáneo*.

- En el segundo, de *juego secuencial.*

A continuación, pasaremos a describir qué información tienen los participantes en el juego. Así, los jugadores podrían tener información de todo, y "todo" significa absolutamente todo: cuántos jugadores participan, qué acciones tienen a su disposición, qué valor o utilidad asigna cada uno a la combinación de acciones seleccionadas por todos los jugadores, cuándo juega cada uno de ellos y la información que tiene cada uno en cada momento. En esta situación decimos que el juego es de *información completa*. Cuando existe incertidumbre, conocimiento incompleto o asimétrico por parte de los agentes, nos encontraremos en situaciones de *información incompleta*. Este último caso es de notable transcendencia si bien no lo trataremos en este capítulo, para centrarnos en juegos simultáneos o secuenciales con información completa.

Juegos simultáneos

Consideremos un conjunto finito de jugadores denotados por $i \in \{1,2,...,N\}$ donde cada uno tiene un conjunto de acciones denotadas por A_i. Para entender mejor los conceptos que vamos a explicar, supondremos que el conjunto de acciones posibles de cada jugador es finito. Por ejemplo, cuando quisiéramos coincidir con un amigo que va o bien a la playa o bien a la cafetería, nuestras acciones serían dos: ir a la playa o ir a la cafetería. Cada jugador tiene una manera de evaluar la utilidad que le reporta una determinada acción dado el perfil de acciones de los otros jugadores. Formalizaremos la utilidad del jugador i, denotada por u_i, mediante una función real desde el producto de las acciones de todos los jugadores ΠA_i a $\mathfrak{R}$.

Cuando los agentes toman sus decisiones lo hacen a la vez, es decir, desconocen la acción elegida por los demás cuando toman su decisión; por ello decimos que el juego es simultáneo. Denotaremos a este juego como $G = (i \in \{1,2,...,N\}, A_i, u_i)$. Un juego simultáneo con información completa con dos jugadores puede ser representado totalmente por una matriz como la de la Tabla 3.1, donde las filas constituyen las acciones del jugador 1 y las columnas las correspondientes acciones del jugador 2. En cada celda de la matriz correspondiente a la fila s y la columna t, encontraremos un vector de ganancias – $u_1(.)$, $u_2(.)$ – en el que el primer elemento corresponde a la ganancia del jugador 1 cuando él juega la acción $s \in A_1$ y el jugador 2 juega la acción $t \in A_2$, y el segundo elemento corresponde a la ganancia del jugador 2 con esa misma combinación.

		Jugador 2	
		Acción b_1	Acción b_2
	Acción a_1	$u_1(a_1,b_1), u_2(a_1,b_1)$	$u_1(a_1,b_2), u_2(a_1,b_2)$
Jugador 1	Acción a_2	$u_1(a_2,b_1), u_2(a_2,b_1)$	$u_1(a_2,b_2), u_2(a_2,b_2)$

Tabla 3.1. Juego simultáneo.

Dado que el juego es simultáneo, los dos jugadores jugarán al mismo tiempo y, por tanto, la información que posee cada jugador es totalmente simétrica. Ambos conocen la matriz de ganancias, es decir, sus ganancias cuando juegan una acción condicionada a la elección del otro jugador. Y no menos importante, saben que el otro jugador tiene exactamente la misma información que él. Consideremos como ejemplo la matriz de ganancias del siguiente juego de incentivos al desempeño que mostramos en la tabla 3.2.[2] Supongamos que hay dos equipos de producción. Cada uno de ellos tiene que decidir entre esforzarse o hacer el vago.

- Si ambos equipos deciden esforzarse, sus ganancias son de 1 para cada uno de ellos.

- Si, por el contrario, los dos deciden hacer el vago, entonces obtienen unas ganancias nulas.

- Por último, nos queda el caso en que uno de los equipos decide esforzarse mientras que el otro toma la decisión menos costosa de hacer el vago. El resultado es que el equipo que se esfuerza carga con todo el trabajo obteniendo una ganancia de –1, frente a la ganancia de 2 que obtendría el

---

[2] Este ejemplo se encuentra en Olcina y Calabuig (2002).

equipo vago a costa del que se esforzó (¡qué injusta es la vida!). La matriz de ganancias de la Tabla 3.2 ilustra este juego simultáneo.

		Jugador Columna	
		Esforzarse	Hacer el vago
Jugador Fila	Esforzarse	(1,1)	(−1,2)
	Hacer el vago	(2,−1)	(0,0)

Tabla 3.2. Juego de incentivos.

En principio, usted podría pensar que si todos se esfuerzan, todos estarán bien, con lo que éste sería el resultado apetecido por todos los jugadores. Pero ya sabemos que en la vida siempre hay alguien que quiere evitar el trabajo. Cuando un equipo se da cuenta de que puede ganar más si consigue que el otro cargue con el trabajo, ¿quién le impide hacer el vago? Claro, esto lo piensan los dos equipos y al final pasa lo que ya sabemos, que nadie consigue nada. La situación descrita en la Tabla 3.2 es uno de los juegos más conocidos y explorados de la literatura: el *Dilema de los presos* (pueden encontrar otro juego como éste en la Tabla 7.1 del Capítulo 7).

¿Cómo jugamos? Equilibrio de Nash

Dado que en un juego participan varios jugadores, lo que buscamos es poder describir la conducta de cada jugador considerando todos los ingredientes que describen el juego. Si nos dieran un guión a cada uno diciéndonos cómo deberíamos comportarnos, querríamos estar seguros de que hacemos bien siguiendo esas pautas. Esto lo conseguiríamos si descubriésemos cómo van a proceder nuestros compañeros y verificásemos que, si no siguiéramos la recomendación, obtendríamos menor ganancia. Esto fue lo que formalizó John Nash en su trabajo de 1952, que le valió el Premio Nobel de Economía en 1994.

El *equilibrio de Nash* (EN en adelante) consiste en la formulación de una acción para cada jugador de forma que ningún jugador tiene incentivos individuales para cambiar de acción, dado que los otros seguirán sus acciones prescritas. Formalmente:

Definición: $(a_1{}^*, a_2{}^*, ..., a_N{}^*)$ es un *equilibrio de Nash en estrategias puras* del juego simultáneo $G = (i \in \{1,2,...,N\}, A_i, u_i)$ si para todo jugador $i \in \{1,2,...,N\}$ la ganancia obtenida jugando $a_i{}^*$ es mayor que con cualquier otra acción $a_i \in A_i$:

$$u_i(a_1{}^*,...,a_i{}^*,...,a_N{}^*) \geq u_i(a_1{}^*,...,a_i,...,a_N{}^*) \; \forall a_i \in A_i, \; \forall i.$$

En esta definición hemos calificado de "puras" a las estrategias utilizadas. Esto es debido a que la elección de estas acciones no implica la utilización de ningún mecanismo aleatorio. En la siguiente sección explicaremos con más detalle la definición de equilibrio en estrategias en las que existe un proceso aleatorio endógeno, es decir, elegido por los propios agentes, que nos determinará la acción que se debe jugar. A éstas se las llama *estrategias mixtas* de un juego simultáneo G. A día de hoy se sabe que es complicado encontrar los equilibrios de un juego. De hecho, incluso podrían no existir equilibrios de Nash en estrategias puras, ¡qué contrariedad!

Acciones dominantes y acciones dominadas. Eliminación de estrategias
Existen situaciones en las que encontrar una acción que nos satisfaga puede convertirse en algo muy fácil. Ello puede ser debido a que el jugador disponga de una acción que siempre sea la mejor. Como cada jugador quiere obtener la mayor ganancia posible, si dispusiera de una acción que fuese mejor para cualquier elección de los demás jugadores –una acción que siempre le diera mayor ganancia que cualquier otra–, realmente la vida se le simplificaría, ¿no es cierto? Consideremos el juego anterior de los incentivos al desempeño (Tabla 3.2) y supongamos que usted es el jugador Fila.

- Si el jugador Columna jugase la acción "esforzarse", su ganancia por jugar "hacer el vago" sería 2, que es mayor que lo que obtendría jugando "esforzarse", que sólo le reportaría 1.

- De igual forma, si el jugador Columna eligiera "hacer el vago", de nuevo obtendría más jugando "hacer el vago" que esforzándose: 0 > –1.

Así, para el jugador Fila, independientemente de lo que juegue el jugador Columna, la acción "hacer el vago" es aquella que siempre le reporta una mayor ganancia. ¿Qué cree que hará el jugador Columna? Pues si es racional, también la elegirá. Este ejemplo nos permite definir ahora, de manera formal, lo que es una acción dominante:

Definición: Una acción $a_i{}^* \in A_i$ es una *acción dominante* para el jugador i en el juego simultáneo G si $u_i(a_i{}^*, a_{-i}) > u_i(a_i, a_{-i})$ para toda $a_i \in A_i$ y $a_{-i} \in A_{-i}$, donde $_{-i}$ denota las acciones de los otros jugadores.

Si en un juego G un jugador i tiene una acción dominante, esto no sólo da ventaja al jugador i, sino también a los otros jugadores. Como todos tienen información completa, los otros jugadores, al ser racionales y saber que el jugador i es racional, saben también que i jugará su acción dominante $a_i{}^*$. Así, ningún jugador tendrá que preocuparse de las otras combinaciones posibles con las acciones $a_i \in A_i$. De repente, el problema se ha convertido en uno mucho más sencillo. Hemos podido eliminar todas aquellas acciones del jugador i que no son dominantes, nos hemos quedado con una: la acción dominante. Podemos concluir, a partir de la existencia de una acción dominante para cada jugador, que cada uno de ellos la elegirá. Además, esta secuencia de elecciones de acciones dominantes para cada jugador lleva al EN del juego original.

Ya sabemos que la vida es complicada. De hecho, nuestra intuición no se equivoca si cree que hay pocos juegos en los que los jugadores disponen de una acción dominante. Aun así, esta forma de pensar puede ayudarnos a encontrar "nuestra forma de jugar". Imaginemos ahora el caso contrario. Quizá el jugador no tenga una acción que siempre funciona mejor que las demás, pero si tuviese alguna acción que es siempre dominada por otra, esto también podría simplificar el análisis. Consideremos el juego simultáneo de la Tabla 3.3. El jugador Fila tiene dos acciones, A y B; el jugador Columna tiene tres: I, C y D. La matriz de ganancias es la siguiente:

		Jugador Columna		
		I	C	D
Jugador Fila	A	(5,1)	(5,7)	(–100,4)
	B	(0,7)	(1,5)	(5,4)

Tabla 3.3. Juego simultáneo con acción dominada.

En este juego, ni el jugador Fila ni el jugador Columna tienen acciones dominantes. Sin embargo, el jugador Columna tiene una acción que es peor que las otras. La acción D es siempre peor que la acción C. Luego el jugador Columna no querrá jugar algo que le reporta una menor ganancia cuando le basta con jugar C para ganar más. Es decir, cuando pensamos en qué acción va a jugar Columna, podemos eliminar la estrategia D. De este modo, los jugadores pueden considerar que, en realidad, están jugando el juego cuya matriz de ganancias se representa en la Tabla 3.4:

		Jugador Columna				Jugador Columna	
		I	C			I	C
Jugador Fila	A	(5,1)	(5,7)	→		(5,1)	(5,7)
	B	(0,7)	(1,5)				

Tabla 3.4. Juego de la Tabla 3.3 sin la estrategia D.

Nótese que ahora el problema es más sencillo. Una vez eliminada D, observamos que el jugador Fila tiene una acción dominante, que es jugar A. Por tanto, el poder eliminar la acción D del jugador Columna ha permitido al jugador Fila y, en consecuencia, a los dos jugadores, encontrar un EN del juego. La acción dominante A del jugador Fila permite eliminar la acción B, llegando a la matriz de la derecha de la Tabla 3.4 (véase también la Tabla 5.3 del Capítulo 5). En este último caso, el jugador Columna jugará C. Por tanto, puede comprobar que el par (A, C) es un EN en estrategias puras.

De nuevo, siguiendo la intuición del ejemplo anterior, podemos pasar a formalizar el concepto de una acción dominada:

Definición: Una acción $\hat{a}_i \in A_i$ es una *acción dominada* por la acción a'_i para el jugador i en el juego simultáneo G si $u_i(a'_i, a_{-i}) > u_i(\hat{a}_i, a_{-i})$ para toda $a_{-i} \in A_{-i}$.

En definitiva, nuestra intuición nos dice que hay que elegir lo mejor y, por tanto, nos da una forma de eliminar o elegir situaciones. Cuando hay una situación que podemos colocar por encima de todas las demás, estamos seguros de que estamos obrando bien. Ésta es la situación en la que hay una acción dominante. Por otro lado, si hay una situación que puede ser mejorada, ¿para qué elegirla? Esta forma de pensar nos conduce al concepto de una acción dominada.

Estrategias mixtas

En el apartado anterior hemos visto formas de encontrar el EN en estrategias puras en un juego simultáneo. Sin embargo, hay ocasiones en las que dicho equilibrio no existe. Consideremos, por ejemplo, la matriz de ganancias del siguiente juego conocido como *Matching Pennies* (o juego de los chinos):

		Jugador Columna	
		0	1
Jugador Fila	0	(1,–1)	(–1,1)
	1	(–1,1)	(1,–1)

Tabla 3.5. Juego de Matching Pennies.

Si ambos jugadores coinciden en sus acciones, el jugador Fila ganará una unidad. Sin embargo, el jugador Columna estaría en su peor situación porque ganaría –1, es decir, perdería 1. Si pudiese, el jugador Columna querría engañar al jugador Fila para que así nunca pudiese adivinar cuál va a ser su acción. Pero al mismo tiempo el jugador Fila querría adivinar la elección del jugador Columna para así coincidir con su contrincante y tener una ganancia positiva. ¡Qué dilema!

En una situación así, es decir, cuando en el juego los jugadores no quieren revelar su acción, los jugadores escogerán cada una de sus acciones con una determinada probabilidad. Volvamos a nuestro ejemplo.

- El jugador Fila jugará la acción 0 con probabilidad p y la acción 1 con probabilidad $1-p$.

- Del mismo modo, el jugador Columna jugará su acción 0 con probabilidad q y la acción 1 con probabilidad $1-q$.

Según la hipótesis de la utilidad esperada, la ganancia de cada jugador atenderá al cálculo de la utilidad esperada obtenida con estas probabilidades. En particular, las ganancias esperadas del jugador Columna de jugar según la estrategia mixta con probabilidades $(p, 1-p)$, si el jugador Fila juega 0 o 1, serán, respectivamente:

- Si Columna juega $0 \rightarrow UE_F(p,0) = p \cdot u_F(0,0) + (1-p) \cdot u_F(1,0) = p \times 1 + (1-p) \times (-1)$

- Si Columna juega $1 \rightarrow UE_F(p,1) = p \cdot u_F(0,1) + (1-p) \cdot u_F(1,1) = p \times (-1) + (1-p) \times 1$

Como el jugador Fila quiere maximizar su ganancia, elegirá p tal que maximice su utilidad esperada. Podemos ya dar la definición de EN en estrategias mixtas que, como se puede imaginar, se formula de manera parecida al caso de estrategias puras, cambiando la naturaleza de las acciones, que son ahora una distribución de probabilidad:

Definición: Sea σ_i una distribución de probabilidad sobre el conjunto de acciones del jugador i, A_i; $(\sigma_1{}^*, \sigma_2{}^*, ..., \sigma_N{}^*)$ es *un equilibrio de Nash en estrategias mixtas* del juego simultáneo $G = (i \in \{1,2,...,N\}, A_i, u_i)$ si, para todo jugador $i \in \{1,2,...,N\}$, la ganancia esperada obtenida jugando $\sigma_i{}^*$ es mayor o igual que con cualquier otra distribución $\sigma_i \in \Delta(A_i)$:

$$EU_i(\sigma_1{}^*,...,\sigma_i{}^*,...,\sigma_N{}^*) \geq EU_i(\sigma_1{}^*,...,\sigma_i,...,\sigma_N{}^*) \quad \forall \sigma_i \in \Delta(A_i), \forall i.$$

Para calcular el EN en estrategias mixtas nos fijaremos en aquella distribución que le dé mayor ganancia dada una cierta acción de su contrincante. Es decir, la distribución que maximiza la ganancia esperada y respecto a la cual no existen desviaciones individuales provechosas, dejará indiferente a cada jugador eligiendo su distribución de probabilidad σ_i independientemente de la acción elegida por su adversario.

Para ilustrar esta propiedad, en el juego anterior de *Matching Pennies*, obtendríamos las dos condiciones siguientes para cada uno de los jugadores:

- Condición 1 $\rightarrow$ $UE_F(p,0) = UE_F(p,1)$ $\rightarrow$ $p \times 1 + (1-p) \times (-1) = p \times (-1) + (1-p) \times 1$

- Condición 2 → $UE_C(0,q) = UE_C(1,q)$ → $q \times (-1) + (1-q) \times 1 = q \times 1 + (1-q) \times (-1)$

De esta forma es fácil calcular que el equilibrio en estrategias mixtas para el jugador Fila es la distribución $(1/2, 1/2)$ y para el jugador Columna, también $(1/2, 1/2)$. Como era de esperar en este caso, los dos jugadores elegirán una distribución de probabilidad sobre sus acciones para la que el otro jugador no pueda tener ninguna ventaja, lo cual, en este caso, es la distribución uniforme.

Juego secuencial: equilibrio perfecto en subjuegos

Hasta ahora hemos estudiado situaciones en las que los jugadores tomaban sus decisiones al mismo tiempo. Supongamos ahora que mantenemos nuestros supuestos de información completa, pero cambiamos el marco temporal del juego. Ahora analizaremos qué ocurre cuando el juego se desarrolla en varias etapas y en cada etapa actúa un solo jugador. Este tipo de juego se conoce como *juego secuencial* o *dinámico*. En este apartado nos centraremos en aquellos juegos secuenciales en los que los jugadores, en el momento de tomar su decisión, conocen las acciones jugadas con anterioridad, es decir, aquellos en los que la información es *perfecta*. Este tipo de juegos nos permite simplificar la presentación de los juegos dinámicos. Además, la mayoría de los juegos secuenciales que se presentan en este libro son de información perfecta.

Empecemos por los rasgos generales de un juego secuencial. En primer lugar, consideremos cuántos jugadores están involucrados. Para cada etapa $t = 1,…, T$ se especificará qué jugador juega y qué acciones puede tomar en esa etapa. Tras ello, para cada secuencia completa de posibles decisiones, se materializan las ganancias de cada jugador. Es importante resaltar la información que tiene cada jugador: todos los jugadores tienen información total sobre las decisiones previas tomadas por los anteriores jugadores. Además, conocen la estructura temporal del juego, quién juega en cada caso y, por supuesto, las ganancias que se pueden alcanzar.

- Es decir, cuando un jugador es llamado a jugar sabe qué ha pasado anteriormente y todo lo que podría suceder después.

Dada su estructura temporal, un juego secuencial se representa gráficamente como un árbol de decisión. En un árbol tenemos dos ingredientes: nodos y ramas.

- Los nodos pueden ser de dos tipos: nodos finales y nodos intermedios. A los nodos no finales o intermedios los llamaremos nodos de decisión. En cada nodo de decisión un solo jugador tendrá el poder de elegir una acción.

- De cada nodo intermedio saldrán tantas ramas como acciones posibles tiene el jugador que toma la decisión en ese nodo.

- Por último, cuando todos los jugadores han elegido, se materializan las ganancias. Esto hace que en los nodos terminales o finales podamos escribir un vector que exprese la ganancia de cada jugador asociada a esa cadena de elecciones.

Veámoslo con un ejemplo. Supongamos que hay dos jugadores, el 1 y el 2, que juegan un juego de dos etapas. En la primera etapa, correspondiente a un único nodo, el jugador 1 elegirá entre dos acciones: cooperar (C) o no cooperar (NC). En la segunda etapa, habrá dos nodos que parten de las dos ramas que surgen del primer nodo. En cada uno de estos nodos será el jugador 2 quien jugará. De nuevo nacen dos ramas en cada nodo que se corresponden con las dos acciones del jugador 2: cooperar o no cooperar. Por tanto, tendremos un árbol con 4 nodos finales donde las ganancias son las siguientes:

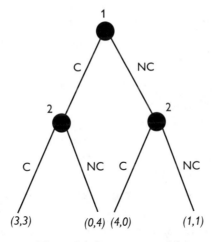

Figura 3.1. Juego secuencial.

Y ahora ¿qué es una estrategia? En un juego simultáneo las estrategias se expresaban sólo con una acción. Esta descripción era suficiente para caracterizar de manera precisa todo el plan contingente a la información del jugador.

Pero ahora, cuando un jugador tenga que jugar, su decisión dependerá de lo que haya sucedido anteriormente: la historia previa.

- Si el jugador 1 ha jugado cooperar, el jugador 2 preferirá no cooperar porque su ganancia es 4, mayor que 3.

- Si el jugador 1 ha elegido previamente no cooperar, el jugador 2 seguirá prefiriendo elegir no cooperar, pero, en este caso, sólo conseguirá 1.

Todo esto nos hace pensar que ahora, cuando tengamos que establecer la estrategia de cada jugador, tendremos que esforzarnos y escribir mucho más. De hecho, para cada jugador habrá que especificar qué acción elegirá dependiendo de las acciones tomadas por los anteriores jugadores. Recuerde el lector que cuando tratamos un juego simultáneo, una sola acción era suficiente para describir completamente el comportamiento de un jugador. Por tanto, en un contexto de juego simultáneo acción y estrategia coinciden. Sin embargo, en un contexto secuencial esto no es así: la estrategia de un jugador estará determinada por las acciones que ocurrieron anteriormente, es decir, por el momento de su decisión.

Por tanto, después de una secuencia de jugadas que determina una historia, el jugador que llega a ese nodo de decisión elegirá una acción marcando una de las ramas que parten de ese nodo. Así, la historia crece con una acción más y ésta será la información que necesitará el siguiente jugador en el nuevo nodo de decisión activo. Y así sucesivamente, hasta llegar al final del juego, cuando las ganancias se ejecuten. Con esto ya tendríamos la estrategia de cada jugador y ahora nos tenemos que preguntar cómo se define el equilibrio.

El concepto de equilibrio que podríamos definir sería, en principio, igual al explicado para juegos simultáneos. Para cada perfil de estrategias buscaríamos aquellas para las que ningún jugador tuviera incentivos individuales para desviarse. Como se puede imaginar, escribirlo es un poco tedioso, pero la idea que prevalece en un juego secuencial es la misma que en un juego simultáneo. El EN en un juego secuencial es objeto de una crítica importante. Hay ocasiones en las que estas estrategias conllevan amenazas que no son creíbles. Para solucionar este problema, la noción de equilibrio en un juego secuencial es el *equilibrio de Nash perfecto en subjuegos (EPS)*. Pero ¿qué es un subjuego? Lo ha adivinado. Si un juego secuencial lo representamos con los nodos y las ramas, un subjuego será un trozo de ese árbol, pero claro, no cualquier trozo. Tenemos que mantener la misma estructura y que todo siga estando bien definido. Necesitamos un nodo inicial con todas sus ramas y todo el árbol que se construya desde ahí hasta los nodos terminales. Por tanto, el árbol total es un subjuego. Si tomamos como nodo inicial un nodo intermedio obtendríamos un subjuego menor. Si para cada subjuego, empezando por los nodos de decisión inmediatamente anteriores a los nodos terminales, calculásemos los equilibrios de Nash y eliminásemos las demás ramas que no son elegidas, podríamos ir formando un nuevo juego donde cada rama que permanece constituye el equilibrio del subjuego asociado a ese nodo.

El equilibrio de todo el juego que surge siguiendo este proceso, conocido como *inducción hacia atrás* o *inducción retroactiva*, es también un equilibrio de Nash. Este equilibrio se denomina EPS.

Para ilustrar lo importante que es este concepto, veámoslo en un juego clásico que se caracteriza por una gran discrepancia entre la aportación teórica y la evidencia empírica. Empecemos por un no-juego, es decir, un problema de decisión unilateral. Tendremos dos jugadores, pero sólo el jugador 1 decide. El rol del jugador 2 es sólo el de aceptar, sin poder cambiarla, la decisión del otro jugador.

- Supongamos que el jugador 1 debe repartirse una cantidad de dinero o un pastel de tamaño *P* con otro jugador.

- Una vez realizado el reparto que considere el jugador 1, el jugador 2 se queda con lo que le ha dado el jugador 1.

El problema de maximización del jugador 1 es claro. Sencillamente, ofrecerá la cantidad más pequeña posible (dado su conjunto de estrategias) al jugador 2, que se quedará con ella. A este problema se le conoce como el *juego del dictador*, aunque no sea un juego en el sentido estricto de la palabra puesto que no hay interacción estratégica. La siguiente figura está basada en el juego binario del dictador de Bolton *et ál.* (1998) (véase también la Figura 6.1 del Capítulo 6).

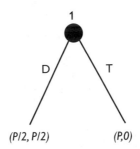

Figura 3.2. Juego binario del dictador.

En este caso muy sencillo, el jugador 1 tiene sólo dos acciones posibles: quedarse con todo el pastel (elección T) o dividirlo a partes iguales con el jugador 2 (elección D). Si es racional, elegirá la primera opción, T.

Ahora iremos un paso más allá. Analizaremos el juego que surge si al problema anterior le añadimos la posibilidad de que el jugador 2 pueda aceptar o rechazar el reparto del pastel propuesto por el jugador 1. Para ejemplificar el caso más sencillo, supongamos que el jugador 1 de nuevo tiene dos acciones posibles:

- Un reparto (A) en el que el jugador 1 se queda con una unidad y pasa el resto del pastel al jugador 2, con ganancias (*1, P–1*).

- Otro reparto (E) que consiste en pasar una unidad al jugador 2 y el jugador 1 se queda con el resto del pastel (*P–1, 1*).

Si el jugador 2 acepta la propuesta, cada jugador ganará según dicho reparto. Si el jugador 2 decide rechazar, entonces los dos jugadores ganan *0*. Este juego, propuesto por Güth *et ál.* (1982), se conoce como el *juego del ultimátum*, que es un juego secuencial que se puede representar en el siguiente árbol.[3]

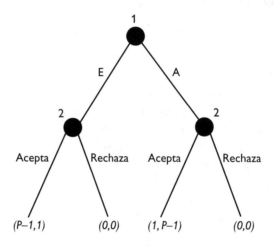

Figura 3.3. Juego del ultimátum.

En este juego hay tres subjuegos:

- Uno corresponde a todo el juego y

- dos subjuegos se corresponden a los dos nodos donde el jugador 2 puede decidir tras la decisión del jugador 1.

Es decir, si el jugador 1 elige el reparto de una unidad para él (A), tendremos el subjuego en el cual el jugador 2 toma su decisión en el nodo inicial y corresponde al árbol de la Figura 3.4.

---

[3] En realidad, el juego del ultimátum es más complejo, pues el jugador 1 puede dividir *P* como desee, es decir, su conjunto de estrategias es un continuo desde *0* hasta *P*.

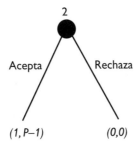

Figura 3.4. Subjuego del juego del ultimátum cuando 1 ha elegido A.

El otro subjuego corresponde al árbol de la Figura 3.5, después de que el jugador 1 ofrece el reparto de todo para él menos una unidad (E).

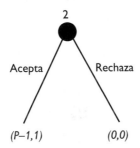

Figura 3.5. Subjuego del juego del ultimátum cuando 1 ha elegido E.

Procedamos a resolver cada uno de los subjuegos:

1. Si estamos en el subjuego de la Figura 3.4, el jugador 2 elegirá entre sus dos posibles ganancias, $P-1$ o 0. Por tanto, aceptará la propuesta ya que le ofrece una ganancia positiva.

2. Si estamos en el subjuego de la Figura 3.5, el jugador 2 elegirá entre 1 o 0. Como una unidad es mayor que 0, de nuevo aceptará la propuesta.

3. El jugador 1 puede prescindir de aquellas acciones que el jugador 2 no va a elegir en los subsiguientes subjuegos. Por tanto, tendrá que elegir entre el primer reparto y el segundo sabiendo que en ambos casos el jugador 2 aceptará cualquiera de los dos. Si $P > 2$, como en el segundo reparto él se llevaría todo menos una unidad y no sólo una unidad como en el primer reparto, la consecuencia es que el jugador 1 elegirá el segundo reparto (E).

Dado que el jugador 2 aceptará cualquier cantidad pequeña ("aceptar" poco es mejor que "rechazar" y no ganar nada), la predicción de la teoría de juegos es que el jugador 1 le ofrecerá muy poco.

Otro juego clásico secuencial con información perfecta es el introducido por Berg *et ál.* (1995) y que se conoce como el *juego de la confianza* (véase la Figura 3.6). En este juego, el jugador 1 recibe una dotación P de dinero y tiene la opción de entregar una proporción x del mismo, xP, al jugador 2, sabiendo que la cantidad que le entregue se multiplicará por tres, es decir:

- el jugador 1 se queda con $P–xP$

- y el jugador 2 recibe $3xP$.

El jugador 2 podrá devolverle cualquier cantidad Y ($0 < Y < 3xP$) que decida. Como ahora el jugador 1 puede elegir cualquier proporción x entre 0 y 1, y el jugador 2 cualquier cantidad entre 0 y $3xP$, las posibles acciones de cada uno de ellos no constituyen un conjunto finito, sino infinito, es decir, un continuo entre 0 y 1 para el jugador 1, y entre 0 y $3xP$ para el jugador 2. En el árbol de decisión, esto lo representaremos como un arco entre los dos extremos de acciones que eligen los jugadores.

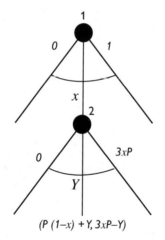

Figura 3.6. Juego de la confianza.

Si nos preguntásemos cuál es la predicción, obviamente, ésta es que el jugador 1 no entregará nada al 2, puesto que anticipa que el 2 no le devolverá nada. Es decir, juega el EPS considerando que el jugador 2 juega, en su subjuego, su equilibrio de Nash, que consiste en no devolver nada.

Conclusiones

Este capítulo introduce algunos conceptos básicos de teoría de juegos con el fin de que resulten más familiares cuando se utilicen en los diversos capítulos del libro. Hemos visto que una situación en la que una o más personas tienen que tomar una decisión se puede formalizar como un juego, que se caracteriza por el tipo de información disponible y el tipo de interacción entre los jugadores (simultánea o secuencial). A partir del concepto de elección racional, es decir, la mejor respuesta a las acciones posibles de los demás jugadores, hemos definido varios conceptos de equilibrio de Nash, cada uno apropiado a un determinado contexto de juego.

Si bien es prácticamente imposible resumir en pocas páginas la complejidad de la teoría de juegos, esperamos haber dado una idea al lector de cómo se puede abordar un problema de toma de decisiones de manera racional. A veces, a partir del análisis que propone la teoría de juegos, se pretende hacer previsiones de cómo se comportará la gente en la práctica cuando se enfrenta a situaciones similares. Sin embargo, a lo largo de este libro veremos, a menudo, que las previsiones teóricas basadas en la racionalidad no se ven confirmadas necesariamente por el comportamiento real de la gente. ¡El desafío es intentar comprender por qué!

4. Juegos de coordinación

María Paz Espinosa
Universidad del País Vasco

Penélope Hernández
ERI-CES y Universitat de València

Introducción

En este capítulo se tratan situaciones estratégicas englobadas bajo el nombre de *juegos de coordinación*. Tanto en la vida cotidiana como en el mundo empresarial existen numerosas situaciones en que es necesario coordinarse con amigos, familiares, profesores, otras empresas, etc. Algunas veces puede parecer muy fácil y sin embargo en otras ocasiones, aunque la coordinación sea esencial, aparecen ingredientes que dificultan la coincidencia en las acciones de los agentes. ¿Por qué se producen fallos de coordinación? ¿Qué contribuye o dificulta la capacidad de los humanos para coordinarse? Tal será el contenido de este capítulo.

El problema de la coordinación

Empecemos por el principio ¿Qué entendemos por un problema de coordinación pura? Blas y Ana han quedado para tomar café a las diez de la mañana pero olvidaron decir en qué cafetería sería, la de la planta 1 o la de la planta 2. Pueden buscarse sin éxito y perder el tiempo de descanso y, encima, quedarse sin café. Situaciones como ésta se producen con cierta frecuencia en cualquier ámbito. Son problemas de coordinación.

La teoría de juegos propone dos equilibrios posibles. Los dos van a la cafetería de la planta 1 o a la de la planta 2. Sin embargo, cómo predecir cuál de estos equilibrios ocurrirá sigue siendo una pregunta abierta que da lugar a nuevas teorías que intentan explicar cómo se resuelve un problema de coordinación.

Los juegos de coordinación no son difíciles de modelizar. Todos los sujetos tienen varias opciones y la ganancia es más alta si todas las decisiones coinciden.

Por ejemplo, la situación anterior se puede representar mediante la matriz de ganancias de la Tabla 4.1.

Este juego de dos jugadores, Ana y Blas, donde cada uno de ellos tiene dos acciones, ir a la planta 1 o ir a la planta 2, tiene dos equilibrios de Nash (en negrita) en estrategias puras (véase el Capítulo 3) que dan la misma ganancia a cada jugador, es decir, ambos equilibrios son idénticos en términos de resultados.

| | | Blas | |
		Planta 1	Planta 2
Ana	Planta 1	**(1,1)**	0,0
	Planta 2	0,0	**(1,1)**

Tabla 4.1. Juego de coordinación con ganancias simétricas.

Este hecho nos permitiría realizar una predicción más ajustada: en equilibrio, la ganancia de los jugadores es siempre (1,1). El problema es que al haber múltiples equilibrios de Nash (EN):

- no podemos saber si los jugadores se van a coordinar o no,

- además, si no se coordinan las ganancias son (0,0) y, en ese caso, el equilibrio no es una buena predicción de lo que ocurre.

La situación de Ana y Blas la podemos interpretar también como la de dos empresas que están seleccionando un estándar tecnológico (por ejemplo, la tecnología que permite la comunicación internacional a través del teléfono móvil) y se verían beneficiadas si eligiesen el mismo (los consumidores tendrían una mayor aceptación del producto si les permite comunicarse con un mayor número de usuarios). Es, pues, importante saber si en la vida real la falta de coordinación es frecuente o no.

La economía experimental aborda esta pregunta desarrollando experimentos que tratan de ver hasta qué punto la gente es capaz de coordinarse y qué factores influyen de manera positiva o negativa en dicha coordinación. Los experimentos proporcionan evidencia empírica que será útil allí donde la teoría no sea capaz de predecir adecuadamente.

En ausencia de comunicación, la coordinación puede ser complicada. Los agentes necesitan de algún mecanismo para elegir, seleccionar, coordinarse en uno de esos EN. Las *convenciones sociales* sirven en muchas ocasiones como mecanismo de coordinación.[1]

---

[1] Véase, por ejemplo, Espinosa, Kovarik y Ponti (2011) para una revisión.

Un ejemplo clásico de coordinación es el de conducir por la derecha o por la izquierda. Las convenciones son una solución a los problemas de coordinación. No es razonable que los conductores tengan que decidir cada mañana si deben conducir por la izquierda o por la derecha, así que se ha establecido la convención de conducir por la izquierda en Gran Bretaña, Australia, Japón… y por la derecha en otros países. Las zonas oscuras de la Figura 4.1 muestran los países donde se conduce por la izquierda. Esta convención resuelve el problema de coordinación.

Figura 4.1. Las convenciones como mecanismos de coordinación. En las señales de la izquierda se aprecia el cambio de sentido del tráfico en Samoa.

Procederemos ahora a presentar algunos juegos de coordinación clásicos. En cada uno de ellos se añaden ingredientes que pueden facilitar o dificultar la coordinación y, en algunos casos, permiten seleccionar entre los posibles equilibrios.

La batalla de los sexos

Ana y Blas quieren salir el sábado. Ana prefiere ir a bailar y Blas prefiere ir al cine. Indudablemente ambos quieren ir juntos pero sus gustos no coinciden plenamente. Podemos decir que hay simetría en las acciones pero no en las preferencias, originando una diferencia en las ganancias de cada uno si van al cine o si van a bailar. El juego de la Tabla 4.2 se llama la batalla de los sexos.

Este juego tiene dos EN en estrategias puras, aquellos donde Ana y Blas se coordinan para salir juntos el sábado. Pero las ganancias son desiguales: o bien Ana renuncia a su mejor opción por estar con Blas o viceversa. Hay también un equilibrio en estrategias mixtas en el que cada uno va a su actividad favorita con probabilidad ¾ (véase el Capítulo 3).

		Blas	
		Bailar	Cine
Ana	Bailar	**(6,2)**	0,0
	Cine	0,0	**(2,6)**

Tabla 4.2. La batalla de los sexos.

Esta situación estratégica se corresponde también con la que afrontan dos empresas que deben decidir un estándar tecnológico en un mercado de red[2] y cada una de ellas tiene ventaja en uno de los estándares en costes o en *know-how* (Besen y Farrell, 1994).

Los experimentos de laboratorio nos enseñan que, por lo general, los participantes tienen graves problemas para lograr la coordinación en la batalla de los sexos. Cooper, DeJong, Forsythe y Ross (1994) llevaron a cabo un estudio experimental de este juego y obtuvieron una tasa de no-coordinación del 59% (22% y 19% se coordinaron en cada uno de los equilibrios). Curiosamente, este porcentaje no está lejos de la tasa de fallo que se obtendría si los jugadores buscaran el equilibrio en estrategias mixtas (62,5%).[3] Una segunda cuestión a tener en cuenta es que este alto porcentaje de fallo en la coordinación (casi del 60%) no se produce en las primeras rondas del experimento (cuando los jugadores son inexpertos) sino en los últimos 11 periodos de un juego de 22 rondas.

Un mecanismo que podría mejorar los resultados es la comunicación. Si los agentes se pudiesen comunicar antes de jugar quizá podrían llegar a un acuerdo y así garantizar la coordinación. Los trabajos de Cooper *et ál.* demuestran que esto es verdad sólo hasta un cierto punto. Si la comunicación dura un periodo, no es vinculante y sólo uno de los jugadores es el que comunica, entonces en la batalla de los sexos obtenemos una mejoría notable. Sin embargo, cuando se permite comunicarse a los dos jugadores, y esta comunicación continúa siendo no vinculante, volvemos a los resultados anteriores. Es decir, el exceso de comunicación genera más ruido y, por tanto, los jugadores actúan como si no tuviesen ninguna información adicional.

La comunicación por parte de uno solo de los agentes puede entenderse como la existencia de una etapa anterior que da una cierta ventaja al jugador que habla.

---

[2] Mercados en los que los consumidores quieren comprar productos compatibles con los que adquieren otros consumidores, por ejemplo, el sistema operativo de un ordenador Mac o Windows.

[3] En Cooper, DeJong, Forsythe y Ross (1990) la tasa de fallo de coordinación es del 52%.

Es como si hubiese un primer jugador. Esta paradoja la estudió Rapaport (1997) en un contexto algo distinto, pero con la misma interpretación. Como se vio en el capítulo anterior, en teoría de juegos se realiza una cuidadosa distinción acerca de lo que sabe y no sabe cada jugador; sólo la información que conoce es la que se utiliza para calcular el correspondiente equilibrio.

Cooper *et ál.* hallaron que la tasa de no-coordinación cuando uno de los jugadores decide primero era del 34% (compárese con la mencionada antes, 59%). Lo más sorprendente es que, en este juego, el segundo jugador no veía lo que había hecho el primero, sólo sabía que había tomado su decisión. ¿Dónde se coordinaban los sujetos? Como el lector puede imaginar, los participantes se coordinaban en el resultado preferido por el jugador que decidía primero (62% de los casos) frente a tan sólo un 4% de coordinación en el resultado preferido por el segundo.

En los experimentos de Rapaport (1997) también se observan distintos resultados dependiendo de quién se crea que es el primero que juega. Lo sorprendente es que la existencia de un primero en decidir no debería cambiar el grado de coordinación, puesto que el segundo desconoce la decisión del primero y, por tanto, la situación debería ser la misma que si el juego fuera simultáneo. Sin embargo, lo que ocurre es que saber quién ha decidido primero sirve de mecanismo de coordinación y el segundo jugador supone que el primero jugará su acción preferida.

El criterio de la dominancia

En la batalla de los sexos los intereses de los participantes entran en conflicto, pero hay ocasiones en que, por mucho que los jugadores compartan un interés en coordinarse, aparecen otros ingredientes que dificultan la coordinación. Los dos juegos que se presentan a continuación añaden también cierta asimetría. En el primer juego uno de los EN proporciona mayores ganancias y en el segundo uno de los equilibrios es menos arriesgado.

En la Tabla 4.3.a tenemos un ejemplo claro de dominancia en las ganancias. La dominancia en ganancias actúa como mecanismo de coordinación. Ir al cine es una estrategia más notoria porque proporciona mayores ganancias a los dos jugadores y es más probable que resulte elegida. Para entender que (2,2) sería el EN que juegan los dos, conviene pensar en lo difícil que sería sostener (1,1). ¿Qué individuos racionales preferirían ganar menos que más? ¿Cómo sostener (1,1) si los dos salimos perdiendo?

a) En ganancias

b) En riesgo

		Blas	
		Casa	Cine
Ana	Casa	**(1,1)**	0,0
	Cine	0,0	**(2,2)**

		Blas	
		Esquina	Café
Ana	Esquina	**(2,2)**	0,1
	Café	1,0	**(2,2)**

Tabla 4.3. Dominancia en ganancias y en riesgo.

Para terminar esta sección usaremos un criterio distinto: la dominancia en riesgo. Como vemos en la Tabla 4.3.b, Ana y Blas no recuerdan si debían encontrarse en la esquina o en el café. En este juego las ganancias en los dos equilibrios son iguales puesto que, al fin y al cabo, el único objetivo de Ana y Blas es encontrarse, pero hay algo que distingue a la estrategia de quedar en un café. En caso de que no haya coordinación y, por tanto, la espera se prolongue, será más cómodo estar en un café que en la calle. Así pues, quedar en el café es menos arriesgado y este criterio permite seleccionar uno de los equilibrios.

Cuando la coordinación es más difícil

En los juegos anteriores hemos usado el criterio de dominancia en ganancias o bien el de dominancia en riesgo para seleccionar un equilibrio y resolver el problema de coordinación. A veces las cosas no son tan sencillas: es el caso de un juego donde uno de los EN domina en riesgo y el otro EN domina en ganancias.

Dilemas roussonianos
El dilema del cazador está basado en un pasaje del *Discours sur l'origine et les fondements de l'inégalité parmi les Hommes* de Jean-Jacques Rousseau. Dos cazadores necesitan cooperar para cazar un ciervo, porque uno solo no podría. Si, cuando están al acecho, cada uno en un extremo del bosque, pasara una liebre cerca de uno de ellos, ¿qué haría este cazador?

La Tabla 4.4 representa el dilema: el cazador puede abandonar su puesto (y con ello el proyecto conjunto de cazar el ciervo) y llevarse la liebre, que es una pieza menos apreciada, o puede atenerse al acuerdo inicial de cazar el ciervo. Rousseau previó que cada uno de los cazadores se inclinaría por cazar la liebre.[4]

---

[4] «*Voilà comment les hommes portent insensiblement acquérir quelque idée grossière des engagements mutuels, et de l'avantage de les remplir, mais seulement autant que pouvait l'exiger l'intérêt présent et sensible; car la prévoyance n'était rien pour eux, et loin de s'occuper d'un avenir éloigné, ils ne songeaient pas même au lendemain. S'agissait-il de prendre un cerf, chacun sentait bien qu'il devait pour cela garder fidèlement son poste; mais si un lièvre venait à passer à la portée de l'un d'eux, il ne faut pas douter qu'il*

Cazador 1

		Ciervo	Liebre
Cazador 2	Ciervo	**(3,3)**	0,2
	Liebre	2,0	**(2,2)**

Tabla 4.4. Dilema del cazador.

Sin embargo, en esta matriz el riesgo de jugar la estrategia 2 (ciervo) es muy elevado. Si uno de ellos tuviese la certeza de que el otro no va a abandonar su puesto, lo más razonable sería que él tampoco lo abandonara, porque cazar el ciervo es más productivo para ambos (una ganancia de 3). No obstante, si no tiene esa certeza, dejar pasar la liebre (con una ganancia segura de 2) es arriesgado porque podría terminar con una ganancia de cero si el otro cazador abandonara su puesto.

El juego del dilema de los cazadores se ha utilizado en la teoría neokeynesiana de los ciclos de negocios en macroeconomía (Cooper y John, 1988). Los pánicos bancarios son también un fallo de coordinación en el buen equilibrio.

El dilema del cazador tiene dos EN en estrategias puras: (Ciervo, Ciervo) y (Liebre, Liebre) y un equilibrio en estrategias mixtas en el que cada jugador juega liebre con probabilidad 1/3. Esta situación combina los juegos de la Tabla 4.3 puesto que uno de los dos equilibrios en estrategias puras domina en ganancias (Ciervo, Ciervo) y el otro domina en riesgo (Liebre, Liebre). ¿Qué ocurrirá?

Cooper, DeJong, Forsythe y Ross (1990) exploraron en el laboratorio este dilema con la matriz de ganancias que se muestra en la Tabla 4.5. En el 97% de los resultados éstos fueron del tipo (Liebre, Liebre).[5] ¡Rousseau estaba en lo cierto!

Jugador 1

		E 1	E 2
Jugador 2	E 1	**(800,800)**	(800,0)
	E 2	(0,800)	**(1000,1000)**

Tabla 4.5. Cooper *et ál.* (1994).

Sin embargo, hay que tener en cuenta que ese 97% de elección de Liebre puede deberse a que jugar E2, en esta matriz de ganancias, tiene un riesgo muy

---

ne le poursuivît sans scrupule, et qu'ayant atteint sa proie il ne se souciât fort peu de faire manquer la leur à ses compagnons.»

[5] En esta matriz de ganancias, el equilibrio en estrategias mixtas requiere que se juegue E1 (Liebre) con probabilidad 1/5.

elevado. Straub (1995) estudió cómo varían los resultados con este factor, es decir, cómo varían las decisiones conforme varía la probabilidad que los jugadores atribuyen a que los demás vayan al equilibrio eficiente (Ciervo). Sus resultados son muy razonables: cuando el riesgo disminuye por debajo de cierto nivel, se alcanza el EN eficiente (Ciervo, Ciervo). Por tanto, existe un umbral donde la dominancia en ganancias actúa de manera más fuerte que la dominancia en riesgo.

Para terminar la sección vemos el caso contrario: la anticoordinación. Para ello usaremos un juego muy conocido: halcón o paloma.

Halcón o paloma

La Tabla 4.6.a muestra el juego del halcón y la paloma. Este juego ha alcanzado enorme notoriedad tanto dentro como fuera de la economía. Los biólogos utilizan este juego para explicar el comportamiento de las especies. Halcón se interpreta como un comportamiento agresivo, mientras que Paloma representa una actitud conciliadora, pacífica.

En una situación de competencia por un recurso, si ambos eligen Halcón, se produce una agresión cuyo coste ($C = 8$) es mayor que el valor del recurso ($V = 6$) y ambos salen perdiendo ($(V\text{-}C)/2 = -1$). Si sólo uno de ellos elige la estrategia agresiva, se queda con el recurso y el otro jugador no obtiene nada. Si ambos juegan la estrategia conciliadora, comparten el recurso o se lo queda uno de ellos con probabilidad ½ ($V/2 = 3$).

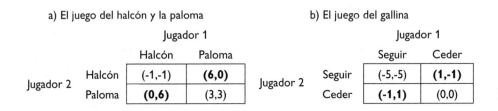

Tabla 4.6. Juegos de anticoordinación.

Este juego tiene dos EN asimétricos en estrategias puras (Halcón, Paloma) y (Paloma, Halcón) y un equilibrio simétrico en estrategias mixtas (q,q) con q(Halcón)$=V/C=$ ¾. En este equilibrio los agentes juegan Halcón con probabilidad ¾ y Paloma con probabilidad ¼. En biología se da prioridad a este equilibrio simétrico puesto que en los dos EN asimétricos no está determinado qué agente es el jugador 1 y quién el jugador 2.

Este juego tiene la misma estructura que el juego del gallina que aparece en la Tabla 4.6.b. Dos conductores se dirigen a gran velocidad a los dos extremos de un puente con un solo carril. Si ninguno de ellos cede el paso, se produce un choque y los dos pierden la vida. Si uno de ellos cede el paso (¡gallina!) pierde, pero sigue con vida. Obviamente, el que no cede gana.

En los dos últimos casos (Tabla 4.6), los jugadores deben coordinarse en estrategias distintas, pero aun así necesitan coordinarse para evitar un resultado muy negativo. Esta situación estratégica se corresponde también con la de países que se enfrentan a la posibilidad de un conflicto armado.

En la vida real no sólo nos tenemos que coordinar con otro individuo. En muchas ocasiones los problemas de coordinación involucran a un gran número de individuos. Veamos un juego[6] que se asemeja al dilema de cazador.

Cada jugador puede elegir una de dos acciones, A o B. La estrategia A siempre da una ganancia segura. La estrategia B proporciona una ganancia mayor, siempre y cuando la elija un número suficiente de jugadores, K; si por el contrario la elige un número de personas inferior a K, todos obtienen 0.

La Tabla 4.7 recoge la ganancia de un jugador en este juego de N personas. Este juego presenta multiplicidad de equilibrios en estrategias puras. Se necesita un cierto grado de coordinación, al menos $K \leq N$ jugadores deben elegir la misma acción, B, la cual es dominante en ganancias. Sin embargo, hay cierto riesgo de que no se llegue a ese umbral y, por tanto, jugar A, obteniendo una ganancia de 3, podría ser dominante en riesgo. En consecuencia, los equilibrios en estrategias puras son, o todos los jugadores juegan A, o todos juegan B. ¿Qué resultado se alcanzará?

		Porcentaje de jugadores que eligen B	
		< K	≥ K
Jugador 1	A	3	3
	B	0	15

Tabla 4.7. Coordinarse con muchos.

En los experimentos llevados a cabo en Frankfurt por Heinemann, Nagel y Ockenfels (2009) con $N = 10$ y $K = 4$, un promedio del 62% de las decisiones son B; cuando $K = 7$, el porcentaje se reduce al 44% y con $K = 10$, al 27%. La frecuencia con que los jugadores se coordinan en B se va reduciendo cuando aumenta K.

---

6 Este juego es una versión del utilizado por Heinemann, Nagel y Ockenfels (2009) para medir la incertidumbre estratégica en juegos de coordinación.

Esta situación estratégica se presenta a menudo en economía. Por ejemplo, cuando un conjunto de empresas debe decidir si invertir en una tecnología de red (estrategia B) que solamente resulta rentable si un número suficiente de empresas decide invertir en ella. Las crisis de liquidez también se han modelizado como un juego de coordinación de este tipo (Ghosal y Miller 2003).

Puntos focales y segregación

Puntos focales

En ocasiones la coordinación puede resultar sencilla incluso en ausencia de comunicación o de una convención social establecida, si alguna de las opciones es focal. Por ejemplo, si Ana y Blas suelen ir a tomar café a la planta 1, es muy probable que ambos elijan esa alternativa. El concepto de punto focal, también llamado el punto de Schelling[7] en honor al economista Thomas Schelling, es una solución que los agentes tienden a utilizar en ausencia de comunicación porque parece natural, especial o relevante para ellos.

¿Qué elementos convierten una estrategia en focal? Bacharach y Bernasconi (1997) han estudiado en qué consiste la focalidad. Para empezar, ellos apuntan a la "obviedad" de ciertos equilibrios para poder entender su selección. Por ejemplo, en la matriz de ganancias de la Tabla 4.8, ¿qué estrategia parece la "más obvia"?

	1	2	α	3	4
1	**(7,7)**	(0,0)	(0,0)	(0,0)	(0,0)
2	(0,0)	**(7,7)**	(0,0)	(0,0)	(0,0)
α	(0,0)	(0,0)	**(7,7)**	(0,0)	(0,0)
3	(0,0)	(0,0)	(0,0)	**(7,7)**	(0,0)
4	(0,0)	(0,0)	(0,0)	(0,0)	**(7,7)**

Tabla 4.8. La estrategia "α".

Si embargo, lo que es obvio para un agente no tiene por qué serlo para otros (¿cuál es la elección más obvia entre los jugadores de fútbol?).[8] La psicología cog-

---

[7] Thomas Schelling acuñó este concepto del punto focal en su libro titulado *The Strategy of Conflict* (1960).

[8] En situaciones de multiplicidad de equilibrios, Crawford y Haller (1990) proponen que los agentes encuentran un lenguaje común que clasifica y califica los eventos. En el proceso de aprendizaje de dicho lenguaje, los agentes van descartando eventos y/o equilibrios, seleccionando aquel que es focal para ellos.

nitiva se ha ocupado también de este problema, intentando encontrar principios generales sobre cómo percibe la gente la información recibida.

Por ejemplo, en nuestra cultura, donde lo visual es cada vez más importante, nos resulta más fácil entender consignas con imágenes que con texto. Por ello podríamos afirmar que en nuestra mente distinguiríamos cualquier acción asociada con una imagen. Ante una acción descrita con un pictograma y otras acciones descritas con una palabra, de forma automática nos fijaríamos en la acción dibujada. Esto le otorgaría el rango de focal.

Bacharach y Bernasconi apuntan que cada acción se puede clasificar de distintas maneras. Los agentes encontrarían una forma de ordenar las acciones dándoles a cada una un marco particular. En el ejemplo anterior tendríamos dos estructuras o marcos.

• Uno estaría asociado al pictograma.

• El otro englobaría todas las acciones descritas con palabras.

De esta forma, cada acción adquiriría una dimensión adicional en nuestra mente y, en el momento de la elección, no nos haría falta identificar cada una de las acciones. Bastaría con identificar las opciones por su marco, convirtiendo en focal el marco más singular. ¿Cómo surge la focalidad? Los diferentes marcos generan una asimetría en la percepción de los diferentes equilibrios. En nuestro ejemplo de la Tabla 4.8, unos identificarían cada acción con un número o una letra griega. Otros verían dos marcos de referencia, uno el de los números (que incluye cuatro acciones que no se distinguen entre sí) y otro marco, el de la letra griega que se corresponde a una sola acción.

Otros agentes sencillamente se fijarían en la *posición* de cada una de las acciones y destacarían, por ejemplo, la acción que está en el centro de la cuadrícula. Es probable que la mayoría de las personas hagan la distinción entre números y letra griega y, por tanto, se coordinen en la acción más distintiva, α, por su singularidad.

Esta discusión apunta además a la importancia de entender la configuración psicológica de nuestras mentes. De hecho, este tipo de juegos se utiliza en psicología para caracterizar aquellos ingredientes psicológicos de los sujetos que les hacen decantarse por algún equilibrio en particular. Así, por ejemplo, ante una situación completamente simétrica, cada individuo podría decantarse por algún aspecto personal común y, por tanto, generar una distinción en alguna de las acciones. Crawford, Gneezy y Rottenstreich (2008) han hallado evidencia experimental de que, en los juegos simétricos, cuando alguna de las estrategias es prominente o notoria por algún motivo, este carácter focal funciona como mecanismo de coordinación.

El nombre de las estrategias, su etiqueta, puede convertirlas en focales. Por ejemplo, cuando una de las estrategias tiene algún atributo raro (menos frecuente), la gente tiende a elegirla, y la elige más a menudo cuanto más rara sea (Bacharach y Bernasconi, 1997). Si además de rara es la única estrategia que tiene un atributo (es una singularidad), la gente la elige casi siempre. Por supuesto, esto requiere que el atributo sea relativamente obvio para que los sujetos se fijen en él.

En ocasiones este principio entra en conflicto con otros principios tales como la selección del elemento favorito; en Bardsley *et ál.* (2010) se realizó el siguiente experimento. A los sujetos se les invitó a que eligieran una ciudad del conjunto {Calais, Berlín, París, Praga, Roma}. Una gran mayoría eligió París. Está claro que, para muchos de nosotros, París es la capital europea que mejores recuerdos nos trae. Sin embargo, de todas las ciudades sólo una no es capital europea: Calais. Éste es el atributo diferente en este conjunto. No obstante, es más fuerte la preferencia por la ciudad de las luces que la diferencia entre meras ciudades y capitales. Otro criterio comúnmente utilizado es seleccionar el elemento mejor en alguna escala; por ejemplo, si los sujetos deben coordinarse en el nombre de un monte, podrían hacerlo fácilmente si eligen el más alto.

En los juegos simétricos, la coordinación es relativamente sencilla si alguna de las opciones sobresale por algún motivo, bien porque sea rara, o sea la favorita, o sea la mejor en alguna escala, y permite a los jugadores verla como la más probable. Sin embargo, en los juegos asimétricos, como la batalla de los sexos de la Tabla 4.2, la notoriedad no funciona como mecanismo de coordinación, ya que entra en conflicto con los intereses dispares de los jugadores (Crawford, Gneezy y Rottenstreich, 2008). Se ha estudiado también si una recomendación por parte de un agente externo puede funcionar como mecanismo de coordinación (Brandts y MacLeod, 1995; Van Huyck, Gillette y Battalio, 1992). El resultado es que la recomendación funciona bien sólo cuando no entra en conflicto con algún otro resultado focal (por ejemplo, dominancia en ganancias).

Una dificultad añadida al estudio de los puntos focales es el hecho de que la gente parece utilizar distintos principios cuando el conjunto de elección es abierto (elija una marca de coche) que cuando es cerrado (elija una marca en el conjunto {Audi, Volvo, BMW, Ferrari}). En conjuntos abiertos (por ejemplo, en los experimentos propuestos más arriba) se suelen elegir los elementos más típicos o mejor conocidos para maximizar las probabilidades de coordinación. Rojo (2010) ha comparado experimentalmente los principios que utiliza la gente en conjuntos abiertos y en conjuntos cerrados y concluye que en conjuntos abiertos los sujetos tienden a elegir prototipos, aquellos elementos mejor conocidos o que son los mejores en alguna escala. En cambio, en conjuntos cerrados la gente utiliza diversos principios (elegir el elemento más raro, el elemento favorito…) con el resultado de que la coordinación es más difícil que en conjuntos abiertos. Este es un resultado interesante porque de antemano parecería más sencillo coordinarse cuando hay un número reducido de opciones que cuando el conjunto es abierto y todas las opciones son posibles.

En resumen, los trabajos que hemos mencionado tienen en común aportar diversas explicaciones de cómo y por qué se seleccionan ciertos equilibrios. Todos ellos proponen cómo la diferenciación entre los equilibrios proviene de fenómenos intrínsecos en nosotros. Sea el lenguaje, las preferencias, la forma de entender el mundo común a nuestro entorno, todo ello reduce la incertidumbre acerca de qué equilibrio se seleccionará. En definitiva, rompemos la simetría de la predicción teórica añadiendo algún mecanismo intrínseco a los agentes y entonces, *¡eureka!*, ya tenemos un punto focal.

Pero pensemos en algo muy sencillo. Quizás añadir una señal adicional, no vinculante, pueda servir como mecanismo de coordinación. Por ejemplo, si dijéramos que la mitad de los jugadores son azules y la otra mitad rojos, ¿cambiaría algo? A primera vista no es relevante en un juego de coordinación donde las ganancias no dependen de esta artimaña artificial. Es decir, si sólo ponemos etiquetas a cada jugador pero el conjunto de acciones y ganancias se mantiene independiente del color, ¿usted se sentiría diferente? La respuesta es que algo cambia en la percepción de las acciones de los agentes y así lo demuestran Hargreaves-Heap y Varoufakis (2002): los agentes tienden a coordinarse con los de su mismo color. Cada agente elegirá una acción atendiendo a un solo equilibrio que "supuestamente" está asociado al color común.

En este trabajo se discute no sólo la relevancia de las etiquetas en un contexto de coordinación sino que, además, se compara con comportamientos de justicia o imparcialidad. Uno de los fundamentos que podrían sustentar como más probables algunos equilibrios frente a otros es que los agentes pueden considerar alguno de ellos más justo e inclinarse por él. Rabin (1993) propone un modelo teórico donde los jugadores poseen un criterio de justicia sobre las posibles acciones. Así, cuando un jugador elige una acción considerada negativa, como ser egoísta, dicha acción aporta, por un lado, unas ganancias monetarias y por otro, un coste resultado de su actitud injusta ante los demás. Esto origina una externalidad positiva en las acciones consideradas justas hacia el grupo. De manera similar, una acción poco cooperativa podría recibir un castigo mayor (véase el Capítulo 6). En este entorno, la relación "personal" entre los jugadores haría que la cooperación fuese más fácil de mantener al añadir un valor social al valor monetario propio de la acción. Concretamente, en el juego del dilema de los presos la cooperación se convertiría en equilibrio.

En el artículo de Hargreaves-Heap y Varoufakis (2002) se comparan dos tipos de comportamientos: por una parte la emergencia de un punto focal en el juego del halcón y la paloma diferenciando a los jugadores con dos colores, rojo y azul. Por otra, se añade una nueva acción que recoge una función de ganancias *à la* Rabin. Así se observa que la condición de los dos tipos de agentes identificados por un color marca un patrón de comportamiento. Dicha tendencia se mantiene incluso cuando se añade la posibilidad de justicia (se amplía el conjunto de acciones donde una de ellas tiene una ganancia *à la* Rabin) sólo si en las anteriores jugadas se pertenece al grupo ganador. En esta dinámica surge una paradoja, puesto que aquellos agentes que no eligieron el color dominante se sienten decepcionados. Por tanto, surge en ellos la necesidad de pedir justicia. Todos los agentes se hacen partícipes de esta injusticia y renuncian a su favor gratuito eligiendo la acción de este grupo desfavorecido. Esto convierte en focal una acción que ni tan siquiera es ¡de equilibrio!

Esta literatura muestra lo difícil que es explicar un punto focal, por qué aparecen y qué justifica cada uno de ellos. Afortunadamente, en muchas ocasiones los puntos focales aparecen de una manera fresca y espontánea.

Segregación
Ahora ya sabemos que la focalidad en alguna acción de los jugadores puede resolver la simetría de un juego, permitiendo alcanzar un mayor grado de coordinación. En algunos de los casos mencionados antes, la focalidad surge de manera endógena. Pero ¿existen factores exógenos que puedan hacer que alguna de las acciones se convierta en focal?

En economía tiene gran importancia la coordinación geográfica. La bien conocida "estrategia de la manzana mordida" en marketing refleja cómo, de manera natural, las empresas tienden a localizarse en el mismo lugar geográfico para así garantizar su mercado. La ciudad de Londres es un claro ejemplo de la localización especializada de los comercios por barrios. ¿Has intentado comprar algo que no sean patines en la zona de Marble Arch?

Parece a simple vista que el factor geográfico tiene cierta importancia y, por tanto, añadir la información *espacial* intrínseca a ciertos eventos del mundo podría ayudar a que se consolidara la coordinación entre los agentes. Sin embargo, este hecho puede ser perjudicial en algunas situaciones económicas donde existen externalidades negativas. Un ejemplo es la segregación.

Schelling (1971) demostró, con un juego muy sencillo, la fuerza de la atracción geográfica para generar grupos segregados en la sociedad. Podemos llamar a este resultado la "maldición de la segregación". Hay numerosos ejemplos de este fenómeno, pero los más notables son los enclaves étnicos en las grandes ciudades: Lavapiés en Madrid; Little Havana en Miami; Little Portugal en el sur de Londres; Liberdade, el distrito japonés en São Paulo; o Harlem, Chinatown y Little Italy en Manhattan.

Benito, Brañas Garza, Hernández y Sanchis (2011) han sido los primeros en realizar un experimento para contrastar la tesis de Schelling. Utilizan una sociedad estilizada representada por ocho jugadores dispuestos en forma de círculo y cada jugador puede ser de tipo blanco o rojo. Tomando uno de los agentes como el primero, los demás juegan siguiendo la dirección de las agujas del reloj. Cada uno de los sujetos tiene definido su vecindario como sus vecinos adyacentes a izquierda y derecha, es decir, cada individuo tiene dos vecinos, el primero a su izquierda y el primero a su derecha. Así, el número de vecindarios en el círculo es igual al número de individuos que lo forman, ocho. El modelo viene definido por las siguientes propiedades:

- Primero, se supone que los sujetos tienen una función de utilidad según la cual alcanzan su máxima ganancia cuando tienen al menos un vecino de su mismo tipo.

- Segundo, los sujetos se mueven sin coste alguno y de forma secuencial (primero decide el primero, luego decide el siguiente, y así hasta el octavo).

- El juego termina cuando ningún jugador desea cambiar su posición.

En el modelo de Schelling se impone que los sujetos se muevan al lugar más cercano que satisface su demanda vecinal, teniendo en cuenta que moverse al sitio más cercano significa colocarse en el hueco, espacio que hay entre dos personas, más próximo. El resultado que predice Schelling, considerando todas las opciones individuales, es que partiendo de la situación de integración completa (círculo (a) en la Figura 4.2), se generará una situación de segregación completa (círculo (b) en la Figura 4.2).

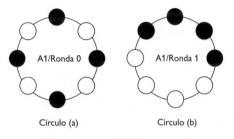

Figura 4.2. Coordinación geográfica.

Esto sería debido a que los individuos, en su libre albedrío, elegirían desplazarse sin considerar los movimientos de los demás y alcanzarían el resultado de máxima coordinación geográfica, es decir, la segregación total. ¿Cómo se llega a ella? La Figura 4.3 ilustra la evolución de una sociedad de ocho individuos, ($N = 8$).

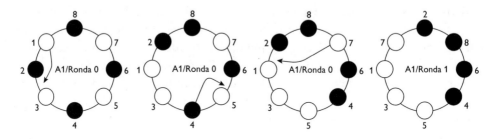

Figura 4.3. Desplazamientos en el juego secuencial.

¿Pero qué ocurriría si los agentes decidieran moverse, o no moverse, todos de forma simultánea? Benito *et ál.* (2011) muestran que en el caso en que las acciones se deciden de manera simultánea, los jugadores utilizan una estrategia de máxima aleatorización, es decir, unos eligen desplazarse a un lugar cercano, otros a uno a media distancia y otros a los puntos más alejados. Sin embargo, como no todos juegan lo mismo, entonces aparecen de forma natural algunos jugadores en una posición diferenciada, donde ya son felices *à la* Schelling (tienen un vecino semejante a ellos). Ahí surge la focalidad geográfica.

Este hecho hace que los demás jugadores actúen coordinándose en ese punto focal, dando lugar a la situación que Schelling había anunciado. Es decir, mecanismos con movimientos y órdenes de actuación se sustituyen por una focalidad geográfica que sirve como señal pública y permite alcanzar el máximo grado de coordinación.

Conclusiones

En este capítulo se estudia un conjunto de situaciones estratégicas conocidas como problemas de coordinación. Dichas situaciones aparecen con bastante frecuencia en la interacción entre empresas, países y en la vida cotidiana, y tienen una estructura que permite tanto su modelización como llevar a cabo experimentos con relativa facilidad. Se presenta un marco general en el que se engloban ejemplos clásicos que incorporan los distintos ingredientes que influyen en la coordinación. Así, hemos visto cómo la coordinación se puede complicar cuando la dominancia en riesgo entra en conflicto con la dominancia en ganancias; o cuando hay discrepancia en las preferencias de los jugadores sobre los resultados posibles. Al igual que existen factores que contribuyen a dificultar la coordinación, existen otros que permiten solventar los problemas anteriores. La idea de focalidad es clave para mejorar la coordinación.

5. RESPUESTAS INICIALES EN SITUACIONES ESTRATÉGICAS

Nagore Iriberri
Universitat Pompeu Fabra y BGSE, Barcelona

Pedro Rey Biel
Universitat Autònoma de Barcelona y BGSE, Barcelona

Introducción

En este capítulo analizamos el comportamiento ante situaciones estratégicas a las que un individuo se enfrenta por primera vez. En primer lugar, se motiva el estudio mediante ejemplos sencillos en los que, por diversas razones, el comportamiento puede diferir de la predicción de equilibrio de Nash. Seguidamente, se describen los distintos modelos que se han utilizado para describir formas alternativas de comportamiento ante situaciones iniciales. Por último, se explican las técnicas experimentales más comunes para analizar la validez de estos modelos en diferentes situaciones estratégicas.

Comportamiento inicial

Existen multitud de decisiones estratégicas en la vida que se toman una sola vez o muy pocas veces. La carrera que uno estudia, la compra de una casa, la pareja con la que convivir o el equipo de fútbol al que apoyar, condicionan en gran medida nuestra felicidad y otras decisiones futuras. Por ello, es importante entender el comportamiento inicial en situaciones estratégicas, es decir, cómo se toman decisiones para las que apenas se tiene experiencia ni oportunidades para aprender de los errores del pasado.

Estudiar el razonamiento que siguen los individuos cuando se enfrentan a una situación estratégica por primera vez ayuda a conocer cuáles son los principios inherentes que guían dichas decisiones y, con ello, los resultados de cualquier interacción estratégica. Esto cobra especial relevancia en los casos en los que la teoría de juegos indica la existencia de múltiples equilibrios o en los que la convergencia a un equilibrio concreto en una situación repetida depende de las condiciones establecidas por el comportamiento inicial. Igualmente, en los casos en los que la interacción estratégica se repite y puede dar lugar a que los individuos aprendan, estudiar el comportamiento inicial permite conocer el punto de origen de dicho aprendizaje y, con ello, su posible evolución.

Como vimos en el Capítulo 3, el equilibrio de Nash es un concepto que se puede aplicar a cualquier situación estratégica, a cualquier juego, y, por tanto, también a aquellas en las que los individuos deciden por primera vez. Sin embargo, si pretendemos dotar al equilibrio de Nash de un cierto poder descriptivo y predictivo sobre el comportamiento real de los individuos en estas situaciones, debemos preguntarnos si las exigentes condiciones que requiere el equilibrio se dan cuando los individuos se enfrentan a una situación estratégica por primera vez.

El equilibrio de Nash, recordemos, impone tres condiciones: 1) racionalidad: los individuos toman la decisión que más les conviene en cada situación, 2) conocimiento común de racionalidad: todos los individuos saben que todos los individuos son racionales y 3) el comportamiento que cada individuo espera de los demás es realmente la forma en la que los demás se comportan. ¿Es razonable pensar que los individuos, cuando se enfrentan a una situación por primera vez, van a tomar sus decisiones de esta forma tan sofisticada? Pongamos dos ejemplos y veamos qué ocurre.

Un ejemplo que se puede realizar en clase es el del "Concurso de belleza" (*"Beauty contest game"*, Nagel, 1995). Un profesor pide a sus alumnos que escriban de forma privada en un papel un número entero que pertenezca a un intervalo entre 0 y 100. El profesor anuncia que aquel alumno que escriba el número que más se acerque, por encima o por debajo, al número resultante de calcular 2/3 de la media de los números escritos por todos los alumnos se llevará un premio, por ejemplo 10 euros. En caso de empate, todos los alumnos que estén igualmente próximos a 2/3 de la media repartirán el premio de forma equitativa. ¿Qué número escribiría usted?

La teoría de juegos nos indica que en este juego relativamente sencillo existe un único equilibrio de Nash en el que todos los jugadores escriben el número cero y comparten el premio. ¿Es éste el número que usted habría escrito? Veamos el razonamiento que subyace en el equilibrio de Nash. En primer lugar, la condición de racionalidad implica que cada participante se dará cuenta de que no es óptimo elegir un número que sea superior a 2/3 de 100, puesto que está "dominado" (véase Capítulo 3). En segundo lugar, si los participantes piensan que los demás participantes son racionales, se darán cuenta de que tampoco es óptimo elegir un número que sea superior a 2/3 de 2/3 de 100 (puesto que si todo son racionales, entonces todos se dan cuenta de que 2/3*100 está dominado).

Aplicando este razonamiento una y otra vez, es decir, basándonos en el conocimiento común de la racionalidad, llegarán a la conclusión de que cero es lo mejor que pueden hacer. ¿Qué número esperan de los demás? La última condición de equilibrio implica que lo que esperan de los demás es realmente lo que éstos hacen, y, por tanto, la única forma de que las tres condiciones sean compatibles es que todos los participantes digan el número más bajo posible (0) y que, por tanto, todos estén igualmente cerca de 2/3 de ese número y compartan el premio.

Veamos ahora si es razonable pensar que ésta es la manera en la que todos los participantes se comportan cuando se enfrentan a este juego por primera vez. En primer lugar, cuando usted ha pensado su número, ¿lo ha hecho de forma racional? Por ejemplo, ¿ha sido capaz de darse cuenta de que no era óptimo decir un número superior a 2/3 de 100? Puede que sí, ésta era la condición más sencilla de cumplir.

En segundo lugar, ¿cómo se ha comportado respecto al supuesto de conocimiento común de racionalidad? Es decir, cuando ha pensado en cómo jugarían sus compañeros de clase ¿ha creído que todos sus compañeros de clase pensarían exactamente de la misma manera que usted? Y, por último, ¿esperaba que los demás también lo supieran y, por tanto, todos escribieran el número más bajo posible?

La evidencia acumulada sobre múltiples versiones de este sencillo experimento, realizados con distintos intervalos, incentivos y poblaciones, nos dice que el comportamiento de una gran proporción de quienes participan por primera vez en este juego dista mucho del comportamiento prescrito por el equilibrio de Nash. Los participantes que se acercan a la estrategia prescrita por el equilibrio de Nash son una minoría. La media (de los números ofrecidos) suele estar alrededor de 20, bastante lejos de 0. Además, hay claramente dos tipos de estrategias que destacan: muchos optan por el número 33 y otros muchos optan por el 22. Más adelante entenderemos cómo son los posibles razonamientos que hay detrás de estas estrategias.

Pensemos ahora en un típico problema de coordinación. En el juego de coordinación de Goeree y Holt (2001), presentado en la Tabla 5.1, las ganancias del jugador Fila se indican en la parte izquierda de cada casilla mientras que las ganancias del jugador Columna aparecen en la parte derecha. Se puede ver que independientemente del valor de x, que representa la ganancia del jugador

Fila cuando juega "Arriba" y el Columna juega "Derecha", hay dos equilibrios de Nash; la combinación de "Arriba" e "Izquierda" con ganancias bajas (90, 90) y la combinación de "Abajo" y "Centro" con ganancias altas (180, 180).

		Jugador Columna		
		Izquierda	Centro	Derecha
Jugador Fila	Arriba	(90,90)	(0,0)	(x,40)
	Abajo	(0,0)	(180,180)	(0,40)

Tabla 5.1. Juego de coordinación.

Sin embargo, cuando sujetos experimentales juegan distintas variaciones de este juego, su comportamiento varía considerablemente dependiendo del valor que adquiere x. Así:

- cuando $x = 0$, la enorme mayoría de los participantes Fila (96%) y Columna (84%) juegan "Abajo" y "Centro", respectivamente, resultando en un 80% de coordinación en la ganancia alta de 180. Goeree y Holt denominan este caso como un *tesoro* o *acierto* de la teoría de juegos.

- Sin embargo, cuando $x = 400$, la proporción de jugadores Fila que juegan "Abajo" baja al 64% y la proporción de jugadores Columna que juegan "Centro" baja al 76%, haciendo que solamente el 32% de los participantes lleguen a coordinarse obteniendo ambos las ganancias de 180.

Goeree y Holt consideran que este caso es una contradicción de la teoría de juegos ya que mientras los equilibrios de Nash no han cambiado de una situación a otra, el comportamiento sí lo ha hecho. ¿Cómo podemos explicar estos aciertos y contradicciones del equilibrio de Nash?

La pregunta interesante es, por tanto, qué razones hay detrás de esta divergencia entre la teoría y los resultados experimentales. Desde un punto de vista más general, si los individuos no se comportan según el equilibrio de Nash cuando toman decisiones por primera vez, ¿qué es lo que hacen realmente? ¿Podemos explicar su comportamiento en situaciones iniciales con otras teorías alternativas?

En este capítulo expondremos algunas de las teorías que se han propuesto para describir las desviaciones de comportamiento respecto al equilibrio que, en ocasiones, se observan en las primeras rondas de experimentos. El objetivo último de la investigación sobre el comportamiento inicial en situaciones estratégicas no es desbancar el equilibrio de Nash como teoría descriptiva del comportamiento observado en los experimentos, sino complementarla con posibles explicaciones alternativas y, finalmente, entender bajo qué condiciones unas u otras teorías describen con mayor acierto el comportamiento individual.

¿Cómo se pueden explicar las desviaciones del equilibrio de Nash?

Para ilustrar esta sección, tomemos como ejemplo un juego sencillo en forma normal con dos jugadores y tres acciones posibles para cada jugador. El jugador Fila (o F) debe elegir entre las acciones "Arriba", "Medio" y "Abajo", mientras que el jugador Columna (o C) elige entre "Izquierda", "Centro" y "Derecha".

En este juego el único equilibrio de Nash en estrategias puras (que llamamos EN por simplicidad) consiste en que el jugador F elija "Medio" y el C elija "Derecha". El resultado en equilibrio será que F obtenga una ganancia de 9 y C una ganancia de 7. A continuación describimos algunas teorías alternativas al equilibrio de Nash que han tenido cierto éxito explicando el comportamiento en situaciones iniciales. Ofrecemos aquí una visión simplificada de estos modelos y, cuando es posible, discutimos sus predicciones alternativas en este juego.

			Jugador C		
			Izquierda mM	Centro N1, Mm, MM	Derecha EN, N2, N3, EF, IG	
Jugador F	Arriba		(6,1)	(2,8)	(4,2)	Do1
	Medio	EN, N1, N3, Mm, EF	(7,1)	(10,4)	(9,7)	Do3
	Abajo	N2, mM, MM, IG	(5,1)	(11,3)	(5,5)	
			Do1	Do2		

Tabla 5.2. Juego de coordinación.

Modelos con posibilidad de errores

Una primera y sencilla teoría consistiría en suponer que los individuos siguen el comportamiento dictado por el EN ("Medio", "Derecha") con una alta probabilidad, pero permitiendo la posibilidad de que los individuos cometan errores a la hora de seguir estas acciones de equilibrio. Así, el equilibrio de Nash con errores prescribiría una alta probabilidad de que el jugador F jugase "Medio" y C jugase

"Derecha" pero también asignaría cierta probabilidad a observar acciones "erróneas" (Arriba y Abajo para F; Izquierda y Centro para C). Estas probabilidades dependerían del grado de error que los individuos pudieran cometer.

Nótese que este tipo de explicación no solamente es aplicable al comportamiento inicial, sino que puede ocurrir también en juegos repetidos. Sin embargo, es de esperar que estos errores sean mayores cuando no se tiene experiencia, o en situaciones que no ofrecen oportunidades para aprender.

Una explicación diferente –pero estrechamente relacionada con la anterior– supone que los individuos no sólo pueden cometer errores con cierta probabilidad (en el cálculo de su mejor respuesta), sino que también esperan que sus rivales cometan errores –con cierta probabilidad– cuando calculan su mejor respuesta. Es decir, los individuos buscan la mejor respuesta con error a la mejor respuesta *con error* de los demás individuos. Esto último es lo que diferencia ambas teorías.

McKelvey y Palfrey (1995) definieron el concepto de "equilibrio en respuestas cuantales" para referirse a conceptos de equilibrio con posibilidad de errores. Se trata de una extensión del EN y, como tal, contiene el EN como un caso particular cuando los individuos no cometen ningún error en el cálculo de sus funciones de mejor respuesta.

La clave de estos modelos es la función que se utiliza para describir la posibilidad de que se cometa un error en el cálculo de la mejor respuesta. La estructura más utilizada supone que la probabilidad de cometer un error es mayor cuanto menor sea el coste asociado con cometerlo, lo que se conoce como función logística de mejor respuesta. En ella, el nivel de error se mide con una sola variable, llamada λ. Cuando $\lambda = 0$, es decir, cuando cometer errores no tiene coste alguno, las decisiones se toman aleatoriamente. Por el contrario, cuando el coste de un error es muy grande (λ tiende a infinito) las decisiones de mejor respuesta se toman sin ningún tipo de error, coincidiendo con las predicciones del EN.

La modelización de la estructura de errores y su estimación con modelos de equilibrio en respuestas cuantales ha permitido predecir con acierto el comportamiento inicial en gran variedad de experimentos en los que se han utilizado juegos relativamente sencillos.

Modelos de niveles cognitivos de razonamiento
Dejando de lado el EN, estas teorías suponen que los individuos maximizan y calculan funciones de mejor respuesta, es decir, se mantiene el supuesto de racionalidad pero, ahora, los individuos difieren en sus creencias sobre cómo toman

sus decisiones los demás jugadores. Dicho de otro modo, es el supuesto de cono-cimiento común de la racionalidad el que no se mantiene.

¿Piensan los individuos que los demás se van a comportar como dice el EN? ¿O creen por el contrario que lo harán de una manera más cándida (menos sofistica-da)? Cuando un individuo crea que sus rivales no son suficientemente sofisticados, en lugar de actuar de acuerdo con su estrategia de equilibrio se adaptará a la nueva situación y calculará la mejor respuesta a ese comportamiento menos sofisticado.

Lo más interesante es que este modelo nos permite clasificar a los individuos usando como criterio el grado de complejidad que ellos atribuyen al comporta-miento de los demás. Se han descrito dos tipos de jerarquías de niveles de com-plejidad. La primera se denomina la teoría de niveles-k de razonamiento (*level-k theory*) mientras que la segunda se denomina la teoría de los niveles-k de domina-ción (*dominance-k theory*).

i) Empecemos con la teoría de niveles-k de razonamiento (Stahl y Wilson, 1994 y 1995, Nagel, 1995, y Costa-Gomes, Crawford y Broseta, 2001). En primer lugar, suponemos que los sujetos tipo "nivel 0" son los que toman las decisiones de forma aleatoria y sin calcular ningún tipo de mejor respuesta o razonamiento. En el ejemplo de la Tabla 5.2, los jugadores F serían clasificados como N0 cuando escogieran "Arriba", "Medio" o "Abajo" con igual probabilidad. Igualmente los jugadores C de nivel 0 elegirán cualquier estrategia con la misma probabilidad.

¿Cómo serían los jugadores más avanzados? Los jugadores de nivel 1 ("N1") calculan su mejor respuesta a las acciones de los demás individuos, a los que con-sideran de nivel 0, esperando que cada acción de sus rivales sea equiprobable. En nuestro ejemplo, un jugador N1 espera que todos los demás jugadores sean de nivel 0 y, por tanto, escogerá la acción cuya suma de ganancias sea máxima, dado que esto maximiza su ganancia. En el ejemplo de la Tabla 5.2, los jugadores F que sean N1 escogen "Medio", y los C que son N1 eligen "Centro". Nótese que la predicción de este modelo difiere del equilibrio de Nash.

¿Hay jugadores más sofisticados? De forma similar, los jugadores del nivel 2 y 3 ("N2" y "N3") tomarían aquella acción que fuera la mejor respuesta al supues-to de que todos sus rivales fueran a comportarse como un nivel inferior al suyo. Es decir, los jugadores de nivel 2 esperan que los demás sean de nivel 1 y los de ni-vel 3 esperan que los demás sean de nivel 2, respectivamente.[1] En nuestro ejem-

---

[1] Existen también variaciones de estos modelos en que los jugadores no suponen que todos los demás son del nivel inmediatamente anterior, sino que creencias más complejas asumen la existencia de distintas proporciones de tipos a su alrededor.

plo, los jugadores F tipo N2 elegirían "Abajo" y los jugadores C "Derecha"; Los jugadores F tipo N3 elegirían "Medio" y los jugadores C "Derecha".

El lector debe tener presente que, cuando los sujetos tienen niveles bajos de racionalidad (niveles como el N1 y el N2), la predicción se separa del EN, pero cuando los niveles de razonamiento son mayores –a partir del nivel N3– la predicción coincide ya con el EN. En una gran mayoría de juegos, a medida que aumentamos los niveles nos acercaremos al EN.

ii) Un segundo modelo jerárquico está basado en el número de iteraciones de eliminación de rondas de estrategias dominadas (tanto en su versión débil como estricta, véase Capítulo 3) que los individuos son capaces de calcular (Nagel, 1995, y Costa-Gomes, Crawford y Broseta, 2001).

Volvamos a la Tabla 5.2: las estrategias "Arriba" para el jugador F e "Izquierda" para el jugador C se encuentran estrictamente dominadas en una primera ronda (Do1) por la estrategia "Medio" para F y por "Centro" y "Derecha" para C. Eso quiere decir (como vimos en el Capítulo 3) que nunca serán elegidas.

Una vez eliminadas (véase Figura 5.3), la estrategia "Centro" se encuentra dominada por "Derecha" para C en una segunda ronda, por lo que, una vez eliminada, la estrategia "Abajo" puede ser eliminada en tercera ronda por el jugador F. De esta forma, la eliminación iterada de estrategias dominadas lleva, en este ejemplo, en tres rondas, al resultado del equilibrio de Nash.

	1.ª eliminación			*2.ª eliminación*		*3.ª eliminación*
	Centro	*Derecha*		*Derecha*		*Derecha*
Medio	(10,4)	(9,7)	→	(9,7)	→	(9,7)
Abajo	(11,3)	(5,5)		(5,5)		

Tabla 5.3. Eliminación iterada de estrategias dominadas.

Por analogía con el modelo cognitivo anterior, parece razonable pensar que los individuos pueden ser capaces de realizar dos, a lo sumo tres, rondas de eliminación. Así:

- Los jugadores del primer nivel de dominación eliminarán las acciones "Arriba" e "Izquierda". Por tanto, fijándonos en el jugador F, éste optará por la mejor respuesta suponiendo que el jugador Columna se decida por las acciones "Centro" y "Derecha" con igual probabilidad (ha eliminado "Izquierda"), es decir, tomará "Medio".

- El jugador C tomará el mismo camino: supondrá que F ha eliminado "Arriba" y se decidirá por las acciones "Medio" y "Abajo" con igual probabilidad; entonces él optará por la acción "Derecha".

- De forma similar, el jugador F del segundo nivel de dominancia optará por "Medio" y el jugador C se decidirá por "Derecha".

En los juegos donde sea posible llegar al equilibrio eliminando iterativamente las estrategias dominadas, las predicciones también coincidirán con el EN cuando aumentemos la capacidad de los sujetos para eliminar estrategias.

Volvamos ahora a los juegos con los que hemos empezado este capítulo. En el "Concurso de belleza", ¿a qué tipo de razonamiento responden las estrategias de 33 y 22? Si calcula las respuestas del nivel 1 de razonamiento así como el nivel 1 de dominación, verá que los dos modelos predicen el número 33. Los N1 suponen que los invididuos toman decisiones pensando que los demás serán N0, es decir aleatorizarán (y en media dirán 50), y ellos darán la mejor respuesta: 2/3*media= 2/3*50, que es 33,3.

Es más, si calculamos la respuesta del nivel 2 de razonamiento de estos modelos jerárquicos, esta respuesta corresponde al número 22, que es el resultado de multiplicar por 2/3 la respuesta media de los N1.

En cuanto al ejemplo de la Tabla 5.1, se puede ver que todos los niveles predicen "Abajo" para Fila y "Centro" para Columna cuando $x = 0$. Sin embargo, estas predicciones cambian cuando $x = 400$ ya que el jugador Fila de nivel 1 predice la estrategia de "Arriba" del jugador C.

Los modelos de niveles de razonamiento jerárquico han tenido éxito en mostrar que una buena parte del comportamiento observado en el laboratorio puede explicarse suponiendo que la gran mayoría de la población pertenece a los niveles 1 y 2, y que apenas existen individuos que vayan más allá de los niveles 3 o 4.

No obstante, también se ha observado que la proporción de individuos que se comportan de acuerdo con un determinado nivel, así como la capacidad predictiva de estos modelos, depende en gran medida de la complejidad del juego.

Modelos en los que las ganancias no representan las utilidades
El supuesto de racionalidad de los individuos, que en los modelos de los apartados anteriores se suavizó respecto a la capacidad cognitiva de los individuos, puede también ser relajado en cuanto a las motivaciones que estén detrás de las

acciones de los sujetos. Es decir, también se puede matizar cuál es el objetivo que persigue la gente cuando toma decisiones.

En los modelos que tratamos ahora, no se supone que los individuos no sean capaces de calcular la estrategia que más les conviene, sino que se amplía el conjunto de motivaciones que pueden estar detrás de sus decisiones.

En este sentido, la divergencia entre cómo se comporta la gente cuando se enfrenta a una situación por primera vez y las predicciones del EN puede estar causada por la existencia de reglas de decisión diferentes que incorporan otras motivaciones.

La relevancia de aplicar modelos sencillos, con distintas motivaciones, a situaciones iniciales radica en que, precisamente, es ante estas situaciones cuando los individuos pueden tener dificultades para internalizar rápidamente la estructura estratégica del juego y, por ello, verse estimulados por razones distintas a la pura maximización estratégica de sus ganancias.

Un primer grupo de modelos sencillos consideran que los individuos no razonan en términos estratégicos, sino que eligen en función de ciertas características de sus ganancias individuales. En primer lugar, podemos pensar en un modelo de decisión en el que los individuos tienen una cierta aversión al riesgo y, por tanto, buscan asegurarse unas ganancias mínimas, aunque esto suponga la posible renuncia a una ganancia mayor. A continuación enumeramos una serie de alternativas.

- Mm: Un jugador que busca asegurarse que al menos va a ganar una determinada cantidad, haga lo que haga su rival, puede escoger una estrategia Maxmin ("Mm" en el ejemplo de la Tabla 5.2). Esta estrategia supone considerar, independientemente de lo que haga el otro jugador, la ganancia mínima de cada estrategia, y elegir la estrategia que *maximice* esa ganancia mínima ("Medio" para Fila y "Centro" para Columna en el ejemplo). Este tipo de reglas de decisión también se han denominado pesimistas, ya que se centran en el peor de los casos posibles.

- mM: Podemos definir también la estrategia Minmax ("mM" en el ejemplo), donde los jugadores miran la ganancia máxima que puede obtener su rival con cada una de sus estrategias posibles, y eligen aquella que *minimice* esa ganancia máxima del rival. En el ejemplo, la predicción de ambos individuos eligiendo de acuerdo al Minmax predice la acción "Abajo" para Fila e "Izquierda" para Columna. Este tipo de comportamiento puede verse justificado por un deseo expreso de perjudicar al rival.[2]

---

[2] En un juego de suma constante, en el que la suma de las ganancias obtenidas como resultado de cualquier combinación de estrategias es la misma, lo que gana un individuo es

- MM: Por último, existen reglas de decisión más optimistas, como Maxmax ("MM"), donde los individuos escogen la acción que contiene la mayor ganancia ("Abajo" para Fila y "Centro" para Columna), sin considerar las posibles acciones del rival, por lo que no hay ninguna garantía de que la ganancia que se vaya a obtener sea máxima.

En general, las predicciones de las tres reglas de decisión no tienen por qué coincidir y es interesante estudiar cuándo estos modelos tienen capacidad de predicción del comportamiento inicial en situaciones estratégicas.

Un segundo tipo de modelos, que se verá con más detalle en el capítulo siguiente, supone que los individuos se preocupan no sólo por sus ganancias, sino también por la distribución de las ganancias entre los distintos individuos. Son los llamados modelos de preferencias sociales. Por ejemplo, los modelos de aversión a la desigualdad suponen que los individuos estarán dispuestos a tomar decisiones que significan renunciar a una parte de sus ganancias (en dinero) si con ello consiguen que las diferencias de ganancias entre individuos no sean muy grandes. En la Tabla 5.2, un modelo en el que a los individuos les preocupara suficientemente la desigualdad en ganancias ("IG") predice que F elegirá "Abajo" mientras que C elegirá "Derecha", ya que es el único posible resultado con ganancias igualitarias (5,5).

No obstante, la equidad en las ganancias no es la única manera de estar motivado por la distribución de las ganancias. Por ejemplo, los individuos pueden fijarse también en la eficiencia de un resultado, en el sentido de preferir que la suma de las ganancias obtenidas por cada individuo sea máxima. Un modelo de eficiencia ("EF") aplicado a nuestro ejemplo predice que Fila elige "Medio" y Columna "Derecha", puesto que la suma de las ganancias resultantes de dicha combinación de estrategias es máxima: (9,7) = 9 + 7 = 16.

En suma, los llamados modelos de preferencias sociales también explican las desviaciones del EN. Hay que matizar que este tipo de motivaciones podría ser válida tanto para comportamientos iniciales como para comportamientos en situaciones repetidas y con experiencia.

Identificación y separación de respuestas iniciales

Hasta ahora hemos presentado una selección de modelos alternativos al EN, que

---

lo que pierde el otro. Fíjense en que, por construcción, en un juego de suma constante el Maxmin y el Minmax no sólo coinciden entre ellos, sino también con el equilibrio de Nash, lo que se conoce como el Teorema del Minmax.

han permitido entender, en alguna medida, cómo los individuos toman sus decisiones cuando se enfrentan a una situación por primera vez. ¿Qué modelo es el que mejor predice el comportamiento inicial de los individuos en situaciones estratégicas? Todavía no hay una respuesta satisfactoria a esta pregunta. Se trata en todo caso de un área activa de investigación que merece la pena desarrollar.

En esta sección describimos una serie de herramientas experimentales que se han desarrollado precisamente para estudiar cuáles son los modelos alternativos que describen mejor el proceso mental que los individuos utilizan para decidir. Es posible que los individuos no tengan una única forma de tomar sus decisiones y desearíamos entender qué características de un entorno (juego) hacen que se recurra a un tipo de procedimiento u otro.

Identificación y separación de diferentes modelos a través del diseño experimental

Una primera técnica para averiguar qué tipo de procedimiento utilizan los individuos para tomar decisiones iniciales es enfrentarles a situaciones en las que las predicciones de los diferentes modelos sean lo más distintas posibles. De esta forma, consideraremos que aquel modelo que prediga las acciones de una mayoría de los individuos será el mejor.

Sin embargo, como hemos podido ver en el ejemplo, aunque se busque la máxima distancia entre las predicciones de distintos modelos, en ocasiones es la propia estructura de interacción estratégica que se quiere estudiar la que no permite distinguir las predicciones de todos los modelos. Por ello, una técnica útil consiste en enfrentar a los mismos individuos a distintos juegos en los que las predicciones que coinciden vayan variando de un juego a otro para así poder fijarse en la tasa de éxito en promedio de todos los juegos presentados (Stahl y Wilson, 1994 y 1995, y Costa-Gomes, Crawford y Broseta, 2001). Para que esta técnica tenga sentido en un contexto de situaciones iniciales, es fundamental minimizar el grado de aprendizaje de un juego a otro. Por ello, a los participantes no debe proporcionárseles ninguna información sobre las ganancias obtenidas (propias o ajenas) o sobre las acciones tomadas por los demás jugadores hasta el final del experimento.

Seguimiento de la información utilizada para la toma de decisiones

Otra técnica muy útil para desvelar cómo toman los individuos sus decisiones iniciales es fijarse en qué información utilizan para tomarlas. Un ejemplo, que permiten los experimentos computarizados, consiste en esconder en un primer momento la información que concierne a las ganancias de los jugadores y de sus rivales. Dejamos que sea el propio individuo quien elija desvelar esta o aquella información y nos muestre, de esta forma, qué información le importa para tomar su decisión. Podemos rastrear la manera sucesiva en que cada jugador ha ido buscando la información que le parecía relevante, y esto nos ayuda a entender el razonamiento utilizado para llegar a su decisión (Costa-Gomes, Crawford y Broseta, 2001).

De una forma similar, la tecnología experimental también permite hacer un seguimiento de los movimientos oculares de los participantes en un experimento (*eye track*), de forma que se pueda identificar lo que el sujeto experimental ha ido observando y, con ello, la secuencia de características del juego en las que se ha ido fijando para tomar su decisión (Chen, Huang y Wang, 2009).

Cómo incentivar a los participantes para que muestren sus creencias

Como hemos visto en la sección anterior, una de las condiciones necesarias para el EN es que el comportamiento de todos los individuos coincida con lo que los otros individuos esperan de ellos. Igualmente, los modelos de diferentes niveles cognitivos exigen que los individuos elijan la mejor respuesta a la creencia que tienen del comportamiento de los demás.

Por ello, es interesante obtener en el laboratorio las creencias que cada individuo tiene sobre cómo se van a comportar los demás. Para la obtención de dichas creencias se utilizan incentivos, como por ejemplo las "reglas de puntuación" (*scoring rules*), de forma que los individuos puedan ganar más dinero cuanto más se acerca su predicción sobre el comportamiento de los demás al comportamiento real de esa población objetivo.

Usando incentivos monetarios que premien la precisión de las predicciones, los participantes tienen claros incentivos para intentar acertar y, para ello, lo mejor que pueden hacer es declarar lo que realmente piensan que van a hacer los demás.

Existe, no obstante, cierta controversia sobre la mejor forma de diseñar unos incentivos que realmente lleven a cada participante a declarar sus verdaderas creencias, con independencia de características individuales como su actitud ante el riesgo, un aspecto crucial en situaciones en las que existe incertidumbre. En todo caso, la información sobre creencias, estudiada conjuntamente con el análisis de las acciones tomadas en un experimento, ha servido para profundizar en el estudio de cómo toman los individuos sus decisiones, la primera vez que se enfrentan a situaciones estratégicas (Costa-Gomes y Weizsäcker, 2008, y Rey Biel, 2009).

Medición del tiempo en la toma de decisiones

Otra técnica, que ha sido enormemente facilitada por el uso cada vez más extendido de laboratorios computarizados, es el estudio del tiempo que tardan los sujetos experimentales en tomar sus decisiones, es decir, el tiempo de respuesta.

Usando el supuesto de que tareas cognitivamente más complicadas requerirán mayor gasto de tiempo, la medición de los tiempos de respuesta, conjuntamente con el análisis de las estrategias seleccionadas, nos puede ayudar a discernir qué procedimiento están usando los sujetos. Con el diseño de situaciones estratégicas donde distintos tipos de razonamientos difieran en sus predicciones y niveles de dificultad, podemos extraer conclusiones sobre el procedimiento que usan para tomar decisiones (Rubinstein, 2007).

Justificaciones ex-post de las decisiones tomadas

Aunque una de las características diferenciadoras de la metodología experimental en economía, en contraposición a los experimentos realizados en otras ciencias sociales, es precisamente el que nuestra fuente fundamental de datos son las decisiones –adecuadamente incentivadas– tomadas por los sujetos experimentales (es decir, las estrategias seleccionadas), esto no impide el que esta información se pueda complementar con las justificaciones dadas por los propios sujetos a sus decisiones una vez terminado el experimento (Brañas Garza, Espinosa y Rey Biel, 2011).

Dichas explicaciones, descritas normalmente como respuesta a un cuestionario, cobran importancia en experimentos con decisiones iniciales puesto que los individuos, al tener poco conocimiento del experimento en el que acaban de participar, cuentan con pocos argumentos "adicionales" para dar una explicación distinta a la que realmente les ha motivado a tomar su decisión.

Esto no quiere decir que la información dada en un cuestionario sea fiable ni que sea completa, puesto que al no existir incentivos para explicarse bien y verazmente, cabe temer que el esfuerzo realizado por el participante para explicarse no sea muy grande ni refleje su verdadero razonamiento.

Por ello, el tratamiento de esta información debe ceñirse a complementar la extraída de las decisiones observadas. Para que dicha información sea útil, es importante que la codificación de las respuestas en variables se haga con criterios objetivos y rigurosos, y que idealmente no sea obra de investigadores sabedores del propósito del experimento.

Conclusión

Estudiar el comportamiento inicial ante situaciones estratégicas es importante para entender la forma de razonar de los individuos y el aprendizaje que pueda tener lugar en situaciones repetidas. Los distintos modelos propuestos no pretenden reemplazar el equilibrio de Nash como concepto central de la teoría de juegos, sino aportar posibles alternativas para finalmente entender bajo qué circunstancias unos u otros modelos explican mejor el comportamiento inicial en situaciones estratégicas. El uso de ingeniosas técnicas experimentales ayuda a distinguir entre estos modelos, a partir de la observación del comportamiento de los sujetos experimentales en el laboratorio.

6. PREFERENCIAS SOCIALES

Antonio Cabrales
Universidad Carlos III de Madrid

Giovanni Ponti
Universidad de Alicante y LUISS Guido Carli, Roma

A raíz de un flujo impresionante de investigación teórica y experimental, muchos economistas están ya acostumbrados a la idea de que la gente posee *preferencias sociales* (es decir, interdependientes). Esta opinión se apoya en una amplia literatura que muestra que los sujetos experimentales, usando protocolos experimentales clásicos, actúan como si trataran de maximizar una función objetivo en la que, además de su propio interés, tienen en cuenta el bienestar de los otros individuos que participan en el experimento.

Uno de los modelos más importantes para explicar estos resultados es el de Fehr y Schmidt (1999) sobre preferencias sociales (aversas a la desigualdad). Aunque estos autores dicen al principio de su artículo que *"...casi todos los modelos económicos suponen que toda la gente persigue exclusivamente su propio interés material y no les importan otros 'objetivos sociales' per se..."* (p. 817), el debate sobre la interdependencia de las preferencias ciertamente no comienza con ellos. La primera vez que se usa la expresión "preferencias sociales", hasta donde nosotros sabemos, es en un artículo de John Harsanyi (1955), que la utiliza para argumentar que las funciones de bienestar social deben ser vistas como "preferencias sociales", es decir, juicios de valor individualistas sobre la situación material de todos los miembros de una sociedad.

Tampoco es correcto que los economistas no hubieran pensado antes (de estos nuevos modelos) que la gente persigue algo más que su propio bienestar material. Jörgen Weibull (2004) argumenta que la afirmación de algunos economistas experimentales de que algún concepto de equilibrio ha sido violado en el laboratorio no es correcta en el contexto en el que suele hacerse, porque esos investigadores no observan las preferencias de los sujetos ni sus creencias y, típicamente, suponen que a los sujetos experimentales sólo les importan sus propias ganancias monetarias. Como decía Sen (1977), a los economistas sólo nos importa describir el *dominio de las preferencias individuales* en entornos de interés y si estas preferencias son estables con respecto al marco estratégico de referencia.

Otra cuestión distinta es de dónde surgen estas preferencias, es decir, si son algo más que una adaptación ad hoc para explicar un fenómeno que requiere una reformulación completa de la teoría. Para esto sería importante describir, por ejemplo, un fundamento evolutivo de estas preferencias sociales. Este es un tema al que volveremos más tarde en este capítulo.

Preferencias sociales sobre resultados y acerca de acciones

A continuación, para introducir las principales versiones de la teoría de las preferencias sociales propuestas en la literatura, presentamos los marcos experimentales que se han utilizado con más frecuencia para demostrar el contenido empírico de dichas preferencias. Nos referimos al *juego del ultimátum* y al *juego del dictador* (véase la Figura 6.1).[1]

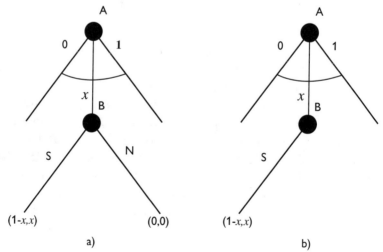

Figura 6.1. El juego del ultimátum y el juego del dictador.

---

[1] Se recomienda que cualquier lector no familiarizado con la teoría de juegos acuda al Capítulo 3 cuando tenga dificultad con algún concepto. Tanto el dictador como el ultimátum se analizan el dicho capítulo.

En el juego del ultimátum (Figura 6.1a, Güth y Van Damme, 1998), dos jugadores, Ana y Blas, tienen que decidir cómo repartir una suma de dinero, digamos de 1€. Ana (la proponente) hace una oferta a Blas (el respondedor).[2] En caso de que el respondedor acepte, el reparto del dinero se realiza conforme a la decisión de la proponente; sin embargo, si el respondedor rechaza la oferta, ninguno de los dos jugadores recibe nada.

Aunque hay muchos equilibrios de Nash en este juego (véase el Capítulo 3), el único equilibrio perfecto en subjuegos (EPS) consiste en que Ana ofrezca la mínima cantidad posible de dinero y que Blas acepte. Este sería el resultado en un marco "típico", bajo la hipótesis de que a los jugadores sólo les preocupan sus propias ganancias. En contraste con esta predicción, en el laboratorio se observa que los proponentes suelen ofrecer el 30-40% de la suma que se debe repartir, ofertas que los respondedores suelen aceptar. Además, existe una proporción respetable de proponentes que ofrecen el 50% de la suma que hay que repartir. Ofertas menores del 30% suelen ser rechazadas con bastante frecuencia. Resultados parecidos han sido observados bajo una gran variedad de condiciones experimentales (véanse Kagel y Roth, 1995, y Camerer, 2003).

¿Cómo explicar esta evidencia? La estrategia seguida por Fehr y Schmidt (1999) puede resumirse como sigue. Supongamos que las preferencias de Blas se puedan representar por la siguiente función de utilidad:

$$\pi_B(x_A, x_B) = x_B - \alpha \max(x_A - x_B, 0),\qquad(1)$$

en la que x_i es la ganancia monetaria del jugador $i = A, B$; y $\alpha \geq 0$ mide la *envidia* que Blas siente con respecto a Ana (es decir, la desutilidad que Blas sufre dado que Ana recibe una ganancia superior a la suya). Eso significa que, aplicando la ecuación (1), si Blas aceptara la oferta de Ana, x, su ganancia sería:

$$\pi_B(1-x, x) = x - \alpha(1-2x),$$

mientras que si la rechazara, su ganancia sería $\pi_B(0,0) = 0$. Un sencillo cálculo permite describir la respuesta óptima de Blas bajo este supuesto. Precisamente, Blas aceptará la oferta de Ana sólo si $x - \alpha(1-2x) \geq 0$, es decir, $x \geq \dfrac{\alpha}{1+2\alpha}$, y la rechazará en caso contrario. O sea si resulta que Blas acepta ofertas que le proporcionen un mínimo del 30% del pastel esto significa que, según la ecuación (1), Blas tiene $\alpha = 0,75$ (que es el valor de referencia de este parámetro identificado en los estudios experimentales sobre el juego del ultimátum).

---

[2] La traducción de proponente y respondedor son literales del inglés: *proposer* y *responder.*

Por su parte, se podría pensar que Ana, a pesar de ser consciente de que el poder de negociación en este entorno es muy desigual, prefiera un reparto más equitativo del dinero, de acuerdo con la siguiente función objetivo:

$$\pi_A(x_A, x_B) = x_A - \beta \max(x_A - x_B, 0), \tag{2}$$

donde, esta vez, $\beta \geq 0$ mide el *sentido de culpa* que Ana sufre con respecto a Blas (si éste lograra una ganancia inferior a la suya). Dada nuestra parametrización, podemos suponer que Ana posee esas preferencias para todo $x \leq 1/2$ (es decir, para la gama de ofertas en la que, en caso de que Blas acepte su oferta, terminan proporcionándole una cantidad mayor que la de Blas). Como veremos más adelante, parece natural suponer que Ana prefiera, débilmente, "todo para sí misma" antes que "nada para nadie". Esto significaría que $\pi_A(1,0) = 1 - \beta \geq 0$, es decir, $\beta \leq 1$. Lo cual, a su vez, implica (suponiendo que el parámetro de envidia de Blas fuera del dominio público, esto es, si Ana no tiene que verse obligada a imaginar el valor de α, sino que lo conoce a ciencia cierta) que Ana siempre preferirá fijar su propuesta dando a Blas la cantidad mínima que él esté dispuesto a aceptar, es decir, $x = \dfrac{\alpha}{1 + 2\alpha}$, ya que sabe que si le ofrece menos, su propuesta será rechazada. Este resultado se da porque

$$\pi_A\left(1 - \frac{\alpha}{1 + 2\alpha}, \frac{\alpha}{1 + 2\alpha}\right) = \frac{1 + \alpha - \beta}{1 + 2\alpha}.$$

Esta cifra no puede ser menor que 0 puesto que, según Fehr y Schmidt (1999), $\alpha \geq 0$ y $\beta \leq 1$. De esta manera el modelo daría cuenta de una parte sustancial de la evidencia experimental. Nótese que, bajo este supuesto, Ana tiene un parámetro β cuyo valor no puede ser superior a 1. En este sentido, la evidencia sobre el juego del ultimátum no permite identificar β con más precisión que la de establecer una cota superior para su valor.

La forma funcional que acabamos de presentar es sólo una de las posibles versiones propuestas por la literatura. En general, todas mantienen una estructura común que puede resumirse de la siguiente manera. Definimos $G = \{\Im, S_i, x_i\}$ como una *game-form* (estructura de interacción estratégica) *en forma normal*, donde $\Im = \{i = 1, ..., n\}$ define un conjunto de jugadores, $S_i = \{s_i^k, k = 1, ..., K_i\}$ el conjunto de estrategias puras del jugador i, y $x : S \to \Re$ la *función de resultados* de la *game-form*, que asocia un vector de ganancias (monetarias) $x(s) = (x_i(s)) \in X$ a cada perfil de estrategias puras $s = (s_i) \in S = \prod_{i \in \Im} S_i$. Es importante recordar que una *game-form* en forma normal se diferencia de un *juego* en forma normal $\Gamma = \{\Im, S_i, \pi_i\}$ en que la *game-form* no describe un juego de manera completa, pues sólo describe los resultados correspondientes al comportamiento de los jugadores, no *sus preferencias* sobre dichos resultados. Por ejemplo, incluso con unas preferencias típicas, la *game-form* en un juego con ganancias exclusivamente monetarias, como suelen ser los experimentos de juegos, no tiene en cuenta la concavidad de la función de utilidad y, por tanto, la aversión al riesgo de los jugadores. Las diferencias son aún más marcadas en un mundo en el que los agentes tienen preferencias sociales, en las que las ganancias dan lugar a *externalidades* (es decir, las ganancias de los demás también afectan a nuestra utilidad).

En este sentido, la conexión entre *game-form* y juego se completa al definir la relación entre resultados y preferencias, esto es, al definir las ganancias del juego a través de una función $\pi_i : X \to \Re$. Esta es la ruta tomada por la gran mayoría de los modelos de esta literatura, cuya estructura de preferencias se puede definir como

$$\pi_i(x) = \mu(x_i) + \sigma_i(x), \tag{3}$$

es decir, como una combinación lineal entre $\mu(x_i)$, una función creciente en la ganancia monetaria de i, y $\sigma_i(x)$, un índice que mide las preocupaciones distributivas de i. Las preferencias de i, según el enfoque tomado por esta literatura, se pueden pensar como *aditivamente separables*. Es decir, sumando su componente *egoísta*, identificada por la ganancia monetaria de i, x_i, y una función $\sigma_i : X \to \Re$, que define la componente *distributiva* de las preferencias.

Veamos a continuación algunos ejemplos (para no extendernos, describimos solamente la versión para juegos de dos jugadores). Para no complicar inútilmente la notación, seguiremos indicando con α y β los parámetros que miden la sensibilidad a las ganancias monetarias de los demás, aunque éstos pueden tomar un signo distinto tanto para la envidia como para el sentido de culpa, según sean los modelos considerados.

Costa Gomes y Zauner (2001): $\pi_i(x_i, x_j) = x_i + \alpha x_j$ \hfill (4)

La forma más simple de las preferencias interdependientes en consonancia con el modelo (4) se presenta cuando α es constante. Un α positivo refleja *altruismo* (en el sentido de que un agente está dispuesto a reducir su propio consumo con el fin de aumentar el consumo de otro agente), mientras que un α negativo refleja *spitefulness* (malevolencia).

Andreoni y Miller (2002): $\pi_i(x_i, x_j) = \left(\alpha x_i^\rho + (1-\alpha) x_j^\rho \right)^{1/\rho}$ \hfill (5)

Cox *et ál.* (2007, 2008): $\pi_i(x_i, x_j) = \frac{1}{\rho} \left(x_i^\rho + \alpha x_j^\rho \right) \rho \neq 0; x_i x_j^\alpha, \rho = 0$ \hfill (6)

Las funciones (5) y (6) mantienen una estructura similar a la de (4), en el marco de funciones de utilidad con elasticidad de sustitución constante (CES).

Fehr y Schmidt (1999): $\pi_i(x_i, x_j) = x_i - \alpha_i \max[x_j - x_i, 0] - \beta_i \max[x_i - x_j, 0]$ (7)

Fehr y Schmidt (1999) generalizan las preferencias permitiendo que i tenga dos sensibilidades diferentes acerca de la ganancia de j, dependiendo de su posición relativa (es decir, del signo de la diferencia entre las ganancias).

Con respecto a la clase de preferencias de tipo Fehr-Schmidt (1999), hay cuatro subgrupos de parámetros de especial importancia, que ahora pasamos a describir.

- Preferencias egoístas (en adelante EP): $\alpha_i = \beta_i = 0$.

- Preferencias con aversión a la desigualdad (IAP): $0 \le \beta_i < 1, \alpha_i \ge \beta_i$.

- Preferencias de búsqueda de "estatus" (SSP): $\alpha_i \in [0,1)$; $\beta_i \in (-1,0]$; $|\alpha_i| \ge |\beta_i|$.

- Preferencias de búsqueda de "eficiencia" (ESP): $\alpha_i \in (-1/2, 0]$; $\beta_i \in [0, 1/2)$; $|\alpha_i| \le |\beta_i|$.

Siguiendo a Loewenstein *et ál.* (1989), Fehr y Schmidt definen preferencias sociales IAP también imponiendo que el parámetro de *culpa* (β) tenga una cota superior en 1 y que la envidia (α) no pueda ser inferior a la culpa.

La literatura también se ha centrado en dos subconjuntos alternativos de los parámetros de (4), es decir, preferencias a favor de la "búsqueda de estatus" (SSP, véase Frank, 1984) y la "búsqueda de eficiencia" (ESP, consúltese Engelmann y Strobel, 2004). Las primeras (SSP) suponen que un aumento de la recompensa monetaria del otro jugador es siempre desagradable, independientemente de las posiciones relativas. Las otras (ESP) suponen que una reducción de la propia ganancia es aceptable sólo si se acompaña de un aumento (al menos de la misma cantidad) de la ganancia del otro jugador.

Bolton y Ockenfels (2000): $\pi_i(x_i, x_j) = f(x_i, \sigma(x_i, x_j))$;

$$\sigma(x_i, x_j) = \frac{x_i}{(x_i + x_j)}; f_{x_i} > 0,$$ (8)

donde signo$[f_\sigma]$ = signo$[\sigma - 1/2]$;

Bolton y Ockenfels (2000) tienen una motivación similar, pero proponen la función de utilidad (8), que es creciente en las ganancias individuales, y decreciente en la diferencia entre la proporción del pastel que se lleva el agente (a la que se llama σ) y el reparto igualitario (1/2). Otra diferencia entre Fehr-Schmidt y Bolton-Ockenfels es que los últimos no se fijan en una forma funcional concreta y permiten que f no sea lineal. Los modelos considerados hasta ahora no consideran que las preferencias puedan derivarse de otras motivaciones, más allá de la simple comparación entre ganancias monetarias. Más adelante veremos que puede ser importante enriquecerlos introduciendo un componente de reciprocidad en las preferencias.

Levine (1998): $\pi_i(x_i, x_j) = v_i(.) + \dfrac{\alpha_i + \lambda \alpha_j}{1 + \lambda} v_j(.)$ (9)

Por último, pero no menos importante, Levine (1998) supone que la medida en la que los agentes se preocupan por la utilidad material de otros agentes es una media ponderada entre un parámetro de puro altruismo y el parámetro de altruismo del otro jugador.

Una de las cuestiones clave que el protocolo experimental del juego del ultimátum no permite identificar es si: a) el comportamiento del proponente a favor de un reparto más igualitario es debido a una sincera aversión a la desigualdad (altruismo puro) o, más bien, b) al miedo "estratégico" del rechazo de una oferta demasiado baja por parte de un respondedor suficientemente "envidioso".

Para distinguir entre estas dos alternativas, Forsythe *et ál.* (1994) comparan resultados en el juego del ultimátum con el juego del dictador (véase la Figura 6.1b) en el que Ana (el dictador) propone dividir una cantidad fija de dinero con Blas. A diferencia del juego del ultimátum, Blas ahora no puede rechazar la oferta y ambos jugadores reciben lo que propone el dictador, Ana. Esta modificación elimina consideraciones estratégicas en la oferta ("Ana ya no tiene nada que temer"), y da lugar a un cambio dramático a la baja en las ofertas si las comparamos con las del juego del ultimátum: la moda de las ofertas pasó del 50-50 en el juego del ultimátum a una oferta de 100-0 en el juego del dictador. No obstante, las ofertas en promedio no caen a cero (como cabría esperar si Ana sólo intentara maximizar sus propias ganancias monetarias y no tuviera en cuenta las ganancias de Blas). Además, sigue habiendo una pequeña fracción de dictadores que proponen el reparto igualitario.

La comparación entre el juego del dictador y el juego del ultimátum muestra con claridad que las consideraciones estratégicas (previsión de un posible rechazo a las ofertas bajas) afectan sustancialmente el comportamiento de la gente. Consideraciones parecidas se revelan si se modifica el marco del juego del ultimátum introduciendo competencia, bien por el lado de los proponentes, bien por el lado de los respondedores. Roth *et ál.* (1991) analizan un simple mercado en el que múltiples compradores (nueve en la mayoría de las sesiones) hacen una oferta por un objeto que tiene un mismo valor para todos, y que no vale nada para el vendedor. El protocolo de asignación es tal que el comprador puede aceptar o rechazar la oferta más alta. Si acepta la oferta, ése es el precio al que se vende el objeto; si la rechaza, no se vende. En este caso, la oferta de los compradores pronto converge a su valor. Fischbacher *et ál.* (2009) modifican el marco de referencia introduciendo múltiples vendedores, cuyas ofertas convergen pronto a cero.

Concluimos esta sección discutiendo un concepto relacionado, la *reciprocidad*, que se ha propuesto para complementar el papel de las preferencias sociales en situaciones en las que los agentes toman decisiones de manera secuencial. Es decir, en entornos en los que los decisores de rondas posteriores pueden condicionar su comportamiento a las acciones realizadas por sus predecesores.

Volvamos al juego del ultimátum y consideremos la situación de Blas después de recibir una oferta muy "tacaña" de Ana. Blas mantiene sus preferencias sociales, pero esa acción "inaceptable" puede alterar su escala de valores, lo que lleva al rechazo de la oferta de Ana sólo para "castigar" su mala conducta (incluso aun cuando ese reparto hubiera sido considerado aceptable en otro entorno). Es decir, no acepta la oferta para dar una lección a Ana.

Para decirlo de otra manera, la reciprocidad amplía el ámbito de las preferencias sociales ya que los agentes añaden un juicio moral *a las acciones*, no sólo *a los resultados*.

Hay muchos entornos económicos en los que los motivos de reciprocidad que acabamos de describir parecen bastante realistas, lo que justifica la aplicación general del principio de reciprocidad para explicar, por ejemplo, el papel de los castigos para mejorar la contribución en juegos de bienes públicos (Fehr y Gachter, 2000, véase el Capítulo 7), o la sostenibilidad de la cooperación en juegos de confianza (Berg *et ál.*, 1995, véase el Capítulo 18).

A pesar de su atractivo intuitivo, no es difícil ver que surgen serios problemas de identificación cuando se trata de aplicar la reciprocidad en entornos estratégicos reales en los que, debido a la observabilidad de las acciones (el segundo jugador ve lo que hizo el primero), la reciprocidad puede afectar las decisiones de los decisores más tardíos. Tomemos, por ejemplo, Charness y Rabin (2002), quienes modifican el modelo de Fehr y Schmidt (1999), (7) para dar cabida a la reciprocidad:

$$\pi_i(x_i, x_j) = x_i - (\alpha - \theta\varphi_j)\max[x_j - x_i, 0] - (\beta + \theta\varphi_j)\max[x_i - x_j, 0] \quad (10)$$

donde $\phi_j = -1$ si j "se portó mal", y $\phi_j = 0$ si no lo hizo. Es decir, si el jugador j se "portó mal", el jugador i aumenta su parámetro de "envidia" α (o disminuye su parámetro de "culpa" β) en una cantidad igual a θ. Dicho en otras palabras, tanto la envidia como la culpa se modulan (suavizan o aumentan) en función de cómo lo hizo el "otro" previamente.

La ecuación (10) revela que todo depende de la forma en la que la mala conducta se introduzca en el entorno estratégico específico que se estudie, es decir, el juego. En Rabin (1993), que fue el primer modelo de reciprocidad en el contexto de la teoría de juegos, la mala conducta se mide comparando cuánto se desvía la ganancia[3] del jugador i de otra más justa que se hubiera obtenido si j "*se portara bien*".

En este sentido, la reciprocidad se basa en *contrafactuales* (es decir, hace referencia a situaciones y resultados del juego que pueden ocurrir finalmente o no) y, una vez más, se mide en la métrica de los pagos monetarios de i (lo que complica aún más la ya compleja identificación de α y β).

Heterogeneidad "entre sujetos" y heterogeneidad "intrasujetos"

La heterogeneidad en el comportamiento a la que nos referimos en la sección anterior parece sugerir que, en presencia de preferencias sociales, los resultados de los juegos se ven influidos por sus condiciones (por ejemplo, el poder de negociación entre proponente y respondedor, o por la diferencia "estratégica" entre el juego del ultimátum o del dictador). En una línea similar, la literatura ha puesto de manifiesto diferencias significativas en función, por ejemplo, de:

1. La presencia o no de anonimato entre el dictador y el receptor, o el dictador y el experimentador (véanse Hoffman *et ál.* (1994) y Charness y Gneezy, 2008) [véase el apéndice del Capítulo 1].

2. Efectos de presentación/*framing*, como la neutralidad en el lenguaje en el juego del dictador (véanse List (2007) y Brañas Garza, 2007) [véase el Capítulo 1].

Cabrales *et ál.* (2010) presentan un modelo econométrico cuyo objetivo es estimar directamente las preferencias sociales de cada participante en el marco de un sencillo juego del dictador. La metodología consiste en proponer a cada sujeto un número suficiente de juegos del dictador diferentes (24, en este caso concreto) y de imponer que sus preferencias sigan el marco teórico de Fehr y Schmidt (1999) –véase la ecuación (7)– con parámetros individuales α y β que pueden variar de sujeto a sujeto, y que son estimados, para cada uno, por *máxima verosimilitud,* es decir, buscando aquellos valores que más se ajustan a sus decisiones. Además, dichos parámetros son estimados sin restricciones adicionales sobre su signo o tamaño relativo.

---

[3] Nótese que todo se mide, por simplicidad, en términos de las ganancias de i.

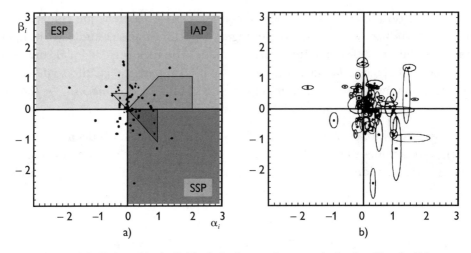

Figura 6.2. Estimación individual de los parámetros de la función de Fehr-Schmidt (Cabrales *et ál.*, 2010).

En la Figura 6.2 se representa el valor estimado α y β de cada miembro del grupo de sujetos. La figura se compone de dos gráficos: en la Figura 6.2a cada sujeto se corresponde con un punto en el espacio (α, β). Esta figura deja claro que los sujetos poseen una significativa heterogeneidad en sus preferencias distributivas. La Figura 6.2b muestra, junto con cada valor estimado (α, β) (como en la Figura 6.2a), los correspondientes intervalos de confianza (evaluados al 95%) asociados a cada parámetro estimado. En otras palabras, el protocolo econométrico supone que los parámetros estimados sean variables aleatorias cuya realización se concentra, en el 95% de los casos, entre las elipses dibujadas en la Figura 6.2b.

Como muestra esta última figura, tenemos un número importante de sujetos cuyos intervalos de confianza caen, con una probabilidad no despreciable, en más de un cuadrante. Por otra parte, para aproximadamente un 20% de la muestra no se puede rechazar (para un nivel de confianza del 10%) la hipótesis nula de preferencias egoístas, $\alpha = \beta = 0$ (véase la sección anterior). En la medida en que muchos de estos sujetos "pertenecen" al primer cuadrante de la Figura 6.2 (es decir, la región IAP), el grupo más numeroso de sujetos está en el cuarto cuadrante (es decir, ESP: 29,17% del total), seguido por el segundo cuadrante (SSP: 22,22%) y el primero (IAP, 19,4%).

En la Tabla 6.1, usamos los datos de Cabrales *et ál.* (2010) para investigar cómo la heterogeneidad observada de los sujetos explica la variabilidad de los parámetros individuales estimados. La Tabla 6.1 presenta las estimaciones de α y β regresadas contra algunas características de los sujetos obtenidas de las respuestas a un cuestionario, que no son solamente sociodemográficas –como el sexo, o la renta/riqueza de las familias– sino también preguntas a menudo utilizadas para medir el *capital social* del sujeto (véanse Glaeser *et ál.*, 2000, y Capra *et ál.*, 2008).

VAR	Alpha (envidia)			Beta (culpa)		
	Coef.	Std. Err.	P>z	Coef.	Std. Err.	P>z
GEN	–0,002	0,025	0,922	–0,080	0,037	0,034
RSR	0,079	0,013	0,000	–0,154	0,030	0,000
RL	0,089	0,038	0,020	–0,520	0,054	0,000
HAP	–0,161	0,053	0,003	–0,124	0,091	0,174
SAT	–0,048	0,010	0,000	–0,040	0,021	0,068
INEQ	0,069	0,027	0,013	0,208	0,049	0,000
TR	–0,093	0,038	0,015	0,185	0,041	0,000
cons	0,261	0,065	0,000	0,682	0,158	0,000

Tabla 6.1. Estimación conjunta de α y β condicional en variables del cuestionario.

1. GENder = 1 si mujer. La Tabla 6.1 muestra que los efectos del sexo son negativos (lo cual indica una menor preocupación por la distribución por parte de las mujeres, aunque sólo son estadísticamente significativas en el caso de β).

2. RoomSizeRatio: la relación entre el número de habitaciones de la residencia principal y el número de los miembros de la familia (es decir, un *proxy* de la riqueza de la familia). En este caso, el efecto es positivo para α y negativo para β, lo cual indica un cambio significativo hacia las preferencias SSP por parte de los sujetos más ricos, que parecen ser más envidiosos y poseer menos sentido de culpa que los demás.

3. RiskLover = 1 si prefieren la lotería {2.000€, 0; 0,5, 0,5€} a una ganancia cierta de 1.000€. En este caso, el efecto es cualitativamente similar al de RSR.

4. HAPpiness ["Teniendo todo en cuenta, ¿dirías que eres *i*) muy feliz (Fel = 1), *ii*) bastante feliz (Fel = 0,5), *iii*) no muy feliz (Fel = 0)"] y SATisfaction ["¿Cómo te sientes en este momento con tu vida?". Siete respuestas, siguiendo una escala que va de 0 ("nada satisfecho") a 1 ("muy satisfecho")]. Aunque sorprendentemente estas dos variables tienen una correlación negativa y significativa en nuestro grupo de sujetos (coef. –0,53, p = 0,000), su efecto es cualitativamente similar, mitigando (véanse los valores de las constantes de las dos regresiones) la preocupación por la igualdad.

Tenemos dos preguntas clásicas que figuran en muchos cuestionarios de capital social; INEQuality: "Considera la siguiente situación: dos secretarias de la misma edad hacen exactamente el mismo trabajo. Sin embargo, una de ellas gana 20€ por semana más que la otra. La que tiene un salario mayor es más eficaz y más rápida mientras trabaja. ¿Crees que es justo que una gane más que la otra?". [INEQ = 1 si la respuesta es no, y 0 en caso contrario]. En segundo lugar, TRust: "¿Crees que podemos confiar en la gente (TR = 1) o hay que tener cuidado (TR = 0)?". Estas dos variables, que no se correlacionan para nuestra muestra de sujetos, producen efectos diferentes. Como era de esperar, INEQ produce un cambio significativo hacia la IAP, mientras que TR empuja a los parámetros de distribución hacia el altruismo incondicional (es decir, menos envidia y más sentido de culpa por parte de los que confían en los demás).

Estos resultados (que se reproducen aquí por primera vez) muestran cómo tanto variables sociodemográficas como otros *proxies* de personalidad (nuestras variables INEQ y TR) pueden servir como predictores del comportamiento en juegos con un componente distributivo.

Explicación evolutiva y aplicaciones

Como hemos visto en la sección anterior, los modelos de preferencias sociales con aversión a la desigualdad pueden descomponerse en dos elementos principales. Una parte tiene que ver con el *altruismo* (la β de Fehr y Schmidt) y la otra con la *envidia* (la α). En esta sección vamos a explicar brevemente las hipótesis sobre el origen evolutivo de ambos sentimientos, así como la manera en que estos dos conceptos han sido utilizados para explicar algunos hechos estilizados de interés económico.

Explicación evolutiva del altruismo y la envidia

La evolución del altruismo es una pregunta básica de los biólogos evolutivos. Superficialmente parece contradecirse con la lógica de la evolución, que solamente debería preocuparse por maximizar el número de descendientes de cada "gen egoísta" (Dawkins, 1976). Pero en realidad hay una variedad de razones evolutivas por las que un individuo puede ser altruista. Para empezar, si la interacción es repetida y no se sabe cuándo terminará, cualquier libro de texto de teoría de juegos nos explica cómo sostener el altruismo. Pero incluso cuando la interacción es única, como para los sujetos emparejados aleatoriamente en el laboratorio experimental, no es difícil encontrar explicaciones.

Una primera línea es que la supervivencia de los genes crea un vínculo entre los miembros de una misma familia, que afecta profundamente a la estructura de sus propias preferencias. George Hamilton (1964) fue probablemente el primero que popularizó esta idea a través de la conocida ley de Hamilton, que cuantifica estos motivos altruistas fijándose en la proporción relativa de genes comunes:

"un gen existe rodeado de copias de genes idénticos que existen en todos sus parientes, en particular, sus hermanos, que tienen una probabilidad de un medio de llevar una copia de ese mismo gen; los hijos también tienen una probabilidad de un medio, los padres tienen un medio de probabilidad, etc., y así uno se puede preguntar cuál es el comportamiento causado por este gen que tiene más probabilidades de causar la propagación de este juego de copias en los familiares que están a su alrededor."

Pero a partir de la ley de Hamilton es posible ir más allá. Si la población es relativamente inmóvil y tiende a frecuentar individuos más o menos próximos, la acción de la evolución hace probable que los individuos cercanos compartan nuestros genes aunque no sean, estrictamente hablando, nuestros "hermanos". Tanto los biólogos evolutivos (Nowak y May, 1992) como los economistas (Myerson *et ál.*, 1991; Eshel *et ál.*, 1998) han utilizado la "viscosidad" (que es como denominan técnicamente a la *relativa inmovilidad* de la que hablábamos más arriba) de la interacción local para explicar la supervivencia evolutiva del altruismo. Trabajos experimentales recientes, como los de Leider *et ál.* (2009) y Brañas Garza *et ál.* (2010), proporcionan apoyo empírico a estos modelos, mostrando cómo: *i*) en los juegos de dictador en los que el dictador conoce la identidad del receptor, el nivel de donaciones es inversamente proporcional a la "distancia social" entre dictador y receptor (o sea, si son "amigos", amigos de amigos, etc.), e *ii*) los sujetos más "socialmente integrados" también son más altruistas.

La supervivencia evolutiva de la envidia (la α de Fehr y Schmidt) ha recibido menos atención, a pesar de que parece ser la más fuerte de las dos motivaciones en todas las estimaciones. Sin embargo, Cabrales (2010) presenta una justificación. Este trabajo se basa en la hipótesis de que muchas situaciones reales son una parte de un juego mucho más grande. En términos más técnicos, el ultimátum o cualquier otro tipo de negociación son un subjuego de otro juego, al que podemos llamar el "juego de la vida". La idea clave es que el resultado material de los dos jugadores en ese subjuego influye en las ganancias finales de cada uno y, por tanto, deben tenerlo en cuenta a la hora de decidir. Vamos ahora a definir un juego de este tipo.

El "juego de la vida" tiene dos jugadores y consta de dos etapas. En la primera se realiza una negociación y en la segunda, consumo y emparejamiento competitivo. En otras palabras, los recursos conseguidos en el juego de negociación de la primera etapa se usan en la segunda para consumir y para competir por algo, por ejemplo por una pareja, con la persona con la que negociamos en la primera. Para ser más precisos, los beneficios de la primera etapa se denotan x_i donde $i \in \{1, 2\}$. En la segunda etapa, cada jugador i tiene que decidir: c_i y e_i, donde c_i es el consumo y e_i es el esfuerzo realizado en la obtención de una pareja. Las ganancias de la primera etapa constituyen los recursos disponibles en la segunda etapa. Estos recursos se distribuyen entre el consumo y el esfuerzo, de modo que $x_i = e_i + c_i$. La utilidad, que en este contexto evolutivo es el número de sucesores del jugador i, es:

$$u_i(c_i, e_i, e_{-i}) = u_i(x_i - e_i, e_i, e_{-i}) \equiv v_i(x_i, e_i, e_{-i}).$$

Bajo el supuesto natural de que la función $v_i(x_i, e_i, e_{-i})$ es decreciente en el esfuerzo del oponente (es decir, mi probabilidad de conseguir pareja decrece en la cantidad de esfuerzo que mi rival invierta por conseguirla) y presenta complementariedades estratégicas (si mi oponente aumenta sus esfuerzos por conseguir pareja, yo voy a querer aumentarlos también), Cabrales (2010) muestra que las ganancias de equilibrio del agente i son decrecientes en los recursos x_{-i} obtenidos por el otro en la primera etapa; es decir, cuanto más haya obtenido mi rival en la primera etapa menores van a ser mis ganancias ahora.

La conclusión de esta sección es que la modelización de las preferencias sociales incluyendo elementos de altruismo y envidia no son un parche ad hoc para solucionar provisionalmente una carencia de la teoría. Más bien son una forma de tener en cuenta una parte sustancial de las preferencias con las que venimos programados al mundo.

Aplicaciones de los modelos

La introducción de preferencias sociales en los modelos habituales de teoría económica abre la puerta a una mejor comprensión de muchos fenómenos.

El de Frank (1984) es probablemente el primer trabajo que explora los efectos de las preferencias sociales en el mercado de trabajo. Frank muestra que, con preferencias sociales, los salarios pueden diferir de la productividad marginal cuando las productividades son heterogéneas. Él supone que a la gente le gusta ganar más que los demás (en nuestra terminología la β es negativa) y que, por supuesto, no le gusta que se le pague menos (α positiva).

Bajo estos supuestos, los trabajadores más capaces pueden recibir un salario mayor que los demás, pero no tan elevado como su producto marginal: la empresa se aprovecha de la satisfacción que le reporta simplemente ganar más que sus compañeros. De la misma manera, los trabajadores menos productivos tienen que recibir sueldos superiores a su producto marginal para que se vea compensada la desutilidad que les genera la envidia. Frank (1985) muestra que todos estos efectos, es decir, las externalidades generadas por unas preferencias interdependientes, pueden explicar algunas de las regulaciones del mercado laboral, tales como: salarios mínimos, normas de seguridad en el trabajo o el ahorro forzoso que suponen las cotizaciones con vistas a la jubilación. Este modelo, sin embargo, contradice alguna evidencia empírica: cuando el "impuesto" que se paga a los más productivos (les pagamos menos salario) es superior a la "subvención" a los menos productivos (que cobran más de lo que deben), entonces la empresa debería tenerlos todos juntos. Por el contrario, hay evidencia empírica de que las empresas segregan por nivel de habilidad (véase también Fershtman *et ál.*, 2006).

Cabrales, Calvó Armengol y Pavoni (2008), por otro lado, introducen preferencias sociales al estilo Fehr y Schmidt (1999) en un modelo típico de contratos dinámicos en el mercado de trabajo (de Harris y Hölmström, 1988). El modelo muestra que con este cambio se pueden producir una serie de consecuencias sobre los "mercados laborales internos" de la empresa que son difíciles de explicar en un modelo estándar. Por ejemplo, los salarios no suben inmediatamente cuando se descubre que el trabajador es mejor que la media (para que la envidia se le "pase" a los compañeros) y, por tanto, hay correlación serial en los salarios (Baker *et ál.*, 1994, y Gibbons y Waldman, 1999). También se pueden dar subidas salariales que no tengan nada que ver con cambios en la productividad (porque se descubre a algunas estrellas y hay que compensarlas a ellas, pero también a los que se quedan atrás). Esto puede explicar que aunque la productividad está negativamente correlacionada con la experiencia, los salarios suben con la misma (Medoff y Abraham, 1980, y Flabbi y Ichino, 2001). También se puede explicar la ausencia de rigidez a la baja de los salarios que predicen Harris y Hölmström (1982), pero que se contradice con la evidencia (Baker *et ál.*, 1994). En el modelo de Cabrales, Calvó Armengol y Pavoni (2008) puede haber bajadas de salarios, que se deben a la desaparición de trabajadores estrella, molestos por la envidia que generan. Finalmente, el modelo produce una explicación novedosa de la segregación de trabajadores por nivel de habilidad entre empresas: cuando se tienen trabajadores de parecido nivel de habilidad, todos cobran salarios semejantes y se mitiga la envidia.

Fehr *et ál.* (2007) demuestran experimentalmente que la aversión de los trabajadores a la desigualdad puede ser una razón por la cual muchos contratos en la vida real son deliberadamente incompletos en entornos donde no puede observarse el esfuerzo de los trabajadores. Rey Biel (2008) muestra que un empleador puede explotar la envidia "amenazando" a sus trabajadores con promover la desigualdad si los resultados no son satisfactorios (una amenaza que no se ha de llevar a cabo en equilibrio). Teyssier (2007) estudia un modelo con esfuerzo inobservable y muestra que los agentes con preferencias sociales heterogéneas se segregan en empresas diferentes. De esta manera, los agentes más igualitarios obtienen contratos con incentivos menos acusados. Teyssier (2008) proporciona una prueba experimental de esa teoría. Kosfeld y Von Siemens (2009), Von Siemens (2009) y Bartling y Von Siemens (2010) también estudian cómo las preferencias interdependientes crean un incentivo a los agentes para autoseleccionarse en empresas diferentes.

Conclusiones

En este capítulo hemos explicado las preferencias sociales. En primer lugar hemos aprendido lo que son y la evidencia experimental que avala su existencia. Después hemos tratado de explicar su origen evolutivo y la importancia que tienen para la economía. Nos parece evidente que muchas ramas de la economía y otras ciencias sociales pueden mejorar incorporando las preferencias sociales al repertorio de sus modelos teóricos y empíricos.

Hasta cierto punto esto ya ha empezado a suceder. Por ejemplo, Bandiera *et ál.* (2010) muestran, con datos de un productor de frutas del Reino Unido, que *"la productividad de un trabajador determinado es significativamente mayor cuando trabaja junto a compañeros que son más capaces que él, y significativamente menor cuando trabaja con compañeros que son menos capaces"*. Esto es así a pesar de que no hay externalidades entre los trabajadores, ya sea debido a la tecnología de producción o a la forma en que se les compensa por su trabajo. Los propios autores afirman que *"los resultados sugieren que las empresas pueden aprovechar las preferencias sociales como una alternativa a los incentivos monetarios para motivar a los trabajadores"*.

Para nosotros es evidente que los gestores de recursos humanos en todas las organizaciones ya son conscientes de la universalidad de este fenómeno y toman medidas para adaptarse a él, pero creemos que el estudio científico del mismo ayudará a un control más adecuado y más preciso, y hará a las organizaciones más eficientes y rentables.

7. Cooperación

Juan Antonio Lacomba
GLOBE: Universidad de Granada

Raúl López
Universidad Autónoma de Madrid

Introducción

Como animal social que es, el ser humano se enfrenta en numerosas ocasiones al dilema de actuar de forma egoísta y aprovecharse del esfuerzo de los demás o, por el contrario, cooperar por el bien común. Un ejemplo clásico de este tipo de situaciones es el suministro de bienes públicos tales como la defensa nacional, donde cualquiera puede revelar que no le interesa dicha protección (y no pagarla), a sabiendas de que ese ejército también le defendería a él si hubiera una invasión.

Ejemplos similares son el alumbrado, los parques o las calles de una ciudad, un medio ambiente no contaminado o deteriorado, o buena parte del conocimiento contenido en libros y artículos. Como casi es imposible (o muy caro) excluir al que no pague del disfrute de estos bienes, cualquier individuo puede decidir no cooperar o contribuir a su obtención, pero utilizarlos una vez hayan sido suministrados. Este problema, ampliamente estudiado, se conoce como el "problema del polizón" (o del gorrón, *free rider* en inglés).

Una consecuencia típica del hecho que los individuos no demanden la cantidad que realmente desean –porque estratégicamente revelan desear una cantidad menor– es que al final se suministra una cantidad de bien público inferior a la socialmente deseable. Es decir, a fin de cuentas hay "menos" ejército, menos parque, etc., del que querríamos.

En este capítulo veremos cómo la economía experimental estudia los dilemas sociales, como la provisión de bienes públicos. Para ello nos centraremos en dos aspectos: los factores que la evidencia experimental desvela como determinantes de la cooperación, y las explicaciones que, basándose en esa evidencia, se han

propuesto. A lo largo del capítulo usaremos principalmente (aunque no únicamente) el experimento más conocido para representar dilemas sociales: el juego
de los bienes públicos, también llamado juego de las contribuciones voluntarias
(JCV en adelante; véase también el Capítulo 14).

Experimentos sobre cooperación

El juego de las contribuciones voluntarias

En la versión más básica del JCV, los sujetos son anónimamente distribuidos en
grupos de N miembros (en muchos experimentos, $N = 4$ o 5). Cada sujeto recibe
una dotación inicial de dinero (número de fichas que, por simplicidad, supondremos igual para todos) y se enfrenta al siguiente problema: debe distribuir
su dotación entre una cuenta "privada" y una cuenta "pública", sin saber lo que
harán los demás y sin poder comunicarse con ellos. Cada ficha invertida en la
cuenta privada aporta A unidades monetarias al sujeto inversor y 0 a los demás
miembros del grupo. Cada ficha invertida en la cuenta pública aporta B unidades
monetarias a cada miembro del grupo, incluido el propio sujeto inversor.[1]

Nótese que los beneficios generados por la cuenta pública son un bien público. Al no ser un bien rival, puesto que no cabe excluir a ningún miembro del
grupo de su disfrute, las contribuciones a la caja común constituyen un bien público. Por ello diremos, en lo que sigue, que contribuir a la cuenta pública es un
comportamiento cooperativo. Los parámetros del juego suelen elegirse de modo
que $B < A < NB$, con lo cual cada ficha invertida en la cuenta pública genera un beneficio grupal superior al beneficio individual de invertirla en la cuenta privada
($NB > A$), pero el beneficio individual de cada ficha invertida en la cuenta privada
es superior al obtenido por "contribuirla" a la cuenta pública ($A > B$).

Pensemos en el siguiente ejemplo. El sujeto 1 tiene una dotación inicial D y
tiene que decidir cuánto ingresa en la caja privada (p_1) y en la común (c_1). Podemos calcular su beneficio como:

$$\pi_1 = \underbrace{A(D - c_1)}_{\text{privada } (p_1)} + \underbrace{Bc_1 \uparrow + B(c_2 + ... + c_N)}_{\text{común } (c)} = A(D - c_1) + B \sum_{i}^{N} c_i .$$

contribución de los demás

---

[1] El cociente B/A suele denominarse rendimiento marginal per cápita del bien público, y
lo denotaremos como m.

Nótese que (p_1) es lo que deja en su cuenta privada, es decir lo que tenía, D, menos lo que él contribuye a la caja común, c_1, y que tanto lo que él deja en la caja común (c_1) como lo que contribuyen sus compañeros $(c_2, c_3, ..., c_N)$ le genera un beneficio igual a B por la suma de esas contribuciones $(\sum_i^N c_i)$.

Como $A < B$, aparece el dilema social, ¿pensar en el beneficio individual o en el grupal? Antes de continuar con la parte "estratégica del juego" (véase el Capítulo 3) hemos de considerar dos cuestiones. En primer lugar, como ya vimos en el capítulo anterior, un sujeto puede ignorar el beneficio social, es decir, independientemente del valor de NB, él puede estar interesado "tan sólo" en su beneficio individual, B, y, por tanto, considerar siempre la cuenta pública menos atractiva que la privada, $B < A$. En segundo lugar, debemos tener en cuenta que hay sujetos aversos al riesgo (véase el Capítulo 2) que pueden primar el hecho de que A dependa tan sólo de ellos mismos mientras que NB depende de ellos y de los demás y, por tanto, es más arriesgado optar por B.

¿Qué nos dice la teoría de juegos? Como vimos en el Capítulo 3, imponemos tres supuestos básicos a la hora de modelizar el comportamiento estratégico: a) todos los individuos son racionales y egoístas, es decir, son maximizadores y sólo les importa su propia ganancia monetaria, b) todos los individuos saben que todos los participantes en el juego son racionales y saben, además, que todos saben que todos son racionales, etc., y c) las reglas del juego son de conocimiento público (y, por tanto, entendidas por todos los participantes en el juego).

Bajo estas hipótesis, es evidente que la estrategia Cooperar está estrictamente dominada por No Cooperar (véase el Capítulo 3). Por tanto, el equilibrio de Nash ofrece una predicción clara: nadie invertirá fichas en la cuenta pública. En consecuencia, no habrá provisión de bienes públicos.

Sin embargo, la evidencia empírica obtenida en numerosos experimentos no coincide con esta predicción: de media, cada sujeto contribuye al bien público entre el 40% y el 60% de las fichas (Ledyard, 1995). Este resultado ha revolucionado la visión económica tradicional sobre los dilemas sociales, y motivado toda una literatura en economía experimental que busca investigar los factores que afectan a la cooperación.

Factores que afectan a la cooperación: Evidencia experimental
Como decíamos anteriormente, los sujetos contribuyen entre el 40% y el 60% si juegan el juego JCV una única vez. Pero ¿qué ocurre si juegan repetidamente varias rondas? La Figura 7.1 ha sido extraída del trabajo de Keser y Van Winden (2000), quienes estudian un JCV repetido 25 rondas y con dos tratamientos.

• En el tratamiento "parejas", los sujetos juegan todas las rondas con los mismos compañeros, es decir, los miembros del grupo no varían.

• En el tratamiento "extraños", la composición del grupo cambia en cada ronda.

Recordemos que todo es anónimo y que es imposible "averiguar" con quién hemos jugado. Como vemos, a medida que transcurren las rondas se produce una reducción paulatina en las contribuciones, hasta alcanzar niveles cercanos al 0%. Este declive es uno de los resultados experimentales más robustos relativos a los juegos JCV (Ledyard, 1995).[2]

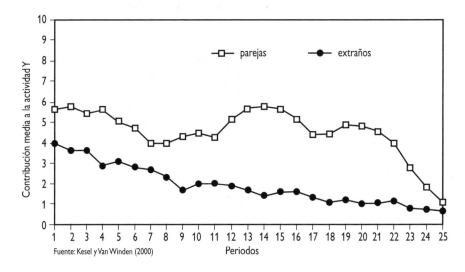

Figura 7.1. Declive de la cooperación en JCV repetidos.

Consideremos ahora el efecto de cambios tanto en $i)$, el rendimiento marginal per cápita m, como en $ii)$, el número de sujetos N que integran un grupo. ¿Qué nos dice la intuición para cada caso? Notemos primero que un aumento de m ($= B/A$) significa una reducción del coste individual neto de contribuir a la cuenta pública, es decir, cada unidad que uno pone en el bien público tiene mayor rendimiento (o un coste relativo menor). Por ello, parece lógico esperar un aumento en las contribuciones cuando m aumenta, pues "cuesta menos" contribuir. En todo caso, no olvidemos que un individuo egoísta sigue careciendo de incentivo alguno a contribuir siempre que m sea inferior a la unidad (es decir, si $A > B$). Es decir, siempre que $A > B$ y, con ello, que $m < 1$, ningún sujeto racional va a contribuir a la caja común. Aunque incrementos positivos en m la hagan más

---

[2] Como se observa en la Figura 7.1, la contribución bajo "parejas" es mayor que bajo "extraños". Volveremos sobre este tema más adelante.

atractiva, siempre que $m < 1$ los sujetos racionales no contribuirán. Por tanto, el efecto de la variación de m está en duda.

La variación en el tamaño del grupo, N, tampoco debe tener consecuencias obvias, puesto que podría tener efectos tanto negativos como positivos. Por un lado, un grupo más grande podría tener un efecto negativo: si las contribuciones de cada sujeto representan un porcentaje menor del total, los sujetos podrían utilizar esta menor prominencia para justificar su falta de contribución. Esta es la idea del voto marginal: Cuando un ciudadano se plantea cuál es la utilidad de su voto, se da cuenta de que el valor de un voto en unas elecciones generales es ridículo. Entonces ¿para qué ir a votar?

Aunque, por otro lado, cuanto mayor sea el grupo, mayor será el beneficio grupal generado por una contribución pública, ya que se favorecerá a más personas. Si N aumenta, cada unidad B que se invierte en la caja común "crece más", es decir el beneficio social de una unidad en B se hace mayor. Esto podría fomentar la cooperación.

En un experimento ya clásico, Isaac y Walker (1988b) analizaron el efecto sobre el comportamiento cooperativo de ambas variables. Hicieron un diseño con parejas, es decir los emparejamientos eran fijos y dividieron la muestra como sigue:

- La mitad de los sujetos en grupos de 4 y la otra mitad en grupos de 10, para así estudiar el efecto de N.

- Cada grupo tomó decisiones en un JCV que duraba 20 rondas; 10 de ellas con $m = 0,3$ y las otras 10 con $m = 0,75$.

Isaac y Walker observaron que la contribución media al bien público aumenta significativamente al elevar m de 0,3 a 0,75. Sin embargo, no encontraron una relación muy clara entre N y la contribución media. Tanto el efecto positivo de m como el efecto ambiguo del tamaño de los grupos han sido corroborados por la literatura posterior (Zelmer, 2003).

Otro elemento crucial que parece afectar al comportamiento cooperativo es la manera de describir el juego. En Andreoni (1995b), la mitad de los sujetos recibieron las instrucciones habituales en un JCV con $m = 0,5$. En las instrucciones recibidas por la otra mitad de los sujetos, sin embargo, se explicaba que cada ficha invertida en la cuenta privada generaba un rendimiento de un céntimo al inversor pero *reducía* en medio céntimo las ganancias del resto de jugadores, y que cada ficha invertida en la cuenta pública generaba al inversor un rendimiento de medio céntimo. En ambos casos se describe el mismo juego, pero puede argumentarse que los términos de la primera descripción "suenan" más positivos.

Andreoni (1995b) muestra que los sujetos contribuyen el doble en el tratamiento con una descripción positiva. Este resultado, respaldado por la evidencia empírica posterior (Zelmer, 2003), puede explicar por qué se observa una mayor contribución media en los JCV que en los llamados juegos de recursos de uso común (JRUC).[3] Ambos juegos son similares, pero mientras contribuir en un JCV crea una externalidad positiva sobre los otros jugadores, en un JRUC *evita* una externalidad negativa. Parece que a los individuos no sólo les afectan las consecuencias de sus acciones, sino también cómo se describen éstas.

La siguiente variante tiene que ver con posibles condiciones técnicas del bien público. Existen situaciones en las que para que se pueda suministrar el bien público es necesario recaudar un nivel mínimo de contribuciones (el ejemplo clásico es la construcción de un faro, que requiere un capital inicial mínimo, o de una presa). Es decir, no vale con cualquier valor $B = \varepsilon$ entre cero ($\varepsilon > 0$) e infinito para que se genere NB a la sociedad, sino que es necesario un mínimo ($B > B^*$) para poder generar un valor social.

$$\begin{cases} \text{Si } B > B^* & NB \\ \text{En los demás casos} & 0 \end{cases}$$

Dichas situaciones se reflejan en la economía experimental a través de un juego JCV en el que la suma total de las contribuciones a la cuenta pública debe alcanzar un determinado nivel (punto de provisión) para que los participantes reciban los beneficios del bien público. En caso contrario, el experimento está diseñado de modo que las contribuciones a la cuenta pública se pierdan y sólo se gane según lo invertido en cada cuenta privada. A primera vista, podríamos esperar que la existencia de una provisión mínima fomentaría las contribuciones, pues incluso un jugador egoísta estaría interesado en contribuir si pensara que pudiera ser decisivo (es decir, si pensara que su contribución pudiera ser esencial para alcanzar el nivel mínimo). En este sentido, los resultados de Isaac, Schmidtz y Walker (1988) demuestran que la contribución media aumenta cuanto mayor es el mínimo, pero también aumenta el número de veces que dicho mínimo no es alcanzado y, por tanto, el bien público no se suministra. Si el JCV se juega repetidamente, dicho fracaso parece provocar un declive paulatino en la cooperación. Por tanto, la existencia de una provisión mínima no siempre da lugar a aumentos significativos en la cooperación.

En todos los experimentos considerados previamente, es importante insistir en que los sujetos nunca pueden comunicarse entre sí. Sin embargo, la comunicación

---

[3] Véase Walter, Gardner y Ostrom (1990).

afccta a nuestro comportamiento y muy probablemente a la eficiencia de nuestros actos. Como veíamos en el Capítulo 4, es mucho más fácil que dos personas se coordinen en un punto de encuentro si antes lo han acordado que si no han podido comunicarse. Dada la importancia en general de la comunicación, resulta natural preguntarse si ésta puede afectar a la cooperación. La respuesta, como veremos en lo que sigue, es inequívoca: El efecto es positivo y altamente significativo.

Un experimento típico con comunicación consta de dos etapas. En la primera, los sujetos intercambian mensajes entre sí, mientras que en la segunda toman decisiones en un dilema social. Duffy y Feltovich (2002), por ejemplo, consideran el dilema de los presos (DP). La Tabla 7.1 es un ejemplo de este juego: dos personas deciden simultáneamente entre Cooperar (*C*) o No cooperar (*NC*), y sus utilidades respectivas según las decisiones tomadas aparecen en la tabla (el número izquierdo es la utilidad del jugador Fila, y el derecho la del jugador Columna). A tenor de lo que ya vimos en los Capítulos 3 y 5 podemos observar que la estrategia *C* está estrictamente dominada por la *NC* para ambos jugadores. Por tanto, si ambos individuos son racionales entonces no cooperarán, aunque a ambos les iría mejor si lo hicieran.[4]

		Columna	
		C	NC
Fila	C	(15,15)	(4,20)
	NC	(20,4)	**(5,5)**

Tabla 7.1. Dilema de los presos.

Decididamente, el equilibrio de Nash (en negrita en la Figura 7.1) es la peor solución, pero la única sostenible: una solución como (15,15), que es altamente deseable, sería saboteada por F o por C a la mínima oportunidad. Al final sólo el NE prevalece.

Para estudiar el efecto de la comunicación sobre la cooperación en el DP, Duffy y Feltovich (2002) eligen aleatoriamente en la primera etapa, antes mencionada, a uno de los jugadores para que envíe de manera anónima y sin coste alguno un mensaje al otro jugador con el que está emparejado, indicando lo que pretende hacer en el DP. Importante: El jugador que envía el mensaje no tiene ninguna obligación de actuar tal como anunció; por ejemplo, puede mentir al otro sujeto anunciando que cooperará, pero luego no cooperar. Duffy y Feltovich

---

[4] En esta línea, el JCV normal tiene la esencia de un DP si *suponemos que todos los jugadores son egoístas*. En efecto, contribuir con cualquier cantidad al bien público es una estrategia estrictamente dominada para un jugador egoísta en el JCV, pero el óptimo grupal se halla cuando todos contribuyen lo máximo posible.

(2002) observan que la tasa de cooperación en el DP pasa del 20% en un tratamiento de control donde el DP se juega sin comunicación previa, al 40% en el tratamiento con comunicación. Los resultados de Duffy y Feltovich (2002) son habituales, como muestran otros artículos (Isaac y Walker, 1988 y Orbell *et ál.*, 1988 son referencias ya clásicas) y varios *metaanálisis* que analizan el efecto de la comunicación en los dilemas sociales (Sally, 1995; Zelmer, 2003; Balliet, 2010).[5] Sally (1995) calcula, por ejemplo, que la comunicación aumenta la cooperación un 40% de media en los estudios analizados, y que este efecto es superior al de otros factores con un efecto positivo, como el beneficio individual *m* por euro contribuido al bien público.

El metaanálisis de Balliet (2010) se centra especialmente en los efectos de distintos tipos de comunicación. Nótese a este respecto que, según decida el investigador, la comunicación entre los participantes puede estar más o menos estructurada. Por ejemplo, puede seguirse un protocolo muy estricto donde el orden de intervención y el contenido de los mensajes a elegir por cada sujeto estén definidos de antemano, o un protocolo sin ninguna estructura donde los sujetos pueden intervenir cuando quieran y hablar de lo que quieran. Asimismo, *i*) la comunicación puede ser cara a cara o anónima, por medio de un chat, *ii*) puede existir una comunicación ininterrumpida a lo largo de todo el experimento, o sólo antes de tomar decisiones (como en Duffy y Feltovich, 2002), etc. Entre otras cosas, Balliet (2010) concluye que no hay diferencias significativas entre comunicarse antes de la toma de decisiones o durante éstas. Asimismo, Bochet *et ál.* (2006) muestran que la comunicación cara a cara en un JCV incrementa las contribuciones de un modo similar a la comunicación anónima por medio de chat.

¿Por qué funciona la comunicación? Probablemente haya varias razones. Una de ellas puede ser que la gente siga normas que le prohíban mentir. Al anunciar sus decisiones futuras, los sujetos se comprometen a actuar de una determinada manera, y los otros sujetos ganan confianza. Como veremos más adelante, mucha gente coopera o contribuye de un modo condicional (es decir, sólo si esperan que muchos de los otros cooperen también), por lo cual esta confianza es importante. Miettinen y Suetens (2008) aportan evidencia indirecta en esta línea, aunque Charness y Dufwenberg (2006) ofrecen otra posible razón. En lo básico, su experimento usa un DP secuencial.

- El jugador 1 decide primero entre Cooperar o No cooperar, y si coopera, el jugador 2 decide asimismo entre Cooperar o No cooperar.

---

5 Un metaanálisis sobre un tema X recopila la evidencia existente en los artículos sobre el tema y aplica técnicas estadísticas con el objetivo de extraer resultados generales.

• En otro tratamiento el jugador 2 puede mandar un mensaje al primero antes de que éste decida.

En ambos tratamientos los jugadores 1 deben estimar la probabilidad de que 2 coopere si ellos cooperan, mientras que los jugadores 2 deben estimar la probabilidad media estimada por los 1 en la cuestión anterior (llamemos p a esta probabilidad estimada). En comparación con un tratamiento de control sin comunicación previa, los autores observan un aumento de la cooperación cuando 2 puede mandar mensajes, sobre todo si los mensajes incluyen la promesa de cooperar. Además, Charness y Dufwenberg encuentran que los jugadores 2 que cooperan suelen estimar un p significativamente más elevado que los que no cooperan. Esto les lleva a sugerir que los jugadores 2 cooperan sobre todo para no defraudar las expectativas del jugador 1, y que la comunicación aumenta la cooperación porque altera tales expectativas.

El papel de las sanciones sobre la cooperación

Uno de los factores que más influyen en el comportamiento cooperativo de las personas es la posibilidad, o no, de recibir un premio o un castigo como consecuencia de sus acciones. En esta sección consideraremos experimentos donde los sujetos puedan ser premiados o castigados por otros sujetos. A este respecto, llamaremos sanción a cualquier acción que:

i) sea costosa en recursos materiales (o tiempo) para el sujeto sancionador[6] y

ii) afecte al bienestar del individuo sancionado.

Según su efecto sobre el bienestar, hablaremos de sanciones negativas (castigo) o positivas (recompensa). Asimismo, distinguiremos entre sanciones materiales y no-materiales según afecten o no al bienestar *material* del sancionado, es decir, si afectan a su riqueza o no.

¿Aumenta la cooperación cuando los sujetos pueden ser sancionados? La evidencia experimental apunta en este sentido, al menos bajo ciertas condiciones. Adviértase la importancia de esta pregunta dado que nos permite entender mejor

---

6 Para ser más precisos: Una sanción *no incrementa* de manera *directa* los recursos materiales del sancionador. Los términos destacados sugieren dos incisos: a) En un caso extremo, la sanción puede tener un coste cero, pero nunca aumentar los recursos materiales del sancionador y b) la sanción puede cambiar el comportamiento de otro agente de un modo que beneficie al agente sancionador (por ejemplo, si el primero se vuelve más cooperativo); sin embargo, este es un efecto indirecto, en el sentido de que depende del otro agente.

otras cuestiones cruciales, como el efecto de las sanciones en cuanto al respeto de la ley, de los contratos, y de las normas sociales (entre ellas, las normas de cooperación). Por citar unos pocos ejemplos, la existencia de sanciones puede aumentar el cumplimiento de la normativa fiscal, asegurar que un trabajador desempeñe su labor según lo acordado en el contrato de empleo, aumentar el respeto a las normas de higiene o salud laboral en una empresa, o evitar que se pacten los precios entre oligopolistas.

Castigos materiales

Consideremos primero el efecto de los *castigos materiales* sobre la cooperación.[7] En otro artículo ya clásico –véase también Ostrom *et ál.* (1992)–, Fehr y Gächter (2000; en adelante FG, 2000) consideran un juego con dos etapas. La primera es un juego JCV con cuatro jugadores. En la segunda etapa, cada jugador es informado de modo anónimo sobre las contribuciones individuales en la etapa previa, y se le da la opción de asignar "puntos" a los otros. La asignación de puntos se realiza de manera simultánea, sin saber lo que asignan los demás. Cada punto asignado por *i* a un jugador *j* reduce en un 10% la ganancia obtenida por *j* en la primera etapa, pero tiene un coste para *i*. La reducción total en las ganancias de cualquier jugador *j* depende del total de puntos asignados por los otros tres jugadores, pero no puede superar el 100%; es decir, ningún sujeto puede perder dinero propio. En definitiva, la segunda etapa es una etapa de castigo, aunque los autores evitan esta terminología en las instrucciones, para así hacerlas lo más neutrales posibles.

En uno de los tratamientos de FG (2000), cada grupo de cuatro sujetos juega 10 rondas del juego descrito anteriormente y 10 rondas del juego JCV sin etapa de castigo.[8] La comparación entre las rondas con y sin castigo permite investigar si éste incrementa la cooperación. Como el lector puede apreciar, es un diseño intra sujetos (Véase el Capítulo 1).

---

[7] Es conveniente aclarar que los experimentos con castigos se enfrentan a restricciones éticas obvias. Por ejemplo, no puede atentarse contra la integridad física de los participantes o contra bienes de su propiedad. Entender estas limitaciones es importante a la hora de juzgar la literatura existente.

[8] En otra sesión, los sujetos jugaron primero sin castigo y luego con castigo, pero esto no afectó significativamente los resultados. Al empezar el experimento, los sujetos fueron informados de las 10 primeras rondas, y al terminar éstas fueron informados de las 10 siguientes (y de que el experimento acabaría tras ellas).

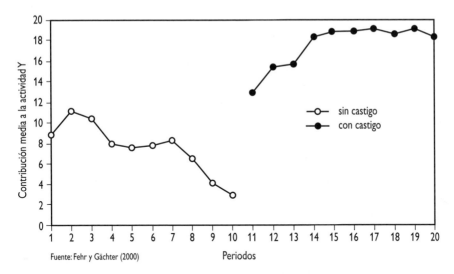

Fuente: Fehr y Gächter (2000)

Periodos

Figura 7.2. El castigo material fomenta la cooperación en JCV repetidos.

En este sentido, la Figura 7. 2 muestra claramente varios resultados:

a) la cooperación media en las 10 rondas con castigo (puntos negros de la figura) es mayor que en las 10 rondas sin castigo (puntos blancos),

b) en ausencia de castigo, la cooperación tiende a declinar de una ronda a otra,

c) el castigo entre miembros del grupo crece ronda a ronda.

¿Por qué aumenta la cooperación con el castigo? FG demuestran que los jugadores reciben un mayor castigo cuanto más baja es su contribución al bien público con respecto a la media. Esto parece indicar por qué las contribuciones en el tratamiento con castigo son mayores y tal vez por qué éstas crecen con el tiempo: los participantes que cooperan menos inicialmente van aprendiendo que esta estrategia no compensa, de modo que van aumentando su contribución para evitar ser castigados por los otros.

Los resultados básicos de FG (2000) han sido replicados en numerosos experimentos, que además extienden esta literatura añadiendo pequeños cambios al diseño original de FG (2000). Carpenter (2007), por ejemplo, estudia los efectos de poner precios diferentes a los castigos y demuestra que la demanda de castigo es decreciente: Los sujetos castigan menos cuanto mayor sea el precio –véanse también Falk *et ál.* (2005) y Anderson y Putterman (2006)–. Y lo que es más interesante, los sujetos parecen anticipar este fenómeno, pues contribuyen menos al bien público cuanto mayor sea el precio del castigo. Posiblemente los sujetos menos cooperativos sólo contribuyen cuando el castigo es suficientemente probable, y esto sólo ocurre si éste es barato. Los costes de castigar, por tanto, influyen en la cooperación.

Existen también algunos experimentos que sugieren limitaciones al estudio de FG (2000). Por ejemplo, Nikiforakis (2008) analiza un juego con castigo idéntico al de FG (2000) excepto por la existencia de una tercera ronda. En esta ronda, los castigados en la segunda ronda pueden castigar a los que les castigaron (es decir, vengarse). Nikiforakis muestra que cuando existe la posibilidad de vengarse, la cooperación no difiere de la que se observa cuando no hay castigo alguno.

Sefton *et ál.* (2007), por su parte, comparan castigos y recompensas por medio de un tratamiento con castigo, otro tratamiento similar pero con *recompensas*, y un tercer tratamiento con ambos tipos de sanciones. Cada punto asignado como castigo (recompensa) de i a j reduce (incrementa) en una unidad monetaria el ingreso de j, y siempre le cuesta una unidad monetaria a i (es decir, la tasa de efectividad es 1:1). La comparación de castigos y recompensas es interesante, entre otras cosas, porque el castigo origina una pérdida tanto al castigador como al castigado, mientras que una recompensa es una transferencia. Aparentemente, por tanto, los castigos son menos eficientes que las recompensas.[9]

Sefton *et ál.* (2007) muestran que las contribuciones son bastante estables en el tratamiento con castigo, pero que en el tratamiento con recompensas comienzan a un nivel alto, pero se reducen luego de manera significativa con el tiempo, tal vez porque el uso de las recompensas también se va reduciendo. Las recompensas, por tanto, parecen ser menos efectivas que los castigos. Sin embargo, Vyrastekova y van Soest (2008) analizan un juego JRUC con y sin recompensas, así como dos tratamientos con diferentes tasas de impacto de éstas: a) 1:1, y b) 1:3. Mientras que las recompensas no fomentan la cooperación en el caso 1:1, ocurre lo contrario en el caso 1:3. Por tanto, aunque Sefton *et ál.* (2007) sugiere que las recompensas no son tan efectivas como los castigos, las primeras pueden ser efectivas si la tasa de impacto es suficiente elevada.

Sanciones no-materiales

Terminamos con las *sanciones no-materiales*,[10] es decir, aquellas que no afectan al

---

9   Ojo: Esta afirmación sólo tiene en cuenta el efecto directo de la sanción, pero no cómo afecta posteriormente al comportamiento de los jugadores. Teniendo en cuenta ambos efectos, el castigo puede ser más eficiente si hace a la gente mucho más cooperativa que las recompensas (nótese que la cooperación aumenta la eficiencia social).

10   Algunos autores utilizan denominaciones alternativas como sanciones informales o no-monetarias.

bienestar material del agente sancionado, sino más bien a su estado emocional. Frecuentemente transmitidas por medio de expresiones verbales o faciales, las sanciones no-materiales nos sirven para mostrar nuestra aprobación o desaprobación del comportamiento o de las cualidades personales del sancionado. Ejemplos de sanciones no-materiales negativas incluyen un comentario humillante, un insulto o simplemente una mirada de desagrado. Muchos investigadores sociales han destacado que las sanciones no-materiales son un mecanismo importante para fomentar el cumplimiento de las normas sociales, entre otras razones porque presentan dos características atractivas: normalmente son menos costosas que las sanciones materiales y su uso está aparentemente menos restringido socialmente. Por el contrario, el uso de sanciones materiales por parte de los individuos no es siempre aceptable (por ejemplo, mucha gente es de la opinión de que los niños nunca deben ser objeto de castigos corporales).

El primer estudio sobre sanciones no-materiales en el contexto del juego JCV es Masclet *et ál.* (2003), con dos tratamientos principales:

i) castigo material como en FG (2000),

ii) un juego JCV con una segunda etapa en la que cada jugador *i* observa las contribuciones individuales anónimamente y se le da la opción de asignar entre 0 y 10 puntos a cada jugador *j*, sin coste para *i* ni para *j*.

Las instrucciones indican que esta puntuación es sólo una evaluación que *i* hace de decisión de *j*, donde 10 y 0 representan la máxima y la mínima desaprobación, respectivamente. Esta evaluación, por tanto, actúa como una sanción no-material. Tanto en *i*) como en *ii*) se jugaron múltiples rondas de cada juego, así como rondas en las que sólo se jugaba el juego JCV sin etapa de castigo.

En algunas sesiones se usó el protocolo *extraños*, en otras no. Los resultados indican que ambos tipos de sanciones incrementan las contribuciones al bien público, pero que las materiales son más efectivas en el tiempo. Asimismo, los efectos de las sanciones no-materiales son más acusados cuando hay una interacción repetida (en otras palabras, los efectos son menores con el protocolo *extraños*).

Estos resultados admiten muy variadas interpretaciones. Puede ser que los sujetos utilicen las sanciones no-materiales para comunicarse y así coordinarse entre sí en la siguiente ronda (ya hemos visto en el apartado anterior que la comunicación entre sujetos es un poderoso motivador de la cooperación); también puede ser que a los sujetos no les guste sentirse criticados. Sin negar la importancia de la primera explicación, López Pérez y Vorsatz (2010) ofrecen evidencia en favor de la segunda. En uno de sus tratamientos, los sujetos juegan el dilema de los presos (DP) con una segunda etapa en la que pueden asignarse puntos de evaluación (similar a Masclet *et ál.*, 2003). En comparación con otro tratamiento donde se juega el DP sin más, la cooperación crece significativamente cuando los jugadores pueden hacer una evaluación. Dado que los juegos se juegan una sola vez, los resultados indican claramente que el efecto de la evaluación va más allá de un posible valor comunicativo. En todo caso, todavía quedan muchas incógnitas por resolver sobre el funcionamiento de este tipo de sanciones.

Explicando la evidencia experimental: Teorías

¿Cómo explicar los resultados mencionados? La evidencia acumulada sobre el comportamiento cooperativo ha motivado nuevas teorías que, a su vez, han motivado nuevos experimentos. Aunque no podemos ser exhaustivos, en esta sección discutiremos algunas explicaciones sugeridas para uno de los resultados más robustos y que ha recibido más atención en la literatura: el declive de la cooperación en juegos JCV repetidos.

La teoría de juegos, recordemos, supone que *i*) todos los individuos son egoístas, *ii*) todos saben que todos son egoístas y, además, saben que todos saben que son egoístas, y *iii*) todos ellos entienden perfectamente las reglas del juego. Estas hipótesis predicen que nadie contribuirá *nada* al bien público en *ninguna* ronda de un juego JCV repetido un número finito de veces (véase Fehr y Gächter, 2000 para una demostración) y, por tanto, no pueden explicar ni el relativamente alto nivel de cooperación inicial, ni el declive que se observa en juegos repetidos. Por ello, las explicaciones aportadas pretendían relajar alguna de las hipótesis anteriores. Por ejemplo, una razón que se barajó inicialmente para explicar el declive fue el aprendizaje. De acuerdo con esta teoría, los sujetos podrían ser egoístas, pero no entender exactamente los incentivos existentes en el JCV, al menos con una única ronda. Por tanto, los altos niveles de cooperación inicial serían debidos a la confusión o a los errores que cometen los sujetos. Si juegan varias rondas, no obstante, pueden ir aprendiendo que lo mejor para ellos es no contribuir. Esto explicaría que la cooperación disminuya con la repetición (véase Andreoni 2005a).

Existen varios estudios que buscan poner a prueba esta teoría. Andreoni (1988) considera un juego JCV repetido 10 rondas ($m = 0,5$; $N = 5$; condición "extraños"). Al terminar éstas, no obstante, los sujetos son informados repentinamente de que van a volver a jugar otras 10 rondas. Si el aprendizaje fuera la causa *única* del descenso en las contribuciones, la cooperación en la primera ronda de esta nueva tanda debería ser similar a la obtenida en la última ronda de la primera tanda. En contra de esta predicción, Andreoni observa que las contribuciones iniciales tras el reinicio sorpresa son significativamente más altas que las realizadas en la última ronda de la primera tanda. La evidencia empírica posterior ha corroborado este resultado, lo que indica que el aprendizaje no explica (o al menos no totalmente) la caída de la cooperación con la repetición (Croson, 1996; Cookson, 2000; Croson, Fatás y Neugebauer, 2005).

La Figura 7.3, extraída de Croson (1996), refleja el efecto positivo del reinicio por sorpresa (*restart*), tanto en el tratamiento "parejas" como en el "extraños". Asimismo, el hecho de que el nivel de cooperación en cada ronda sea menor en el tratamiento "extraños" es incoherente con la hipótesis del aprendizaje, que no predice ninguna diferencia entre tratamientos (véase también Andreoni y Croson, 2008).

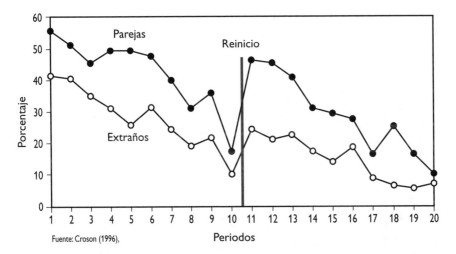

Figura 7.3. Evidencia contraria a la hipótesis del aprendizaje en JCV repetidos.

Las diferencias mencionadas entre ambos tratamientos sugieren además que los sujetos no actúan de un modo caótico, sino más bien estratégico. Nótese a este respecto que los sujetos en la condición "parejas" pueden utilizar sus contribuciones para tratar de influir en el comportamiento de sus compañeros en futuras rondas, algo que no ocurre en la condición "extraños".

Para analizar este tipo de comportamientos estratégicos de un modo detallado, Sonnemans, Schram y Offerman (1999, SSO en adelante) consideran juegos JCV repetidos donde la composición de cada grupo cambia de forma gradual, sólo un sujeto por ronda. Los sujetos saben cuándo abandonarán un grupo y que nunca volverán a jugar con los otros miembros del grupo. En línea con la hipótesis del comportamiento estratégico, SSO concluyen que los sujetos que abandonan un grupo contribuyen menos que los que se quedan.[11] Además, los sujetos contribuyen menos en su última ronda con un grupo que en la anterior con dicho grupo y que en la primera ronda con el nuevo grupo.

SSO también obtienen las expectativas de los sujetos acerca de las contribuciones del resto de su grupo, observando cierto comportamiento condicional: los sujetos contribuyen más cuanto más esperan que contribuyan los demás.

La existencia de esta "cooperación condicional" permite explicar la fragilidad de la cooperación observada en los juegos JCV repetidos tanto bajo la condición "parejas" como bajo la condición "extraños", ya que ésta dependería directamente de cómo se comportan los demás. Fischbacher, Gächter y Fehr (2001, FGF en adelante) estudian explícitamente la disposición de los individuos a cooperar de manera condicional. La característica principal de su diseño es que los sujetos en el JCV tienen que indicar para cada nivel de contribución media del resto de su grupo cuál sería su propio nivel de contribución. Los resultados se muestran en la Figura 7.4. En el eje horizontal aparecen todas las posibles contribuciones medias del resto del grupo y en el eje vertical la propia contribución del individuo.

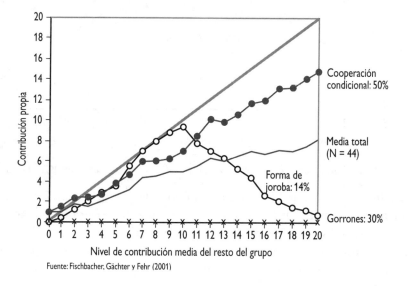

Figura 7.4. Tipos de jugadores según su comportamiento en el JCV.

---

[11] Andreoni (1988) también estudia esta cuestión con un diseño ligeramente distinto, pero curiosamente no obtiene el mismo resultado. Esto nos permite ver la importancia que tiene el repetir un experimento para contrastar la robustez de sus resultados.

Como se puede observar, FGF concluyen que el 50% de los sujetos pueden ser clasificados como cooperadores condicionales (CC), mientras que el 30% nunca contribuye nada, independientemente de las contribuciones de sus compañeros ("gorrones"). FGF atribuyen el declive de las contribuciones en el tiempo a la interacción entre estos dos tipos de sujetos. Es decir, la presencia significativa de gorrones da lugar a que las contribuciones de los CC se vayan reduciendo, al reaccionar éstos de forma condicional o recíproca. La velocidad de caída dependería de la cantidad de CC y de gorrones presentes en el grupo. Los resultados de FGF también sugieren que el comportamiento de los cooperadores condicionales no es fruto de la confusión (sus contribuciones deberían ser caóticas en ese caso), sino tal vez fruto de alguna motivación no egoísta o altruista. Numerosos artículos indican asimismo que las contribuciones son debidas, en una parte significativa, a una preocupación genuinamente no egoísta (Palfrey y Prisbrey, 1997; Brandts y Schram, 2001; Goeree, Holt y Laury, 2002; y Kurzban y Houser, 2005). Estas motivaciones son discutidas en el capítulo de este libro sobre preferencias sociales.

Conclusiones

Concluyamos con un breve resumen. La evidencia experimental acumulada en las últimas décadas nos permite entender cada vez mejor el comportamiento cooperativo en los dilemas sociales como los juegos JCV. Algunos de los principales fenómenos documentados son los siguientes: (1) Inicialmente, las contribuciones son significativas (40-60%), (2) cuando se juegan varias rondas, se produce un declive en la cooperación, (3) existe una correlación positiva entre m y la contribución media, (4) la comunicación previa incrementa muy significativamente la cooperación, (5) la posibilidad de castigar materialmente a otros jugadores afecta positivamente a las contribuciones, (6) esto es también cierto, aunque menos acusado, con los castigos no-materiales. Aunque cada vez disponemos de teorías más sofisticadas y éstas apuntan a la importancia de las motivaciones no-egoístas, aún no existe un consenso total sobre las causas de todos estos fenómenos. Esperamos que este capítulo motive al lector a realizar nuevos experimentos con los que explorar nuevas teorías o estudiar factores adicionales que propicien la cooperación.

8. NEGOCIACIÓN

Aurora García Gallego
LEE y Universitat Jaume I, Castellón

Luis M. Miller
Nuffield Centre for Experimental Social Sciences, Oxford, Reino Unido

Los experimentos de negociación han constituido una de las líneas fundamentales de desarrollo de la metodología experimental en economía. Los primeros experimentos en esta materia, llevados a cabo en las décadas de los años sesenta y setenta, pretendían poner a prueba los principales modelos económicos de la negociación. Estos experimentos son los denominados de *negociación no estructurada* y se repasará en la primera sección de este capítulo. A partir de los años ochenta, los experimentos de negociación se hicieron mucho más simples, ya no buscaban solamente estudiar los límites de determinados modelos teóricos, sino que trataban de responder a preguntas más generales acerca de la interacción estratégica en contextos de negociación. En esta segunda fase, llamada de *negociación estructurada*, el experimento estrella es el conocido *juego del ultimátum*, juego que representa el contexto mínimo de una negociación. Este juego, así como distintas manipulaciones experimentales del mismo, constituirá el grueso de la segunda sección de este capítulo. Por último, nos referiremos brevemente a experimentos de *negociación dinámica*, donde la negociación tiene lugar a lo largo del tiempo.

Negociación no estructurada

El modelo de negociación de John Nash (1950) fue el marco de referencia en los primeros estudios experimentales que se llevaron a cabo sobre este tema. Estos estudios vinieron motivados, como ha sucedido en muchos otros casos, principalmente por dos factores:

- primero, la necesidad de poner a prueba las predicciones del modelo teórico y,

• segundo, la dificultad de poner a prueba este modelo con datos de campo.

Una de las dificultades que planteaba este modelo a la hora de ponerlo a prueba era que requería conocer las preferencias de los individuos y de las estrategias disponibles para los negociadores. Como el lector puede imaginar, este tipo de información es muy difícil de obtener fuera del laboratorio.

En esta primera parte repasaremos una serie de experimentos basados en el modelo de negociación de Nash. A estos experimentos se les dio el nombre de *experimentos de negociación no estructurada* (Roth, 1995). Al contrario de lo que ocurre en los experimentos que estudiaremos en la siguiente sección, en esta primera fase, la negociación no era estructurada, es decir:

• los participantes en el experimento podían comunicarse entre sí y llegar a cualquier acuerdo,

• incluso aquellos no predichos a priori por el investigador eran factibles.

Supongamos que dos agentes, por ejemplo empresarios y sindicatos, tienen la posibilidad de llegar a un acuerdo que les beneficiará mutuamente, digamos una reforma del mercado de trabajo. Sin embargo, ambos agentes tienen preferencias distintas sobre los posibles acuerdos, los primeros proponen un abaratamiento del despido y los segundos una subida salarial. Por tanto, las utilidades esperadas de cada opción son diferentes para los dos agentes.

Otro hecho importante que tener en cuenta es que, tanto el modelo de Nash como otras teorías posteriores basadas en él, suponen que el resultado de la negociación también dependerá de la aversión al riesgo de los sujetos (véase el Capítulo 2). Ante este hecho, los agentes tendrán que asignar probabilidades de que ocurran a cada una de las alternativas posibles y tomar, por tanto, decisiones bajo riesgo. Volviendo a nuestro ejemplo, tanto sindicatos como empresarios tendrían que asignar, independientemente, una probabilidad al hecho de que se alcanzara el acuerdo de la subida salarial, y otra probabilidad al hecho de que se acordase reducir el coste del despido.

La dificultad de observar y medir las preferencias y la aversión al riesgo de los agentes, en la realidad, llevó a una serie de investigadores a realizar experimentos de laboratorio en los que ambas variables pudieran ser medidas y manipuladas. Para simplificar, en los primeros experimentos sobre negociación los investigadores suponían que la utilidad de cada negociador era igual a la ganancia monetaria que obtenía en el laboratorio, de tal manera que a mayor cantidad de dinero mayor utilidad. Los participantes negociaban sobre cómo repartirse una determinada cantidad de dinero. De esta forma, el supuesto teórico de los investigadores era que todos los negociadores tenían las mismas preferencias sobre el dinero y que, además, eran neutrales al riesgo. Este último supuesto era tan estricto que generaba un problema: las predicciones teóricas no se veían confirmadas en el laboratorio. Esto llevó a diferentes teóricos a afirmar que el problema de negociación de Nash no podía ser estudiado mediante el método experimental. Sin embargo, Alvin Roth y sus colaboradores diseñaron una ingeniosa serie de experimentos que solventaban este problema.

El problema puro de negociación de Nash es un buen ejemplo de las dificultades inherentes al estudio de modelos teóricos abstractos en el laboratorio. Sin embargo, representa también un buen ejemplo de cómo dichas dificultades pueden solventarse con rigor y creatividad. Roth y Malouf (1979) realizaron la primera propuesta de diseño experimental que incluía los principales elementos del modelo de Nash, sobre todo la importancia de la aversión al riesgo de los negociadores. En concreto, estos autores diseñaron los siguientes experimentos:

- Cada participante podía ganar, bien un premio grande, bien uno pequeño.

- Los participantes negociaban sobre el reparto de boletos de lotería que permitían ganar el premio grande.

A estos experimentos se les conoció como *juegos de loterías binarias*. La intuición de los juegos de loterías binarias como método experimental es muy simple. Dado que los investigadores no podían observar la aversión al riesgo de los participantes, tuvieron que idear un método mediante el cual ésta no influyera en la decisión de los negociadores. Este método no es otro que el empleo de boletos de lotería, ya que basta con el supuesto de que los participantes prefieren el premio grande al pequeño para demostrar fácilmente que siempre prefieren más boletos de lotería a menos. Por una parte, ganar el premio grande te da más dinero y, por tanto, más utilidad y, por otra, tener más boletos hace que tu probabilidad de ganar el premio grande aumente, por lo que la aversión al riesgo no desempeña ningún papel en situaciones de este tipo.

En el experimento de Roth y Malouf (1979) los investigadores optaron por idear un método que aislase una de las variables fundamentales del modelo teórico, la aversión al riesgo de los participantes. En el siguiente experimento, los investigadores decidieron medir, y no sólo controlar, la actitud frente al riesgo. Murnighan *et ál.* (1988) diseñaron una serie de experimentos en los que la aversión al riesgo de los participantes se medía de forma separada al experimento de negociación. De ese modo se podía estudiar hasta qué punto diferencias en la tolerancia hacia el riesgo de los negociadores influían en sus estrategias, así como en el resultado de la negociación.

Como en el caso anterior también usaron loterías, pero en este caso las loterías fueron utilizadas de forma ajena a la negociación. Se trata de un método muy común en economía experimental para calibrar la actitud frente al riesgo de los participantes en un experimento (véase el Capítulo 2). De forma independiente al experimento de negociación, los participantes toman una serie de decisiones binarias donde tienen que elegir entre dos loterías. Por ejemplo:

- Primero tienen que decidir si prefieren recibir 5€ con seguridad o 14€ con un 50% de probabilidad.

- La siguiente decisión es similar a la primera, sólo que la ganancia posible en la opción con riesgo es menor, 13€.

- Y así, manteniendo fija la ganancia segura de 5€, vamos bajando sucesivamente hasta 7€, por ejemplo.

A partir de las decisiones que tomen los participantes en todas las loterías, podemos estimar la aversión al riesgo de los participantes, es decir, obtener una medida individualizada de la actitud frente al riesgo del sujeto.

Cuando Roth y sus colaboradores estudiaron la relación entre el grado de aversión al riesgo de los participantes y su comportamiento negociador, encontraron que las predicciones principales de la teoría de Nash se validaban, aunque solo débilmente. La aversión al riesgo influye en la negociación, pero el tamaño de este efecto es mucho menor que los efectos producidos por cambios en la información a la que tienen acceso los participantes.

La relación entre aversión al riesgo y resultado de la negociación fue el tema estrella de estos primeros experimentos de negociación no estructurada. Sin embargo, estas investigaciones también encontraron dos nuevos efectos de los que hablaremos en las secciones siguientes de este capítulo:

- Primero, al contrario de lo que predice la teoría, un número importante de negociaciones en el laboratorio acababan en desacuerdo. Es decir, los participantes no ganaban nada en el experimento, dado que no conseguían llegar a un acuerdo acerca de cómo repartir el dinero.

- Segundo, con frecuencia se producía un efecto de "plazo límite" (*deadline*), en el sentido de que una proporción importante de los acuerdos se alcanzaba justo antes de que expirara el plazo para llegar a un acuerdo.

Lo primero, la falta de acuerdo, ha generado una gran cantidad de literatura teórica y experimental en aras de su comprensión. Además, ha sido una de las motivaciones fundamentales de los experimentos de negociación estructurada que veremos en la siguiente sección. Lo segundo, los aspectos dinámicos de la negociación, se abordarán brevemente en la tercera sección.

Negociación estructurada

Uno de los principales resultados de los experimentos iniciales de negociación no estructurada fue la falta de acuerdo. A partir de los años ochenta se generó un interesante debate acerca de sus causas. Para investigar el porqué de los desacuerdos, los economistas experimentales tuvieron que diseñar experimentos más sencillos que permitieran contrastar la validez de las distintas hipótesis. Los experimentos de negociación estructurada surgen en este contexto, tratando de limitar el tiempo y la secuencia de las decisiones de los negociadores para entender las motivaciones que las sustentan. En un entorno muy simplificado, los investigadores intentan discernir entre motivaciones instrumentales o estratégicas y motivaciones de justicia o equitativas.

El juego del ultimátum ha sido el más utilizado para estudiar, desde una perspectiva experimental, la negociación entre dos partes. Como ya vio el lector en capítulos anteriores (por ejemplo, el 3 o el 6) en este juego, dos agentes deben llegar a un acuerdo para repartirse una cierta cantidad de dinero. El proponente hace una propuesta de reparto al respondedor y éste debe aceptar o rechazar dicha propuesta. Si la acepta, el reparto propuesto se lleva a cabo, si la rechaza, ningún agente se lleva nada.

El juego del ultimátum presenta una gran ventaja cuando se trata de explorarlo experimentalmente: se parte de una situación muy básica, para ir gradualmente enfrentándonos a situaciones más complicadas. Como ya sabemos, la teoría de juegos predice que, bajo el supuesto de mutua racionalidad, el proponente ofertará la mínima cantidad y respondedor la aceptará.

A pesar de que el juego del ultimátum se ha utilizado para estudiar multitud de problemas tanto en economía como en otras ciencias sociales (Bearden, 2001), aquí nos centraremos en el repaso de situaciones en las que dicho juego es la institución utilizada para analizar un contexto de negociación. En este sentido, no nos referiremos al conjunto de estudios que tratan sobre las características psicológicas y sociodemográficas de los jugadores (aversión al riesgo, género, diferencias culturales, etc.).

En 1982, los economistas Güth, Schmittberger y Schwarze diseñaron el primer experimento con el juego del ultimátum. Ofrecieron al proponente una cantidad de dinero para repartir y obtuvieron un resultado impactante (que se ha repetido una gran cantidad de veces en los últimos 30 años): al contrario de la predicción de equilibrio, los respondedores sistemáticamente rechazan ofertas muy desiguales a pesar de que ello les suponga un coste económico.

En un principio, Binmore *et ál.* (1985) cuestionaron la estabilidad de este resultado y propusieron un diseño alternativo en el que el juego se repite durante dos periodos de forma que cuando se rechaza el reparto en el primer periodo, el total a repartir en el siguiente periodo se reduce. Además, los papeles de los jugadores (proponente y respondedor) se invertían en los dos periodos. Este nuevo diseño producía una gran divergencia de comportamiento en cada periodo, y los autores concluyeron que la experiencia y la comprensión de la estructura del juego hacían que los participantes evitaran jugar de manera (irracionalmente) "justa" y tendieran a jugar como un "teórico de los juegos". En entornos de juego repetido, parte de dicho comportamiento se atribuye también a un esfuerzo del respondedor por inducir al proponente a hacerle ofertas más altas en el futuro (Bearden, 2001).

El intenso debate que se estableció a partir de su primer experimento del ultimátum hizo que Güth (1995) ofreciera una explicación a partir de su "teoría de la negociación basada en el comportamiento": la toma de decisiones del ser humano puede entenderse como un proceso de razonamiento dinámico en el que cada fase incluye un generador de intenciones y un filtro.

Varias manipulaciones del juego del ultimátum hacen que los resultados varíen sustancialmente. Una de las más interesantes se inspiró en la crítica de Smith (1991) a la asignación aleatoria de los papeles de los jugadores. Varios experimentos estudian el ultimátum con una asignación endógena de los roles, sin encontrar una respuesta definitiva, aunque parece que, cuando el rol del proponente es el premio de una tarea anterior al experimento, se siente legitimado a pedir más dinero. Esto es compatible con la hipótesis de que los jugadores que tienen un coste externo antes de acceder al rol de líder, o después de aceptar una oferta como ocurre en García Gallego *et ál.*(2008), se sienten con el derecho de exigir más.

Otro factor que, como se esperaría, afecta el resultado del juego, es el tamaño del premio monetario que se dividen las partes, y la información que tienen los jugadores sobre dicho premio. En términos generales, Straub y Murninghan (1995) observan que, cuanto mayor es el premio, más ofrecen los proponentes, más exigen los respondedores y ambas cantidades aumentan en presencia de información completa.

Por último, dos factores que aproximan los resultados a la predicción teórica son el aprendizaje y la toma de decisiones en equipo. En concreto, Bornstein y Yaniv (1998) encuentran que los grupos hacen menores ofertas como proponentes y aceptan con mayor facilidad como respondedores. Respecto al aprendizaje, Slonim y Roth (1998) observan que, con el tiempo, los proponentes hacen menores ofertas. Por último, List y Cherry (2000) encuentran que los respondedores tienen una tasa mayor de aceptación cuando ganan experiencia. Sin embargo, ninguno de los resultados anteriores se aproxima a la predicción económica estándar, basada en el equilibrio de Nash perfecto (EPS) en subjuegos (véase el Capítulo 3).

Más recientemente, y en un contexto de mercado laboral *empleador/empleado*, García-Gallego *et ál.* (2008) establecen una negociación salarial tipo ultimátum, en la que una empresa negocia el salario con su empleado por la realización de una cierta tarea. Este trabajo analiza una pregunta de gran interés:

- En un tratamiento los sujetos negocian para posteriormente llevar a cabo un esfuerzo hipotético,

- en el otro, el trabajador debe realizar realmente la tarea una vez concluida la negociación salarial.

Así, cuando la tarea es real, las ofertas aumentan y los porcentajes de rechazo también pues, al parecer, el empleado valora más el esfuerzo que realmente va a tener que realizar, y no acepta tan fácilmente cualquier oferta de salario como en el caso en el que la tarea sea ficticia. Finalmente, en el mismo contexto, García Gallego *et ál.* (2010) se proponen verificar la presencia de desempleo, representado por un menor número de empleadores que de empleados, en un experimento en el que las ofertas rechazadas se reciclan entre los trabajadores desempleados. Como resultado, aumenta la tendencia de los trabajadores a aceptar cualquier propuesta de salario, lo que conlleva que bajen las ofertas y, por tanto, también los salarios. Estos efectos son más pronunciados en un tratamiento con desempleo y con contratos de larga duración, puesto que los trabajadores, en un periodo de desempleo, asignan más valor a un contrato de mayor duración.

Asimismo, Andreou *et ál.* (2010) analizan la negociación salarial empleador/empleado dando la posibilidad a los trabajadores de comunicarse entre sí y coordinarse, de manera no vinculante, a través de un sindicato.[1] Aunque el protocolo no controla el contenido de la comunicación entre los trabajadores, parece

---

[1] Entendiendo por "no vinculante" que las estrategias elegidas en el proceso de negociación no están sujetas a control ni penalización.

que los trabajadores pactan un nivel de salario por debajo del cual cualquier propuesta será rechazada. Ello se refleja en que, como resultado, la presencia del sindicato da lugar a mayores salarios y refuerza el poder de negociación de los trabajadores, sin que ello suponga una reducción en la eficiencia del mercado.

Otros experimentos han mostrado que la comunicación entre los negociadores influye en el resultado de la negociación en un juego del ultimátum. Por ejemplo, experimentos como los de Rankin (2003) y Anderson *et ál.* (2010) utilizan la comunicación como un medio para manipular las creencias del proponente, en el primer caso, y del respondedor, en el segundo. En el experimento de Rankin (2003), el respondedor puede afectar las creencias del proponente haciendo él mismo una petición (por escrito) de reparto, bien de forma previa a la propuesta de reparto por parte del proponente, bien posteriormente. Esta información adicional tiene como resultado unas ofertas menores, unas mayores tasas de rechazo y unas ganancias medias menores para ambos tipos de agente.

En el experimento de Anderson *et ál.* (2010), los mensajes escritos pueden enviarse junto con la oferta, o bien posteriormente a que el respondedor haya aceptado o rechazado la oferta. Los mensajes pueden, en definitiva, persuadir al respondedor a aceptar una determinada oferta, y, si se prevén dichos efectos de persuasión, el proponente puede también adaptar sus ofertas. En efecto, las ganancias medias del proponente son mayores cuando los mensajes pueden ser leídos por los respondedores antes de aceptar o rechazar una cierta oferta.

El juego del ultimátum también se ha popularizado en otras ciencias del comportamiento. En psicología, por ejemplo, Galinsky *et ál.* (2008) establecen cómo comprender al contrincante puede ayudar mucho a la hora de llegar a un acuerdo. Las claves son la *toma de perspectiva* y la *empatía*.[2] En una serie de experimentos, estos autores demuestran que, incluso en el caso en el que sólo uno de los negociadores tenga la habilidad de ponerse en el lugar del oponente, hay muchas más posibilidades de llegar a un acuerdo satisfactorio para ambas partes. Es importante comprender en qué está interesada la otra parte para poder agradarla, pero sin sacrificar nuestros propios intereses. De hecho, demasiada empatía puede impedir a la gente alcanzar acuerdos creativos.

---

[2] La toma de perspectiva se refiere a la capacidad cognitiva para considerar el mundo desde el punto de vista del otro, mientras que la empatía es la capacidad para conectar con él emocionalmente. El lector puede percibir que esto está muy conectado con la última parte del Capítulo 9.

En definitiva, la toma de perspectiva ayuda a estructurar un acuerdo en el que las dos partes salgan ganando, mientras que la empatía puede hacer que nos preocupemos más de agradar al adversario que de conseguir los objetivos por los que estábamos negociando.

Negociación dinámica

El juego del ultimátum es una situación sumamente estática, y de ahí sus ventajas y limitaciones. Este juego supone el contexto mínimo, o incluso el estadio final, de una negociación donde existen al menos dos partes, una que propone algo y una segunda que acepta o rechaza tal propuesta. Sin embargo, la mayoría de negociaciones en la vida real, fuera del laboratorio, conllevan una serie de ofertas y contraofertas donde no sólo una de las partes propone, sino que se produce más bien un intercambio continuado de ofertas entre los agentes implicados. Además, en un contexto dinámico, los agentes pueden rechazar determinadas propuestas para forzar a otros negociadores a hacer ofertas mayores.[3]

Uno de los modelos teóricos de referencia sobre negociación bilateral donde se tiene en cuenta este aspecto dinámico de la misma es el modelo de Rubinstein (1982). En este modelo bilateral de información completa, los agentes realizan ofertas de forma alternativa.

- El primer agente realiza una oferta y si ésta es aceptada por el otro agente, el juego termina.

- Si la oferta es rechazada, el segundo agente realiza una contraoferta que el primero tiene ahora la oportunidad de aceptar o rechazar.

- De nuevo, si la oferta es aceptada el juego termina pero si es rechazada, el primer agente vuelve a tener la oportunidad de proponer.

En el modelo teórico, los agentes pueden participar en un número infinito de rondas de negociación. Lo interesante de este modelo es que rechazar una oferta tiene un coste, ya que la cantidad de recursos sobre la mesa disminuye cada vez que una oferta es rechazada. Como se puede observar, este modelo cumple dos requisitos fundamentales de toda negociación dinámica.

i) la negociación se puede alargar en el tiempo;

---

[3] Sin embargo, esto no siempre es así. Ochs y Roth (1989) encuentran que un aumento de los rechazos conlleva ofertas aún más desiguales.

ii) retrasar el acuerdo conlleva costes importantes, tanto de tiempo como de recursos.

El modelo de Rubinstein, así como su extensión a situaciones en las que hay más de dos negociadores, ha motivado un buen número de estudios experimentales. Uno de los principales resultados de la investigación experimental sobre este modelo es que, al contrario de lo que la teoría predice, no todas las propuestas se aceptan inmediatamente y, por tanto, se producen retrasos costosos en la negociación. En este sentido, Binmore *et ál.* (2007) encuentran que, tanto el aprendizaje a lo largo del tiempo como las preferencias de justicia de los participantes, ayudan a explicar las diferencias entre las predicciones teóricas del modelo y el comportamiento de los sujetos en los experimentos.

En un repaso a la literatura experimental sobre negociación dinámica, Weg y Zwick (1999) hallan que el comportamiento de los sujetos es sensible a cambios en las condiciones de negociación de un modo coherente con las predicciones del modelo teórico. Como en otros experimentos, aunque los resultados difieren de la predicción exacta de los modelos teóricos, el modo en el que los sujetos reaccionan a cambios en las condiciones institucionales, suele ir en paralelo con las predicciones cualitativas del modelo teórico de referencia para los distintos contextos institucionales. Las predicciones cualitativas del modelo de Rubinstein han recibido, en este sentido, bastante apoyo por parte de la literatura experimental.

Conclusiones

En este capítulo hemos realizado un breve repaso a tres tipos de experimentos de negociación. En primer lugar, se han considerado los experimentos de negociación no estructurada que ponían a prueba en el laboratorio las predicciones del modelo de negociación de Nash. La complejidad de estos experimentos, así como la dificultad para interpretar sus principales resultados, hicieron que los experimentos de laboratorio sobre negociación se hicieran mucho más simples. El ejemplo paradigmático de estos experimentos más sencillos de negociación estructurada es el juego del ultimátum. Este juego constituye el contexto mínimo de una negociación, donde una parte negociadora hace una propuesta y existe al menos otra parte que tiene el poder de aceptar o rechazar dicha propuesta. La investigación sobre el juego del ultimátum, así como sobre sus varias modificaciones, ha mostrado que el resultado de toda negociación depende de cierta combinación de preferencia por la equidad y comportamiento estratégico. En el último apartado del capítulo hemos repasado el principal modelo de negociación dinámica, el modelo de Rubinstein, así como alguno de los resultados experimentales sobre dicho modelo. Como ocurría con los experimentos presentados en las secciones anteriores, aunque las predicciones exactas del modelo no se cumplen en el laboratorio, el modelo es todavía bastante informativo sobre los cambios en el comportamiento de los sujetos como resultado de cambios en el contexto de la negociación.

9. RESPUESTAS DESDE EL CUERPO: UNA INTRODUCCIÓN A LA NEUROECONOMÍA

Giorgio Coricelli
University of Southern California

Rosemarie Nagel
ICREA, Universitat Pompeu Fabra y BGSE, Barcelona

Traducido por Marina Pavan e Iván Barreda

Introducción

La neuroeconomía es un nuevo campo de estudio que integra la economía, la psicología y la neurociencia. Combina teorías económicas y psicológicas con metodologías neurocientíficas. La utilización de neuroimágenes, registros de actividad unicelular y otros métodos de la neurociencia ha permitido el estudio de las correlaciones entre los conceptos básicos de economía y de psicología y la actividad neuronal. Ejemplos de esta investigación en neuroeconomía son los estudios sobre la base neural del riesgo y la incertidumbre, la elección intertemporal (presente frente a futuro), la negociación, la competencia y el altruismo.

Hasta hace bien poco, los economistas trataban al cerebro humano como una "caja negra" y proponían ecuaciones matemáticas para tratar de entender las operaciones que el cerebro realizaba. Más recientemente, la introducción de herramientas de la neurociencia –como las imágenes cerebrales, el estudio de las lesiones cerebrales o los registros unicelulares en primates no humanos– y la evidencia, cada vez más abrumadora, sobre la importancia de los estados emocionales y sociales en la toma de decisiones económicas, están abriendo nuevas perspectivas en el campo de la neuroeconomía (McCabe, 2003; Camerer, 2008; Camerer *et ál.*, 2004; Glimcher y Rustichini, 2004; Sanfey, 2006).

El principal objetivo de la neuroeconomía es el de establecer unas sólidas bases neurobiológicas del comportamiento económico. Este reto representa uno de los ejemplos más importantes de conciliación entre una disciplina científica social (la economía) y una disciplina científica (la neurociencia).

* Por un lado, la neurociencia proporciona las herramientas científicas potencialmente capaces de revelar la neurobiología del comportamiento económico.

* Por otro lado, la economía ofrece las representaciones matemáticas rigurosas (la arquitectura) de la toma de decisiones.

Sin duda, la integración de las dos podría representar una mejora sustancial en la comprensión del comportamiento humano tanto básico como complejo.

Este capítulo habla de la aplicación de métodos de la neurociencia a la investigación de la toma de decisiones económicas. Se verá cómo los métodos de la neurociencia –incluyendo las imágenes por resonancia magnética funcional (IRMf), la estimulación magnética transcraneal (EMT), y los estudios de lesiones (estudios de pacientes con lesiones cerebrales)– pueden ser utilizados para mejorar nuestros conocimientos sobre el comportamiento económico.

El principal objetivo de este capítulo es el de proporcionar una visión equilibrada de las posibilidades del enfoque neuroeconómico. Además, queremos proporcionar al estudiante un conocimiento lo suficientemente práctico de los métodos neurocientíficos para permitirle evaluar la literatura que se está generando. Un objetivo secundario sería el de proporcionar una introducción para los lectores interesados en diseñar sus propios experimentos neuroeconómicos.

En lo que sigue describiremos algunos ejemplos de investigación neuroeconómica; daremos algunas indicaciones de cómo diseñar un experimento de neuroeconomía, y discutiremos algunas limitaciones metodológicas importantes. En el Cuadro 9.1 se puede encontrar una breve descripción del cerebro humano.

Neuroeconomía: algunos ejemplos

¿Cómo el cerebro asigna valores económicos?
Para los economistas, una decisión es el resultado de evaluar distintas alternativas. A continuación presentamos una serie de experimentos sobre la actividad neuronal que pueden ayudarnos a comprender cómo el cerebro asigna valores. Utilizaremos la terminología habitual de la neurociencia (Rolls, 1999) y, por ello, hablaremos de:

* Recompensa→objeto externo que un organismo intenta lograr.

* Castigo→objeto externo que un organismo intenta evitar.

Como el lector ya habrá podido apreciar, los términos correspondientes en economía son ganancias y pérdidas.

Mecanismos de procesamiento de recompensas (y castigos)
Lo primero que el lector debe comprender es que pasamos de un proceso rápido desde abajo hacia arriba (primer nivel) a un sistema representacional desde arriba hacia abajo (segundo nivel).

Existen distintos niveles de procesamiento de la recompensa en el cerebro. Un primer nivel se basa en la actividad de las neuronas dopaminérgicas. La dopamina es una hormona (que funciona como neurotransmisor) liberada tanto en las áreas del mesencéfalo (o cerebro medio) como el tegmento ventral y la sustancia negra (véase el Cuadro 9.1). La actividad de estas neuronas se caracteriza por el rápido proceso (desde abajo hacia arriba, o *bottom-up*) de una señal de alerta, que representa un mecanismo eficiente de aprendizaje básico, llamado error de predicción.

Las neuronas del cerebro medio son capaces de distinguir entre estímulos de recompensa y estímulos de castigo en el entorno; definen expectativas, y perciben la divergencia entre respuestas esperadas y reales. Cuando se establece la asociación estímulo-respuesta, dichas neuronas están activas sólo si la respuesta es más grande de lo esperado, mientras que permanecen reprimidas (desactivadas) si la respuesta es inesperadamente pequeña.

De manera simplificada podemos afirmar que:

• La señal de error es positiva si el valor de la respuesta es superior a lo esperado.

• La señal de error es negativa si el valor de la respuesta es inferior a lo esperado.

Esta actividad de aprendizaje y alerta es extremamente eficiente, pero limitada al procesamiento de una "única" recompensa (Schultz *et ál.*, 1997; Schultz, 1998, 2002; Tobler *et ál.*, 2005).

Con el primer nivel de procesamiento de recompensas el cerebro no es capaz de discriminar entre éstas (alternativas), lo que constituye el fundamento de la toma de decisiones económicas.

Por tanto, se necesitan otros sistemas de recompensas (procesamiento del segundo nivel). Estos sistemas están relacionados con la actividad neuronal en la corteza orbitofrontal, la corteza anterior del núcleo cingulado y la amígdala, que, según se piensa, aprenden a seleccionar las recompensas basándose en las preferencias relativas o los valores afectivos.

Cuadro 9.1. Una breve descripción del cerebro humano.

El cerebro humano se divide en dos mitades simétricas, llamadas hemisferios. Cada hemisferio consta de cuatro lóbulos: frontal, temporal, parietal y occipital. El *lóbulo frontal*, en la parte delantera del cerebro, cumple funciones ejecutivas, como la planificación, el razonamiento, el pensamiento y el autocontrol. Esta parte del cerebro es de especial interés para la economía dado que el lóbulo frontal está involucrado en la mayoría de las decisiones económicas. Por ejemplo, la corteza prefrontal, la parte más delantera de la corteza frontal, se asocia con muchos procesos de toma de decisiones que impliquen elecciones bajo riesgo, intertemporales o sociales.

Un papel también fundamental desempeñan las neuronas en el mesencéfalo (el área tegmental ventral y la sustancia negra), la parte del celebro más antigua e interna. Estas neuronas están conectadas por un neurotransmisor (una sustancia química que permite la comunicación entre neuronas) llamado dopamina. Las partes internas del cerebro liberan dopamina como respuesta a un error de predicción, es decir, un desajuste entre la recompensa que esperamos y la que obtenemos. Las neuronas cuyo neurotransmisor primario es la dopamina se llaman neuronas dopaminérgicas, e intervienen en el proceso de evaluación y predicción de la recompensa (en términos económicos, la ganancia). La dopamina liberada en el mesencéfalo actúa a nivel de varias áreas corticales (la corteza prefrontal) y subcorticales (los ganglios basales) del cerebro.

Otras áreas importantes del cerebro, relacionadas con la toma de decisiones y las respuestas emocionales, son la amígdala y la ínsula. La amígdala, en el *lóbulo temporal*, se relaciona con respuestas de temor, por ejemplo se activa cuando vemos una serpiente y, por tanto, señala las situaciones de riesgo y peligro. La ínsula está asociada a menudo con las emociones de repugnancia y negativas, por ejemplo el dolor.

El *lóbulo parietal* lleva a cabo funciones de cálculo e integración multisensorial, como por ejemplo el movimiento de la mano hacia un estímulo visual, integrando así actividades visuales y motoras. Por último, el *lóbulo occipital* está involucrado en el sistema visual.

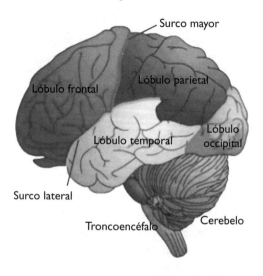

La corteza orbitofrontal (COF) procesa los valores relativos de recompensas distintas y el placer subjetivo de los reforzadores (reforzadores primarios, como la comida o el sexo; y reforzadores secundarios, como el dinero). En términos económicos, representa las preferencias subjetivas. Las neuronas en esta región del cerebro codifican los valores relativos de diferentes elecciones alternativas (Padoa-Schioppa y Assad, 2006). Tremblay y Schultz (1999) demuestran cómo, en experimentos con monos, las neuronas de la COF se disparan cuando se entrega la recompensa relativamente preferida entre pares de recompensas, "revelando" así las preferencias del mono.

Estos resultados vienen corroborados en el estudio más reciente de Padoa-Schioppa y Assad (2006), en el que se hace escoger a un mono entre combinaciones de cantidades de distintas recompensas (plátanos, pasas, etc.). También en este caso, las neuronas de la COF se disparan según la estructura de preferencias y elecciones reales del mono. Esta actividad de la COF corresponde a una función representacional de alto nivel (*top-down*) de los valores de los estímulos externos.

Los niveles primero y segundo del procesamiento de recompensas están fuertemente interconectados. Efectivamente, la información sobre las recompensas que proviene del primer nivel puede ser utilizada para definir y actualizar valores relativos de recompensas y preferencias subjetivas (segundo nivel). La información que viene de las respuestas a la recompensa mediante la dopamina (primer nivel) entra en las representaciones cognitivas/emocionales de la recompensa, en términos de preferencias subjetivas y valores afectivos.

Emociones provocadas por recompensas (ganancias) o castigos (pérdidas)
La distinción entre primer y segundo nivel de procesamiento de la recompensa puede aplicarse también a las emociones (Schachter y Singer, 1962).

En lo que sigue describimos la evidencia proveniente de pacientes y neuro-imágenes que muestran los correlatos neurales del procesamiento emocional humano en la toma de decisiones.

Evidencia de pacientes con lesiones cerebrales
La evidencia de la neurociencia cognitiva muestra que los pacientes con lesiones focales del lóbulo prefrontal tienen dificultades en muchos aspectos de su toma de decisiones, tanto en el prisma individual como en el social (Damasio, 1994; Bechara *et ál.*, 1994; Eslinger y Damasio, 1995; Anderson *et ál.*, 1999). Por lo general, estos pacientes tienen un comportamiento socialmente poco apropiado y, en consecuencia, resultados bastante negativos. Ejemplos de ello son la tendencia a perder su trabajo, la falta de habilidad para mantener relaciones personales estables, y la reincidencia en inversiones financieras desastrosas.

Lo más llamativo es que su comportamiento no es debido a la falta de conocimientos o a una inteligencia limitada (Saver y Damasio, 1991). Estas personas son perfectamente capaces de representar y juzgar correctamente contextos individuales y sociales abstractos. Sin embargo, fallan estrepitosamente en situaciones análogas a las anteriores cuando se trasladan a la vida real.

Para Damasio y su equipo (Damasio, 1994; Bechara *et ál.*, 2000a; Bechara *et ál.*, 2000b) los pacientes con lesiones en la COF encuentran dificultades en la toma de decisiones por su incapacidad para generar "marcadores somáticos". Estos marcadores serían los que les permitirían prever las consecuencias de sus acciones.

Esta hipótesis se ha puesto a prueba únicamente con una tarea (juego) caracterizada por la total incertidumbre acerca de los resultados de cada decisión. Los sujetos no son capaces de comparar la alternativa elegida con la rechazada (la que no eligen) hasta que se les proporciona alguna información sobre el resultado de ambas alternativas.

- Si la alternativa no elegida es la mejor, un sujeto normal siente remordimiento.

- Un sujeto con una lesión en la COF no muestra una sensación distinta a la que evidencia cuando tiene éxito, es decir, cuando la alternativa rechazada es peor que la elegida.

Camille *et ál.* (2004) y Coricelli *et ál.* (2005) extienden el análisis de Damasio a un contexto de elección con incertidumbre en el que el sujeto conoce, antes de escoger, las probabilidades y los resultados posibles de dos alternativas. Además, controlando la reacción del sujeto cuando se le enseña el resultado de la alternativa rechazada, Camille *et ál.* (2004) pueden distinguir entre emociones (específicas) que implican decepción y remordimiento.

- Los sujetos "control" (es decir, normales o no lesionados) presentan respuestas emocionales consistentes con el razonamiento contrafactual entre resultados obtenidos y no obtenidos; eligen minimizar el remordimiento futuro y aprender de su experiencia emocional.

Los sujetos producen una respuesta emocional cuando el resultado de la alternativa no elegida se convierte de un valor bajo a uno alto: transforman la decepción en un remordimiento doloroso. Además, la intensidad de esa respuesta emocional predice las elecciones futuras mejor que la sola comparación de las utilidades esperadas de las dos alternativas.

- Por el contrario, pacientes con lesiones en la COF no muestran remordimiento alguno y no prevén las consecuencias negativas de sus decisiones.

Estos resultados sugieren que la COF ejerce un papel fundamental en el remordimiento. Parece entonces que la COF conecta emoción y cognición, y desempeña un papel en el control de la experiencia emocional a través de mecanismos como el razonamiento contrafactual (Byrne, 2002).

El cerebro social

¿Cómo puede la evidencia neuroeconómica contribuir a las teorías del comportamiento humano social? El juego del ultimátum analizado con IRMf

Un número creciente de investigaciones en neurociencia ha utilizado la teoría de juegos para diseñar tareas con las que analizar el comportamiento (véanse los Capítulos 3 al 8). Aunque la teoría de juegos fue desarrollada inicialmente como una rama de las matemáticas, actualmente debe considerarse como una parte sustancial de las ciencias sociales; aquella que se dirige a comprender las decisiones en contextos sociales.

Esta teoría considera la interacción social entre jugadores como un juego. Los juegos pueden emplearse para describir interacciones, desde la más sencilla a la más compleja, entre genes, personas, empresas, naciones, incluso entre animales y plantas –por ejemplo, abejas y flores–, etc. La teoría de juegos pretende proporcionar soluciones analíticas de cómo los jugadores tendrían que comportarse en cada caso, bajo determinados supuestos sobre la racionalidad de los actores.

El juego del ultimátum (Güth *et ál.*, 1982) es uno de los juegos experimentales citado más ampliamente, que se utiliza para comprender aspectos importantes de las interacciones sociales (véanse los Capítulos 3, 6 y 8). En este juego, como se recordará, el proponente hace una propuesta de reparto de una determinada cantidad de dinero al segundo jugador, o respondedor, el cual debe aceptar o rechazar dicha oferta. En el primer caso, el reparto se lleva a cabo tal como propuso el proponente, mientras que en el segundo caso ningún jugador se lleva nada, es decir, los dos ganan cero.

Obviamente, el proponente tiene que dividir la dotación total de dinero de manera que maximice su ganancia. Cualquier oferta positiva puede constituir un equilibrio y el respondedor aceptará esta oferta. Según el concepto de equilibrio perfecto en subjuegos (EPS) (véase el Capítulo 3), el proponente ofrecerá la cantidad positiva más pequeña posible, dado que para el respondedor aceptar esta cantidad es siempre mejor que rechazarla.

La evidencia experimental nos dice que normalmente los respondedores rechazan ofertas injustas, típicamente las ofertas que son inferiores al 30% de la dotación total. Además, los proponentes hacen ofertas más generosas que las predichas por el EPS. Estos resultados ponen de manifiesto que el comportamiento se ve impulsado a menudo por las emociones sociales y no sólo por la necesidad de maximizar las ganancias personales (véanse Sanfey *et ál.*, 2003; Van't Wout *et ál.*, 2006). Es decir, las preferencias "sociales" tienen un papel tan importante como las preferencias "individuales" (Fehr y Schmidt, 1999; Bolton y Ockenfels, 2000; De Quervain *et ál.*, 2004; Fehr y Gächter, 2002). Estas respuestas emocionales evidencian la divergencia entre el comportamiento real y el racional.

Sanfey *et ál.* (2003) realizan un experimento del juego del ultimátum utilizando neuroimágenes. Analizan la actividad cerebral de los respondedores durante el juego. Los resultados de este experimento muestran actividad cerebral adicional cuando hay ofertas injustas (menos del 30%) en:

- la corteza prefrontal-dorsolateral(CPFDL): una parte del cerebro comúnmente relacionada con la cognición, y

- en la corteza insular o ínsula: un área del cerebro conectada a menudo con las emociones negativas, como la repugnancia.

El rechazo de la oferta está correlacionado con la actividad de la ínsula, es decir, los participantes que activan más esta parte del cerebro cuando reciben ofertas injustas, son los que rechazan más veces dichas ofertas. Este resultado indica el importante papel de las emociones en la toma de decisiones.

La CPFDL es una parte fundamental en la CPF, que comúnmente se considera implicada en el control cognitivo y en la inhibición de respuestas impulsivas (Koechlin *et ál.*, 2003; Miller y Cohen, 2001). Por tanto, se espera que tenga un papel extremadamente importante en la toma de decisiones, especialmente cuando existe un conflicto entre motivos emocionales y racionales (interés personal), como por ejemplo cuando un sujeto tiene que elegir entre aceptar o no una oferta injusta en el ultimátum.

El comportamiento cooperativo ocurre en todas las sociedades humanas (aunque haya variaciones en la definición del umbral entre lo justo y lo injusto en las diferentes culturas); no obstante, se observa mucho menos frecuentemente en otras especies, desde los invertebrados hasta los primates no humanos. Surge entonces la cuestión de si poseer alguna habilidad (o serie de habilidades) cognitiva concreta es un prerrequisito para que surjan la cooperación y la reciprocidad.

Uno de los principales objetivos de la neuroeconomía (Glimcher y Rustichini, 2004) es el de describir las características del aparato cognitivo humano que hacen posibles la cooperación y la reciprocidad. Para ello es necesario identificar las estructuras y los procesos cerebrales que son responsables de dicho comportamiento.

Estudiar la cooperación y la reciprocidad significa estudiar los mecanismos para hacer cumplir o reforzar un comportamiento pro social. Para ello se necesitan dos tipos de mecanismos:

- Positivos: recompensando el comportamiento pro social.

- Negativos: castigando la violación de las normas sociales.

En entornos sociales, el incumplimiento de una norma afecta a los miembros de un grupo en términos de estatus, reputación y exclusión. En una sociedad donde se espera un comportamiento cooperativo, la sanción de los gorrones es la vía principal para hacer cumplir las normas (véase el Capítulo 7). No en vano, es el miedo al castigo lo que puede disuadir de un comportamiento egoísta. Como se muestra en el juego del ultimátum, el castigo tiene un coste (rechazar una oferta injusta supone un coste para el respondedor), y está relacionado inherentemente con el nivel en el que se han interiorizado las normas.

Analizando el juego del ultimátum con la EMTr
Van't Wout *et ál.* (2005) sostienen la hipótesis de que la CPFDL es crucial para determinar la estrategia de rechazar ofertas injustas, y predicen que una alteración temporal de la actividad de la CPFDL cambiaría la estrategia hacia tasas de aceptación superiores y/o interferiría con el rechazo de ofertas injustas. Estos autores aplican la estimulación magnética transcraneal repetida (EMTr)[1] en un protocolo *off-line* (a baja frecuencia) en la CPFDL derecha, con participantes que reciben tanto una estimulación real como un placebo en una misma sesión, con un intervalo de separación entre tratamientos de 30 minutos.

Inmediatamente después de la estimulación, los sujetos participan en una versión del juego del ultimátum, siempre ejerciendo el papel de respondedor y en la que tienen una fotografía del proponente al principio de cada prueba. Se presentan aleatoriamente tanto las ofertas (que pueden ser justas o injustas, con tres niveles distintos de injusticia) como las fotos de los proponentes (uno diferente en cada prueba), y se pide a los participantes que respondan a la oferta lo más rápidamente posible apretando el botón de aceptación o el de rechazo.

---

[1] La EMTr *off-line* consiste en la aplicación repetida de la estimulación magnética transcraneal a baja frecuencia durante varios minutos, con el fin de interrumpir temporalmente el funcionamiento normal del cerebro antes de realizar una determinada tarea. Es una herramienta muy útil en la neurociencia cognitiva para estudiar la relación entre cerebro y comportamiento (Eisenegger *et ál.* 2008).

Limitando el análisis a las ofertas injustas, comparan los resultados de la condición de EMTr-real con los de EMT-placebo y observan que sí interacciona significativamente con la decisión de aceptar o rechazar. Después de una EMTr-real, efectivamente, los participantes son menos proclives a rechazar ofertas injustas y muestran cierta tendencia a aceptar más.

Además, este estudio muestra que la manipulación del EMTr afecta sólo a la condición injusta, como se esperaba, y no a la justa. Además, sus conclusiones han sido reforzadas y extendidas posteriormente por un laboratorio distinto. Knoch *et ál.* (2006) ponen a prueba con EMTr dos hipótesis alternativas sobre el papel de la CPFDL en rechazar ofertas injustas en el juego del ultimátum. *a)* La primera hipótesis considera que la CPFDL es instrumental en los comportamientos justos (rechazar cantidades pequeñas) y se antepone a los motivos egoístas (por ejemplo, aceptar cantidades pequeñas), prediciendo así un aumento de la tasa de aceptación de las ofertas injustas como consecuencia de una alteración de la CPFDL. *b)* Por el contrario, la segunda hipótesis predice un incremento de la tasa de rechazo de las ofertas injustas debido a la restricción del control cognitivo sobre los impulsos de justicia después de una interrupción en el funcionamiento de la CPFDL.

Los resultados muestran un aumento significativo en la tasa de aceptación de las ofertas injustas después de una EMTr derecha comparada con los tratamientos de EMTr izquierda o fingida (estimulación placebo). Resulta interesante el resultado de que interrumpir el funcionamiento de la CPFDL no altera los juicios sobre la justicia de las ofertas recibidas, sino el comportamiento (de rechazo) en cuanto a la justicia recíproca. La estimulación en la CPFDL derecha no causa ninguna diferencia en el tiempo de respuesta entre aceptar ofertas justas y aceptar ofertas injustas; al contrario, los grupos que reciben EMTr izquierda y placebo necesitan más tiempo para aceptar ofertas injustas respecto a las justas.

Todo ello sugiere que una alteración de la CPFDL derecha reduce el conflicto entre el interés personal y el sentido de justicia, y aumenta la naturaleza automática de la respuesta. Con el fin de examinar el papel diferencial de los dos motivos simultáneos de justicia –reciprocidad y aversión a la desigualdad–, Knoch *et ál.* (2006) añaden también una condición de control con los mismos participantes (*intrasujetos*) en la que las ofertas no son efectuadas libremente por otro sujeto, sino que se les informa de que los proponentes están obligados a seguir las asignaciones aleatorias de un ordenador.

Las respuestas de comportamiento en la situación de ofertas por ordenador no muestran ninguna diferencia entre tratamientos. En particular, la tasa de aceptación en el grupo de EMTr derecha crece desde el 48% (ofertas humanas) hasta el 78% en la situación de ofertas por ordenador, una tasa de aceptación muy parecida a la obtenida para ofertas de ordenador sin EMTr. Es decir, el grupo sometido a EMTr derecha se comporta normalmente cuando los motivos de reciprocidad no están presentes (por ejemplo, se juega contra un ordenador). Según Knoch *et ál.* (2006), por tanto, la función principal de la CPFDL es la de instrumentalizar un comportamiento basado en consideraciones de justicia anteponiéndose a motivos e impulsos egoístas.

Estos resultados se ven confirmados por Knoch *et ál.* (2008), que utilizan una estimulación transcraneal por corriente directa (ETCD) catódica, aplicada a la parte derecha de la CPFDL, en un extenso grupo de sujetos. En cada sesión experimental, un grupo de respondedores (con ETCD catódica derecha y placebo) participa en el juego del ultimátum junto a un grupo de proponentes anónimos. Los resultados indican que el grupo de sujetos sometidos a ETCD derecha se muestran más dispuestos a aceptar ofertas injustas, como demuestra la tasa de aceptación más alta. Es decir, la estimulación de la CPFDL derecha induce una reducción en el comportamiento de castigo típico en el juego del ultimátum.

El diseño de experimentos de neuroeconomía

Cómo diseñar su primer experimento de neuroeconomía
A continuación ofreceremos algunas sugerencias sobre cómo se puede diseñar un experimento de neuroeconomía y, posteriormente, daremos un ejemplo concreto. Como en todo buen proyecto experimental, se necesita partir de una pregunta clara; por ejemplo: ¿Cuáles son los correlatos neurales de un nivel de pensamiento bajo (nivel-*k* bajo, véase el Capítulo 5) si lo comparamos con uno alto –yo pienso que tú piensas que yo pienso...?

Una vez determinada la pregunta sobre la que se centra nuestra investigación, se definen las predicciones del experimento. El lector ya puede adivinar que existen dos tipos de predicciones en un experimento de neuroeconomía:

• predicciones de comportamiento y

• predicciones neurales.

Para determinar dichas predicciones, se necesitaría tener un modelo teórico del comportamiento de los participantes en el experimento. El modelo puede ser de muchos tipos; un modelo de teoría de juegos, por ejemplo, permite definir las predicciones teóricas dados unos supuestos sobre la racionalidad de los sujetos.

• Un modelo típico de teoría de juegos supondría el conocimiento común de la racionalidad: soy racional y considero que los demás son racionales y que ellos saben que yo soy racional, y así sucesivamente.

• Un modelo de racionalidad limitada puede suponer límites en la capacidad cognitiva de los sujetos experimentales: limitaciones en la memoria, en la capacidad de cálculo, etc.

La ventaja de los modelos teóricos es que proporcionan predicciones precisas. Luego, por supuesto, los datos obtenidos pueden violar dichas predicciones y deberíamos comprobar entonces la hipótesis alternativa (intentar falsificar las predicciones propias). Por tanto, no se ha de tomar ningún atajo para alcanzar el objetivo. Tenemos que proporcionar una respuesta científica a la pregunta que queremos investigar.

Antes de empezar un experimento en neurociencia, se deben definir las hipótesis neurales. Se necesita tener una idea sobre cómo son las estructuras del cerebro o la red neural que puede desempeñar un papel relevante en la codificación de algún componente específico del proceso de decisión que queremos estudiar. Para hacer eso, se puede recurrir a la literatura anterior en neurociencia.

Ahora llega la parte delicada. Debemos tener en cuenta que cada área del cerebro no corresponde a una única función, así que no podemos trazar un mapa unívoco de las áreas del cerebro con las funciones cognitivas o de comportamiento. Lo que sí se puede hacer, es definir una hipótesis neural basada en un área o una red que está relacionada más frecuentemente (según la literatura) con lo que estamos buscando. A este tipo de ejercicio se le denomina *inferencia inversa* (véase Poldrack, 2006).

¿Qué método neurocientífico se puede utilizar? Eso depende fundamentalmente de la pregunta que estamos investigando. En general deberemos escoger entre:

• la resolución espacial: la precisión en la localización de la actividad cerebral y

• la resolución temporal: la precisión temporal al detectar la señal del cerebro.

Por ejemplo, la imagen de resonancia magnética funcional (IRMf) tiene una muy buena resolución espacial (milímetros), pero una resolución temporal bastante limitada (milisegundos); mientras que la magnetoencefalografía (MEG) se caracteriza por una resolución temporal muy buena, pero una resolución espacial limitada.

Por tanto, la elección de la metodología que se utilizará depende en gran medida del tipo de comportamiento/señal del cerebro que se quiera estudiar.

Por ejemplo, si estamos interesados en la rapidez de los procesos en la toma de decisiones, deberíamos usar un método con alta resolución temporal, como la MEG o la electroencefalografía (EEG). En la actualidad, aunque puede ser por moda, la IRMf es la metodología utilizada más comúnmente en la neuroeconomía.

El objetivo principal del diseño de estos experimentos es correlacionar hipótesis de comportamiento con hipótesis neurales. En concreto, un buen procedimiento metodológico consiste en diseñar un entorno en el que se cambien los valores de una variable de manera controlada; es decir, se dan distintos valores a una única variable. Por ejemplo, si estamos midiendo el riesgo, podemos examinar la actividad cerebral relacionada con distintos niveles de riesgo, manipulando la probabilidad de un evento (por ejemplo, *Prob = 0; 0,25; 0,5; 0,75; 1*). Este tipo de diseño paramétrico tiene una gran ventaja: la posibilidad de extraer señales del cerebro relacionadas con niveles diferentes de un único parámetro. En este caso se pueden describir a través de un modelo las respuestas neurales y de comportamiento (las decisiones relacionadas con el riesgo) en un entorno paramétrico (véase Preschoff *et ál.*, 2006).

Después de esta descripción general, damos un ejemplo concreto de cómo se puede diseñar un experimento de neuroeconomía, extraído de nuestro estudio, Coricelli y Nagel (abreviado CN, 2009).

El experimento con neuroimagen de Coricelli y Nagel sobre la profundidad del razonamiento estratégico
En este estudio, en el que usamos el juego del *Beauty Contest* (véase el Capítulo 5) relacionamos la teoría de juegos y la teoría de la racionalidad limitada con la evidencia experimental sobre el comportamiento y la actividad neural. La Figura 9.1 ilustra este objetivo.

La estructura es la siguiente:

1. *Las reglas del juego*: *n* sujetos eligen un número entre 0 y 100. El ganador, que recibe 10 euros, es la persona cuyo número es el más cercano a *p* veces la media de todos los números elegidos (*p* puede ser, por ejemplo, igual a 2/3). En caso de empate, el premio se divide entre los que han empatado.

2. Estas reglas sirven como *estímulos* para provocar *respuestas de comportamiento*: véase la frecuencia relativa de las decisiones de más de 7.000 lectores de periódicos en la parte superior de la Figura 9.1 (resultados del estudio de Bosch Domènech *et ál.*, 2002).

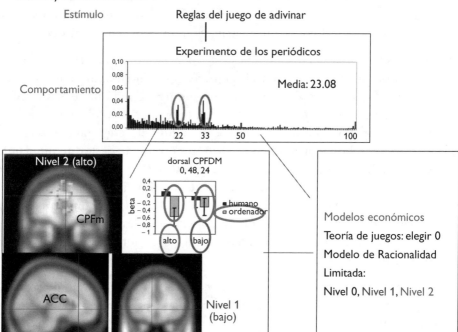

Figura 9.1. Un experimento de neuroeconomía.

3. Los números elegidos pueden ordenarse para ser comparados con las *predicciones de la teoría de juegos*. La teoría de juegos predice que todo el mundo elegirá 0, porque es el único punto fijo en el juego. Además, también a través de un proceso iterativo de eliminación de estrategias dominadas, se llega a la conclusión de que todos tienen que elegir 0 (suponiendo racionalidad y conocimiento común de racionalidad, véase el Capítulo 5).

Sin embargo, como se puede ver en el gráfico de las frecuencias relativas en la Figura 9.1, no todos eligen el número 0. De hecho, parece existir un patrón por el que se eligen los números 33 y 22 más que los otros.

4. Esto nos lleva a un *modelo de racionalidad limitada*: visto que los números más elegidos no son el 66 o el 44, como resultaría de un proceso de eliminación iterativa de las estrategias dominadas, sino que son el 50, el 33 y el 22, un modelo más plausible sugiere que los individuos piensan que 50 es una media aceptable de los números elegidos.

La mejor respuesta a que los demás escojan "50" consiste en escoger los 2/3 de 50; es decir, 33 (este tipo de decisión se denomina nivel-1). Sin embargo, si todo el mundo supiera que la gente va a comportarse así, la mejor decisión sería escoger el 22, ya que este número es 2/3 de 33 (nivel 2), y así sucesivamente (véase el cuadro derecho en la parte inferior de la Figura 9.1). Este modelo de "*k*-niveles" se ha convertido en el modelo predominante de racionalidad limitada y ha sido aplicado ampliamente para explicar muchos otros datos experimentales.

5. En este punto surge la cuestión de si los datos biológicos pueden explicar las diferencias observadas en el comportamiento de los distintos jugadores. Por ejemplo, ¿hay diferencias entre los jugadores con un nivel 1 y los que tienen un nivel 2 o un nivel superior? ¿Cuál es una buena tecnología para obtener datos biológicos? Müller y Schwieren (2010) utilizan el proceso de seguimiento de los ojos (*eyetracking*). Sin entrar en detalles, esto quiere decir que siguen el movimiento de los ojos con un rastreador ocular cuando los sujetos juegan y tienen delante una pantalla de ordenador con la escala de números del 0 al 100. El resultado principal es que los datos sobre el movimiento de los ojos ofrecen una idea de si los sujetos "buscan" los números correspondientes al nivel 1 o los de nivel 2, o razonan quizás hasta el equilibrio pero vuelven luego a números superiores. CN (2009) eligen otra tecnología, una máquina de IRMf con el fin de visualizar la actividad cerebral. Sin embargo, hemos de realizar previamente algunas tareas para que los resultados de comportamiento y la actividad cerebral puedan ser "correlacionados". Esto es esencial para poder entender correctamente los datos.

6. Como hemos mencionado ya en la introducción general sobre el diseño de un experimento de neuroeconomía, tenemos que determinar qué áreas del cerebro se ven implicadas en nuestro estudio del comportamiento. Nuestra hipótesis es que la CPF medial (CPFm) desempeña un papel importante en la tarea propuesta. La CPFm se relaciona a menudo con la habilidad de atribuir estados mentales a otras personas con el fin de predecir sus intenciones.

7. En esta etapa necesitamos pensar cómo estimular a nuestros sujetos para obtener las imágenes deseadas. Un primer obstáculo es que hacen falta muchas observaciones parecidas para poder obtener imágenes del cerebro como la de la Figura 9.1. Una manera eficiente de lograrlo es invitar a pocos sujetos (típicamente entre 5 y 20), de quienes podemos tomar muchas observaciones. Para que no se necesiten jugadores adicionales fuera del escáner y para evitar que haya aprendizaje, CN escogen 13 valores distintos entre 0 y 2 para el parámetro p. Se informa a los sujetos de que jugarán con-

tra otros nueve sujetos humanos; es decir, cada jugador estará en un grupo de 10, que serán invitados, de uno en uno, a pasar por el escáner de IRMf (condición "humana").

8. Además, visto que el juego también requiere algunos cálculos (o sea, los sujetos tienen que calcular números), en CN también se les dice que en algunas tareas se enfrentarán a un programa de ordenador que selecciona aleatoriamente nueve números (llamada condición "ordenador"). Es decir, continuarán estando en un grupo de 10, pero enfrentándose esta vez a nueve ordenadores.

9. Pensemos en la diferencia que hay entre 7) y 8). Comparando ambos tratamientos podemos diferenciar si jugar $50*p$ en la condición "ordenador" invoca una actividad cerebral distinta del caso en que el mismo jugador tiene que escoger el número enfrentándose a humanos, y puede elegir, por ejemplo, $50*p$ (nivel 1) o $50*p^2$ (nivel 2), o números de niveles superiores. Nótese que no tiene sentido jugar como nivel 2 contra ordenadores.

10. De manera distinta respecto a otros experimentos de economía, en este estudio utilizamos una comparación con los mismos participantes (intrasujetos) enfrentándose a tareas distintas, es decir, analizamos cómo un mismo sujeto juega contra unas máquinas y contra seres humanos.

11. Como tercera condición (condición "cálculo") al final de una sesión, el sujeto se enfrenta a tareas concretas sólo de cálculo (se le pide calcular $60*1/2$, $40*1/2*1/2$, etc.), con el fin de verificar directamente el resultado neural de las actividades de cálculo.

Aquí termina la etapa del diseño, y se invita a los sujetos al escáner. Tras haber reunido bastantes datos de comportamiento y neurológicos, clasificamos a los sujetos en jugadores de nivel 1 (bajo) y de nivel 2 o superior (alto) según su comportamiento en la condición "humano". En la condición "ordenador", todos los sujetos, excepto tres, utilizan el nivel 1 de razonamiento ($50*p$). Los otros tres sujetos parecen elegir un patrón al azar. Así que haremos comparaciones también entre distintos participantes, en concreto entre las personas de nivel alto y las de nivel bajo de razonamiento.

Los resultados principales son los siguientes:

i) La condición "ordenador" muestra una desactivación en la CPFm (véase el cuadro izquierdo en la parte inferior de la Figura 9.1) parecida a la de los jugadores de nivel bajo en la condición "humano".

ii) La actividad mayor en la CPFm es la de los jugadores de nivel alto en la condición "humano" (véase también la figura del cerebro llamada "nivel 2 (alto)". Como ya habíamos explicado, la CPFm es principalmente un área de "teoría de la mente". Interpretamos que los jugadores de nivel 2 o superior tienen un modelo mental en el que creen que los otros jugadores son similares a ellos mismos; es decir, que piensan que los demás también creen que la mejor respuesta en el juego aleatorio es $50*p$.

iii) Los sujetos de nivel bajo de razonamiento muestran una actividad diferencial en la corteza anterior del núcleo cingulado. Esta área es la responsable del pensamiento que se refiere a uno mismo; o sea, que no tiene en cuenta el comportamiento de los demás.

Límites del método de la neuroeconomía

Existen muchas limitaciones en los métodos de neuroimagen. Primero, la señal que se mide con la IRMf es sólo un sucedáneo de la actividad cerebral real. Por el contrario, el registro unicelular registra *online* la actividad real de una neurona (o de un grupo de neuronas) y, por tanto, con una resolución temporal y espacial perfectas.

Segundo, con datos de neuroimagen, típicamente no se puede hablar de causalidad, no podemos decir que el área A causa la función X. Se puede hablar sólo de una correlación entre un sucedáneo de la actividad cerebral y una función cognitiva específica o de comportamiento. Además, como ya se mencionó, se ha de tener mucho cuidado con la interpretación de los datos de IRMf. De hecho, la inferencia inversa (declarar que una actividad concreta en un área del cerebro se correlaciona con un determinado comportamiento) es una herramienta metodológica peligrosa, porque muchas áreas del cerebro son usadas para muchas funciones distintas.

Las técnicas de estimulación no invasivas constituyen una herramienta poderosa que puede proporcionar evidencia complementaria respecto a los métodos de neuroimagen, y su potencial puede ser explotado al máximo cuando se utilizan en combinación con otras técnicas. Por supuesto, hay límites éticos en el uso de estas técnicas para estudiar la toma de decisiones.

Como ya hemos mencionado, es probable que la toma de decisiones se realice gracias a una compleja red de áreas interactivas. Algunas de ellas están cerca de la superficie cortical, mientras que otras son más profundas y subcorticales. Debido al rápido deterioro del campo magnético y a la disipación de las corrientes eléctricas, ni la estimulación magnética transcraneal, ni la estimulación transcraneal por corriente directa pueden alcanzar las áreas subcorticales. Y aunque la tecnología podría mejorar su profundidad de estimulación (Wagner *et ál.*, 2009), no se podrían tener como objetivo áreas profundas sin estimular al mismo tiempo todo el tejido neural que está en el camino entre el lugar donde querríamos llegar y el aparato estimulador.

Por otro lado, la EMT puede ayudar a descubrir algunas relaciones causales entre actividad cerebral y comportamiento, y no sólo correlaciones, porque la actividad puede ser "encendida" o "apagada", de modo que cambios en el comportamiento pueden ser atribuidos al estímulo. Sin embargo, aunque parezca razonable suponer que el efecto sea máximo en la parte estimulada, los efectos concomitantes en el comportamiento podrían ser inducidos por una reacción en las áreas conectadas sinápticamente con poblaciones neuronales en la parte estimulada.

Análisis de los cambios regionales, inducidos por estimulación, en el flujo de la sangre en el cerebro (en inglés *Blood-oxygen-level-dependence* –BOLD–, véase por ejemplo Eisenegger *et ál.*, 2008) pueden por supuesto complementar los estudios del comportamiento, y proporcionar una buena guía para interpretar correctamente los efectos del comportamiento. Combinar la IRMf con la estimulación del cerebro y tareas de comportamiento parece ser un enfoque aún más prometedor, porque permite que cambios en la realización de una tarea sean relacionados con cambios BOLD regionales de modo individual; sin embargo, hay que tener presente que, mientras que se puede establecer un vínculo de causalidad entre la estimulación del cerebro y cambios en el comportamiento, no se puede hacer lo mismo respecto a las activaciones habituales del cerebro y los cambios en el comportamiento (Sack, 2010).

Por último, los estudios de pacientes con lesiones cerebrales también tienen la ventaja de permitir estudiar un potencial efecto causal. Esto sucede cuando se encuentra una disociación, de modo que, por ejemplo, si encontramos un paciente con una lesión en el área A y una dificultad en la tarea X y ninguna en la tarea Y, y otro paciente con una lesión en el área B y una dificultad en la tarea Y pero ninguna en la X, estamos frente a una disociación doble, y podemos asociar causalmente el área A con la función relacionada con la tarea X, y el área B con la función relacionada con la tarea Y.

La neuropsicología es una metodología poderosa. El problema principal, en este caso, consiste en el número limitado de pacientes con lesiones muy parecidas (en términos de localización y origen), y en la presencia de dificultades generales.

Conclusiones

En este capítulo hemos descrito algunas investigaciones en el novedoso campo de la neuroeconomía. Hemos dado algunos ejemplos y hecho algunos comentarios críticos sobre esta metodología. La experimentación en economía ha alcanzado niveles de exigencia muy altos y una vasta gama de aplicaciones. El cerebro representa su última frontera.

Creemos que el enfoque de la neuroeconomía puede contribuir significativamente a la comprensión de los fundamentos cognitivos y emocionales de la toma de decisiones económicas, desde cómo las personas evaluamos los resultados de nuestras decisiones a cómo se forman nuestras creencias sobre lo que piensan hacer los demás. Recíprocamente, el formalismo matemático de las teorías económicas puede llevar a nuevas maneras de analizar los cálculos neuronales implicados en la representación de las variables de decisión.

El desafío de la neuroeconomía es el de desarrollar modelos del comportamiento económico más válidos, integrando la influencia de los factores sociales, culturales y emocionales en la toma de decisiones económicas. Los medios para conseguirlo yacen en una iniciativa interdisciplinar que acoja un nuevo vínculo entre teoría y experimentación, modelos matemáticos, psicología cognitiva, neurociencia y ciencias sociales. Los beneficios esperados son: *i*) un conocimiento mejor de los fundamentos cerebrales, cognitivos y culturales de la cognición social; *ii*) una ayuda a los pacientes con déficit de comportamiento para que encuentren una vía hacia una vida social mejor; *iii*) una mejor definición de lo que significa exactamente ser racional.

TERCERA PARTE
¿CÓMO FUNCIONAN LOS MERCADOS?

10. La organización de los mercados y el equilibrio competitivo

Antoni Bosch Domènech
Universitat Pompeu Fabra y BGSE, Barcelona

Joaquim Silvestre
University of California, Davis

http://www.youtube.com/watch?v=QPm8Kj2D-dM
Experiment, Cole Porter, 1933.

Introducción

El mercado, o mejor, los mercados, son cualquier sistema que facilite el intercambio. En consecuencia, representa el *sine qua non* de la actividad económica y es el principal objeto de estudio de la ciencia económica. El análisis teórico de los mercados, iniciado por los economistas clásicos (Walras, 1874, Edgeworth, 1881) y continuado por Marshall (1890), culmina en un modelo preciso de la competencia perfecta (Arrow y Debreu, 1954). El modelo competitivo postula que los participantes en el mercado deciden qué cantidades compran o venden según el precio de mercado, que cada participante toma como un dato. El precio es de equilibrio si los planes de compra y venta de los diversos participantes son compatibles entre sí.

El modelo competitivo es estático: establece cuáles son los precios y las cantidades de equilibrio, pero no cómo se alcanzan. Intuitivamente, no da importancia a situaciones (efímeras) de desequilibrio. Obligado a justificar de algún modo la aproximación dinámica hacia el equilibrio, Walras apela a la metáfora (entendida como tal tanto por Walras como por sus sucesores) de un subastador virtual que ajusta los precios de acuerdo con la diferencia entre oferta y demanda, no permitiendo que se lleve a cabo transacción alguna antes de alcanzar el equilibrio entre oferta y demanda. Pero, en realidad, el modelo de equilibrio competitivo no dice nada sobre cómo se realizan las transacciones, ni cómo se llega al precio de equilibrio.

¿Me lo cambias?

El estudio experimental de los mercados competitivos se inicia con el trabajo de Chamberlin en 1948 y se consolida con los experimentos de Vernon Smith (1962, 1964). La intención de ambos es poner a prueba el modelo competitivo en un mercado aislado, es decir, comprobar si los valores teóricos del modelo de equilibrio competitivo son un buen predictor de los valores que el precio y la cantidad adquieren en el experimento. Y también verificar si, tal como implica el modelo competitivo, el resultado del mercado experimental maximiza la suma de los beneficios de compradores y vendedores, en cuyo caso diremos que la eficiencia es del 100%. Ahora bien, los experimentos de mercado, al permitir observar las decisiones sucesivas de los agentes, nos predisponen a adoptar una perspectiva dinámica que coloca en primer plano el proceso por el cual los participantes toman decisiones que acercan, o no, las variables económicas al equilibrio.

Para crear un entorno donde explorar el comportamiento de un mercado, por simple que éste sea, hay que establecer las reglas por las que se rige. Es decir, las normas que regulan cómo se puede negociar, cómo se llega a un acuerdo, cómo se garantiza que el acuerdo se cumpla… No puede existir un mercado sin unas reglas del juego, simples o complejas, tácitas o explícitas, porque un mercado no es, en esencia, otra cosa que las propias reglas que lo rigen. Por eso, cuando un economista habla de un mercado, su primer pensamiento no se dirige a un lugar concreto en el que se comercia (el mercado de la plaza del pueblo, el mercado central de Oviedo…), sino a las reglas institucionales que lo definen.

Dos características importantes diferencian las reglas del mercado experimental de Chamberlin de las reglas del mercado experimental de Vernon Smith. La primera es que en el experimento de Chamberlin cada participante se pasea por un aula intentando acordar un precio de compraventa con algún otro participante. Un poco a la manera de los mercados más primitivos, vendedores y compradores están dispersos en el espacio y en el tiempo, lo cual impone un coste de transacción al tener que buscarse unos a otros y negociar de forma individual. Vernon Smith (1962) sustituye esta regla de negociación individual por una institución más moderna. Crea un entorno en el que compradores y vendedores se reúnen a negociar según unas reglas tales que sus ofertas de precio de compra y de venta, así como los precios de las transacciones acordadas, se conocen en tiempo real. Concretamente, se trata de un sistema de subasta en voz alta, la llamada *subasta doble*, en la que los compradores van pujando precios cada vez más altos y los vendedores van ofreciendo precios cada vez más bajos, hasta que los precios de compra y de venta coinciden y se cierra un acuerdo. Así pues, la diferencia fundamental entre el mercado de Chamberlin y el de Vernon Smith es que, en el primero, los participantes tienen que buscarse y negociar uno a uno, mientras que en el segundo las negociaciones son multibanda: todo el mundo está al corriente de lo que hace todo el mundo. La *información* sobre las distintas ofertas y sobre los precios de las eventuales transacciones se convierte en un bien público y los compradores y vendedores pueden aprovechar esta información a coste cero.

La segunda diferencia es que mientras que Chamberlin termina el experimento una vez se han realizado todas las transacciones posibles, Vernon Smith lo repite varias veces, manteniendo los mismos parámetros una y otra vez, aunque sin que los resultados de un periodo se arrastren a los periodos siguientes. Cada periodo es independiente de los demás, de manera que en cada uno de ellos se vuelve a empezar de cero el experimento (aunque, eso sí, los participantes habrán adquirido una experiencia que, se quiera o no, va a influir en sus decisiones en los periodos siguientes). ¿Con qué intención repite el experimento?[1] Vernon Smith nos explica que si lo que queremos es verificar si el mercado converge hacia el teórico equilibrio competitivo, hay que permitir que los participantes en el experimento vayan adquiriendo experiencia y modificando su comportamiento a la luz de esta experiencia, tal como ocurre en un mercado real. No se trata, pues, de constatar si los precios coinciden con los del equilibrio competitivo desde la primera transacción, sino de comprobar si hay una tendencia a converger hacia este equilibrio y, de ocurrir dicha convergencia, observar con qué rapidez ocurre.

En ambos experimentos, por otra parte, la forma de "inducir" las preferencias de los participantes es similar, y consiste en informar en privado a cada comprador y a cada vendedor de su *precio de reserva* para comprar o vender una unidad indivisible del bien (ficticio) que se intercambia en el mercado experimental.[2] Al fijar el precio de reserva de cada participante –es decir, en el caso de un comprador, el precio máximo al que éste estará dispuesto a comprar el bien y, en el caso de un vendedor, el precio mínimo al que éste estará dispuesto a vender el bien– el experimentador induce en cada participante "sus" preferencias que, obviamente,

---

[1] Las repeticiones del experimento recuerdan los días que se repiten en la película *Atrapado en el tiempo* (Groundhog Day, H. Ramis, 1993, Columbia Pictures). Quien la haya visto recordará que la estructura de los días es la misma una y otra vez, pero Bill Murray aprende a aprovecharse de estas repeticiones para tomar las decisiones que más le convienen.

[2] El equilibrio competitivo, aun siendo el meollo de la ciencia económica al menos desde el siglo XIX, no parecía propicio a los experimentos. Ni podíamos observar las preferencias de la gente, ni sus creencias, ni las funciones de producción... Fue la idea de "inducir" las preferencias lo que permitió avanzar en la experimentación de la economía competitiva.

no tienen por qué ser iguales para todos.[3,4] En resumen, la información del precio de reserva es privada de cada participante; sólo la sabe el propio participante... y el experimentador, claro.

Obsérvese que, como el experimentador conoce todos los precios de reserva (los ha proporcionado él), para trazar la curva de demanda del mercado no tiene más que agregar los precios de reserva de los compradores. Asimismo, agregando los precios de reserva de los vendedores obtendrá la curva de oferta.[5] Una vez el experimentador haya trazado las curvas de oferta y demanda le resultará elemental determinar, en el lugar en que éstas se cruzan, el precio y la cantidad de equilibrio competitivo. A continuación, sabiendo los valores de equilibrio, el experimentador podrá comparar estos valores teóricos con los precios y las cantidades observadas a lo largo del experimento y, mediante esta comparación, podrá juzgar hasta qué punto la predicción de equilibrio del modelo competitivo es una buena aproximación de los resultados experimentales observados. A propósito, el lector debería releer esta última frase porque en ella queda resumido el potencial de los experimentos como método para poner a prueba, para contrastar, una teoría: se trata de crear un entorno en el que las predicciones del modelo teórico sean precisas, de manera que pueda verificarse experimentalmente hasta qué punto se cumplen.

Por último, debemos indicar que los incentivos de los participantes en ambos experimentos eran también similares. En cada periodo, los vendedores podían vender una cierta cantidad máxima del "bien" y los compradores podían comprar

---

[3] Las "preferencias" de cada participante vienen, pues, impuestas por el experimentador. Muchos experimentos (sobre todo en psicología, pero también en economía, dos disciplinas que comparten una frontera común) pretenden dilucidar precisamente cuáles son las preferencias de la gente (respecto del riesgo, por ejemplo). Pero en los experimentos de mercado imponemos las preferencias a los participantes con el fin de poder formular las predicciones teóricas que queremos contrastar.

[4] Aun no siendo estrictamente relevante en el contexto del presente capítulo, conviene recordar que las preferencias atribuidas a cada participante son sus preferencias individuales sobre los resultados de sus acciones. Cuando las valoraciones privadas y sociales divergen –como en presencia de externalidades– una acción determinada es valorada de forma distinta por el individuo que la toma y por la sociedad, con lo cual no hay garantía de que el equilibrio del mercado competitivo sea socialmente eficiente. Para un experimento simple con externalidades, véase Bergstrom y Miller (2009, Capítulo 6).

[5] Para una descripción de cómo trazar las curvas de oferta y de demanda a partir de los precios de reserva, véase por ejemplo, Bergstrom y Miller (2009, Capítulo 1).

como máximo una determinada cantidad del "bien".[6] Los compradores ganaban más cuanto mayor fuera la diferencia entre su precio de reserva y el precio pagado en la compra, y los vendedores ganaban más cuanto mayor fuera la diferencia entre el precio cobrado en la venta y su precio de reserva.

¿Por qué, aun a costa de resultar tediosos, nos alargamos tanto explicando los detalles de las reglas impuestas a sus mercados por Chamberlin y Vernon Smith? Primero porque su diseño ha sido copiado en innumerables experimentos posteriores.[7] Segundo, porque, como veremos a continuación, nos hallamos ante una cuestión trascendental desde el punto de vista de la metodología experimental. Chamberlin observó que no se cumplían las predicciones del modelo e interpretó sus resultados como favorables a la hipótesis de que lo que ocurre en los mercados reales difiere de lo que predice el modelo teórico competitivo. Vernon Smith, por el contrario, comprobó que existía una clarísima tendencia a converger hacia las predicciones del modelo competitivo y, además, de manera muy rápida. Y no sólo eso, sino que los mercados experimentales se acercaban al 100% de eficiencia predicho por el modelo competitivo. Dejando aparte, de momento, el análisis detallado de estos resultados, es de rigor una observación de gran valor metodológico. Acabamos de ver cómo un cambio en el diseño del experimento que, de entrada, no se antojaría fundamental, puede alterar drásticamente el resultado de un experimento. Pasar de una negociación individualizada a un mercado organizado según una subasta doble, permite comprobar, con gran éxito en este último mercado, una hipótesis que había sido falseada con el primer diseño. El lector debe extraer una lección importante de este particular: en el diseño de un experimento, los detalles son muy importantes.

A veces, un pequeño retoque puede modificar sustancialmente los resultados de un experimento. Siendo esto así, ¿cómo se puede confiar en un resultado experimental? La respuesta es banal pero importante. A base de repetir el experimento, de replicarlo, con el fin de comprobar su robustez a los cambios.

---

[6] Cada unidad podía tener un precio de reserva distinto. Los precios de reserva, por tanto, podían variar no sólo de persona a persona, sino también de unidad en unidad, en cuyo caso se establecía el orden según el cual un participante podía comprar (vender) cada unidad, empezando por las unidades con valores de reserva más altos (en el caso de un comprador) y con valores de reserva más bajos (en el caso de un vendedor), a modo de reflejo de la utilidad marginal decreciente y de los rendimientos decrecientes. La restricción presupuestaria consistía simplemente en impedir comprar a un precio superior al de reserva o vender por debajo de él. Las unidades no vendidas no entraban en el cómputo de los beneficios de los participantes.

[7] Para una descripción del impacto de los primeros experimentos económicos sobre su posterior evolución es instructivo léase el primer capítulo de Kagel y Roth (1995).

Magia potagia

El milagro

Prestemos ahora atención a los resultados de los experimentos descritos. Que las predicciones de un modelo teórico no se cumplan en la práctica no suele sorprender a casi nadie; debido a ello, por esto, el experimento de Chamberlin acabó pasando relativamente desapercibido.[8] Pero que un modelo como el competitivo, que postula un precio de mercado conocido por todos los participantes pero no manipulable por ninguno de ellos, pueda ser un excelente predictor de lo que ocurre en un mercado experimental en el que sabemos que éstos y otros supuestos del modelo (que se detallan más adelante) no se cumplen, no deja de ser extraordinario.

¿Pero realmente es el modelo competitivo un excelente predictor de los experimentos de Vernon Smith? Fijémonos en la Figura 10.1, representativa de miles de experimentos similares realizados a lo largo de los años. En el lado izquierdo están las curvas de oferta y demanda que el experimentador conoce (no así, recuerden, los participantes en el experimento) y que le permiten determinar el precio y la cantidad de equilibrio. A la derecha, representados mediante puntos, tenemos los precios a los cuales se han realizado las transacciones en cada uno de los periodos, ocho en este caso, que ha durado el experimento. Las líneas verticales sirven para separar un periodo del siguiente. Por encima de los puntos indicativos de los precios hay un número que expresa el porcentaje de eficiencia del mercado en el periodo y, por debajo, el número indica las transacciones que han ocurrido en el periodo. ¿Qué vemos en el gráfico? Al menos tres cosas: una rápida convergencia de los precios hacia el precio de equilibrio (6,85) y de la eficiencia hacia el 100%, así como un volumen de transacciones que se estabiliza en el medio de las tres cantidades de equilibrio, 10, 11 y 12.

No sabemos cuál habrá sido su reacción al toparse por primera vez con este resultado. Como hemos indicado, el modelo competitivo parte de supuestos extremos. En detalle:

a) En el modelo competitivo, compradores y vendedores consideran que el precio está dado.

b) El supuesto anterior se justifica con la idea de que los compradores y vendedores son tan numerosos, y cada uno de ellos es tan poco importante, que no pueden uno a uno manipular los precios: por ejemplo, tanto Cournot

---

[8] ¿Recuerdan la expresión derogatoria: "¡Esto será en teoría!"?

(1838) como Edgeworth (1881) lo justifican como el límite cuando el número de participantes tiende al infinito y el peso de cada uno de ellos en la economía se va haciendo despreciable.[9]

c) Los participantes conocen el precio de mercado.

d) Sabiendo el precio, los agentes toman decisiones sobre la cantidad que desean vender o comprar con el objetivo de maximizar su propio beneficio o utilidad.

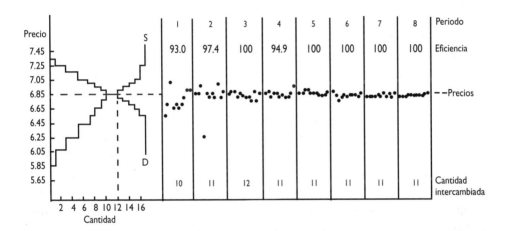

Figura 10.1. Vernon Smith (1962). Precio y cantidad de equilibrio; precios y cantidades experimentales a lo largo de los ocho periodos.

Bien, igual sí los participantes en el experimento tomaban decisiones maximizadoras (aunque no podemos estar seguros de ello). De lo que sí podemos estar seguros es de que los compradores y vendedores en el experimento de ninguna manera consideraron que el precio estaba fijado, y no solamente hicieron lo posible por manipular los precios de compraventa, sino que efectivamente los manipularon a base de bien. Y, a pesar de ello, las predicciones del modelo se cumplen. Por otro lado, los resultados experimentales se obtienen sin que los participantes necesiten conocer el "precio de mercado": les basta con su información privada y la *información* obtenida observando las distintas ofertas que se han ido

---

9 Ostroy (1980) y Makowski (1980) ofrecen una justificación alternativa de la competencia perfecta, que en algunos casos es compatible con números bajos de compradores y vendedores.

produciendo y los precios de las transacciones realizadas durante unas pocas repeticiones (en particular, en el experimento de la Figura 10.1, al cabo de 5 repeticiones se alcanza y mantiene el 100% de eficiencia y los precios, a partir de entonces, apenas fluctúan alrededor del equilibrio; las cantidades intercambiadas son las de equilibrio desde el principio). Por último, la convergencia a los precios y cantidades del equilibrio competitivo se obtiene con sólo cuatro o cinco compradores y cuatro o cinco vendedores, números muy alejados del infinito de Cournot y Edgeworth.

Decíamos que no sabíamos cuál habría sido su reacción, pero sí sabemos la del propio Smith porque la dejó por escrito: *"I am still recovering from the shock of the experimental results. The outcome was unbelievably consistent with competitive price theory. ... But the result can't be believed, I thought. It must be an accident, so I will take another class and do a new experiment with different supply and demand schedules"*. (Vernon Smith, 1991, p. 156).

Hoy podemos afirmar que el milagro y su misterio perviven al cabo de los años. ¿Qué es lo que ocurre para que el proceso de ir proponiendo precios de compra y de venta acabe haciendo converger el mercado de subasta doble, de forma eficiente, a su precio y cantidad de equilibrio? Los compradores y vendedores no conocen el precio de equilibrio, ni siquiera saben si sus propuestas de compraventa pueden ser atendidas. Y sin embargo, pronto el proceso converge hacia el equilibrio. Sin duda nos hallamos ante un descubrimiento que ha cambiado la manera en que los experimentalistas entienden la economía y los mercados.

La prueba de carga

Al igual que Vernon Smith ante su resultado, nosotros, experimentalistas, debemos mantener cierta dosis de escepticismo ante cualquier resultado experimental, tanto si es sorprendente como si no (sobre todo si no es sorprendente).

Debemos siempre preguntarnos si no será que el resultado depende de las características concretas del experimento y, en consecuencia, resulte imprudente extrapolarlo a otros entornos. Y para responder a esta pregunta indispensable, debemos replicar el experimento hasta dar con los límites a partir de los cuales los resultados inicialmente observados ya no se cumplen. "Vamos a cambiar la oferta y la demanda" se propone Vernon Smith para ver si pasa algo. Bien, décadas más tarde sabemos qué ha pasado cuando se han variado, miles de veces a lo largo de estos años, la oferta y la demanda: Que los resultados se han mantenido. ¡El milagro es cierto! Las predicciones del modelo competitivo son buenas cuando la institución de intercambio es la subasta doble, sean cuales sean las curvas de oferta y demanda.[10]

Pero estos resultados dependen de otros factores además de los parámetros concretos de las curvas de oferta y demanda. Para empezar, los participantes en esos experimentos suelen ser estudiantes, y posiblemente, en muchos casos, estudiantes de economía. ¿Estamos seguros de que con otros sujetos experimentales los resultados se mantendrían? No, no estamos seguros. Esta y preguntas similares sólo pueden tener una respuesta empírica y, por tanto, hasta que no se prueba no se sabe. Pero, de nuevo, tras décadas de ir probando con estudiantes de todos los niveles, con hombres de negocios, con ciudadanos de a pie en países tan diversos como China, Arabia Saudí o Paraguay, con profesores, con funcionarios, con... el resultado se mantiene: es robusto.

La euforia parece justificada, aunque es bueno también saber contenerla. Decíamos más arriba que una lección importante de estos experimentos es que, a veces, pequeños cambios en las reglas del juego pueden afectar los resultados. Se trataría por tanto, ahora, de ver qué cambios de reglas, de instituciones, afectan los resultados y en qué medida. Qué ocurre si los acuerdos de compraventa, en vez de realizarse por el procedimiento de la subasta doble, se hacen siguiendo el procedimiento habitual en muchos de los mercados de nuestros países, que consiste en que cada vendedor *fija* el precio al que quiere vender su mercancía y el comprador decide si compra a alguno de los precios fijados por los diferentes vendedores. Pues bien, en el caso de experimentos en que cada vendedor hace público su precio, y este precio no es negociable (*posted price*, en inglés), se suele observar una cierta convergencia hacia los precios y cantidades de equilibrio y hacia el nivel máximo de eficiencia, pero esta convergencia es más *lenta e imprecisa* que en el caso de la subasta doble. Véanse, para unos primeros experimentos con precios fijos, Plott y Smith (1978) y también Hong y Plott (1982), que pone de relieve el impacto de las ineficiencias de este diseño en el mercado del transporte por ríos y canales en Estados Unidos. Similares conclusiones se alcanzan cuando se utilizan otros tipos de reglas, por ejemplo subastas a *pliego cerrado*, en que compradores y vendedores mandan sus precios de compra y de venta a un "subastador" que realiza aquellas transacciones que resultan posibles a los precios recibidos (véase, por ejemplo, Kagel y Levin, 1985).

---

10 Véanse, por ejemplo, las numerosas variantes en Vernon Smith (1991). La convergencia al precio de equilibrio competitivo es menos clara cuando las curvas de demanda y oferta incorporan un elemento de poder de mercado, como en Holt, Langan y Villamil (1986). El Capítulo 11 del presente libro contempla experimentos de poder de mercado.

En definitiva, observamos que los mercados experimentales funcionan mejor o peor dependiendo de las reglas por las que se rigen.

Hay reglas de funcionamiento que dan lugar a mercados muy eficientes (subasta doble, por ejemplo) y otras que dan lugar a mercados menos eficientes (precios fijos, por ejemplo).

El susto

Una vez constatado el milagro, lo normal es hacerse la siguiente pregunta: "¿Acaso los sujetos de estos experimentos hacen algo especial para conseguir que el mercado converja rápidamente a la predicción del modelo competitivo?". Parece indudable que un cierto elemento de racionalidad por parte de los sujetos resulta indispensable para que se obtengan estos resultados. ¿O no?

¡Pues no! Gode y Sunder (1993a, b) demostraron que una buena institución (unas buenas reglas) puede compensar la presencia de algunos participantes tontos, incluso cuando tontos lo son todos. Para comprobarlo crearon unos robots informáticos, divididos entre robots compradores y robots vendedores, de inteligencia cero. Cada robot vendedor disponía de una unidad para vender, unidad que tenía un precio de reserva individual, y lo único que sabía hacer el robot era proponer un precio de venta *aleatorio*, pero nunca inferior al precio de reserva. De forma paralela, un robot comprador disponía de una unidad que también tenía su precio de reserva, y lo único que sabía hacer el robot era proponer un precio de compra *aleatorio*, pero no superior a su precio de reserva.[11] Por tanto, ni intentaban maximizar beneficios, ni podían aprender de lo que estaba ocurriendo en el mercado. Simplemente, cuando a un robot le llegaba su turno proponía un precio al azar. Si resultaba que el precio de compra (escogido al azar por un robot comprador) era superior al precio de venta (escogido al azar por un robot vendedor) entonces tenía lugar la transacción entre estos dos robots, a un precio intermedio.

---

[11] Nos complace señalar aquí que existe un precedente del modelo de comportamiento aleatorio de los agentes económicos. Nuestro profesor de Minnesota, y posterior premio Nobel de Economía, Leo Hurwicz, había concebido un proceso, que llamó B-process, en el que los agentes negociaban escogiendo de forma aleatoria combinaciones de bienes. Véase Hurwicz, Radner y Reiter (1975a, b), donde un proceso de naturaleza estocástica converge hacia resultados que son óptimos de Pareto. Quizá la coincidencia no haya sido casualidad, sabiendo que Shyam Sunder también fue profesor en Minnesota.

¿Qué ocurre cuando se observa este mercado poblado con robots tontos? Ocurre que precios y cantidades *convergen* hacia el equilibrio competitivo y la eficiencia del mercado es cercana a la eficiencia máxima. Basta, pues, con que ningún robot pueda sufrir pérdidas (que los precios de compraventa estén entre los precios de reserva) para que se cumplan las predicciones del modelo. Dicho de otra manera, si la irracionalidad de perder dinero no está permitida, el mercado de subasta doble es capaz de corregir la irracionalidad de unos participantes que toman sus decisiones al azar y, en consecuencia, mantener el proceso de compraventa cerca de su equilibrio. Véase, si no, la Figura 10.2.[12]

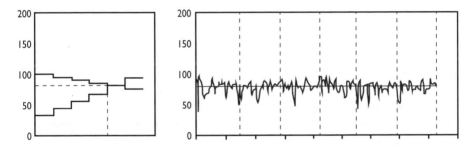

Figura 10.2. Gode y Sunder (1993a, b). Obsérvese que los precios fluctúan arriba y abajo de su valor de equilibrio, pero que al final de cada periodo (marcado por las líneas verticales) el precio converge hacia su equilibrio. Lo que no se observa en este mercado, como no puede ser de otra manera, es que los robots aprendan de un periodo a otro.

Si un mercado poblado de unos robots que toman decisiones de forma aleatoria resulta eficiente, ¿seremos los economistas experimentales los médiums que, con nuestros manejos, logramos que se visualice el ectoplasma de la mano invisible que guía los mercados hacia su apogeo?[13] Además, aunque el resultado de

---

[12]   La intuición del resultado es probabilística. Es más probable que las primeras transacciones involucren robots vendedores con valoración baja y robots compradores con valoración alta. Al cabo de un cierto tiempo los robots vendedores que permanecen en el mercado tienen probablemente valoraciones relativamente altas, y los compradores relativamente bajas. Las transacciones que ocurren entonces tienen lugar a precios parecidos al del equilibrio competitivo.

[13]   En realidad, la metáfora es aún más poderosa en nuestro caso, porque Adam Smith suponía que para que la "mano invisible" surtiera sus efectos, los agentes económicos debían actuar con la intención de lograr su máximo beneficio: *"By preferring the support of domestic to that of foreign industry, he intends only his own security; and by directing that industry in such a manner as its produce may be of the greatest value, he intends only his own gain, and he is in this, as in many other cases, led by an invisible hand to promote an end which was no part of his intention".* (Adam Smith,

Gode y Sunder corresponde a un mercado simple con un solo bien, parece que puede generalizarse a mercados más complejos.[14]

Las instituciones pueden reemplazar parte de la inteligencia que ayuda a compradores y vendedores a ir descubriendo el equilibrio en un mercado.

El más allá

Para comprender el "más allá" tenemos que estar seguros de que entendemos el "más acá". ¿Qué casos hemos visto hasta ahora? Hemos considerado el caso de *un* solo mercado (porque únicamente se intercambia un solo bien) en el que participan un *número* reducido de sujetos experimentales, con valoraciones *privadas* (precio de compra máximo, o de reserva, por parte de los compradores y precio de venta mínimo, o de reserva, por parte de los vendedores), que reciben beneficios según sus decisiones (la diferencia entre precio de reserva y precio de compraventa) y que se rige por unas reglas preestablecidas. De todos estos elementos que definen los experimentos descritos, hemos comentado el resultado de cambiar las reglas del juego (subasta doble, negociación individual, precio fijo…), de cambiar los parámetros de las valoraciones privadas (que significan cambios en las curvas de oferta y demanda), e incluso de sustituir los sujetos humanos por unos robots tontos que escogen sus precios de compra y de venta al azar.

Si esto era el más acá, el más allá debería consistir en variar los demás elementos que hemos mantenido constantes a lo largo de estos experimentos. Por ejemplo, cuando el mercado ya no es un mercado en el que cada sujeto tiene su propia valoración privada del bien a intercambiar, sino que en él se compra y vende un activo cuyo valor es, en principio, el mismo para todo el mundo, pero que ningún participante conoce exactamente: en este caso, la valoración subjetiva de un participante puede depender de señales informativas imprecisas o incluso de la valoración subjetiva de otros participantes. Un ejemplo son los activos que se

---

1776, Libro IV, capítulo II, párrafo IX) ¡Pues ahora resulta que la mano invisible también parece actuar, aunque nadie busque su propia ganancia! Vaya susto.

[14] La economía es la ciencia del deseo y la escasez. Bosch Domènech y Sunder (2000), generalizando los resultados de Gode y Sunder (1993a, b), muestran que deseo y escasez, operando en un mercado de subasta doble, son suficientes, en una economía consistente en múltiples mercados interrelacionados, para lograr el equilibrio competitivo. En definitiva, incluso en sistemas económicos complejos, este tipo de equilibrio parece alcanzarse bajo supuestos muy poco restrictivos sobre el comportamiento de los agentes.

negocian en algunos mercados, en particular en las bolsas de valores. Estos mercados son presa de la especulación, de la exuberancia irracional y de la psicología de masas (como se ve en el Capítulo 13 de este libro).[15] Otro ejemplo es el de un bien, por ejemplo una concesión minera, que se pone a la venta en una subasta a pliego cerrado; en este caso suele darse la "maldición de ganador" (*the winner's curse*, en inglés) como vemos en el Capítulo 12.

De la misma manera, debemos preguntarnos qué ocurre si el número de participantes en el mercado cambia de forma que ya no podamos hablar de un mercado competitivo, sino de un mercado en el que algún participante concreto tiene "poder de mercado", tiene más capacidad de influir en los resultados del mercado que otros participantes. Esto podría ocurrir, en particular, si hubiera un solo vendedor frente a muchos compradores (en cuyo caso posiblemente podríamos hablar de una situación de monopolio), o si sólo hubiera dos vendedores (y entonces habría que pensar que el mercado es un duopolio). Sabemos por la teoría económica que las predicciones de los modelos de monopolio y duopolio son distintas de las predicciones del modelo competitivo. Por tanto, resulta natural preguntarse en qué circunstancias estas predicciones distintas se cumplen. Pero sobre esto no vamos tampoco a hablar en este capítulo, sino que remitimos al lector al Capítulo 11.

El mecanismo de la general

Hasta ahora nos hemos referido a experimentos de un solo mercado. Pero sabemos que, en el mundo, los mercados suelen funcionar de forma interrelacionada y de manera simultánea. Sabemos, por ejemplo, que lo que ocurra en el mercado laboral afectará el mercado de bienes: si nadie encuentra trabajo, por poner un ejemplo extremo, y el trabajo es la única fuente de ingresos y no hay ahorro previo, nadie podrá comprar nada en el mercado de bienes. De hecho, el modelo de equilibrio competitivo de Walras, Arrow y Debreu considera explícitamente la interacción entre un número, posiblemente grande, de mercados. Encontrar los valores de equilibrio competitivo para todos los mercados, lo que llamamos el "equilibrio general competitivo", requiere entonces resolver un sistema de ecuaciones simultáneas.

---

[15] Hemos hablado de mercados de bienes, servicios y activos. ¿Se nos ocurre un mercado de algo más? ¿Qué tal un mercado de ideas, donde las ideas se intercambian? Según Riley (2010), es precisamente por el intercambio de bienes, pero también de ideas, entre los miembros de nuestra especie, por lo que la especie humana es la única especie que ha progresado a lo largo de su existencia. Como dijo Adam Smith (1776, Libro I, Capítulo 2), *"no man ever saw a dog make fair and deliberate exchange of a bone with another dog"*.

Goodfellow y Plott (1990) fueron los primeros en poner a prueba experimentalmente un modelo de equilibrio general. En su experimento, todos los sujetos podían comprar y vender en *dos* mercados que se regían por las reglas de la subasta doble. Para entendernos, podríamos decir que en uno de los mercados los empresarios compraban el trabajo que vendían los trabajadores y, en el otro mercado, los empresarios vendían a los trabajadores, que ahora ejercían de consumidores, los productos que habían fabricado con el trabajo que habían adquirido en el primer mercado. Tal como se observa en la Figura 10.3, los resultados fueron consistentes con los valores de equilibrio general competitivo.

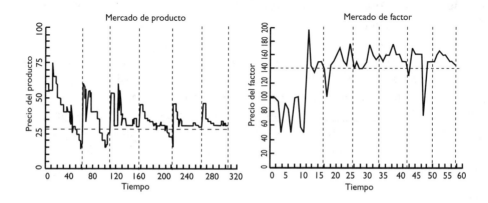

Figura 10.3. Goodfellow y Plott (1990). Considera tres bienes (input, output y numerario) que se intercambian simultáneamente en dos mercados. Cada experimento tiene un solo periodo, en el sentido de que los resultados de un periodo no se arrastran a los periodos siguientes. Las líneas de puntos verticales separan los distintos periodos, mientras que las líneas de puntos horizontales corresponden a los precios de equilibrio general competitivo. La figura compara los precios obtenidos experimentalmente con los valores teóricos, y muestra un grado considerable de convergencia de los primeros a los segundos.

Como sabemos, el modelo de equilibrio general competitivo predice la utilización plena y eficiente de todos los recursos, pero en realidad las economías de mercado sufren episodios de baja actividad. Una posible explicación de estos fenómenos, que sin duda goza hoy de una cierta actualidad, es la existencia de restricciones crediticias. Bosch Domènech y Silvestre (1997) exploran experimentalmente las consecuencias de introducir restricciones crediticias en el diseño de Goodfellow y Plott. Su modelo de equilibrio general modificado para capturar las restricciones crediticias predice dos regímenes: uno de crédito elevado en el que aumentos adicionales del crédito disponible no tienen ningún efecto sobre la economía y otro régimen, de crédito escaso, con un efecto tanto sobre los niveles de actividad como sobre los precios. Pues bien, estas predicciones quedan avaladas por los experimentos. La Figura 10.4 muestra los precios de los inputs, y los compara con sus equilibrios teóricos.

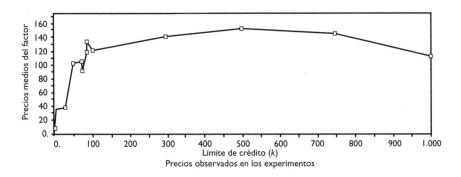

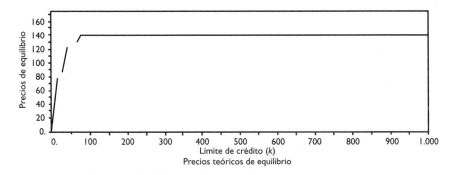

Figura 10.4. Bosch Domènech y Silvestre (1997). Tiene también tres bienes (input, ouput y numerario) que se intercambian simultáneamente en dos mercados, pero ahora se introduce una restricción crediticia: el parámetro k indica el grado en que la riqueza futura puede emplearse para financiar el consumo actual. Un valor alto de k refleja una situación crediticia perfecta, tal como se postula en el modelo de equilibrio general competitivo, mientras que un $k = 0$ indicaría que no hay crédito en absoluto. En la figura se observan los precios del input predichos por el modelo teórico y los precios obtenidos experimentalmente, en relación con el parámetro de crédito k. El modelo teórico predice (panel inferior) que k no tiene ningún efecto sobre la economía para valores superiores a un valor crítico de k, pero sí los tiene para valores inferiores, y los resultados experimentales (panel superior) son consistentes con esta predicción.

Pero los modelos de un solo periodo no son adecuados para estudiar el papel del dinero fiduciario. Dos trabajos, concretamente de Lian y Plott (1998) y de Hey y di Cagno (1998) consideran economías que perduran a lo largo de varios periodos, con dos bienes en cada periodo y dinero como elemento de enlace entre los periodos. Estamos hablando ya de economías relativamente complejas, con existencias que se mantienen a lo largo de los periodos, mercados de bonos y la posibilidad de quiebras. El propósito de este tipo de experimentos es el de comprobar si las predicciones del modelo de equilibrio general competitivo de un solo periodo se cumplen en experimentos que se prolongan a lo largo de varios periodos. En el experimento de Lian y Plott se constata una mejor convergencia de los precios relativos que de las cantidades.

Un segundo objetivo de los experimentos de Lian y Plott es estudiar el impacto de un cambio en la cantidad de dinero, observándose que un aumento de la oferta de dinero tiene un efecto positivo, y más o menos proporcional, sobre los precios nominales, pero carece de efecto sobre las variables reales (véase la Figura 10.5). La complejidad de este experimento permite a Lian y Plott poner a prueba varias hipótesis. Concretamente, hallan que experimentalmente se verifica la Ley de Okun (sobre la relación negativa entre cambios en la tasa de paro y el PIB real) pero que no se efectúa la curva de Phillips, que relaciona inflación con paro.

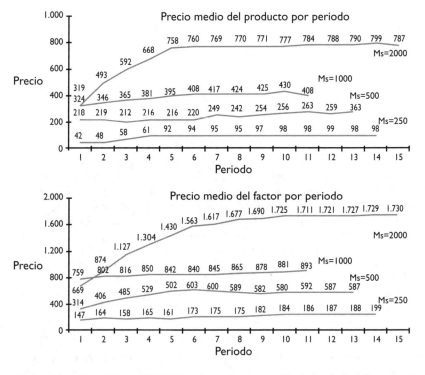

Figura 10.5. Lian y Plott (1998). Precios experimentales para niveles distintos de la oferta monetaria (Ms). Tras unos pocos periodos, los precios se estabilizan a unos niveles aproximadamente proporcionales a la oferta monetaria.

Por su parte, el experimento de Hey y di Cagno pretende verificar la hipótesis de que unos niveles de actividad económica baja tienen que ver con el carácter secuencial de los mercados, resultado de que los trabajadores tienen, primero, que vender su trabajo antes de poder expresar una demanda efectiva de output. Sus resultados están muy lejos de verificar que se alcanza el equilibrio general competitivo: el número de transacciones es claramente inferior al teórico, la eficiencia es baja y los precios relativos o están muy por encima o muy por debajo de los precios de equilibrio. En sus propias palabras, *"the usual finding that competitive equilibrium is achieved in double auction markets is not replicated in this sequential setting".*

La complejidad de los experimentos de equilibrio general permite poner a prueba hipótesis muy distintas, algunas de claro linaje macroeconómico.

La ventaja de las naciones

Cuando se comercia más allá de las fronteras de un país, las condiciones locales tienden a influir sobre qué es lo que importan y exportan los países, es decir en su patrón de especialización en el comercio. La ley clásica de la ventaja comparativa (Ricardo, 1817), establece que un país tenderá a especializarse en la producción y exportación de aquellos bienes para los cuales tenga una ventaja comparativa. Esta ley –a decir de Paul Samuelson, la única en economía que es a la vez verdadera y no es trivial– resulta muy difícil de verificar con datos reales no sólo por la complejidad de los factores que influyen sobre el comercio, sino además porque exigiría comprobar que los países exportan aquel bien que es relativamente más barato en autarquía, y la autarquía no existe.

Por eso resulta importante poner la ley a prueba en el laboratorio. Como sabemos, la ley de la ventaja comparativa puede derivarse a partir del modelo competitivo. Es más, a partir del modelo competitivo también puede obtenerse otro resultado importante en la teoría del comercio internacional, el llamado teorema de la igualación del precio de los factores. Noussair, Plott y Riezman (1995) se propusieron comprobar experimentalmente si se cumplían las predicciones de la ley de la ventaja comparativa y la igualdad de los precios de los factores.[16] Para

---

[16] Para un experimento simple de verificación del principio de la ventaja comparativa, véase Bergstrom y Miller (2009), Capítulo 11. En el Capítulo 16 este experimento se explica en detalle.

ello concibieron un experimento en el que existían dos países, dos tipos diferentes de output y un solo tipo de input que no podía desplazarse de un país a otro, y que era adquirido por las empresas en el mercado local para ser transformado en output que, éste sí, podía exportarse al otro país si había demanda de él. Fíjense en que el diseño del experimento es similar a los experimentos de equilibrio general descritos más arriba, con la diferencia de que ahora existen consumidores en dos países que compiten por adquirir los outputs.

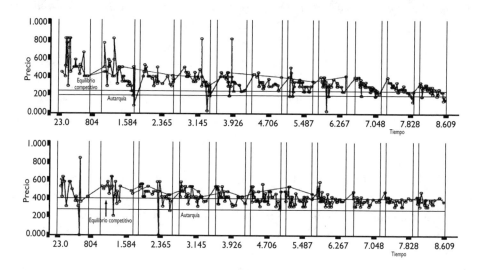

Figura 10.6. Noussair, Plott y Riezman (1995). Precios de los dos outputs en ambos países. Precio de un output en el panel superior y precio del otro output en el inferior. Las líneas verticales separan los diferentes períodos.

Los resultados experimentales de Noussair, Plott y Riezman (1995) confirmaron claramente la previsión de especialización postulada por la ley de la ventaja comparativa. Sin embargo, la convergencia de los precios hacia el equilibrio competitivo demostró ser lenta y errática. Posiblemente, cuando el diseño experimental se complica y varios mercados actúan de forma secuencial (hay que comprar trabajo primero, antes de producir el output) surgen los problemas observados por Hey y Di Cagno y, a menos que los mercados sean muy "profundos", en el sentido de que haya una gran demanda potencial de los productos, puede ocurrir que los empresarios no se atrevan a comprar trabajo si no tienen garantizada la salida de su producto, lo cual puede explicar que el mercado se mueva de manera lenta y errática.

En la Figura 10.6 se observa como los precios tienden a converger hacia el equilibrio competitivo –especialmente en los periodos finales y, sobre todo, en el último tramo de estos periodos–, pero a un ritmo muy distinto del observado en los mercados más sencillos.

Los experimentos verifican el patrón de especialización de los países, postulado por la ley de la ventaja comparativa.

Para acabar, queremos citar un tipo de experimento de gran envergadura que aprovecha la velocidad de Internet para permitir la participación simultánea de un número elevado de sujetos situados en lugares distintos. Noussair, Plott y Riezman (2007) conciben un experimento basado en una economía "globalizada" representada en el modelo teórico por unas 50 ecuaciones. Esta economía está dividida en tres países, y cada país tiene su propia moneda, sus propios recursos y su propia tecnología. Hay tres bienes finales que se pueden producir en cualquiera de los tres países. Los tres países poseen dos inputs, ambos necesarios para la producción de cualquiera de los tres productos. Estos inputs no pueden venderse al exterior, pero los bienes finales sí. Existen mercados para cada input, cada bien final y cada moneda, en cada uno de los países. En total la economía consta de 21 mercados operando de forma simultánea. El equilibrio competitivo de esta economía puede obtenerse resolviendo el sistema de ecuaciones, y las soluciones de estas ecuaciones determinan el conjunto de predicciones que se ponen a prueba experimentalmente.

El resultado del experimento parece indicar que, a pesar de la complejidad de la economía, las variables económicas se mueven en la dirección del equilibrio competitivo y que, aunque la convergencia sea más lenta y más incompleta que en economías más simples, los mismos principios parecen operar en ambas escalas.

Conclusiones

Hemos presentado en este capítulo lo que probablemente sea la historia de más éxito de la economía experimental. Nadie parece inmune a la sorpresa de los resultados de los primeros experimentos de Vernon Smith, en los que la subasta doble oral converge rápidamente a las predicciones estáticas del modelo de equilibrio competitivo, sin necesidad de que se cumplan sus supuestos teóricos. Un sonado éxito de la teoría económica de la competencia perfecta, que ha impulsado el estudio de modelos específicos de subastas que permiten predecir qué diseños experimentales facilitarán los resultados del equilibrio competitivo.[17]

Los experimentos con modelos competitivos han alcanzado, como también acabamos de ver, un grado de complejidad considerable. Quizá por esto, en cursos básicos de economía experimental pocas veces se habla de experimentos con más de un mercado, experimentos que, aun formando parte sustancial de la investigación experimental en economía, pierden parte de su valor pedagógico al no poderse replicar fácilmente en clase. A pesar de ello, nosotros hemos querido mostrar la riqueza de estos experimentos y las numerosas posibilidades que ofrecen de poner a prueba una variedad de resultados teóricos. Por ello, han servido de fundamento tanto a la micro como a la macroeconomía, a las finanzas como a la economía de la información, y se han convertido también en guía de la política económica.[18]

Aunque, en última instancia –y a pesar de las dificultades de generar experimentos de "equilibrio general competitivo"– aspirar a dilucidar cómo es que, de los intercambios en un conjunto enorme de mercados, a partir de un ingente volumen de decisiones de innumerables agentes económicos, con frecuencia surge de manera espontánea, "como por una mano invisible", el equilibrio general de la economía, continúa siendo uno de los retos más apasionantes de las ciencias sociales.

---

[17] Se atribuye (aunque no hemos sabido encontrar la referencia) al famoso físico Richard Feynman la frase *"one cannot understand theory if one cannot create it"*. Sin generar las ramificaciones de un modelo teórico en el laboratorio es difícil que puedan apreciarse todas sus consecuencias.

[18] Sobre experimentos en macroeconomía véase el Capítulo 17; sobre finanzas el Capítulo 13 y 14; sobre economía de la información el Capítulo 17; y sobre aplicaciones a la política económica los Capítulos 16, 18 y 19.

11. MERCADOS NO COMPETITIVOS

Nikolaos Georgantzís
GLOBE: Universidad de Granada

Hans-Theo Normann
Düsseldorf Institute for Competition Economics (DICE), Düsseldorf

Traducido por Marina Pavan e Iván Barreda

Introducción

Un mercado no es competitivo cuando en él actúan agentes con poder de influir directa o indirectamente sobre el precio, algo que no ocurre bajo condiciones de competencia perfecta. Por lo general, estos agentes tienen poder de mercado porque son pocos, lo suficientemente informados y previsores como para prever la interdependencia entre sus estrategias y las de los demás.

El lector debe saber que, de entre todos los paradigmas teóricos de la economía, las predicciones de la teoría del oligopolio fueron las primeras en ser examinadas en el laboratorio. En los orígenes de la economía experimental se encuentran tanto los trabajos de Chamberlin (1948) como de Smith (1962, 1964), que realizaron experimentos diseñados para estudiar si un mercado con pocos agentes alcanzaría el equilibrio competitivo (véase el Capítulo 9 o 10).

En este capítulo, en lugar de revisar todos los experimentos con pocos vendedores,[1] adoptaremos una definición más estrecha del término, y nos centraremos en los experimentos directamente inspirados en los modelos básicos de oligopolio de Cournot (1838), Bertrand (1883), Hotelling (1929), Stackelberg (1934) y algunas de sus extensiones más cercanas. Omitiremos, por tanto, otros experimentos como los de Chamberlin y Smith, que fueron diseñados con el fin de poner a prueba el poder predictivo del modelo de equilibrio competitivo.

---

[1] Según la etimología griega de la palabra, oligopolio (ολιγοπώλιο) es un mercado en el cual hay pocos vendedores (ολιγοι πωλητές).

La mayoría de los experimentos que consideraremos en este capítulo han sido realizados en las últimas dos décadas.[2] Esta literatura puede considerarse una nueva oleada de trabajos experimentales que informan acerca de pruebas de los modelos oligopolísticos básicos. Estos trabajos representan un esfuerzo sistemático de estudiar una cuestión parecida pero no idéntica a la abordada por Chamberlin (1948) y Smith (1962, 1964). Mientras que estos últimos comparaban los resultados en el laboratorio con las predicciones del equilibrio competitivo, la serie de experimentos aquí revisados comparan el comportamiento observado con los correspondientes equilibrios de oligopolio.

El capítulo está dividido en secciones independientes que se refieren a partes diferentes de la teoría del oligopolio, incluyendo tanto el monopolio como un número de extensiones de los modelos básicos, las cuales se han seleccionado con el fin de confeccionar una lista representativa de las profundizaciones experimentales en dicha teoría.

Monopolio, competencia en precios y diferenciación de productos

La hipótesis más sencilla, y más comprobada frecuentemente respecto al comportamiento de fijación de precios en los mercados, es la de si, relajando los supuestos habituales, podemos converger al precio de equilibrio de Bertrand. Es decir, si tenemos:

- pocos agentes, sin experiencia y reducida habilidad de cálculo, con información insuficiente sobre las condiciones del mercado,

- ¿se alcanza el equilibrio a través del aprendizaje por prueba y error?.

Es decir, si los sujetos experimentales alcanzan al precio predicho por los modelos teóricos que suponen información perfecta e infinita capacidad de cálculo.

El caso más simple es el del monopolio. Suponga que está participando en un experimento en el cual es un monopolista que se enfrenta a una función de demanda desconocida para usted. En realidad, esta función podría ser, por ejemplo, $Q = 100 - 2p$, que supone que las ventas de su empresa decrecen al aumentar el precio. Como la demanda le es desconocida, sólo puede tratar de adivinar el precio que maximiza el beneficio probando lo que sucede cuando va poniendo distintos precios.

---

[2] Las primeras pruebas experimentales de Teoría de la Organización Industrial se recogen en Plott (1982). Más tarde, Holt (1995) presenta un resumen de los resultados experimentales en mercados oligopolísticos.

Para simplificar, supongamos que su coste es $C = 0$. Sin saber cuál es la función de demanda, no puede calcular el precio óptimo como haría en un examen de microeconomía. Para calcular lo más rápidamente posible cuál es el precio que maximiza sus beneficios, una forma de proceder consistiría en poner un precio cualquiera y observar ventas y beneficios. Luego cambiaría su precio para ver la reacción en las ventas y beneficios. Posteriormente utilizaría estos primeros dos periodos para elegir el precio en el tercer periodo, y así sucesivamente. A medida que fuera acumulando información, comenzaría a darse cuenta de cómo aproximarse al precio que maximiza sus beneficios. Experimentos en el aula con estudiantes universitarios han demostrado que el precio óptimo $p^* = 25$ se alcanza después de entre 6 y 10 tanteos.

Por tanto, para el monopolio, los experimentos de laboratorio confirman que el aprendizaje por prueba y error, sin información sobre la demanda y sin requerir habilidad en el cálculo, converge a la predicción de información perfecta con la repetición.

Sin embargo, el resultado es diferente si se introduce un cierto nivel de complejidad en el problema del monopolista, por ejemplo pidiendo a los sujetos que fijen simultáneamente los precios de dos productos.[3] Para comprender mejor la dificultad adicional, considere una empresa que intenta indagar los precios óptimos de sus dos productos, que son sustitutivos, como por ejemplo dos vuelos distintos a un mismo destino operados por la misma compañía aérea. En este marco, los experimentos han mostrado una desviación significativa en las estrategias de los sujetos con respecto al óptimo correspondiente. Incluso después de varios intentos permanece la desviación, a menos que no reciban también información acerca de los efectos cruzados de la demanda de un producto sobre la del otro.[4]

En el mundo real los monopolistas a menudo se enfrentan a problemas de elección que son aún más complejos, como cuando tienen que poner precios para gestionar un sistema dinámico, por ejemplo, un recurso renovable. García-Gallego *et ál.* (2008) estudian un mercado como éste, y encuentran que los sujetos fallan sistemáticamente en el aprendizaje, y no consiguen converger al nivel óptimo de reservas del recurso ni siquiera jugando 50 periodos.

Resumiendo, podemos decir que los humanos pueden aprender a usar el precio óptimo de un monopolio sin la información y la racionalidad que suponen los modelos teóricos de los libros de texto, mientras la complejidad del entorno

---

[3] Kelly (1995) es uno de los primeros ejemplos de un experimento de monopolio multiproducto.

[4] Véase por ejemplo García Gallego *et ál.* (2004).

no supere cierto límite. A partir de ese nivel, la prueba y error no es suficiente.

Sigamos ahora con el problema de fijar precios pero en el caso del oligopolio. Fouraker y Siegel (1963) realizaron los primeros experimentos sobre este tema centrándose en la importancia del tipo de información que se transmite a los sujetos. Su objetivo era evaluar la capacidad predictiva del equilibrio oligopolístico teórico. Sus experimentos confirman dos resultados de enorme interés:

i) Cuando los sujetos reciben información privada sobre sus propios beneficios, tenderán a converger a los precios del equilibrio de Nash con información perfecta (equilibrio Bertrand-Nash).

ii) Si los agentes disponen también de información acerca de los beneficios de sus competidores, entonces fijarán precios más altos que los predichos por el equilibrio no cooperativo: hablaremos de colusión.

Los experimentos de oligopolio más recientes han adoptado mecanismos de vaciado del mercado en los cuales el comportamiento de los compradores se simula con una función de demanda continua.[5] Por ejemplo, García Gallego (1998) utiliza un sistema de funciones simétricas de demanda, compuesto por n ecuaciones del tipo,

$$q_i = a - b \cdot p_i + \theta \cdot \Sigma_{j \neq i} \, p_j,$$

donde p_i es el precio de la variedad i, n es el número de variedades disponibles en el mercado (cada variedad ofrecida por una empresa distinta), mientras que j representa cada uno de los sustitutos de la variedad i.

La función nos dice que la cantidad demandada q_i del bien de variedad i se reduce al aumentar su precio (b es un número positivo), pero depende también de los precios de las demás variedades. En concreto, el parámetro θ determina el nivel de interdependencia entre variedades. Este tipo de sistema de demanda, con θ positivo y menor a b, corresponde al caso en que cada variedad puede ser imperfectamente sustituida por cualquier otra variedad en el mercado. El coste unitario c es constante e igual para todas las variedades, y no existe coste fijo.

En el experimento de García Gallego (1998), aunque los sujetos intentan sistemáticamente coordinarse tácitamente en la fijación de precios en un nivel superior al de equilibrio no cooperativo, se halla que el equilibrio de Bertrand-Nash

---

5 En otros experimentos se proporciona a los sujetos matrices de ganancias discretas, que son la versión reducida de los juegos originales de oligopolio con estrategias continuas. La elección de un diseño experimental más o menos realista depende del criterio y objetivo del investigador experimentalista.

atrae fuertemente a las estrategias individuales, especialmente hacia la segunda mitad de la sesión. Este trabajo constata que un horizonte de 35 periodos es suficiente para permitir que la mayoría de sujetos converja sorprendentemente cerca de la predicción de Bertrand, con algunas sesiones en las que comportamiento predicho y observado coinciden. La Figura 11.1 muestra la evolución de los precios en una sesión típica del experimento.

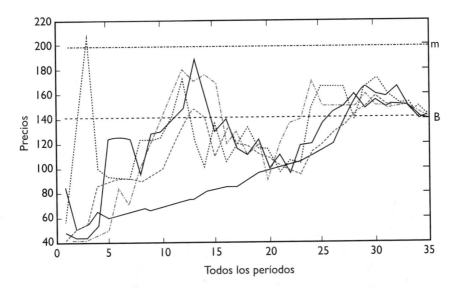

Figura 11.1. Bertrand-Nash en un oligopolio diferenciado con 5 variedades. Después de los primeros periodos de volatilidad en los precios, las estrategias convergen claramente a la predicción de Bertrand-Nash (*B*) y se alejan de los precios (colusivos) de monopolio (*m*). Fuente: García Gallego y Georgantzís, (2001b).

Posteriormente, García Gallego y Georgantzís (2001a) utilizan las mismas condiciones de demanda y costes que las de García Gallego para poner a prueba el poder predictivo del equilibrio de Bertrand-Nash con empresas multiproducto. La teoría predice que si dos o más bienes sustitutivos son producidos conjuntamente por una misma empresa multiproducto, los precios serán más altos que si los bienes son ofrecidos por vendedores competidores. Independientemente de que el problema de una empresa multiproducto es mucho más complejo que el de una empresa con un producto único, la existencia de una empresa multiproducto lleva a la predicción de un equilibrio de Bertrand asimétrico, en el que las empresas que producen más bienes tienden a poner precios más altos. Sorprendentemente, los experimentos nos enseñan que las empresas multiproducto no llegan a darse cuenta de los beneficios estratégicos que pueden derivar de su poder de mercado multiproducto, y por eso pueden comportarse como si estuvieran compitiendo con uno de sus productos contra el otro.

Por tanto, el aprendizaje por prueba y error, con empresas de un único producto conduce a estrategias que son más parecidas a las del equilibrio de Bertrand-Nash. Sin embargo, en el caso multiproducto, no confirman la predicción del equilibrio de Bertrand-Nash correspondiente.

Este resultado ha sido interpretado nuevamente en los experimentos de Davis y Wilson (2005) en cuanto a sus consecuencias sobre la política de fusiones. Es decir, si las empresas no se dan cuenta de su poder de mercado, los equilibrios tras la fusión pueden ser tan competitivos como los de antes de la fusión. Sin embargo, García Gallego y Georgantzís (2001a) realizan también un tratamiento en el cual se impone una norma exógena que limita a la empresa multiproducto a cambiar sus propios precios en la misma dirección (paralelismo de precios). En este tratamiento, los sujetos tienden a adoptar las estrategias límite del equilibrio de Bertrand-Nash multiproducto (es decir, más cerca del equilibrio colusivo)[6]. La Figura 11.2 presenta ejemplos de sesiones con oligopolios multiproducto.

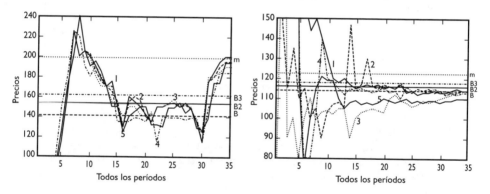

Figura 11.2. Oligopolios multiproducto. Izquierda: Convergencia al resultado colusivo en un oligopolio diferenciado con paralelismo de precios, empresas multiproducto y cinco variedades. Derecha: Fracaso en alcanzar el mismo equilibrio debido a que no ha habido adopción del paralelismo de precios. Fuente: García Gallego y Georgantzís (2001b).

El lector debe identificar que la predicción del equilibrio de Bertrand-Nash multiproducto para una empresa que pone conjuntamente los precios de tres

---

[6] El paralelismo de precios había sido estudiado antes en empresas uniproducto por Harstad *et ál.* (1998) en un contexto específicamente diseñado para abordar esta cuestión. Se encontró que la adopción consciente de paralelismo de precios por parte de vendedores competidores tenía el efecto de aumentar los precios hacia los de la predicción de colusión.

variedades (B3 en la Figura 11.2) es el más alto, seguido de la misma predicción para dos variedades (B2), y que ambos son mayores que el equilibrio de Bertrand-Nash con empresas uniproducto (B). En la Figura 11.2. de la izquierda, se muestra una sesión típica en la que, gracias a la adopción de la norma del paralelismo de precios, se converge al equilibrio colusivo, mientras que a la derecha, se muestra una sesión en la cual los sujetos multiproducto no adoptan el paralelismo de precios y no pueden evitar converger al equilibrio de Bertrand-Nash con empresas uniproducto.

Asimismo, las empresas pueden afectar al nivel de competencia del mercado decidiendo estratégicamente diferenciarse unas de otras. En el modelo estándar de diferenciación de producto de Hotelling (1929), las empresas primero eligen su localización, que representa una variedad en un espacio de productos continuo y cerrado, y luego compiten en precios.

Como en el caso de muchos otros fenómenos para los cuales resulta muy difícil verificar empíricamente las teorías económicas con datos reales, los modelos de diferenciación de producto también han sido examinados en el laboratorio. Brown-Kruse y Schenk (2000), Collins y Sherstyuk (2000), y Huck, Müller y Vriend (2002) han estudiado experimentalmente mercados espaciales con dos, tres y cuatro empresas, respectivamente.

Los tres trabajos describen experimentos en los que los sujetos participantes sólo deciden la localización de su empresa, mientras que los precios les son proporcionados exógenamente. En este contexto, se constatan buenas predicciones de la teoría:

- Una mínima diferenciación de producto como en el equilibrio no-cooperativo cuando los individuos no pueden comunicarse entre ellos.

- Una diferenciación "intermedia" como resultado colusivo cuando se permite comunicación entre sujetos.

Ambas predicciones teóricas han sido corroboradas por los estudios experimentales mencionados arriba. Es decir, las empresas que usan la localización como única variable estratégica y, en ausencia de comunicación, tienden a aglomerarse en la mitad del segmento. Del mismo modo, y como veremos en el Capítulo 17, los partidos políticos tienden a adoptar las posiciones ideológicas de la preferencia mediana. En presencia de comunicación, las empresas se sitúan entre los extremos y la mitad del segmento.

Sin embargo, el supuesto de precios exógenos no permite abordar la intuición habitual en el sentido de que una empresa puede mejorar su beneficio diferenciando su producto del de sus competidores con la intención de enfriar la competencia en precios. Recientemente, Barreda *et ál.* (2011) presentan resultados de mercados espaciales experimentales con fijación endógena de precios. Este trabajo presenta dos resultados interesantes:

- Una relación positiva entre diferenciación y precio.
- La diferenciación por localización en el juego acaba siendo baja.

La Figura 11.3 presenta los resultados agregados de las etapas de elección de localización y de fijación de precios. Estos resultados parecen ser robustos a variaciones de las condiciones experimentales en cuanto a la regla de reparto de la demanda en caso de empate (automatizada *versus* consumidores humanos).

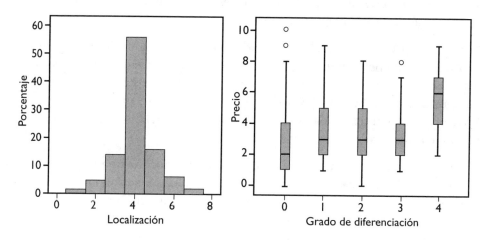

Figura 11.3. Localización espacial con precios endógenos. Izquierda: La predicción de mínima diferenciación de Hotelling (1929) se confirma como la elección modal en un experimento con precios endógenos. Derecha: Se confirma la hipótesis de que los precios aumentan para niveles de diferenciación más elevados. Fuente: Barreda *et ál.* (2011).

Resumiendo, podemos ver que la predicción del modelo de Hotelling acerca de que las empresas se aglomerarán en el centro del mercado se ve confirmada, tanto en experimentos que ofrecen la posibilidad de competir en precios como en contextos en los que el precio está fijo. Además, en el caso en el que se permite competencia en precios, se confirma que los sujetos usan la diferenciación reconociendo su habilidad de sostener precios más altos. Resulta muy satisfactorio el poder predictivo de la teoría en un contexto tan complejo como este juego en dos etapas –localización y precio– donde se confirman las predicciones de Hotelling (1929).

Por último, Camacho-Cuena *et ál.* (2005) llegan un paso más lejos: mercados espaciales con precios endógenos, pero en un contexto en el cual las localizaciones de los consumidores son también endógenas. Sus experimentos muestran que el aprendizaje de los sujetos-consumidores no basta para que aprendan a localizarse en el medio –entre dos vendedores– lo que haría aumentar la competencia y reducir los precios.

En ambos experimentos con precios endógenos aquí mencionados, los fracasos en la coordinación constituyen un obstáculo para los vendedores que intentan evitar localizaciones centrales para diferenciarse de los demás.

Oligopolios en los que se fija la cantidad y sus extensiones

La teoría de oligopolio más antigua es el modelo de Cournot (1838), que se diferencia de los revisados hasta ahora en el supuesto de que las empresas compiten en cantidades en lugar de precios. Los mercados de Cournot (1838) han sido estudiados experimentalmente por Fouraker y Siegel (1963), Holt (1995), Rassenti *et ál.* (2000) y Huck, Normann y Oechssler (2000, 2001).

Como comentamos al principio del capítulo, un resultado bastante general en los experimentos de Cournot es que los jugadores, adoptando un aprendizaje por prueba y error, tienden a confirmar la predicción teórica de Cournot-Nash. Si bien esto es cierto de media, al mismo tiempo existe un cierta variabilidad alrededor de dicha predicción. Estas oscilaciones persistentes hacen decrecer el poder predictivo del equilibrio. Además, en escenarios con juegos repetidos, a menudo el producto total no es significativamente distinto de la predicción colusiva. A veces, la cantidad total oscila entre el resultado colusivo y el de Cournot.

En suma, aunque se hayan encontrado resultados moderadamente positivos en cuanto al poder predictivo de sus equilibrios, parecen existir diferencias fundamentales en los patrones de los datos obtenidos a partir de los experimentos basados en los modelos de Cournot y Bertrand.

Huck *et ál.* (2000) y Altavilla *et ál.* (2006) estudian ambos mercados de fijación de cantidades y de precios, en un marco de productos diferenciados, donde ambas predicciones son más similares. Aunque generalmente dichos experimentos proporcionan evidencias que apoyan la predicción de equilibrio de Nash para los dos tipos de mercados (fijación de precios y elección de cantidades), estos trabajos muestran que el papel de la información procedente de estrategias y resultados pasados es crucial.

Una famosa modificación del modelo de competencia en cantidades de Cournot es debida a Stackelberg (1934), que supone que una de las dos empresas (el líder) elige y se compromete de forma creíble a su cantidad antes que la segunda empresa (el seguidor). El modelo predice que la producción total será superior a la del modelo simétrico de Cournot y que, en general, el líder producirá y ganará más que el seguidor. Huck *et ál.* (2001) comparan experimentalmente los mercados de Cournot y de Stackelberg. Sus resultados confirman la existencia de volatilidad en las cantidades elegidas en modo similar a la obtenida en otros experimentos de elección de la producción. Además, se confirma la predicción de que en los mercados de Stackelberg se alcanzan cantidades de producto superiores y, por tanto, dichos mercados son más eficientes que los mercados de Cournot. Sin embargo, la naturaleza asimétrica de la interacción entre líder y seguidor parece obstaculizar la convergencia del comportamiento observado hacia las predicciones teóricas del modelo de Stackelberg.[7]

Otros experimentos permiten a los sujetos elegir endógenamente el momento de sus decisiones estratégicas.[8] Es decir, antes de elegir las cantidades, las empresas eligen también cuándo producir: en un periodo temprano o tardío. En estos experimentos, oligopolios simultáneos (Cournot) y secuenciales (Stackelberg) pueden surgir endógenamente. Por otra parte, Huck *et ál.* (2006) estudian experimentalmente un mercado espacial con elección de tiempos endógena.

En todos estos entornos, los típicos resultados asimétricos correspondientes a las estructuras de líder-seguidor reciben menos apoyo de lo esperado. De hecho, la evidencia favorece el resultado contrario, los resultados simétricos. Esto incluso ocurre cuando los equilibrios correspondientes predicen las estructuras del tipo líder-seguidor.

Modelos oligopolísticos de relaciones verticales, como la que existe entre fabricante y minorista, han recibido menos atención por parte de los experimentalistas que los modelos de relaciones horizontales. El modelo básico predice que empresas relacionadas verticalmente y no coordinadas pondrán un margen total precio-coste más alto que si pactaran un margen conjunto. Este fenómeno es co-

---

[7] Kübler y Müller (2002) informan de resultados de mercados de fijación de precios diseñados con el fin de comparar decisiones simultáneas con decisiones secuenciales. Un resultado interesante es que hay diferencia entre juegos auténticamente secuenciales y estrategias secuenciales obtenidas a través del método estratégico en el que se pregunta a los jugadores qué harían en cada uno de los casos posibles y luego se elige aleatoriamente el caso vinculante.

[8] Huck, Müller y Normann (2002), Fonseca *et ál.* (2005, 2006), y Muller (2006) son algunos de los estudios experimentales; véase también Normann (2002) para un análisis teórico.

nocido como *doble marginalización*. Durham (2000) confirma experimentalmente la importancia del fenómeno de doble marginalización predicho por la teoría. Martin *et ál.* (2001) comprueban en el laboratorio estas ideas y confirman las predicciones sobre la teoría de la integración vertical dirigida a la exclusión de competidores.

Otra extensión interesante del modelo oligopolístico básico concierne el valor de delegar las decisiones estratégicas de la empresa a directivos cuyos incentivos se diseñan para perseguir o desviarse de la simple maximización de los beneficios. Por ejemplo, recompensar a un directivo según la producción de la empresa en lugar de según los beneficios transforma una empresa en un líder de Stackelberg. Huck, Müller y Normann (2004) ponen a prueba la influyente teoría de Vickers (1985) y de Fershtman y Judd (1987) acerca del papel estratégico de la delegación en oligopolio a través del diseño de incentivos para los directivos. Estos experimentos estudian una situación en la que los propietarios de la empresa eligen que sus directivos reciban como compensación una participación en beneficios o una remuneración basada en los ingresos. Los niveles de utilización de la segunda opción son sorprendentemente bajos (5%).

Georgantzís *et ál.* (2008) estudian un sistema de compensación endógeno en un experimento en el que los propietarios de la empresa pueden elegir entre ofrecer a sus directivos una compensación dependiente de una combinación lineal de beneficios e ingresos y otra que depende de los propios beneficios relativos a los beneficios del competidor. Como predice la teoría aquí presentada, el sistema de remuneración preferido es el que se basa en el beneficio propio comparado con el del competidor.

Otras (ir)regularidades

Una cuestión recurrente en todos los experimentos de oligopolio, aunque sin constituir un tema central en la mayoría de ellos, es el aprendizaje. De hecho, el proceso de aprendizaje determina, en gran medida, el resultado obtenido en un mercado oligopolístico.

Cyert y DeGroot (1973) hicieron una importante contribución en esta dirección, relacionando el aprendizaje con la habilidad de los duopolistas de alcanzar el resultado colusivo. Puede que el aprendizaje en este contexto no implique revelar las propiedades matemáticas del modelo de oferta y demanda al que se enfrenta la empresa. Dicho de manera más simple: el aprendizaje es un proceso dinámico en la toma de decisiones de un individuo. Es un proceso que le conduce desde estrategias inicialmente no informadas hacia la región relevante de equilibrio no cooperativo o cooperativo.

Varios estudios han intentado identificar posibles patrones sistemáticos en las estrategias de aprendizaje de las personas. Muchos investigadores han analizado el aprendizaje adaptativo, véase por ejemplo Nagel y Vriend (1999).

Además, no parece que las personas aprendamos por procesos sofisticados o formales. Por ejemplo, García Gallego (1998) y García Gallego y Georgantzís (2001a) ofrecieron a los sujetos participantes la oportunidad de obtener estimaciones lineales (de un modelo de mínimos cuadrados ordinarios) de la demanda subyacente y, además, dieron a los participantes varias representaciones gráficas (cantidad-precio, beneficio-precio, etc.) de los datos del periodo anterior. La conclusión de ambos estudios es clara: los sujetos no hicieron ningún esfuerzo como para calcular sistemáticamente la estrategia óptima con el uso de optimización explícita, a pesar de que los participantes fueran estudiantes relativamente avanzados e incluso de posgrado de economía.

Sin embargo, el aprendizaje afecta significativamente al comportamiento observado, visto que en la mayoría de los experimentos las estrategias parecen iniciarse con alto grado de dispersión, casi al azar, y evolucionan en el tiempo hacia el área de las soluciones de referencia, como los resultados colusivos y no cooperativos.

Esto nos lleva a un determinante importante del resultado colusivo en experimentos de oligopolio. Mason y Phillips (1997) confirman la importancia de la información en un duopolio con asimetrías de costes. Se debe precisar, sin embargo, que es importante diferenciar la información que proporcionamos a los participantes:

- Podemos proporcionar la información *ex-ante*, a través de instrucciones.

- Podemos proporcionarla ex-post, es decir, la información estará disponible como resultado de las acciones pasadas.

Al contrario de lo propuesto por los teóricos, los tratamientos con información previa al experimento tienen muy poco o ningún efecto sobre el comportamiento observado, porque los sujetos no usan la información que no es inmediatamente interpretable en su proceso de toma de decisiones. Por tanto, informar los sujetos de las condiciones exactas de oferta y demanda, por ejemplo, cuando éstas no son fáciles de interpretar de manera lineal, tiene muy poco efecto en el comportamiento observado.

Al contrario, informar a los participantes sobre las estrategias, y aún más importante, sobre las realizaciones de sus competidores en los periodos anteriores, tiene un efecto significativo.

El conocimiento del resultado de las acciones anteriores no es la única fuente de aprendizaje en el oligopolio. Varios experimentos han identificado procesos de aprendizaje significativamente distintos de los que se suponen en los marcos adoptados por los teóricos. Por ejemplo, Huck *et ál.* (1999) muestran que la información sobre las estrategias de los otros jugadores tiene un papel importante en la aparición de resultados colusivos. Además, la imitación de aquellos competidores que han obtenido los mayores éxitos también parece tener apoyo en alguna evidencia experimental.[9]

Otra cuestión importante que afecta sistemáticamente al comportamiento en los experimentos de oligopolio es la aversión a la desigualdad (véase el Capítulo 6). Bajo la aversión a la desigualdad, los sujetos tenderán a perseguir beneficios similares aun cuando el contexto experimental sea inicialmente asimétrico.

Por tanto, algún nivel de aversión a la desigualdad puede existir en todos aquellos casos en que la teoría falla a la hora de predecir el comportamiento observado en experimentos de oligopolio asimétrico. El resultado de Huck *et ál.* (2001) relaciona explícitamente la desigualdad en las ganancias con la falta de estabilidad en el escenario de Cournot. Altavilla *et ál.* (2006) encuentran que informar a los oligopolistas sobre los precios pasados fijados por su rival lleva a cantidades más cercanas a las predichas por el equilibrio de Cournot-Nash, mientras que la información sobre los beneficios medios de toda la industria proporciona niveles más altos de cooperación.

Los niveles de aspiración de los oligopolistas constituyen también un factor importante cuando se analiza la relación entre resultados experimentales y teóricos. Huck, Müller *et ál.* (2006) encuentran que los niveles de aspiración pueden ser usados para explicar por qué la paradoja de la fusión –que la empresa fusionada termine ganando menos pese a la menor competencia en el mercado tras la fusión– puede aparecer en el laboratorio.

Por último, el papel de la aversión al riesgo en el comportamiento estratégico resulta evidente en Sabater Grande y Georgantzís (2002), que muestra cómo los individuos más aversos al riesgo tienen menos probabilidad de cooperar en un dilema de los presos (véase el Capítulo 7). La literatura de gestión está llena de ca-

---

[9] Véanse Offerman y Sonnemans (1998), Offerman *et ál.* (2002). Para una opinión contraria véase Bosch Domènech y Vriend (2003).

sos prácticos en los que se identifican decisiones excesivamente arriesgadas de los directivos. Si reconocemos que los directivos pueden desviarse de la pura maximización de beneficios debido a sus niveles de aspiración, a razones personales y psicológicas, o debido a los incentivos derivados de sus contratos de gestión, los efectos de la personalidad observados en los experimentos de oligopolio pueden ser especialmente relevantes en las decisiones de las empresas del mundo real.

Conclusión

Los experimentos con mercados oligopolísticos han tenido como objetivo poner a prueba la capacidad predictiva de la teoría del oligopolio para explicar el comportamiento observado en entornos parecidos a los que establece cada modelo. Aunque tal objetivo pueda parecer de limitada relevancia para el mundo exterior al laboratorio, esta línea de investigación nos ha enseñado algunos principios muy interesantes como, por ejemplo, que un equilibrio puede ser el límite hacia donde convergen las estrategias de unos agentes económicos que aprenden por prueba y error, o que tales procesos de aprendizaje tienen mayor probabilidad de confirmar predicciones teóricas simétricas que asimétricas. Este proceso de aprendizaje, así como ciertas características personales de los participantes, ayudan u obstaculizan la confirmación de las predicciones teóricas. En todo caso, en este capítulo queremos dejar claro que aún estamos más cerca del inicio que del final de este apasionante proceso hacia la comprensión del funcionamiento de los mercados imperfectos.

12. Diseño de sistemas económicos

Diego Aycinena
Universidad Francisco Marroquín, Guatemala

David Porter y Stephen J. Rassenti
Economic Science Institute, Chapman University, Orange

Introducción

En 1992 la misión Cassini con destino a Saturno se preparaba para transportar decenas de instrumentos de exploración científica con un presupuesto ajustado y límites de recursos. Cada equipo de ingenieros y científicos competía por recursos (masa, energía, transmisión de datos, etc.) con los otros equipos. Cuando el Jet Propulsion Laboratory de la NASA contactó a un equipo de economistas para que los ayudara a diseñar un mecanismo que facilitara la asignación, uno de los economistas inmediatamente contestó: *"Déjenlos intercambiar"*. Ante la trivialmente correcta respuesta, los ingenieros insistieron: *"¿Puede ser un poco más específico?"*.

Los ingenieros no esperaban un principio correcto pero abstracto de cómo resolver un problema general, sino un sistema de asignación o intercambio específico que cumpliera ciertos objetivos para el problema concreto que ellos enfrentaban (véase Wessen y Porter 1998, 2007). La respuesta entonces debía salir del campo de Diseño de Sistemas Económicos (DSE en adelante).

El DSE es una nueva aplicación económica que busca diseñar mecanismos para resolver problemas de asignación de recursos. La aplicación del DSE nace de la teoría de diseño de mecanismos[1] y de la teoría de subastas,[2] a las cuales comple-

---

[1] La teoría de diseño de mecanismos analiza teóricamente aquellos mecanismos en los que agentes racionales que persiguen su propio interés con información privada, generen resultados deseados. En 2007, Leonid Hurwicz, Eric S. Maskin y Roger B. Myerson compartieron el Premio Nobel de Economía "por haber sentado las bases de la teoría del diseño de mecanismos".

[2] La teoría de las subastas nace con William Vickrey (1961, 1962), quien también fue distinguido con el Premio Nobel en 1996, aunque nunca lo recibió, pues falleció días después del anuncio.

menta con experimentos económicos. Ambas áreas buscan analizar problemas de asignación de recursos cuando la información está dispersa entre los agentes –es decir, cuando para la asignación óptima se requiere obtener información privada de distintos agentes, quienes pueden tener incentivos para no revelar la información verazmente.

El DSE se apoya en los experimentos económicos como herramienta fundamental para complementar la teoría y poner a prueba, a escala del laboratorio, los mecanismos propuestos. Ciertamente, el DSE ha surgido como respuesta a la demanda de nuevos métodos para organizar los mercados, para crear nuevos mecanismos de intercambio y nuevas formas para comprar o vender bienes o para vender y comprar derechos o servicios que nunca antes se habían intercambiado en los mercados. Algunos ejemplos son los permisos de emisión de contaminación, la generación, transmisión y distribución de la energía, la subasta de derechos a utilizar el espectro electromagnético y temas similares relacionados con las telecomunicaciones, las redes de gasoductos, los derechos de uso de pista en los aeropuertos, y recientemente, los nuevos servicios de comercio electrónico y (posiciones de) los anuncios en las páginas de búsqueda en Internet.[3]

Marco conceptual

Antes de entrar a analizar el DSE y su relación con la economía experimental, es conveniente conocer la terminología y su marco conceptual. Smith (1982, 1989) proporciona el marco conceptual para los experimentos de laboratorio, basado en los elementos que definen un sistema microeconómico:

- el entorno,

- la institución, y

- el comportamiento de los agentes

El *entorno* define los agentes que participan, con sus respectivos valores, costes, información, tecnología y recursos. Un monopolio o un duopolio, ofreciendo bienes homogéneos o heterogéneos, con curvas de costes iguales o distintas, si los compradores valoran el bien en forma distinta o si todos lo valoran igual, etc.

---

[3] Varias de las principales empresas de tecnología –Google, Microsoft, Hewlett-Packard, Yahoo! y Amazon– tienen actualmente economistas en posiciones clave. Si bien la delimitación del campo de DSE no es precisa, una parte importante del trabajo de estos economistas está relacionado con esta área. Un ejemplo de estudios relativos a este campo es Varian (2007, 2009), y Reiley *et ál.* (2010).

Todos estos son ejemplos que describen distintos entornos. En el laboratorio podemos controlar el entorno a través de recompensas monetarias para inducir la estructura de valores/costes deseada en esa economía (Smith 1976, 1982).

La *institución* o mecanismo se refiere al algoritmo que define las reglas y los procedimientos bajo los cuales los agentes pueden interactuar. Es decir, las reglas bajo las cuales los agentes pueden comunicarse, intercambiar y/o producir para modificar su asignación inicial. Podemos hablar tanto de reglas referentes a las condiciones y tipos de mensajes como a los procedimientos para procesar estos mensajes y convertirlos en transacciones, asignar bienes y recursos, imputar precios y costes, y manejar la información. Veamos los siguientes ejemplos:

- subasta *inglesa*: los participantes pueden enviar, como mensaje, cualquier oferta de precio de compra mayor a la última oferta de compra realizada, y esto es así hasta que se termina la subasta.

- subasta *holandesa*: el precio de adquisición comienza a un nivel arbitrariamente alto y va descendiendo hasta que un primer participante envía el mensaje de que acepta comprar a dicho precio. Y se acaba la subasta.

- subasta a pliego cerrado: cada participante escribe su oferta (mensaje) y la envía en un sobre. Todos los participantes realizan sus ofertas en forma simultánea.

La regla de asignación indica cómo se asigna el bien subastado en función de los mensajes recibidos: a la persona con la oferta más alta, en el caso de la subasta inglesa o de pliego cerrado, o a la primera en aceptar un precio, en la subasta holandesa. La regla para imputar precios establece qué precio debe pagar cada participante en función de los mensajes enviados. En subastas a pliego cerrado, el subastador asigna el bien a quien haya realizado la oferta más alta, pagando su propia oferta –en el caso de subastas de primer precio (SPP)– o pagando la segunda oferta más alta –en el caso de subastas de segundo precio (SSP). Es decir, en SSP gana la subasta quien hace la oferta más alta, pero paga el precio de la segunda oferta.

Finalmente, el *comportamiento* hace referencia a las acciones estratégicas que toman los agentes (racionales) en función del entorno y la institución. Estas acciones se manifiestan por medio de los mensajes enviados: ofertas, propuestas, aceptaciones, etc.). Los resultados de un sistema microeconómico –asignación final, precios, costes, excedentes del productor y del consumidor, eficiencia del sistema, etc.– depende de cómo las reglas de la institución procesan los mensajes que envían los agentes en un entorno específico.

Basados en este marco conceptual, podemos decir que el DSE consiste en un proceso de *ingeniería* con el propósito de diseñar una institución o mecanismo que –operando en un entorno concreto– incentive un comportamiento de los agentes que conduzca a los resultados deseados.[4]

¿Para qué sirven los experimentos en el laboratorio? A partir de un diseño inicial podemos ir realizando pruebas, a escala, de los mecanismos propuestos hasta llegar a los resultados deseados: maximizar eficiencia, maximizar ingresos/ minimizar costos, reducir la volatilidad de precios, maximizar el excedente del consumidor, etc. De la misma manera que los ingenieros aeronáuticos utilizan túneles de viento para poner a prueba sus nuevos diseños de aeronaves, o los ingenieros utilizan las pruebas de carga para verificar la solidez de las estructuras de los puentes recién construidos, los experimentos en el laboratorio nos sirven para poner a prueba –en un entorno controlado– los diferentes mecanismos de asignación, basados en modelos del entorno y con sujetos motivados con incentivos reales.

El reto de DSE consiste, por tanto, en diseñar mecanismos que incentiven a los agentes a revelar verdaderamente la información privada que poseen, o diseñar una institución capaz de lograr los resultados deseados aun cuando el incentivo privado de los agentes pueda ser distorsionar a su favor la información que revelan con sus acciones.

Pensemos, como ejemplo, en el caso de una institución de subasta de primer precio (SPP), en un entorno donde varios compradores con valores privados independientes[5] pujan por un solo bien. Veamos los incentivos que generan la regla de asignación –gana quien presenta la mayor oferta– y la regla de imputación de precios –el ganador paga su oferta– en una SSP:

- La regla para asignar el ganador induce pujas altas: Los oferentes tienen incentivos para aumentar sus ofertas con el fin de mejorar sus probabilidades de ganar.

---

[4] Podríamos llamar al DSE *ingeniería de sistemas microeconómicos*, en el sentido de que es una rama aplicada que, partiendo de la teoría de las subastas y del diseño de mecanismos, junto con los conocimientos acumulados sobre regularidades empíricas, diseña mecanismos de asignación que luego son puestos a prueba, a escala, en el laboratorio. Por ejemplo, si lo comparamos con la ingeniería aeronáutica, ésta utiliza teorías y conocimientos empíricos acumulados de varias disciplinas –mecánica de fluidos, aerodinámica, propulsión, etc.– para proponer diseños concretos de aeronaves. Roth (2002) propone una analogía similar, con un enfoque ligeramente distinto.

[5] Todos los sujetos valoran el bien de manera distinta y la valoración de cada uno no está relaciona con la de otro. Cada sujeto conoce únicamente su propia valoración y cómo se distribuyen las valoraciones de todos.

- La regla de imputación de los precios induce unas pujas bajas: Los participantes tienen incentivos para reducir su puja ya que pagar un precio alto en caso de ganar la subasta reduce sus beneficios. Es decir, el sujeto puede obtener el bien pero realmente no ganar nada si ha pagado un precio muy alto.

Pensemos en el siguiente entorno sencillo. Unos agentes homogéneos que son neutrales al riesgo y cuya valoración del bien a subastar sigue una distribución uniforme con los valores entre 0 y $\bar{v}$. Cada participante conoce con exactitud su valoración del bien, pero únicamente conoce la distribución de los valores de los demás participantes.

La oferta (b) que realizará un sujeto en el equilibrio de Nash con neutralidad al riesgo (ENNR) será una función de su valor (v) y del número de oferentes (n):

$$b(v) = \frac{(n-1)}{n} \, v.$$

En este caso, vemos que los sujetos han de sub-revelar su verdadera valoración individual del bien –ya que *(n-1)/n* es siempre menor que 1– pero dicha valoración crece de manera cóncava en n.[6] Es decir, conforme aumente el número de participantes en la subasta, la puja irá acercándose cada vez más a la valoración verdadera.

¿Qué pasaría su cambiáramos la regla de imputación de los precios? ¿Podemos incentivar la revelación verdadera del valor privado con alguna variación en las reglas para imputar precios? En las subastas de segundo precio (SSP) –también llamadas subastas de *Vickrey*[7]– el precio que paga el ganador no depende de su oferta, sino de la segunda oferta más alta. ¿Cómo cambia la estrategia óptima en este caso? La estrategia débilmente dominante resulta ser ofertar *exactamente* el valor del bien, sin importar el número de participantes en la subasta o la actitud al riesgo de éstos. Por tanto,

$$b(v) = v.$$

---

[6] Cuando *n=2* lo óptimo es ofrecer la mitad de la valoración privada ($b = 0,5*v$), cuando *n=3* entonces la puja óptima es *0,6*v*, cuando $n = 4$ será *0,75*v*, etc.

[7] Las subastas a pliego cerrado de segundo precio llevan el nombre de William Vickrey (véase nota al pie #2), que fue el primero en estudiarlas y resaltar teóricamente sus propiedades de incentivar la revelación veraz de la información privada. Para una historia de las aplicaciones en la práctica de las subastas tipo Vickrey, véase Lucking-Reiley (2000).

No hay duda de que ésta es la estrategia dominante para una subasta SSP. Sin embargo, múltiples experimentos en el laboratorio han documentado que la gente tiene dificultad para descubrir y seguir dicha estrategia (Kagel *et ál.*, 1987, Kagel y Levin 1993).

Múltiples experimentos han encontrado mecanismos que funcionan muy bien en el laboratorio. Veamos el caso de una subasta inglesa. El comportamiento previsto en esta subasta es teóricamente equivalente a la SSP: en ambos casos la teoría predice que las pujas revelan verazmente el valor privado. Varios experimentos que han analizado estas subastas (Coppinger *et ál.*, 1980, Kagel *et ál.*, 1987, Harstad 2000) han encontrado que la teoría predice adecuadamente el comportamiento en dichas subastas, y el comportamiento de los participantes converge rápidamente a la estrategia dominante.

Estos ejemplos de subastas de un solo bien nos ayudan a ilustrar varias cuestiones.

- Primero, vemos cómo los incentivos que generan los mecanismos afectan el comportamiento, en particular, en cuanto a la información que revelan los participantes a través de sus pujas o mensajes.

- Segundo, vemos cómo dicho comportamiento puede generar resultados distintos (diferentes niveles de eficiencia, menores ingresos para el subastador, etc.).

- Finalmente nos ayudan a entender el papel fundamental que desempeñan los experimentos en el DSE, apoyándose en la teoría, para encontrar los mecanismos que generen el comportamiento y los resultados deseados.

Dada la naturaleza del DSE y su énfasis en las aplicaciones prácticas (como en el caso de la misión Cassini), en ocasiones los experimentos de este tipo no buscan nuevos desarrollos teóricos, sino que pretenden efectuar un análisis comparativo del desempeño de distintas instituciones y/o de la robustez de éstas en entornos distintos.

Si bien el campo del DSE es bastante amplio, por restricciones de espacio nos vemos en la necesidad de dejar fuera muchos temas sumamente interesantes, como la amplia literatura de subastas de una sola unidad o de múltiples unidades homogéneas (Kagel 1995, Kagel y Levin 2008),[8] problemas de *matching* (Roth 2002), o

---

[8] La literatura sobre subastas es sumamente amplia y extensa, y ha explorado distintos entornos (una o varias unidades a la venta –con agentes que demandan una o múltiples unidades–, con valores privados, valores comunes, valores afiliados, o valores comunes y privados, asimetrías en la valoración, asimetrías de información, etc.), diferentes mecanismos (SPP, SSP, subastas inglesas, subastas holandesas, etc.) y diversos objetivos (eficiencia, ingresos para el subastador, revelación veraz, etc.).

mercados de información (Wolfers y Zitzewitz 2004, Tziralis y Tatsiopoulos 2007).

En lo que sigue, el enfoque será bastante concreto en el uso de experimentos para aplicaciones del DSE en entornos más complejos y con objetivos distintos: asignación de recursos, con complementariedad y sustituibilidad, en forma eficiente a través de distintos mecanismos de subastas combinatorias, y mecanismos de asignación de derechos para generar energía eléctrica, buscando mitigar el poder de mercado de los agentes, inherente a este entorno.

Subastas combinatorias

Una subasta combinatoria es una subasta destinada a asignar determinados recursos, que permite incorporar restricciones lógicas ("Y" / "O") en las pujas, de tal forma que un agente pueda hacer ofertas por paquetes de bienes. Esto es de suma utilidad cuando se asignan recursos múltiples que son sustitutivos o complementarios entre sí.

El siguiente ejemplo servirá de aclaración. Supongamos un entorno en el que se subastan tres bienes (*A*, *B*, y *C*) y hay tres agentes interesados en adquirirlos: Vicky, Cristina y Juan. La Tabla 12.1 muestra a continuación las valoraciones que hace cada individuo de los bienes y de todas sus posibles combinaciones.

	A	*B*	*C*	*AB*	*AC*	*BC*	*ABC*
Vicky	100	50	20	290	230	170	290
Cristina	10	150	30	210	120	160	260
Juan	70	80	10	170	110	100	350

Tabla 12.1. Complementariedad y sustituibilidad entre bienes.

La tabla nos muestra que en algunos casos existe complementariedad (demanda superaditiva) y en otros sustituibilidad (demanda subaditiva). Pensemos, por ejemplo, en el caso de Cristina:

- Los bienes *A* y *B* tienen demanda superaditiva, puesto que el valor de ambos es superior a la suma de los valores individuales: $AB = 210 > A = 10 + B = 150$.

- Los bienes *B* y *C* en cambio tienen demanda subaditiva, dado que el valor de ambos es inferior a la suma de los valores de cada uno por separado: $BC = 160 < B = 150 + C = 30$.

La tabla nos facilita ver la utilidad de permitir restricciones lógicas en las ofertas, es decir, de pujar por *paquetes*. Si no fuera posible pujar por paquetes, sino que las pujas tuvieran que ser en forma simultánea para cada bien individual, ¿cuánto estaría dispuesto Juan a ofertar por A, por B, y por C? Los tres juntos valen para él 350. Si ofertara 100 por cada uno y obtuviera los tres (ABC), tendría una ganancia de 50 ($350 - 3 \times 100$); pero si obtuviera sólo A y B, estaría perdiendo 30, puesto que AB solamente vale 170 ($170 - 2 \times 100$). Y si sólo obtuviera C, perdería 90, puesto que C solo vale apenas 10 y estaría pagando 100.

Esto se conoce como el *problema de exposición*: los agentes quedan expuestos al riesgo de ganar algunos, pero no todos los bienes de un conjunto complementario. Una subasta combinatoria elimina este problema al permitirle a Juan hacer una puja por el paquete ABC (A y B y C, si y sólo si obtiene los tres bienes).

De forma similar, vemos que la demanda de Cristina por el paquete BC es subaditiva. El problema de exposición también está presente, puesto que si tuviera que realizar ofertas individuales en forma simultánea estaría expuesta al riesgo de ganar ambos e incurrir en pérdidas: por ejemplo, si ofertara 140 por B y 25 por C y obtuviera ambos. Este riesgo se elimina de igual forma al permitir restricciones lógicas en las ofertas: de esta forma podría hacer una oferta que fuera 140 por B o 25 por C (pero –a esos precios– como máximo desea obtener uno de los bienes).[9]

El ejemplo que describe la tabla anterior puede parecer poco más que una quimera de economistas, pero existen muchos recursos valiosos con características similares. Un ejemplo son las licencias de uso del espectro radioeléctrico para las telecomunicaciones. Dichas licencias usualmente son para regiones concretas que permiten el uso de distintas bandas de frecuencia, creando paquetes complementarios –regiones adyacentes de un mismo mercado– y paquetes sustitutivos –distintas bandas de frecuencia para unas mismas regiones.

Otro ejemplo son los derechos sobre las franjas horarias para el uso de las pistas de aeropuertos para el aterrizaje y el despegue. Por ejemplo, en el aeropuerto de La Guardia en Nueva York, una franja es un intervalo de 15 minutos en el cual un número máximo de aviones –que puede variar según las condiciones meteorológicas– están autorizados a utilizar una pista del aeropuerto para aterri-

---

9 El lector podría pensar que el problema de exposición (tanto para complementos como para sustitutos) se puede eliminar haciendo que las pujas no sean simultáneas, sino que los bienes se vendan en forma secuencial. Esto elimina el problema para el último bien en venderse y lo reduce en forma inversa al orden, pero no lo elimina para los primeros, lo que plantea la pregunta ¿qué bien se debe vender primero?, puesto que el orden de la subasta afectaría los resultados. Adicionalmente, esto puede inducir comportamientos estratégicos no deseados por parte de los participantes. Klemperer (2002) muestra algunos ejemplos.

zar o despegar. Una línea aérea necesita (al menos) dos franjas de uso de pistas en horarios compatibles para poder cubrir una ruta. Dichos conjuntos de franjas tienen un alto grado de complementariedad, puesto que juntas valen mucho más que la suma de las partes.[10] Por ejemplo, el derecho a utilizar la pista durante una franja horaria en el aeropuerto de JFK en Nueva York junto con el de una franja (7,5 horas más tarde) en Barajas, Madrid, tiene un alto valor para una línea aérea, pero una sola sin la otra debe tener un valor prácticamente nulo.[11]

Más allá de los casos reales en entornos con características similares, varias experiencias prácticas atestiguan de los beneficios de utilizar las subastas combinatorias: En Chile se han utilizado con éxito para asignar contratos para proveer alimentación escolar a niños de familias humildes (Epstein *et ál.*, 2002), en Londres para asignar rutas de autobuses del transporte público urbano (Cantillon y Pessendorfer 2006); en Estados Unidos para licitar servicios de transporte y de logística por parte de empresas como Sears Logistics, Home Depot, Walmart, Compaq, Kmart, etc. (Ledyard *et ál.*, 2002, Elmaghraby y Keskinocak 2002); y en Guatemala para asignar contratos para construir y operar líneas de transporte de energía eléctrica (Argueta *et ál.*, 2010).

Volvamos al ejemplo de la Tabla 12.1. Para obtener una asignación de la máxima eficiencia –la que asigna los recursos a quienes más los valoran– es necesario evaluar las distintas combinaciones posibles.[12] Tras evaluarlas, vemos que la asignación óptima es:

- Vicky obtiene *A* y *C*,

- Cristina *B*,

- Juan nada.

---

[10] Los primeros en investigar un mecanismo combinatorio en el laboratorio –y de paso en acuñar el término subasta combinatoria– fueron Rassenti, Smith y Bulfin (1982, en adelante RSB), al proponer un mecanismo (que permitiera pujar por paquetes) para asignar derechos sobre franjas horarias para el aterrizaje/despegue en forma eficiente y limitando el problema de exposición.

[11] También podemos ver cómo dos paquetes de franjas pueden ser sustitutivos, por ejemplo el paquete JFK-Barajas y el paquete Newark-Barajas podrían ser sustitutivos para alguna línea aérea –el grado de sustituibilidad dependerá de la importancia de las conexiones en cada aeropuerto para esa ruta.

[12] Nótese que con apenas tres bienes, ya tenemos siete opciones para evaluar por participante. La complejidad de este tipo de problemas aumenta exponencialmente conforme aumentan el número de bienes: para n bienes tenemos $2n$ combinaciones. Para la subasta de la FCC en EEUU, donde se licitaban 2.074 licencias para el uso del espectro, había hasta 22.047 posibles combinaciones por participante (Porter y Smith 2006). Esto es conocido como el problema de determinación del ganador.

Esta asignación genera un valor total de 380 (= 230 [AC a Vicky] + 150 [B a Cristina]), superior al valor que genera cualquier otra posible asignación. El verdadero problema, sin embargo, se debe a que la información que muestra la tabla –la valoración de cada agente por los distintos paquetes– es privada y está dispersa entre los agentes. Así que para asignar dichos bienes en forma óptima nos vemos de nuevo en la necesidad de utilizar un mecanismo de asignación que sea capaz de incentivar aquel tipo de comportamiento de los agentes que conduzca a los resultados que deseamos obtener. Porter, Rassenti, Roopnarine y Smith (2003, en adelante PRRS), sobre la base de resultados de experimentos previos,[13] diseñaron una subasta combinatoria de reloj (*Combinatorial Clock auction* o *CC*)[14]. En una subasta de reloj ascendente (o reloj inglés), el precio se inicia a un nivel arbitrariamente bajo se va aumentando mientras exista un exceso de demanda, es decir, mientras el número de unidades que demanden los compradores a ese precio sea mayor que el número de unidades subastadas. Los participantes únicamente pueden abandonar la puja, indicando –conforme aumenta el precio– cuando ya no desean comprar a los precios actuales. Recordemos lo visto en el Capítulo 10: algunas instituciones pueden reemplazar parte de la inteligencia que requieren los agentes para descubrir un equilibrio. El uso de un reloj que incremente los precios en forma automática con el exceso de demanda es un ejemplo de este tipo de institución.

En el caso de la subasta *CC*, ésta se inicia con un *reloj de precio* para cada bien. Todos los relojes de precio comienzan en niveles arbitrariamente bajos.

- En la ronda inicial, los participantes indican los bienes que desearían comprar, permitiéndoles pujar por paquetes, utilizando restricciones lógicas como (*A* y *B*) o (*B* y *C*), a los precios iniciales.

- En la siguiente ronda, el *reloj de precio* marca un incremento en todos aquellos bienes para los cuales hay un exceso de demanda.

En el caso de los bienes en los que la demanda es exactamente igual a la oferta, los precios se mantienen igual que en la ronda anterior. Con estos nuevos

---

13 McCabe *et ál.* (1988, 1991), en sus intentos de poner a prueba la propuesta de Vickrey de recurrir a subastas inglesas de unidades múltiples, encontraron un comportamiento de salto en las pujas (*jump-bidding behavior*). Sus resultados indican que permitir a los participantes anunciar sus pujas de tal manera que se vea públicamente su efecto sobre los precios no es un buen diseño en entornos con múltiples unidades, ya que permite que participantes impacientes (o que no saben cómo refinar su estrategia) hagan saltos bruscos en sus pujas y sobrepasen el precio competitivo. Además, puede facilitar la colusión mediante el envío de señales.

14 PRRS no son los primeros ni los únicos que han diseñado y puesto a prueba experimentalmente una subasta combinatoria para lograr una asignación eficiente. Cramton *et ál.* (2006) y Porter y Rassenti (2010) ofrecen un resumen de la literatura.

precios los oferentes indican si siguen interesados en los bienes o paquetes de bienes, o si desean anular su puja por éstos. Las siguientes rondas continúan de igual forma: los precios de los bienes que tienen exceso de demanda van aumentando y los participantes van abandonando la subasta, que termina cuando la puja para cada bien elimina el exceso de demanda.[15]

Para poner a prueba el correcto funcionamiento de este mecanismo, PRRS realizaron experimentos en el laboratorio con un entorno complejo: se subastaban diez bienes heterogéneos entre diez participantes que tenían demandas diversas por cada bien y/o paquetes de bienes. Utilizaron siete variaciones del entorno, modificándolo de tal forma que pudieran establecer si la subasta CC era robusta a estas variaciones. Realizaron los experimentos en los distintos entornos, comparando los resultados de eficiencia generados por el CC con los resultados de otros dos mecanismos de subasta combinatoria: el mecanismo aplicado por la FCC para la licitación de espectro (SMR)[16] y un mecanismo alternativo propuesto para dicha licitación (CRA).[17]

El objetivo de PRRS era maximizar los niveles de eficiencia y, si nos atenemos a los resultados, parecen lograrlo. Los niveles de eficiencia alcanzados son consistentemente altos con el CC y muy superiores a los del CRA y SMR. Además de los altos niveles de eficiencia obtenidos, la subasta CC ofrece varias ventajas respecto a las otras:

---

[15] Los precios individuales se van ajustando a la demanda por bienes y/o paquetes, pudiendo incluso reducirse para algunos bienes individuales que pertenecen a paquetes donde algún bien tiene exceso de demanda. El mecanismo puede ser más complicado: es posible que con el incremento de precio, un bien pase de tener exceso de demanda a tener exceso de oferta –es decir que abandonen "demasiadas" personas la subasta de un bien– o que no existan precios de equilibrio competitivo para los bienes individuales y se tenga que recurrir a pseudo-precios duales (véase RSB 1982). En este caso se incluyen las pujas no-dominadas de rondas pasadas y se utiliza un método de programación de enteros para encontrar la solución óptima. En general, la subasta que genera esta asignación podría describirse como un algoritmo para descubrir limites superiores de precios pseudoduales. Porter *et ál.* (2003) ofrecen detalles técnicos de cómo el mecanismo procede en estos casos.

[16] El SMR (Simultaneous Multi-Round auction) es una subasta de múltiples rondas (con retroalimentación entre rondas) en las que se pueden hacer pujas en forma simultánea por los distintos bienes, sujetas a ciertas restricciones de actividad: participación continua con incrementos mínimos.

[17] El mecanismo CRA proponía una subasta híbrida que combinaba rondas múltiples con periodos de pujas continuas, con restricciones de actividad que imitaban las de SMR y otras un tanto más complicadas. Para mayor detalle, véase Charles River and Associates Inc. y Market Design Inc. (1998a,b).

- Intuitiva: El proceso es sencillo y los costes cognitivos de los participantes son bajos: sólo necesitan comprender sus propias valoraciones de los distintos paquetes y responder de acuerdo con los precios relativos que van observando.

- Retroalimentación: Los precios que observan los participantes poseen una retroalimentación suficiente para permitirles refinar sus estrategias. Por otro lado, la retroalimentación es limitada (no proporciona información del comportamiento de los demás participantes) y no facilita el comportamiento estratégico anticompetitivo.

- Campo de mensajes limitado: Al estar reducida la posibilidad de transmitir información, se reduce el comportamiento estratégico anticompetitivo: colusión tácita mediante el envío de señales y represalias.

A pesar de los resultados obtenidos por PRRS, Ausubel *et ál.* (2006) creen que la subasta CC puede estar amenazada de colusión tácita por parte de los participantes –retirándose temprano de la puja por unidades marginales[18]– por lo que sugieren un mecanismo de subasta híbrido: un proceso de reloj, seguido por una puja a través de un agente *proxy* por cada uno de los paquetes por los que están interesados.

Hasta qué punto puede ser objeto de colusión tácita la subasta CC y en qué medida la puede mitigar el mecanismo propuesto por Ausubel *et ál.* (2006) es algo que aún queda pendiente de comprobarse empíricamente. Los experimentos en el laboratorio seguramente serán una herramienta fundamental para evaluar estas preguntas aún sin respuesta.

DSE y mercados de energía eléctrica

Veamos ahora algunos casos de cómo se ha aplicado el DSE en los mercados de la energía eléctrica. El entorno del sector de la energía eléctrica tiene como agentes a generadores, distribuidores, transportistas y consumidores.

- Los generadores convierten energía actual o potencial en electricidad, que ofrecen a la venta en mercados organizados.

---

18 Además de las predicciones teóricas, existe evidencia experimental de una reducción estratégica de la demanda revelada en subastas de múltiples unidades con demanda multiunitaria (véase por ejemplo List y Lucking-Reiley, 2000). Sin embargo, no se ha encontrado evidencia de reducción de demanda en subastas combinatorias.

- Los distribuidores atienden la demanda de unos consumidores regulados –a quienes tienen la obligación de servir.

Comúnmente los distribuidores son tomadores de precio, comprando en forma *pasiva* la cantidad de energía que consumen sus clientes, quienes usualmente tienen derecho a consumir casi cualquier cantidad de energía –normalmente a precios que no varían durante semanas o meses.

Hay algunos factores particulares de este entorno que dirigen la atención hacia el poder de mercado de los generadores:

i) La demanda es muy inelástica: hay poca reacción de la misma a las variaciones de los precios.

ii) Típicamente hay un número relativamente pequeño de empresas generadoras que controlan un porcentaje alto de la capacidad de generación.

iii) Los generadores participan en un juego repetido –algo que tiende a facilitar la colusión.

iv) El sistema de transporte puede congestionarse generando poder de mercado local en ciertas zonas.

Se ha realizado una intensa labor experimental buscando mecanismos que nos permitan mitigar los problemas del poder de mercado. Entre las principales propuestas que se han evaluado experimentalmente para controlar el poder de mercado de las empresas generadoras tenemos: variaciones en el número de participantes, la introducción de mercados *forward* (LeCoq y Orzen 2006, Brandts, *et ál.*, 2008, van Koten y Ortmann 2010, Ferreira *et ál.*, 2009),[19] y la participación activa de las distribuidoras en el mercado (Rassenti *et ál.*, 2003a).

En los mercados de energía eléctrica, la demanda a corto plazo tiende a ser sumamente inelástica debido a que una parte importante de la demanda es de consumidores regulados, que se enfrentan a precios que no reflejan la variación horaria en los costes marginales de generación.[20] Rassenti, Smith y Wilson (2003) (RSW) utilizaron un diseño 2 × 2, con dos variantes en el entorno (con y sin poder de mercado) y dos variantes en la demanda (activa y pasiva). El ob-

---

[19] En general, éstos han mostrado el potencial de los mercados *forward* para limitar el poder de mercado de los generadores. Por limitaciones de espacio no cubrimos estos experimentos en más detalle.

[20] Típicamente se enfrentan a un precio regulado que cubre el coste promedio de generación, transporte y distribución. Sin embargo, los costes de generación y transporte es común que varíen en un orden de magnitud entre las horas de consumo máximo (demanda pico) y mínimo (demanda base) de un mismo día.

jetivo era explorar escenarios con demanda inelástica y comparar los efectos de permitir la participación activa de la demanda –con el potencial de hacerla más elástica.

La demanda de las distribuidoras es en muchos casos pasiva, pues éstas son tomadoras del precio y de cantidad. La cantidad que "demandan" está determinada por la cantidad que consumen sus clientes, y el precio se fija de acuerdo con la oferta marginal de los generadores que satisface dicha cantidad. En los tratamientos de demanda pasiva, utilizaron robots que informan verazmente de la demanda. Como ya vimos en el Capítulo 11, este procedimiento es habitual en experimentos donde las distribuidoras son tomadoras del precio. En los casos de demanda activa, las distribuidoras tendrían contratos con algunos clientes a quienes podían interrumpir (cortar) el servicio a cambio de cierta compensación.[21] En los tratamientos de demanda activa, se utilizaron sujetos (motivados por ganancias) que controlaban una pequeña porción de la demanda sobre la que tenían opción de "interrumpirla". Es decir, en este caso las distribuidoras pueden modificar la cantidad que consumen sus clientes, para de esa forma intentar influir sobre el precio.

Para implementar las variantes de poder de mercado sin modificar la oferta agregada, los autores reasignan, en un tratamiento, unidades de generación con costes intermedios de los oferentes 4 y 5 a los oferentes 1 y 2 (tal como indica la Figura 12.1). De esta forma, la oferta agregada se mantiene constante, pero logran otorgarle poder de mercado a los oferentes 1 y 2.

Veamos la Figura 12.1 con un poco más de detalle. El precio competitivo es igual al coste marginal de los generadores y, en los períodos de demanda intermedia, este coste sería de 76. El precio máximo que garantiza un 100% de eficiencia sería el precio (máximo) al que se satisface toda la demanda. Para ese periodo sería de 96 (el precio del último escalón de la demanda intermedia). Observe que cuando los oferentes O_1 y O_2 tienen poder de mercado pueden retirar sus ofertas de las cuatro unidades intermedias (cuyo coste es de 76). Esto empujaría los precios hasta el siguiente escalón de la curva de oferta (precio = 166). A pesar que no venderían ni una sola de las unidades de coste intermedio, venderían las cuatro unidades con un coste base de 20 a un precio de al menos 166 y, obviamente, ésta sería una estrategia muy rentable: cualquiera de los generadores puede aumentar sus ganancias considerablemente de forma unilateral con sólo retirar una de las unidades, u ofertarlas a un precio mayor.

---

[21] O contratos, con precios dinámicos, por los que podrían recortar el consumo cuando los precios fueran altos.

El lector puede hacer el siguiente ejercicio.

- Calcule que si venden al precio competitivo de 76, las ganancias de O_1 o O_2 serían: $(76 - 20) \times 4 = 224$.

- Si quitan sus unidades intermedias, logran elevar el precio a (el siguiente escalón de oferta) 166, y sus ganancias serán: $(166 - 20) \times 4 = 584$.

- En el escenario donde venden todas sus unidades (las 4 base y las 4 intermedias) al precio máximo de una eficiencia del 100% (en el tercer escalón de la demanda intermedia) igual a 96, su ganancia sería: $(96 - 20) \times 4 + (96 - 76) \times 4 = 384$.

No hay duda de cuál es la mejor estrategia.

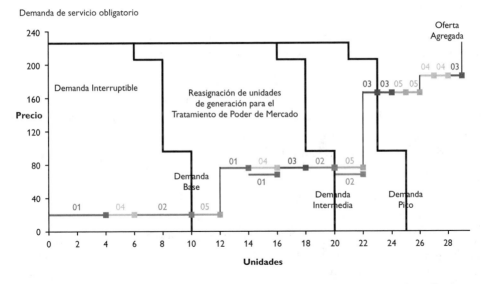

Figura 12.1. Entorno experimental de RSW. La Figura 12.1 ilustra los tres escenarios de demanda (base, intermedia y pico) y la oferta agregada en los experimentos de Rassenti, Smith y Wilson (2003). Además, muestra las variaciones en el entorno para aplicar los tratamientos con y sin poder de mercado: En la mitad de las sesiones experimentales (tratamientos con poder de mercado), los oferentes 1 y 2 controlan cuatro unidades a un coste de 76 cada una (en el escenario de demanda intermedia). En las otras sesiones (sin poder de mercado), los oferentes 1 y 2 solamente controlan dos unidades a un coste de 76 cada una; las otras dos las controlan los oferentes 4 y 5. Además, en todos los casos, el oferente 3 controla otras dos unidades a un coste de 76.

El entorno que utilizan RSW es bastante complejo –cada sesión experimental dura 14 "días", y cada "día" consiste en un ciclo de 4 periodos de demanda (intermedia 1, base, pico, intermedia 2).[22] Debido a esta complejidad, usaron sesiones experimentales dobles, una de entrenamiento (con seis oferentes), y la segunda –dos días después– para conseguir datos (con los cinco mejores oferentes de la sesión previa). Los resultados del experimento nos muestran que en el tratamiento sin poder de mercado y con demanda pasiva, los resultados convergen en el rango de precios eficientes –entre el precio competitivo y el precio máximo de un 100% de eficiencia– en todos los periodos de demanda. Al pasar al tratamiento con poder de mercado (en el cual se reasignan los activos de generación), los precios aumentan considerablemente en los periodos de demanda intermedia y base.

En los tratamientos que facilitan la participación activa de la demanda, los resultados indican que, en ambos casos (con o sin poder de mercado), los precios se mantienen consistentemente en el rango de los precios eficientes.

La Figura 12.2 muestra los precios de las cuatro sesiones de los tratamientos en los que hubo poder de mercado, con y sin participación activa de la demanda.

Como se puede apreciar en ella, la participación activa de una fracción de la demanda es suficiente para neutralizar el poder de mercado de los oferentes. Los resultados de RSW son consistentes con los de otros experimentos (Denton *et ál.*, 2001), y sugieren que el diseño de un mercado donde se facilite la participación activa de la demanda es un camino prometedor para mitigar el poder de mercado de la oferta.

En ambos casos, aunque los mecanismos buscaban objetivos distintos, hemos visto que los experimentos desempeñan un papel importante. Mediante ellos podemos comparar diferentes instituciones manteniendo el entorno controlado, o podemos ver en qué medida un determinado mecanismo es robusto a variaciones en el entorno. Además, nos permiten realizar pruebas controladas, a escala, antes de implementar un nuevo mecanismo que se haya diseñado.

---

[22] Además utilizan una red radial de tres nodos conectadas por líneas de transmisión con pérdidas. Este no es el entorno más complejo que se haya utilizado en experimentos de mercados de energía eléctrica. Véase por ejemplo Olson *et ál.* (1999).

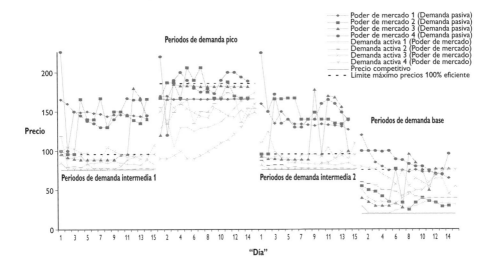

Figura 12.2. RSW: Tratamiento con poder de mercado, con y sin demanda activa. La Figura 12.2 muestra los precios (en los tratamientos con poder de mercado) en los cuatro ciclos de demanda bajo los tres escenarios, en los experimentos de RSW. Como indica la gráfica, los precios en (ambos ciclos de) los periodos de demanda intermedia, con demanda pasiva y poder de mercado, tienden a estar por encima de los límites de los precios con una eficiencia del 100%. Al permitir la participación activa de la demanda se logra controlar el poder de mercado de los oferentes, reduciendo los precios hasta rangos del 100% de eficiencia.

Conclusiones

En este capítulo hemos visto que los experimentos son una herramienta fundamental para el DSE. El enfoque ha sido distinto al de otros capítulos, pues en este hemos visto un enfoque más aplicado de los experimentos. Tras una introducción al DSE y su marco conceptual, pasamos a ver cómo los experimentos reivindicaron el diseño de un mecanismo de subasta combinatoria para la asignación eficiente de recursos con complementariedad. Después hemos visto el papel que han ejercido algunos experimentos en el DSE para evaluar un mecanismo de mitigación del poder de los oferentes en los mercados de la energía eléctrica. Por limitaciones de espacio, hemos dejado fuera muchas aplicaciones interesantes, pero no cabe duda de que cada día es más frecuente el uso de experimentos para poner a prueba novedosos diseños que buscan resolver problemas prácticos. Dichos problemas pueden abarcar desde lo mundano, como asignar espacios a cursos con alta demanda en programas de posgrado (Sönmez y Ünver 2010), hasta cuestiones de vida o muerte, como mecanismos para facilitar donaciones de órganos (Roth y Sönmez 2005, 2007).

13. Finanzas experimentales

Debrah Meloso
Università Bocconi, Milán

José Penalva
Universidad Carlos III, Madrid

Traducido por Marina Pavan e Iván Barreda

Introducción

Si ha leído los capítulos de este libro en orden, ya estará familiarizado con el funcionamiento de los modelos y la teoría económica en general. Ahora dé un paso atrás e imagínese un mercado financiero. Imagínese operadores de bolsa sentados frente a terminales de ordenador analizando datos y gráficos sofisticados, imagínese los millones de elementos que han de tener en cuenta, la complejidad del entorno, imagínese las miles de transacciones que ocurren y las inmensas cantidades de dinero en juego. E imagínese que tras cada transacción hay personas que reaccionan a la información que les llega, a cada momento, mientras intentan lidiar con toda esa complejidad, con todos los *riesgos*.

En el Capítulo 2 vimos cómo la gente toma decisiones en las que el riesgo tiene un papel fundamental. Ahora, esos riesgos están asociados con el dinero, con los flujos de capital que se originan de las necesidades de inversión de las empresas y de las necesidades de obtención de préstamos por parte de los consumidores. Los mercados financieros convierten esos flujos en estructuras complejas que fluctúan y se transforman mientras cambian de manos de un lado a otro del mundo.

Pensemos en el siguiente ejemplo. Jaime ha heredado y tiene un exceso de efectivo. A la hora de evaluar qué hacer, a Jaime se le plantean muchas opciones con riesgos diferentes, no sólo por lo que vaya a pasar hoy, sino a lo largo de toda su vida (pese a que no estamos teniendo en cuenta la inflación). Jaime baraja distintas opciones:

- Invertir en la nueva empresa de tecnología de su amigo Miguel.

- Prestar dinero al tendero de la esquina que lleva su negocio desde hace 25 años.

- Guardar el dinero bajo su colchón.

La primera opción establece un vínculo entre el consumo futuro de Jaime y la fortuna que corran las ideas y gestión de Miguel. Jaime podría pensar que invertir todo su efectivo en el negocio de Miguel no es buena idea. Por ello se plantea combinar distintas opciones.

En otras palabras, Jaime *diversifica* su cartera de inversiones, asumiendo un poco de riesgo (y obteniendo rendimientos) de cada una de sus inversiones, en lugar de asumir mucho riesgo en una única inversión. Carteras, riesgo, y diversificación son algunas de las ideas básicas de las finanzas que seguramente ya conozca. Y todas ellas surgen sin ni siquiera plantearnos las opciones de inversión que le ofrecen los *mercados financieros*. Imaginemos que Jaime cree que las opciones anteriores son pocas o poco fiables y se dirige a un mercado financiero *centralizado, transparente* y *amplio*, donde encontrará muchas personas dispuestas a negociar con él, y donde podrá hacer intercambios anónimamente a sabiendas de que la institución (el mercado) garantiza que todos los tratos se van a cumplir.

Las finanzas experimentales y los mercados financieros

Las finanzas experimentales, como veremos, constituyen un campo de investigación amplio, al que no podremos hacer justicia de una manera adecuada en este capítulo. Nos centraremos en el estudio de *mercados financieros* (competitivos), ya que éstos proporcionan el mejor punto de arranque para explorar las finanzas experimentales. El estudio de los mercados financieros, con su sólida base teórica, proporciona un buen fundamento para la comprensión de los problemas financieros y del valor añadido de utilizar experimentos.

En este capítulo, primero analizaremos los motivos por los cuales se ofrece capital para invertir y el papel de los mercados financieros a la hora de facilitar acceso al capital. Los mercados facilitan los movimientos de capital proporcionando un lugar donde intercambiar riesgos. Estudiaremos qué resultados se obtienen en experimentos que exploran cómo la gente utiliza los mercados y los precios que se observan en ellos.

Después, trataremos el rol informativo de los mercados: veremos cómo los experimentos permiten dilucidar el papel de los mercados y los precios a la hora de transmitir información, desde unos pocos individuos a toda la economía. También veremos cómo la intermediación de los mercados cambia los incentivos de las personas para adquirir esa información.

Por último, concluiremos con una concisa descripción de los diferentes motivos para intercambiar activos, el efecto de diferentes sesgos de comportamiento, y una breve visión de conjunto de otras áreas de las finanzas experimentales.

Reparto de riesgo y diversificación

Un mercado financiero competitivo es un mercado competitivo normal (como los del Capítulo 10) donde las personas se comportan como precio-aceptantes, pero donde el objeto de intercambio no son manzanas o naranjas, sino promesas de pagos futuros (activos). A la hora de plasmar dichos mercados en experimentos de laboratorio se recurre a la *subasta oral doble* (SOD) o mercado de libro abierto (véase el apartado A del Apéndice 1), donde la negociación se rige por reglas similares a las de las bolsas electrónicas reales.

En el laboratorio, estos mercados se abren durante un periodo de tiempo fijo, durante el cual los sujetos compran y venden libremente. Lo que intercambian son activos ficticios, y lo que observamos son los precios resultantes, como en los mercados bursátiles reales. Al final del experimento, los activos en poder de los sujetos (sus *carteras finales de activos*) el experimentador los convierte dinero en efectivo.

Es importante comprender por qué los individuos intercambian activos y los beneficios que pueden obtener de ellos. Como veremos, el intercambio de activos está basado en las diferencias que existen entre la gente. Nos centraremos en diferencias relacionadas con el riesgo aunque, como ya vimos en el Capítulo 2, existen multitud de factores que generan diferencias entre la gente: la manera de evaluar las probabilidades, el valor relativo de las ganancias frente a las pérdidas, o incluso sobre si el concepto de probabilidad se puede aplicar o no. Otra razón para intercambiar activos es que existen diferencias en la información que tienen las partes en una transacción. De esto hablaremos más adelante.

Existen dos fuentes primarias de diferencias relacionadas con el riesgo:

a) Distintas *dotaciones iniciales*. Jaime hereda acciones de IBM mientras que Rebeca hereda acciones de Apple. Jaime y Rebeca son hermanos gemelos, así que suponemos que sus preferencias y percepción del riesgo son los mismos y, por tanto, sus carteras de activos preferidas deberían tener riesgos iguales. Entonces, para conseguir sus carteras preferidas, Jaime y Rebeca tendrán que intercambiar acciones de IBM y de Apple. Otros motivos similares para la compraventa de valores son: diferencias en los ingresos durante el curso de la vida de las personas, diferencias de riqueza, etc.

b) Distintas *preferencias sobre el riesgo*. Jaime y Miguel poseen la misma combinación de acciones de IBM y Apple. Sin embargo, al emprendedor Miguel le gusta tener más acciones de Apple que a su amigo Jaime, que es más prudente. De este modo se benefician del intercambio, y acaban con diferentes inversiones en acciones (carteras de activos). Entre los factores asociados con diferencias en las preferencias están: la edad, el estado de salud, la situación familiar, el estado de ánimo, etc.

Estas diferencias hacen que la gente quiera intercambiar activos. Además, la gente está expuesta a un pequeño número de riesgos grandes y, por lo general, prefiere reducirlos aunque sea a costa de adquirir muchos riesgos pequeños (y variados). Dicho de otro modo: prefieren *compartir riesgos*. El efecto de las diferencias en las preferencias sobre el riesgo se observa en las cantidades que cada persona invierte en diferentes activos.

Antes de ver nuestro primer experimento, tenemos que presentar unos conceptos financieros importantes y nuevos. Supongamos que Jaime quiere viajar por el mundo con Miguel si el negocio va muy bien. Pero a Jaime le preocupa que su abuela vaya a necesitar asistencia a domicilio. Para gestionar estos riesgos Jaime decide invertir una parte de su dinero en el negocio de Miguel, pero también prestarle una parte al tendero, que podrá devolvérselo si lo necesita para cuidar a su abuela. Distribuyendo su dinero entre riesgos diferentes, Jaime puede adaptar sus inversiones a dos eventualidades futuras, a dos *estados de la naturaleza*.

En este sencillo ejemplo existen cuatro estados de la naturaleza:

- el negocio de Miguel puede prosperar tanto si la abuela de Jaime necesita asistencia a domicilio como si no la necesita (dos estados de la naturaleza),

- el negocio puede ir mal, tanto si la abuela de Jaime necesita asistencia como si no (otros dos estados de la naturaleza).

Si los activos intercambiados en los mercados financieros son suficientes como para que Jaime pueda ajustar su dotación inicial en cualquier estado de la naturaleza (en este ejemplo hacen falta por lo menos cuatro activos), decimos que los *mercados son completos*. Para comprender la relación entre estados de la naturaleza y la economía en general, necesitamos saber qué es la *cartera de mercado*. Ésta es la cartera de alguien que (hipotéticamente) posee *todos* los activos con riesgo de la economía. En nuestro ejemplo, la cartera de mercado incluye tanto todas las acciones del negocio de Miguel como todas las acciones de los otros valores e inversiones con riesgo que hay en la economía. Existe otro tipo de activo en el que Jaime puede estar interesado, que es el activo *libre de riesgo*, algo parecido a un bono completamente seguro. De hecho, el dinero en efectivo actúa como un activo libre de riesgo, aunque normalmente los activos libres de riesgo ofrecen al menos una (muy) pequeña rentabilidad.

Vistos los conceptos de estados de la naturaleza y cartera de mercado, ahora podemos tratar la noción de *riesgo agregado*. Este es el riesgo que no se puede eliminar distribuyendo las inversiones entre diferentes activos (*diversificación*) o distintas personas (*compartir riesgos*) porque afecta a la propia cartera de mercado (que es la más diversificada posible). Formalmente, existe riesgo agregado si la retribución de la cartera de mercado es diferente en distintos estados de la naturaleza. Cuando experimentamos una crisis "global" es porque en el mundo existe riesgo agregado.

Experimentos sobre compartir riesgos

Hemos visto que la gente está expuesta a grandes riesgos y prefiere compartirlos. Los mercados ofrecen un lugar donde intercambiar estos riesgos, donde compartirlos. Esta función de los mercados se estudia en diversos modelos teóricos, y ahora veremos experimentos que se basan en ellos.

Pensemos en un entorno sencillo, donde se da a todos los sujetos la misma información, no hay información privilegiada (*privada*), para así poder centrarnos en el análisis de cómo se comparte el riesgo y de sus consecuencias. Esto nos permite analizar preguntas como:

- ¿Habrá intercambio en un mercado donde los sujetos saben que nadie posee información privada? ¿Serán los intercambios eficientes?

- ¿Podemos utilizar nuestros modelos teóricos con agentes aversos al riesgo con el fin de predecir el efecto del deseo de compartir riesgos en los precios de los activos? Nuestros modelos hablan de equilibrios, ¿se converge a dichos equilibrios?, ¿cuánto tiempo se necesita para converger?

- ¿Cómo afecta a la eficiencia de los intercambios la naturaleza dinámica de los mercados financieros? ¿Qué efecto tendrá la *especulación* (apuesta sobre las variaciones de los precios a lo largo del tiempo) sobre la eficiencia de los mercados?

En consecuencia, ¿podrán los modelos que se basan en agentes muy sofisticados predecir los precios de los activos? (véase el apartado B del Apéndice 1).

Un experimento con mercados financieros estáticos

En Bossaerts y Plott (2008) y Bossaerts, Plott y Zame (2007, en adelante BPZ) encontramos una serie de resultados experimentales que pretenden comprobar las consecuencias de los modelos teóricos estáticos de equilibrio sobre compartir riesgos. Estos experimentos, como todos los demás experimentos en este capítulo, están caracterizados por la estructura presentada en la Tabla 13.1.

---

1. Los intercambios se realizan por medio de un mercado electrónico de activos con libro abierto (subasta oral doble continua: SOD continua, véase el Capítulo 10 y el apartado A del Apéndice 1).

2. A los sujetos se les proporciona inicialmente una determinada cantidad de efectivo y una dotación de un pequeño número de activos. Éstos se pueden intercambiar durante un periodo de tiempo fijo.

3. A los sujetos no se les asigna ni el papel de comprador ni el de vendedor. Cada uno elige si comprar, vender o mantener su dotación inicial de cada activo. La venta al descubierto (*short selling*, es decir vender activos que aún no se poseen) no está permitida.

4. Los activos representan derechos a recibir dividendos (pagos en efectivo). Los dividendos se obtienen una vez terminado el periodo de compraventa de activos. Su valor depende del estado de la naturaleza.

5. Tanto las probabilidades asociadas con los estados de la naturaleza como la relación entre dichos estados y los dividendos de cada activo están claramente especificados y son información pública. Llamamos a esta información *distribución de los dividendos*.

6. El experimentador fija y anuncia la distribución de los dividendos al principio del experimento. Los sujetos ganan dinero porque reciben dividendos, pero también pueden obtenerlo de la compraventa de activos (si compran barato y venden a un mayor precio después). Las ganancias de la compraventa son un juego de suma cero: lo que gana un sujeto, lo pierde otro.

7. Existe riesgo agregado.

Tabla 13.1. Estructura base de los experimentos de mercados financieros en este capítulo.

BPZ estudian cómo se comparten riesgos en este tipo de mercado financiero. En sus experimentos, los mercados son completos y los sujetos poseen dotaciones iniciales diferentes (y no diversificadas), por lo que se espera que haya intercambio de activos (en el apartado C del Apéndice 1 el lector encontrará una descripción detallada de este experimento). En cada sesión del experimento, los participantes juegan varias rondas (periodos). Al principio de cada periodo "renacen" en una economía completamente nueva: los precios, las dotaciones y los intercambios de los periodos pasados no afectan las dotaciones iniciales y la distribución de dividendos en los periodos siguientes (véase el Capítulo 10).

En este sentido, el entorno es *estático*. Esto no significa que los sujetos puedan intercambiar activos una sola vez. Al contrario, la SOD continua permite a los participantes comprar y vender repetidamente (y se observan muchas transacciones). El entorno es estático porque:

i) cada activo paga dividendos una sola vez, y

ii) durante cada periodo no se da ninguna información adicional sobre dividendos.

Al término de cada periodo los sujetos reciben los dividendos que les corresponden de acuerdo con su cartera final de activos. Los dividendos dependen del estado de la naturaleza, que se determina cuando se cierra el mercado al final del periodo.

Estos experimentos fueron diseñados para observar ciertos elementos claves de la teoría de los mercados bursátiles en entornos estáticos y con información simétrica. Los detalles del diseño permiten estudiar la presencia de motivos para intercambiar activos con riesgo, así como discernir si los mercados alcanzan un equilibrio.

A continuación nos ocupamos de algunos componentes del modelo teórico y de los conceptos de equilibrio de una manera intuitiva. Asociados a estos últimos veremos varios indicadores y predicciones acerca de qué se debería observar, y si funcionan o no. El lector interesado encontrará detalles técnicos sobre equilibrio e indicadores en el apartado B del Apéndice 1.

Los modelos teóricos de equilibrio que consideraremos capturan las siguientes características de los mercados donde los agentes comparten riesgos:

- En el mundo hay riesgo y todo el riesgo está representado en la cartera de mercado. El riesgo de la cartera de mercado no puede ser evitado mediante diversificación.

- Los agentes aversos al riesgo, al intentar reducir su exposición a los malos estados de la naturaleza (los estados de la naturaleza donde la cartera de mercado tiene un valor bajo), compiten por el dinero en dichos estados, aumentando así su valor.

- En una crisis, aunque la economía en su conjunto tenga malos resultados, algunos activos pueden ofrecer buenos resultados (por ejemplo, Walmart o Movistar, recientemente).

Visto que la mayoría de las personas somos aversas al riesgo, si pensamos que es muy probable que haya una crisis, todo el mundo querrá comprar estos últimos activos. Esto hace que su precio aumente. A estos activos se les llama activos *anticíclicos* porque sus rendimientos están correlacionados negativamente con los de la cartera de mercado (cuando la cartera de mercado va mal, los activos anticíclicos van bien, y viceversa).

Ahora veremos diferentes conceptos de equilibrio (e indicadores relacionados) para comprender los resultados que obtienen BPZ. El primer concepto de equilibrio es el utilizado para estudiar la economía de Arrow-Debreu (EcAD), o de equilibrio general competitivo (véase el Capítulo 10).

Equilibrio de Arrow-Debreu: En la EcAD, se considera que, en dos estados de la naturaleza distintos, el dinero constituye dos bienes diferentes, como si fueran manzanas y naranjas. En la EcAD, el precio de un activo que paga 1 euro en un estado de la naturaleza (y nada en los demás estados) es el precio del dinero en ese estado de la naturaleza. Pensemos en dos estados: "Lluvia" y "No Lluvia".

- Si el dinero es escaso en el estado "Lluvia", entonces su precio será elevado, así como la escasez de diamantes perfectos los encarece.

- Si el estado "Lluvia" es poco probable, su precio no puede ser muy alto, ya que ni agentes aversos al riesgo le prestan mucha atención a un estado malo si es muy improbable.

Por eso, para medir el coste del dinero en un estado de la naturaleza usamos la *razón precio-probabilidad* de ese estado: el precio en ese estado dividido por la probabilidad que ese estado de la naturaleza ocurra. En el equilibrio de Arrow-Debreu, la razón precio-probabilidad tendría que ser más elevada para aquellos estados de la naturaleza donde el valor de la cartera de mercado fuera más bajo, y viceversa.

Equilibrio de Radner (ERad): En el ERad se estudian los precios de los activos (en lugar del precio del dinero en diferentes estados de la naturaleza). El ERad nos da la relación que existe entre el alto precio del dinero en los estados de la naturaleza pobre y los precios elevados de los activos anticíclicos. En el ERad, los agentes intentan adquirir la *mejor* cartera posible dados los activos disponibles. El significado preciso de "mejor" es específico para cada agente, pero suele reflejar que los agentes son aversos al riesgo y buscan optimizar la disyuntiva entre riesgo y beneficio esperado.

Un caso especial de ERad es el modelo de Valoración de Activos Financieros con Cartera de Mercado (en inglés, *Capital Asset Pricing Model*, o CAPM). En el

CAPM, una cartera "mejor" es una cartera que para un mismo dividendo esperado tiene una varianza menor.[1] Los precios de equilibrio en el CAPM implican unas propiedades muy concretas de las rentabilidades de los activos (la *rentabilidad* o rendimiento de un activo, en un determinado estado de la naturaleza, es su dividendo dividido por su precio de intercambio). Una de estas propiedades es que toda la información relevante sobre el riesgo de un activo se puede medir con la covarianza entre sus rendimientos y los de la cartera de mercado.

Por tanto, en el equilibrio del CAPM la rentabilidad de un activo (mejor dicho, la *prima de riesgo*, es decir la diferencia entre la rentabilidad esperada del activo y la de un activo libre de riesgo) son proporcionales a dicha covarianza. Además, en el CAPM los agentes acabarán con carteras que son réplicas (en pequeño) de la cartera del mercado. Esto implica que, en equilibrio, la cartera de mercado es *eficiente en el sentido media-varianza*, y se caracteriza por poseer la *razón de Sharpe* más alta: la mayor razón entre rendimiento esperado y desviación típica (la raíz cuadrada de la varianza) de los rendimientos.

En el experimento, BPZ calculan diferentes indicadores con el fin de hallar si las predicciones de la teoría son verdaderas. En particular, calculan:

- las razones precio-probabilidad,

- la razón de Sharpe de la cartera de mercado, y

- la razón de Sharpe óptima (es decir, la máxima razón de Sharpe que puede obtenerse dados los precios de los activos y sus dividendos).

Nótese que dichos indicadores son muy sencillos de construir en un experimento, puesto que el experimentador conoce la distribución de los dividendos y la cartera de mercado. ¡Esto no sucede en la realidad! Los resultados principales de BPZ son:

i) Las razones precio-probabilidad se ordenan del modo esperado: la razón es más elevada en el estado más pobre (X –véase el Apéndice 1–), más baja en el estado más rico (Y), e intermedia en el estado restante (Z).

ii) La razón de Sharpe de la cartera del mercado converge hacia la razón de Sharpe óptima.

Lo primero concuerda con la predicción del equilibrio de Arrow-Debreu. Ade-

---

[1] En general, un agente podría tener en cuenta el valor esperado, la varianza, la asimetría, la curtosis, e incluso la forma de toda la distribución de dividendos de los activos. CAPM supone que sólo tiene en cuenta el valor esperado y la varianza.

más, encuentran que los precios de los estados de la naturaleza no son nunca negativos, lo cual indica que no hay oportunidades de *arbitraje*, es decir, errores en la fijación de precios que permitan obtener beneficios a base de comprar y vender activos sin asumir ningún riesgo.

Lo segundo (la convergencia de la razón de Sharpe de la cartera de mercado a la razón de Sharpe optima) indica que los precios corresponden a los esperados en el CAPM: son precios tales que la cartera del mercado es eficiente en el sentido media-varianza. Volviendo a las preguntas propuestas anteriormente en la sección *Experimentos sobre compartir riesgos*, en el experimento encontramos que hay intercambios de activos sin información privada (el volumen de negociación es elevado). Estos intercambios deberían ser eficientes dado que, en el ERad, la negociación es eficiente y los precios observados tienen las propiedades de los precios de equilibrio en el ERad.

Además, en cada periodo, a medida que pasa el tiempo, los precios y la eficiencia de la cartera de mercado tienen propiedades que se aproximan de manera creciente a las del ERad (y, más específicamente, el equilibrio de CAPM). Esto sugiere que, con tiempo, las ganancias de la negociación se reducen (lo que implica que el resultado final es más eficiente).

Sin embargo, mientras que los precios en los experimentos de BPZ son consistentes con el CAPM, las carteras finales de los sujetos no lo son. En el CAPM, las carteras finales de los inversores son una combinación de la cartera de mercado (en pequeña escala, obviamente) y un poco del activo libre de riesgo.[2] Dado que los sujetos en el experimento han estado intercambiando a los precios que hemos observado, y que éstos son consistentes con la teoría, es especialmente sorprendente que el resultado final de los intercambios (las carteras finales) no lo sean.

Para poder explicarlo, BPZ desarrollan un modelo en el que las preferencias de media-varianza son sólo una aproximación a las verdaderas preferencias de los inversores (véase Bossaerts, Plott y Zame, 2007, para una descripción completa, aunque muy técnica). En este nuevo modelo, los precios y la eficiencia de la cartera de mercado son los mismos que en el CAPM normal aunque, en equilibrio, los activos en las carteras finales de los agentes son proporcionales a la cartera del mercado sólo en media.

---

[2] Un inversor con preferencias media-varianza, óptimamente mantendrá una cartera con una razón de Sharpe máxima y, como ya sabemos, esto lo cumple la cartera de mercado en equilibrio.

Utilizando este modelo, BPZ vuelven sobre los datos y encuentran que éstos son consistentes con el nuevo modelo.[3]

Replicaciones
El experimento de BPZ ha sido replicado cambiando la cantidad de riesgo agregado, el nivel de correlación entre activos, y la composición del conjunto de sujetos y, aun así, se obtienen los mismos resultados. Pero si el número de participantes en el experimento es demasiado bajo surgen problemas a la hora de replicar los resultados de BPZ. De todas maneras, con 3 o 4 activos y tan sólo 20 participantes, la convergencia de los precios es rápida y estable.

Diferencias entre experimentos con mercados estáticos y dinámicos

El experimento de BPZ es relativamente reciente y se realizó tras una larga serie de experimentos con mercados financieros que obtienen conclusiones opuestas, muchos de ellos influenciados por el importante estudio de Smith, Suchanek y Williams (1988, en adelante SSW; en el apartado D del Apéndice 1 el lector encontrará una descripción detallada de este experimento). En ellos los precios divergen de sus valores teóricos ("*valores fundamentales*"); es decir, se observan *burbujas*.

El estudio de las burbujas en los precios de los activos financieros es especialmente importante e interesante, así que analizaremos algunas de las diferencias entre los dos experimentos (SSW y BPZ) para comprender bajo qué condiciones aparecen burbujas. Existen tres diferencias principales entre los dos estudios:

1. El experimento de SSW es *dinámico*.

2. En los experimentos de SSW existe un único activo con riesgo (también, igual que en los experimentos de BPZ, hay efectivo, un activo libre de riesgo).

3. Los mercados en SSW no son completos.

Vayamos poco a poco. El experimento de SSW es *dinámico*, es decir, los sujetos "viven" durante 15 *periodos interconectados*. Los periodos están conectados porque

---

[3] El lector podría buscar otra explicación de por qué las dotaciones de activos (no los precios) observadas en los experimentos son diferentes de las predichas en el CAPM teórico. Para resolver este ejercicio, deberemos comprender muy bien los contenidos del apartado B del Apéndice 1.

las dotaciones finales de un periodo (periodo *t*) son las dotaciones iniciales del periodo siguiente (periodo *t + 1*). Además, en el estudio de SSW un activo es una promesa de pago al final de *cada* periodo futuro. Es decir, un sujeto que empiece con un determinado activo y se quede con él durante los 15 periodos recibirá 15 pagos de dividendos. Un sujeto que compre dicho activo en el periodo 3, compra el derecho a recibir 13 pagos de dividendos (2 pagos ya han sido realizados), más el derecho de vender nuevamente el activo en cualquier momento futuro.

En los experimentos de SSW existen dos activos: dinero efectivo y un *único* activo con riesgo que dura todos los periodos. Al final de cada periodo el activo con riesgo paga uno de cuatro dividendos posibles, cada uno con probabilidad 0,25. Esto es información pública. Además, el flujo de dividendos es independiente e idénticamente distribuido (i.i.d.), lo que significa que la realización de los dividendos en un periodo no proporciona información adicional alguna sobre la distribución de dividendos al final de los periodos siguientes.

En los experimentos de BPZ, los agentes podían invertir en *distintos* activos con riesgo. Esto les permite combinar activos con riesgo para mejorar la eficiencia de su cartera, aumentando el rendimiento esperado y reduciendo la varianza. En cambio, en el entorno de SSW, donde sólo hay un único activo con riesgo, las dotaciones iniciales de los sujetos son necesariamente una fracción de la cartera de mercado (¿por qué?) y, por tanto, son necesariamente eficientes. Lo único que los inversores pueden hacer es reducir el rendimiento esperado de su cartera a cambio de disminuir el riesgo (reduciendo la cantidad del activo con riesgo). Por tanto, decimos que en comparación con BPZ, las razones que tienen los sujetos para ajustar sus carteras son *débiles*.

Finalmente, a diferencia de BPZ, en SSW (con dos activos y cuatro estados de la naturaleza en cada periodo), los mercados no son completos (¿por qué?). ¿Qué esperaría que sucediese en dicho entorno? Pensemos cómo cambia el *valor fundamental* del activo con riesgo en SSW (véase el apartado D del Apéndice 1). Según pasa el tiempo, cada vez quedan menos periodos (y pagos) hasta que acabe el experimento. Además, no hay, ni va a haber, ninguna información nueva (los pagos de dividendos no dependen del pasado).

Esto hace que el valor intrínseco del activo baje, por lo que los precios deberían seguir un patrón parecido. Sin embargo, en el experimento se observa la aparición de un *aumento* de precios que, más tarde, se invierte dando lugar a un derrumbe drástico de precios (una burbuja que luego se pincha). La aparición de burbujas es robusta a muchas variaciones, incluso si se impone un precio tope durante los periodos iniciales y si se restringe la participación a sujetos con experiencia que han visto burbujas en los mercados en el pasado.

En el momento en que SSW realizaron su experimento, sus datos se interpretaron como una indicación de que los resultados de convergencia existentes y observados en experimentos con mercados competitivos de bienes no se trasladaban a los mercados de activos (mercados financieros). Sin embargo, ahora sabemos, gracias al trabajo de BPZ, que éste no es el principal mensaje de SSW. El principal mensaje es que en los mercados financieros la convergencia hacia el equilibrio es muy sensible al diseño de estos mercados. Utilizamos las tres diferencias principales entre BPZ y SSW para explorar este mensaje.

SSW proponen y proporcionan evidencia que sustenta la hipótesis de que la especulación en un entorno complejo y dinámico (diferencia #1) puede provocar la aparición de burbujas. Decimos que el entorno es complejo principalmente porque, para que los precios sigan un patrón próximo al valor fundamental de los activos, los sujetos necesitan prever cómo se van a comportar los precios en el futuro. Los datos experimentales indican que es muy probable que los sujetos sí entiendan cómo evoluciona el valor fundamental en el tiempo (de hecho, los precios caen para situarse alrededor del valor fundamental en los últimos periodos). Lo que puede ocurrir es que, aunque un sujeto conozca el valor fundamental del activo, piense que hay otros que no lo conocen, y que esto dé lugar a precios que difieren del valor fundamental. En estas circunstancias, incluso un sujeto racional podría participar en intercambios a precios "incorrectos" (irracionales), esperando hacer otros intercambios a precios todavía más "incorrectos" en el futuro y obtener beneficios de ello.

Mirando los datos sobre las previsiones de precios de los sujetos vemos que, al hacer estas previsiones, los sujetos no se basan sólo en el valor fundamental (bien entendido) del activo. Intentan, por el contrario, calcular la irracionalidad del mercado y *adaptar* sus previsiones a los errores de previsiones pasadas, lo que sustenta la hipótesis presentada arriba (¿por qué?). En general, esta hipótesis se denomina fracaso del *conocimiento común de la racionalidad*: aunque se entienda el valor fundamental, se cree que los demás no lo entienden, y se negocia a precios incorrectos para explotar esta creencia (véanse los Capítulos 5 y 9). En otras palabras, hay un efecto Pigmalión[4] en la fijación de precios que hace que aumenten, aunque al final el precio acaba derrumbándose y volviendo a su nivel "racional".

---

[4] El efecto Pigmalión proviene de un poema de Ovidio (*Metamorfosis* X) en el que el escultor Pigmalión esculpe una figura de mujer tan bella (Galatea) que se enamora de ella y la trata como una mujer de verdad. Afrodita se apiada de él y convierte la estatua en mujer.

Lei, Noussair y Plott (2001, en adelante LNP) obtienen pruebas de que la primera de las diferencias entre los experimentos de BPZ y SSW puede ser importante para la aparición de burbujas, pero no es su principal causa. Según ellos, es la diferencia #2 la que refleja la esencia de las burbujas. Lo que hacen LNP es replicar SSW pero, en lugar de dejar a los sujetos que compren y vendan libremente, los separan, haciendo que unos sólo vendan (vendedores) y otros sólo compren (compradores). Por lo tanto, impiden la especulación.

Sin la especulación no existe la posibilidad de beneficiarse de la irracionalidad de los demás y, por tanto, la falta de conocimiento común de la racionalidad no puede crear una burbuja. No obstante, ¡LNP también observan burbujas en su entorno! Entonces, LNP elaboran su hipótesis: las burbujas son debidas principalmente a la negociación *espuria*. La negociación espuria viene de compras y ventas que no están motivadas por el deseo de compartir riesgos, sino por aburrimiento o por el entorno experimental.[5] Tres observaciones apoyan firmemente esta hipótesis.

- Las burbujas aparecen en situaciones donde hay volúmenes de intercambio muy grandes (innecesarios).

- El volumen de negociación disminuye, y las burbujas desaparecen, cuando los sujetos tienen experiencia o cuando se les entrega una segunda tarea para realizar mientras está abierto el mercado.

- En LNP (y SSW) las razones para hacer cambios en las carteras de activos son débiles.

En consecuencia, según LNP, si las razones para negociar no son las supuestas en el modelo teórico correspondiente, no hay razón alguna para esperar que los precios observados sean los predichos por el modelo.

¿Qué pasa con la tercera diferencia (la falta de mercados completos en SSW)? ¿Es importante? LNP también la tratan y crean una variación del entorno de SSW donde el activo con riesgo paga uno de dos dividendos igualmente probables en cada periodo.[6] Las burbujas no desaparecen, lo que refuerza la importancia de la segunda diferencia.

Ahora, habiendo visto los experimentos de BPZ, SSW y LNP, podemos volver a las cuestiones que planteábamos en la sección *Experimentos sobre compartir riesgos.*

---

5 Los sujetos en el laboratorio se sienten "obligados" a hacer algo.

6 No hemos hablado hasta ahora del significado de los mercados completos en un entorno dinámico. La definición es más complicada que para mercados estáticos. De todas formas, el tratamiento de LNP con sólo dos dividendos posibles es con seguridad un entorno de mercados completos.

En relación a la primera cuestión, hemos visto que se observa un volumen considerable de transacciones, a veces impulsado por un deseo de compartir riesgos, y otras veces espurio. En el primer caso (como supone la teoría), los intercambios explotan ganancias mutuas y alcanzan resultados eficientes, lo que no ocurre con la negociación espuria. En consecuencia, los precios son consistentes con las predicciones teóricas cuando los motivos para la negociación son los supuestos en los modelos teóricos.

Segundo, la convergencia hacia el equilibrio es más rápida y más fiable en entornos más sencillos, como el entorno estático.

Por último, no se obtiene una respuesta clara sobre el papel de la especulación: en BPZ la especulación es como mínimo neutral o incluso beneficiosa para la eficiencia, mientras que LNP demuestran que la especulación, aunque contribuye a ello, no es la única responsable de las ineficiencias observadas en un entorno dinámico.

Terminamos la sección con una observación sobre metodología experimental. Nótese que la relación teórica entre aversión al riesgo y precios se observa claramente cuando los sujetos tienen un fuerte deseo de comprar y vender activos para llegar a tener carteras que les solucionan bien la disyuntiva entre riesgo y beneficio esperado. En experimentos, ese deseo se debilita si:

- los sujetos reciben dotaciones iniciales que ya son eficientes y bien diversificadas, o

- los sujetos esperan que la mayoría de sus ganancias procedan de su dotación inicial de efectivo y no de la compraventa de valores.

En los experimentos financieros, la relación entre las ganancias obtenidas en el experimento y la toma de decisiones "correctas" es clave. A esto se le llama prominencia (*salience*). La falta de prominencia en un experimento dificulta la obtención de resultados y para su análisis se requiere una exhaustiva comprensión de los modelos teóricos y del entorno experimental.

Asimetrías informativas

Los mercados tienen una ventaja fundamental cuando los comparamos con otras maneras de organizar la actividad económica –como la planificación centralizada en la ahora extinta URSS.–, y es que revelan información que, de lo contrario, quedaría oculta.

Volviendo a la empresa emergente de alta tecnología de Miguel, Miguel puede comprender perfectamente el funcionamiento de su invento, pero puede tener muy poca información acerca de otros factores importantes para su éxito, como por ejemplo si existe demanda para sus productos. Mientras tanto, hay otros agentes, por ejemplo sus potenciales clientes, que sí poseen esta información.

Un mercado centralizado y transparente permite a todo el mundo transmitir de forma creíble su información[7] a través de precios observados públicamente, poniendo en juego su dinero y no sólo su palabra. A continuación aprenderemos lo que nos enseñan los experimentos financieros sobre el papel que desempeñan los mercados a la hora de revelar información. Ahora:

- Igual que antes, los precios y la distribución de los dividendos es información pública.

- También va a ser información pública que *algunos inversores pueden tener información privada (privilegiada)*.

En concreto, existe la posibilidad de que algunos inversores (*insiders*) posean información privilegiada sobre la distribución de dividendos. Una de las herramientas teóricas principales para estudiar estos problemas es el *Equilibrio con expectativas racionales (EER–*véase apartado E del Apéndice 1). El EER implícitamente requiere que los agentes hagan cálculos complejos, ya que supone que los agentes usan toda la información disponible de la mejor manera posible, y esto incluye la información contenida en los precios. Además, el EER genera paradojas muy sorprendentes y contraintuitivas que vamos a ver ahora. Utilizaremos un subterfugio para encontrar una solución a las paradojas: la versión modificada del EER, el EER "con ruido".

¿Dónde está la paradoja en el EER, y qué tiene que ver con la compraventa de acciones cuando hay información privilegiada? Empezamos por la afirmación intuitiva de que un agente con información privilegiada siempre podrá obtener beneficio de ella comprando y vendiendo activos, lo que le supone *rentas informacionales*. Supongamos que usted está negociando en el mercado financiero y que tiene información privada, que es un *insider* como Gordon Gekko en la película *Wall Street*. Si intenta comprar, todos los demás inversores (nerviosos ante la posibilidad de que alguien sepa algo que ellos no saben) se darán cuenta de que alguien sabe que el valor va a subir y el precio aumentará. De hecho, en el momento en que empiece a comprar, el precio se disparará hasta que sea tan alto

---

[7] En el Capítulo 17, tercera sección, se trata una idea similar: las votaciones como mecanismos de agregación de información.

que ni a usted le merezca la pena comprar. En suma, la subida del precio revela a los inversores desinformados que los dividendos serán altos, sin necesidad de que haya más transacciones.[8]

Acabamos de ser testigos de dos paradojas:

- A causa de la paranoia del mercado, el *insider* no se ha podido beneficiar de tener información privilegiada (no hay rentas informacionales), porque

- ¡los precios revelan toda la información aunque casi no haya transacciones!

Estas paradojas también son importantes en el ámbito de la gestión de empresas. En teoría, un mal gestor reduce el valor de la empresa, lo que hace que el precio de sus acciones baje. Un buen gestor podría comprar la empresa a un precio bajo, despedir al mal gestor, y mejorar la gestión. Esto haría aumentar el precio de las acciones, lo que beneficiaría enormemente al buen gestor. Pero, si los accionistas se dan cuenta de que la empresa está a punto de ser adquirida por un buen gestor no querrán vender a un precio bajo. De hecho, no venderán hasta que el precio refleje el valor que el nuevo administrador añade a la empresa. Pero entonces el precio resulta demasiado alto y el buen gestor ya no querrá comprar la empresa.

Continuando con las paradojas del EER, preguntémonos qué pasaría si obtener información no es gratis, sino que hay que pagar por ella, en efectivo o esforzándose para conseguirla. En este caso las paradojas anteriores generan una tercera:

- Sin rentas informacionales los inversores no tienen ningún incentivo a adquirir información por muy barata que sea.

De esta forma, paradójicamente, los agentes que saben que los precios revelan toda la información en el EER, optan por no adquirir información, conduciendo así a precios que no revelan ninguna información.

Se podría argumentar que ninguno de los efectos que acabamos de describir sobrevive si los inversores tienen razones para intercambiar activos adicionales a la mera información privilegiada. Por ejemplo, un sujeto al que no le guste su dotación inicial podría ir al mercado a comprar y vender activos a pesar de que pueda haber información asimétrica, ya que –a un precio razonable– le interesará cambiar su exposición a diferentes riesgos.

---

8 Simétricamente, si los precios no se disparan a pesar de sus esfuerzos para comprar, ¡usted puede empezar a sospechar que su información privada sea inexacta! Esta también es una parte importante de la historia, pues la información imperfecta puede finalmente paralizar los mercados.

El problema es que el EER tiene poder suficiente para eliminar también estos motivos de intercambio (y, de nuevo, eliminar la función informativa del mercado). Por ejemplo, si la información privada de todos los que la poseen revela completamente el verdadero estado de la naturaleza:

- En un EER no habrá riesgo y, por tanto, no habrá motivos para diversificar una cartera.

Ésta constituye nuestra cuarta paradoja, y ¡un verdadero *Catch 22*![9]

A pesar de estas paradojas, la película *Wall Street* tuvo mucho éxito (en su tiempo, 1987 –aunque puede que conozca su continuación de 2010) no sólo por la gran actuación de los protagonistas, sino también porque en realidad existen personas como Gekko que ganan cantidades ingentes de dinero gracias a la información que adquieren cada día, incluso de manera legal.

Entonces, ¿dónde está el problema en el modelo, y cómo lo resolvemos? La palabra clave utilizada por los economistas en este caso es "ruido". Ahora veremos experimentos donde el ruido nos permite evitar estas paradojas y mejorar la teoría.

Casi todos los mercados experimentales estáticos con información privada siguen el esquema básico introducido por Plott y Sunder en 1982 (en adelante PS). Éste esquema es especial porque los activos ofrecen *dividendos personalizados*: en un mismo estado de la naturaleza, sujetos diferentes reciben dividendos distintos. Esta especie de "trampa" genera motivos para comprar y vender activos que son inmunes a todas las paradojas del EER. Aunque se revele el verdadero estado de la naturaleza, habrá intercambio de activos ya que los inversores que obtienen un dividendo más alto en este estado querrán comprar y los que lo obtienen bajo querrán vender. Esta estructura de dividendos no es realista pero soluciona un problema que surge cuando estudiamos el EER en entornos "realistas": en un EER totalmente informativo no hay intercambio de activos y, por lo tanto, ¡no se observan precios! ¿Cómo determinar precios si no hay transacciones? Los dividendos personalizados resuelven este problema ya que siempre hay transacciones y se pueden observar precios incluso con información asimétrica. Además, este truco genera predicciones precisas acerca de quién tiene que poseer los activos en el EER: los inversores que reciban los dividendos más altos en el estado de la naturaleza revelado en equilibrio.

---

[9] No obstante, *Catch 22* es una excelente novela antibelicista de Joseph Heller. José y Debrah la recomiendan encarecidamente. En ella un piloto se da cuenta de que las misiones de vuelo son un auténtico suicidio y quiere que el médico militar le declare loco y, por tanto, no apto para volar. No obstante el mero hecho de que solicite la prueba demuestra automáticamente que no está loco y, por tanto, que es apto para volar.

En sus experimentos, PS suponen la existencia de dos o tres estados de la naturaleza, cuyas probabilidades son información pública. A los inversores con información privilegiada se les dice o bien cuál es el verdadero estado de la naturaleza (información *concentrada*), o bien (con tres estados) cuál es uno de los dos estados que no se van a realizar (información *dispersa*). Los demás inversores, sin información privilegiada, no pueden descartar de entrada ninguno de los tres estados de la naturaleza puesto que no lo saben.

Numerosas variaciones del diseño básico de PS (por ejemplo, Forsythe y Lundholm, 1990) revelan que se puede observar cómo los precios de mercado convergen a los de EER aunque esta convergencia depende de varios factores.

- Primero, la información concentrada lleva a la convergencia más rápidamente que la información dispersa.

- Segundo, con información dispersa y mercados (*ex-ante*) incompletos, los precios convergen, pero a precios predichos por una noción de equilibrio diferente en la que los inversores utilizan sólo su información privada e ignoran la información contenida en precios.[10]

- Tercero, los dividendos personalizados afectan la convergencia al EER.

En concreto, el tercer punto se refiere a que se observa que la convergencia al EER es más débil a medida que nos movemos de una situación en la que *i*) todos los inversores tienen la misma distribución de dividendos, a una en que *ii*) los inversores saben que la distribución de dividendos de los demás es una de entre un grupo pequeño y conocido de posibles distribuciones y, finalmente, a una en la que *iii*) los inversores no saben nada acerca de la distribución de los dividendos de los demás.

Una cosa importante que revelan estos experimentos es que, como predice la teoría, cada vez que hay convergencia al EER, los inversores con información privilegiada dejan de obtener beneficios adicionales. Nos queda entonces la cuestión de qué pasa si la información no es gratis, ¿adquieren los agentes información?

Cuando la información privada no es gratis
Sunder (1992) y Angerer, Huber y Kirchler (2009), entre otros, en un entorno como el de PS, añaden una etapa previa en la que los sujetos pueden comprar

---

[10] *Ex-ante*, es decir *antes* de que se transmita cualquier información privada. La información privada puede reducir el número de estados de la naturaleza relevantes y transformar, así, un mercado incompleto en uno completo.

información antes de que los mercados financieros se abran. La pregunta es si se adquiere información y, en caso positivo, si se converge al EER.

En estos experimentos se observa que la clave está en si el experimentador opta por que la información se adquiera en un entorno de *cantidad fija* o en uno de *precio fijo*. En el entorno de cantidad fija los sujetos pueden pujar en una subasta por un número fijo de plazas para ser un *insider*. En este entorno, quizá de manera poco sorprendente, según van pasando los periodos los inversores se dan cuenta de que las rentas informacionales son muy bajas, por lo que en la subasta el derecho a obtener información privilegiada se adquiere a un precio cada vez más bajo. Sin embargo, como el número de *insiders* es independiente de cuánto paguen los sujetos por la información, también resulta poco sorprendente que se observen precios de activos que convergen al EER. A pesar del bajo precio de la información, la presencia de un número fijo de *insiders* hace que los mercados de activos sean informativos y eficientes.

En el entorno de precio fijo, cualquier número de sujetos puede adquirir una plaza como *insider*, siempre que estén dispuestos a pagar un precio (bajo) fijo. En este entorno, cuando las rentas informacionales tienden a cero, el número de compradores de información para un precio dado también debería converger a cero y, por tanto, los mercados de activos deberían volverse poco informativos e ineficientes. ¡Pero no es así! Lo que ocurre es que las rentas informacionales se mantienen lo suficientemente altas como para compensar a los inversores por el precio que pagan por la información.

¿Cómo es posible? Recordemos nuestro pequeño subterfugio: el ruido (y el concepto de EER con ruido). El entorno de precio fijo permite que exista una variación impredecible en el número de personas con información privilegiada y en su capacidad para aprovechar esa información. Esta variación se observa en los resultados experimentales. Y esta variación genera ruido a ojos de los otros inversores: no pueden saber con certeza si los precios son informativos o no. Esta duda permite a los inversores con información privilegiada extraer rentas (eliminando una de las paradojas), lo que hace que la información continúe fluyendo en los mercados.

Por tanto, observamos precios que reflejan la información privada con ruido (por lo menos hay ruido en la mente de los que no poseen información privilegiada). Todo esto se captura teóricamente con la noción de EER con ruido.

Nótese que la agregación de la información en los mercados se realizó con experimentos en los que la información privada era concentrada y, en consecuencia, un inversor podía estar informado sólo si había comprado *toda la* información. Otros experimentos han estudiado estas paradojas en un contexto en el que los inversores pueden comprar distintas calidades de información. Los primeros resultados en esta línea de investigación muestran que sólo los que compran información privilegiada de alta calidad pueden obtener rentas informacionales, mientras que los que han comprado información de calidad baja tienen peores beneficios que los que no han comprado ninguna.

Dada la importancia del ruido a la hora de estudiar la adquisición de información y el volumen de la negociación en los mercados financieros, algunos experimentadores han decidido introducirlo explícitamente. Esto les permite analizar cómo el ruido afecta al comportamiento de los inversores a la hora de comprar y vender bajo diferentes protocolos de mercado, protocolos distintos del de los mercados de valores electrónicos estándar (SOD continua). Estos análisis requieren nociones de equilibrio muy específicas y que van más allá del alcance de este capítulo.

Otras razones para negociar

Como hemos mencionado en la introducción, existen muchas razones para comprar y vender activos en los mercados financieros: diferencias en la aversión a las pérdidas, ambigüedad, diferencias en el humor en el que se encuentren los sujetos, y en su capacidad de cálculo. Es interesante de por sí preguntarse cómo dichas diferencias pueden traducirse en motivos para comprar y vender activos (que es la primera pregunta que nos hacemos en todos los mercados financieros experimentales). Aún más interesante es preguntarse si, como en el EER, las razones para negociar desaparecen en equilibrio: ¿desaparecen los sesgos en el comportamiento y las limitaciones en los cálculos?, ¿observamos precios y participaciones eficientes en equilibrio?

Camerer (1987) se hace esta pregunta en el contexto de los sesgos relacionados con los ajustes bayesianos de probabilidades (véase el Capítulo 2) cuando hay información pública en mercados dinámicos. Sorprendentemente, encuentra que las dificultades individuales que tienen los sujetos para aplicar la regla de Bayes raramente se reflejan en los precios observados (véase en el apartado F del Apéndice 1 sobre el problema preciso de actualización), de la misma manera que las diferencias informacionales desaparecían en el EER.

También se ha estudiado la aversión a la ambigüedad. Por un lado se observa que, en un contexto de mercado, los sesgos individuales relacionados con la gestión del riesgo (como los sesgos en la actualización bayesiana) se transforman en aversión a la ambigüedad. Por otro lado, la aversión a la ambigüedad podría no desaparecer en el equilibrio, ni teórica ni experimentalmente (Asparouhova *et ál.*, (2009), Bossaerts *et ál.*, (2010), véase el apartado F del Apéndice 1). Fehr y Tyran (2005) nos ofrecen una visión teórica de conjunto de los problemas que estos sesgos pueden generar en los mercados (en los financieros y en los que no lo son). En concreto, encuentran que la clave está en identificar si la presencia de sesgos lleva a los sujetos sin sesgos a simularlos (de modo que los sesgos se reflejan en los precios, e incluso se multiplican), o les lleva a explotarlos (y, por tanto, a eliminarlos y que no aparezcan en los precios).

Los mercados financieros reales son naturalmente muy complejos, y en ellos convergen todos los motivos imaginables para negociar. El poder de los experimentos no está en el hecho de replicar de modo realista estos mercados, sino en poder aislar los distintos factores que actúan en ellos. De esta manera, podemos comprender la relevancia de cada factor y evaluar la calidad de los modelos basados en ellos. De esta manera conseguiremos mejores lupas con las que observar y analizar los mercados reales.

Conclusiones

Nos hemos centrado en algunos de los aspectos relacionados con los mercados financieros y los precios que surgen en ellos. Las finanzas, sin embargo, son mucho más que un grupo de agentes de Bolsa bien pagados mirando pantallas de ordenadores. Las finanzas incluyen *el estudio de todos los mecanismos, existentes y potenciales, que los agentes económicos utilizan con el fin de obtener e invertir capital.* Los individuos y las empresas tienen que decidir cuánto dinero van a gastar y dónde van a encontrar los fondos para financiar sus gastos y proyectos de inversión; de manera similar, tienen que elegir cómo ahorrar para "hacer crecer su dinero" o protegerse contra un futuro incierto.

Los mercados financieros describen la interacción entre los que necesitan financiación y los que desean invertir; aunque nos hayamos centrado sólo en estos últimos. Pero inversión y financiación no sólo consisten en la fijación de los precios de los activos y su diversificación.

Otras subáreas de las finanzas estudian cómo pueden surgir mercados financieros o estructuras de activos especiales, cómo se organizan estos mercados y la variedad de agentes financieros que observamos en ellos (ingeniería financiera y microestructura de mercado). La mayoría de los agentes son intermediarios de algún tipo, que hacen de puente entre los que utilizan el dinero en distintas empresas y los que poseen ese dinero (véase el apartado G del Apéndice 1). Entre todos estos agentes encontramos los bancos comerciales, compañías de seguros, bancos de inversión, fondos (de inversión y *hedge funds*), creadores de mercado, agentes de Bolsa, y últimamente también algoritmos. Buena parte de la investigación en finanzas se dedica a comprender cómo actúan estos actores y cómo regularlos (banca, seguros).

Por último, las decisiones que toman las empresas acerca de cómo financiar sus gastos e invertir sus excedentes de efectivo generan efectos sobre la estructura de las empresas y estas decisiones, a su vez, se ven afectadas por la forma en que se organiza la empresa. Por ejemplo, una empresa que elige que sus acciones se negocien públicamente va a tener "dueños" que a menudo tienen muy poca o ninguna idea sobre las actividades de la empresa cuyas acciones poseen, ¡y no hablemos de cómo la empresa tendría que ser gestionada! Por tanto, el estudio de las finanzas de una empresa trata también de la relación entre accionistas y gestores, de la organización interna de la empresa, e incluso de la relación entre las empresas y sus competidores y aliados. Todos ellos son temas estudiados en las finanzas corporativas.

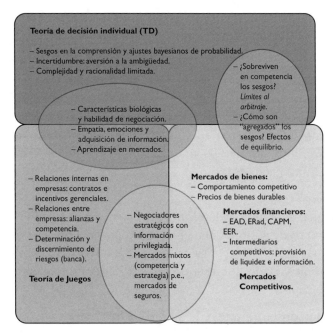

Figura 13.1. La Figura 13.1 hace un resumen de los temas de interés, mostrando en cada caso cómo se solapan con temas cubiertos en otros capítulos de este libro (a veces se solapan con más de un tema simultáneamente). Como puede verse, el campo de las finanzas es muy amplio. Y existe investigación experimental relevante en la mayoría de sus subáreas.

APÉNDICE

1. El libro abierto o subasta oral doble (SOD)

Tal como se vio en el Capítulo 10, este es un protocolo de negociación en el que todos los participantes pueden comprar o vender activos. Los sujetos negocian directamente entre ellos enviando órdenes que se muestran en un "libro abierto". Un libro abierto es un libro de órdenes donde se muestran todas las órdenes de compra y venta, ordenadas en términos de su momento de llegada y precio de ejecución. Dicho libro de órdenes es visible a todos los participantes en el mercado. Existen dos tipos básicos de órdenes: órdenes límites y órdenes de mercado.

Orden límite
Una orden límite de compra especifica una cantidad y un precio máximo que un inversor está dispuesto a pagar para comprar esa cantidad de un activo, por ejemplo "compra 1.000 acciones de Google a 625 euros por acción". Una orden límite de venta es igual pero para vender. Las órdenes límites vienen recogidas en el libro de órdenes, donde se acumulan mientras esperan a ser ejecutadas (si no se ejecutan inmediatamente).

Orden de mercado
Es la contraparte de una orden límite. Especifica que se quiere comprar (o vender) un número de acciones al mejor precio posible, por ejemplo "compra 1.500 acciones de Google". Se ejecuta al emparejarse con órdenes límite contrarias en el libro de órdenes. Dado que esta orden se ejecuta inmediatamente no se añade al libro de órdenes.

Bid. Es una orden (límite o de mercado) de compra.

Ask. Es una orden de venta.

Protocolo de negociación
Es una descripción del conjunto de normas que regulan la negociación. El protocolo de negociación especifica la información mostrada a cada participante (por ejemplo, si se puede ver sólo el mejor precio de compra o venta, o se ve el libro de órdenes completo, o se ve únicamente las mejores tres órdenes en el libro, etc.), qué tipo de ofertas pueden hacer los participantes, y qué tipo de comportamien-

to se permite a los participantes. Aquí consideramos sólo la subasta oral doble o mercado de libro abierto, pero tanto en las Bolsas como en los experimentos se utilizan muchos protocolos. Una cuestión abierta importante es por qué se observan tantos protocolos diferentes.

La tecnología y las SOD experimentales
Vernon Smith realizó la primera SOD experimental (Smith, 1962) construyendo el libro en la pizarra, y siguiendo las transacciones a mano, en un cuaderno. Smith, Suchanek y Williams (1988) utilizan una versión del software introducido por Williams (1980) para las negociaciones electrónicas (PLATO). PLATO estaba bien diseñado para la negociación con un solo activo arriesgado, pero no para negociar múltiples activos arriesgados y correlacionados. Desde entonces, se han desarrollado muchas SOD electrónicas, incluyendo MUDA de Plott, jMarkets (Advani *et ál.*, 2003), y la más reciente Flex-e-Markets (http://www.flexemarkets.com). La SOD también se puede implementar con el software de programación de experimentos z-Tree (Fischbacher, 2007).

2. El entorno estático: contexto teórico para el análisis de datos experimentales

Existen dos periodos: hoy y mañana. Hoy los inversores negocian a partir de sus dotaciones iniciales de activos para obtener las mejores carteras finales posibles. Mañana se descubre el estado de la naturaleza y los inversores obtienen el dinero en efectivo que corresponde a los activos que tienen en sus carteras.

Equilibrio de Arrow-Debreu
En una economía de Arrow-Debreu, los inversores pueden intercambiar activos Arrow-Debreu (AD). Existe un activo AD para cada estado de la naturaleza –éste paga 1 euro en ese estado y 0 en los demás estados. Por ejemplo, supongamos que existen dos estados de la naturaleza: lluvia y sol. Entonces, la economía AD tiene dos activos: una unidad del activo lluvia proporciona 1 euro si llueve y 0 euros si no; una unidad del activo sol paga 1 euro si hace sol, y nada si llueve.

Un equilibrio de Arrow-Debreu, EAD, especifica los precios de los activos de AD $(p_1,...,p_S)$, y las cantidades de estos activos que tiene cada inversor, de manera que: *i*) dados los precios, cada inversor maximiza su utilidad esperada, *ii*) la demanda de dinero es igual a la oferta de dinero en cada estado de la naturaleza.

Interpretación
El estudio de economías de AD (EcAD) aísla el efecto de las preferencias (especialmente la aversión al riesgo) sobre los precios de los activos. El precio de un activo AD es el valor (hoy) de garantizar 1 euro en un determinado estado (fu-

turo). Este valor se mide en relación con el de garantizar 1 euro en otro estado (futuro) de la naturaleza.

Clasificación de las razones precio-probabilidad de los estados

Si los agentes son todos aversos al riesgo, tiene más valor garantizar 1 euro en un estado pobre de la naturaleza (cuando la oferta de dinero es pequeña) que en uno rico (cuando hay mucho dinero). En consecuencia, los precios de los activos AD divididos por las probabilidades de los correspondientes estados de la naturaleza satisfacen la siguiente relación:

$$\frac{p_s}{\pi_s} > \frac{p_{s'}}{\pi_{s'}} \Leftrightarrow W_s < W_{s'}$$

donde s y s' son dos estados de la naturaleza, W es la riqueza, p es el precio, y π es la probabilidad.

Equilibrio de Radner

En una economía de Radner estática los inversores pueden intercambiar activos. Como en la EcAD, los inversores maximizan el valor (esperado) de sus ingresos en los futuros estados de la naturaleza construyendo carteras de valores cuyos pagos determinarán el dinero recibido en los estados futuros. La diferencia es que los activos son más complejos y por lo general no son activos AD. En esta economía, un activo es de mayor valor si proporciona a los inversores una distribución de pagos en los estados futuros que sea más útil.

Un equilibrio de Radner (ERad), especifica los precios de los activos ($q_1,...,$ q_K), y para cada inversor la cantidad de cada activo en su cartera y su consumo final (de dinero) en cada estado de la naturaleza, de manera que: *i*) dados los precios y los pagos de los activos, cada inversor maximiza su utilidad esperada, *ii*) la demanda de cada activo es igual a su oferta (la suma de las dotaciones iniciales).

El núcleo de fijación de precios ('pricing kernel')

Si la economía tiene activos AD, éstos se pueden utilizar para fijar los de todos los activos intercambiados. Por eso, al vector de precios de activos AD también se le denomina "núcleo de fijación de precios". En un ERad el precio de un activo es el valor esperado (descontado) de sus pagos. El valor esperado se calcula usando probabilidades que son proporcionales al precio de (hipotéticos) activos AD. De tal modo, si suponemos un factor de descuento igual a 1, en un ERad con precios implícitos de activos AD ($p_1,...,p_S$, que suman 1 ya que el factor de descuento es igual a 1), un activo con vector de pagos (dividendos) $D = (D_1, ...,D_S)$ tendrá un precio q igual a:

$$q = p_1 \times D_1 + p_2 \times D_2 + ...+ p_S \times D_S$$

En mercados completos los precios implícitos de los activos AD que aparecen en esta ecuación son únicos y se pueden obtener a partir de los precios observados de los activos, utilizando la anterior ecuación. El núcleo de fijación de precios ha de satisfacer las mismas propiedades que los precios en un equilibrio Arrow-Debreu (clasificación de las razones precio-probabilidad). Como hemos visto en el capítulo, este resultado se utiliza para el análisis de datos en los mercados financieros experimentales.

CAPM

El Modelo de Valoración de Activos Financieros con Cartera de Mercado (en inglés, Capital Asset Pricing Model, CAPM) es un ERad especial en el que a los inversores sólo les importa la media y la varianza de la distribución del dinero en los estados de la naturaleza futuros –es decir, les importa sólo la eficiencia en términos de media-varianza de su cartera de valores. Para cada estado de la naturaleza, se define el rendimiento de un activo como su pago futuro (dividendo) en ese estado dividido por su precio (actual). Una cartera de valores es eficiente en términos de media-varianza si no existe ninguna otra cartera que proporcione el mismo rendimiento esperado con menor varianza (de los rendimientos).

Un activo cuyo rendimiento es siempre el mismo, independiente de cuál sea el estado de la naturaleza, se denomina un activo libre de riesgo, y su rendimiento, rendimiento libre de riesgo. La razón de Sharpe de una cartera es la diferencia entre su rendimiento medio y el rendimiento del activo libre de riesgo, dividida por la desviación estándar de sus rendimientos. Se utiliza para medir la eficiencia en términos de media-varianza. En una economía descrita por el CAPM, se puede calcular la razón de Sharpe máxima, que es

$$\sqrt{(R - R_F)^T \Sigma^{-1}(R - R_F)},$$

donde R es el vector de los rendimientos medios de todos los activos, y Σ es la matriz de las covarianzas de los rendimientos de los activos, y R_F es la tasa de rendimiento libre de riesgo.

En un equilibrio de CAPM la cartera de mercado es eficiente en media-varianza. Por tanto, la razón de Sharpe es igual a la razón de Sharpe máxima calculada anteriormente. Ésta constituye una importante medida del equilibrio en los experimentos que estudiamos.

3. Experimentos

Bossaerts, Plott y Zame, 2007

El experimento consta de nueve sesiones. Los ejemplos siguientes han sido calculados con los parámetros del periodo octavo de la sesión 011126, en la que hay 36 sujetos, 18 de tipo I y 18 de tipo II, y hay tres estados de la naturaleza (X, Y y Z, con probabilidades 0,46, 0,27 y 0,27 respectivamente). También hay dos activos arriesgados, uno libre de riesgo (llamado letras) y efectivo.

	Estado		
	X	Y	Z
Activo A	170	370	150
Activo B	160	190	250
Letras	100	100	100

Tabla 13a.1. La distribución de dividendos de los activos en francos (F, la moneda experimental).

	A	B	Letras	Efectivo(F)
Tipo I	5	4	−22	400
Tipo II	2	8	−23.1	400

Tabla 13a.2. Las dotaciones iniciales de activos.

La cartera de mercado per cápita se compone de 3,5 unidades del activo A y 6 unidades del activo B. Ningún sujeto posee la cartera del mercado, así que los sujetos están expuestos al riesgo de maneras diferentes –existe riesgo idiosincrático.

	La cartera de mercado
X	170 x 3,5 + 160 x 6 = **1.555**
Y	370 x 3,5 + 190 x 6 = **2.435**
Z	150 x 3,5 + 250 x 6 = **2.025**

Tabla 13a.3. Ganancias de la cartera de mercado en cada estado de la naturaleza. Está claro que existe mucho riesgo agregado. El estado X, con las ganancias más bajas, es una crisis, mientras que Y es un estado de prosperidad y Z está en medio. (¿Cómo tendrían que clasificarse las razones precio-probabilidad de los estados?)

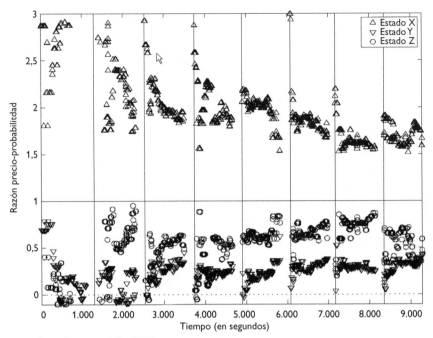

Fuente: Bossaerts and Plott (2004).

Figura 13a.1. Las razones precio-probabilidad de los estados. Las razones precio-probabilidad están ordenadas tal cómo predice la teoría. Se utilizan los precios medios de los últimos 10 intercambios para calcular las razones precio-probabilidad de los estados: $q_A = 190F$ (precio del activo A), $q_B = 175F$ y $q_L = 100F$. Recuerde (Caja B) que el precio del activo A en un ERad satisface

$$q = p_1 \times D_1 + p_2 \times D_2 + ... + p_S \times D_S$$

donde p_X es el precio AD del estado X y así sucesivamente, y D_{AX} es la ganancia del activo A en el estado X, etc. Ello lleva a un sistema de ecuaciones (en Tabla 13a.4.) que podemos resolver para saber los valores de $p_X = 0,76$, $p_Y = 0,11$, y $p_Z = 0,13$. Las razones precio-probabilidad de los estados son:

• $\rho_X = 0{,}76/0{,}46 = 1{,}65,$	$190 = 170p_X + 370p_Y + 150p_Z$
• $\rho_Y = 0{,}11/0{,}27 = 0{,}41,$	$175 = 160p_X + 190p_Y + 250p_Z$
• $\rho_Z = 0{,}13/0{,}27 = 0{,}48.$	$100 = 100(p_X + p_Y + p_Z).$

Tabla 13a.4.

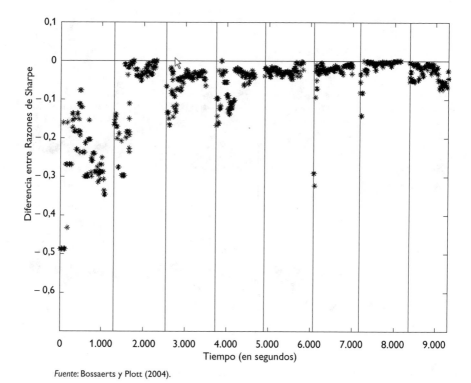

Fuente: Bossaerts y Plott (2004).

Figura 13a.2. Diferencia entre la Razón de Sharpe (RS) de la cartera de mercado y la RS máxima. Primero, se calculan los rendimientos de los activos utilizando los precios finales: se divide la primera línea de la Tabla 13a.1. por $q_A=190$ para obtener los rendimientos de A en cada estado de la naturaleza. Se hace lo mismo para los otros dos activos. Luego se utilizan las probabilidades para calcular los rendimientos medios: $R_A=1,15$, $R_B=1,1$, $R_L=1$, las varianzas y la covarianza: $\sigma^2_A = 0,24$, $\sigma^2_B = 0,045$, y $s_{AB} = -0,013$. Entonces, $\Sigma = \begin{bmatrix} 0,24 & -0,013 \\ -0,013 & 0,045 \end{bmatrix}$, y obtenemos la RS máxima que es 0,598 (usando la fórmula en la del Apartado B). Para calcular la RS de la cartera de mercado primero calculamos su precio: $p_m = 3,5 \times 190 + 6 \times 175 = 1715$. Utilizamos p_m y los dividendos en la Tabla 13a.3. para obtener los rendimientos de la cartera de mercado: 0,91 (X), 1,42 (Y), y 1,18 (Z). Luego se calcula la media, la varianza, y por último la RS de los rendimientos del mercado, que es 0,555. ¡Está muy cerca de la RS máxima!

Smith, Suchanek y Williams, 1988

El experimento consta de 27 sesiones, cada una constituye una mínima variación de las otras. Nos centramos en la sesión (28x; 9): hay nueve sujetos con experiencia, tres de cada tipo: I, II y III. Hay 15 periodos de negociación con pago de dividendos al final de cada periodo, cuatro estados de la naturaleza en cada periodo (estados s1, s2, s3 y s4, con probabilidades 0,25 cada uno y realizaciones independientes en cada periodo). Hay un activo arriesgado más otro sin riesgo (efectivo).

	Estado			
Dividendos	s1	s2	s3	s4
	0	8	28	60

Tabla 13a.5. Los dividendos del activo arriesgado en cada estado de la naturaleza en un único periodo (en céntimos de dólar).

La distribución de dividendos es la misma en cada periodo, independiente de las realizaciones de los estados de la naturaleza en periodos anteriores. Nótese que la distribución de los dividendos totales cambia en el tiempo. En el periodo $t = 0$ existen 4^{15} estados de la naturaleza, y este número decrece a razón de cuatro por periodo a medida que se van revelando las realizaciones del dividendo en cada periodo.

	Tipo de sujeto		
	I	II	III
Arriesgado	3	2	1
Efectivo	$2,25	$5,85	$9,45

Tabla 13a.6. Dotaciones iniciales por tipo de sujeto.

Por consiguiente, la exposición al riesgo de la dotación inicial de cada tipo es diferente. Nótese que, a diferencia del caso en BPZ con múltiples activos arriesgados, cuando hay un único activo arriesgado un sujeto no puede mejorar su cartera simultáneamente en media y en varianza. Si aumenta el rendimiento medio esperado, la varianza va a crecer, mientras que si disminuye la varianza, decrecerá también el rendimiento esperado. Existe siempre una disyuntiva entre rendimiento esperado y varianza que se resuelve dependiendo de la aversión al riesgo del sujeto.

¿Y la aversión al riesgo? Como hemos visto en el experimento de BPZ, el precio de un activo no es necesariamente igual a su ganancia esperada. Tendríamos entonces que preguntarnos si la suma de los pagos de los dividendos esperados constituye un buen punto de referencia para usar como valor fundamental de un activo en SSW. ¡La respuesta es que sí! La razón es que como hay un único activo, el precio del activo en un mercado poblado por sujetos aversos al riesgo nunca puede exceder esta suma (el valor esperado de los pagos de dividendos). Si SSW hubiesen observado un comportamiento de los precios de negociación en forma de burbuja con precios por debajo de la suma esperada de los pagos de dividendos, entonces sus resultados serían cuestionables. Una evolución de precios donde los precios se mueven muy por encima de la suma de pagos de dividendos esperados no es compatible con la teoría de equilibrio con agentes aversos al riesgo y, por tanto, ¡es una verdadera burbuja de precios!

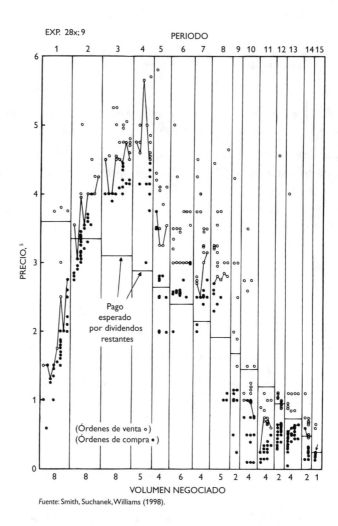

EXP. 28x; 9

Fuente: Smith, Suchanek, Williams (1998).

Figura 13a.3. La burbuja de la sesión (28x; 9). En la Figura 13a.3., los precios de las transacciones se representan con puntos conectados a través de líneas continuas, los precios de compra (*bids*) como círculos llenos y los precios de venta (*ask*) como círculos vacíos. La burbuja corresponde a una gran desviación hacia arriba respecto al valor fundamental del activo (en el gráfico, "Pago esperado por dividendos restantes"), representado con líneas horizontales continuas. Este valor fundamental es necesariamente decreciente en el tiempo, dado que quedan menos dividendos del activo por pagar y el valor esperado de estos dividendos no cambia con el tiempo. Podemos calcular dicho valor fundamental: el dividendo esperado en un solo periodo es 24 céntimos. En consecuencia, en $t = 0$ el pago esperado de dividendos restantes es \$3,60 (15 periodos: 15 x 24 = 360 céntimos). Podemos calcular el valor fundamental de cada otro periodo sustrayendo 24 céntimos por periodo. ¡No nos ha hecho falta conocer las realizaciones pasadas de los dividendos para poder calcular esto! Por ejemplo, después de cinco periodos con sus dividendos correspondientes, restan aún 10 periodos y el valor fundamental del activo es \$2,40, independientemente de los dividendos en los primeros cinco periodos.

4. Expectativas racionales

Un inversor en un mercado tiene expectativas racionales si, cuando observa información pública, no lamenta las decisiones que ha tomado en el pasado –estas mismas decisiones pueden ser parte de la información pública. En los mercados financieros donde no hay información privada, las expectativas racionales son importantes en los mercados dinámicos. Con información privada, las expectativas racionales son importantes tanto en el caso dinámico como en el estático.

En un equilibrio de expectativas racionales (EER), se supone que todos los inversores pueden recuperar toda la información privada al ver los precios. Armados con este supuesto, el EER especifica precios y carteras finales de activos tal que: *i*) los inversores maximizan su utilidad esperada dadas sus creencias, *ii*) sus creencias incorporan toda la información que pueden recuperar de los precios, *iii*) la demanda es igual a la oferta de activos.

Información pública: entorno dinámico

En un entorno como el de SSW, la demanda en un periodo depende de la distribución de los dividendos y de las creencias de los inversores acerca de los precios futuros. Si estas creencias son incorrectas, los inversores lamentarán las demandas que hicieron en el pasado. Sin embargo, sus propias demandas ayudaron a determinar el precio que al final demostró que estaban equivocados. Sólo con expectativas racionales los inversores proponen demandas que generan precios que son consistentes con sus creencias. Ningún inversor lamenta sus decisiones.

Información privada

Ejemplo: supongamos que hay tres estados de la naturaleza, y hay un inversor con información privilegiada que sabe que sólo dos de estos estados son posibles, y que el otro nunca puede ocurrir. El inversor sin información privilegiada propone una función de demanda basada en su creencia de que los tres estados son posibles. Como conoce que existe una persona con información privilegiada, cuando observa el precio, deduce cuál es la información que este agente poseía, y lamenta la demanda que ha propuesto.

En un equilibrio de expectativas racionales (EER) con ruido, suponemos que la relación entre precio e información privada tiene un componente aleatorio, por lo que los precios no permiten a los inversores deducir toda la información disponible. Todo lo que hemos dicho acerca del EER vale para el EER con ruido, excepto una cosa. En el EER con ruido, los inversores, después de haber observado los precios, no saben exactamente cuál es la información que había en el mercado. El ruido puede motivarse de varias maneras: existen agentes que negocian "irracionalmente", distorsionando los precios; o los mercados son propensos a shocks de oferta impredecibles; o los estados de la naturaleza no reflejan toda la incertidumbre existente.

14. Mercado de trabajo: incentivos, salarios y contratos

Enrique Fatas
University of East Anglia, Norwich

Antonio J. Morales
LINEEX y Universidad de Málaga

Prendergast (1999) inicia su conocido repaso al papel de los incentivos en las empresas con la frase *"los incentivos son la esencia de la economía"*. Difícilmente puede cualquier economista estar más de acuerdo con la idea de que los agentes económicos reaccionan a los incentivos que se les presentan, más aún si buena parte de los individuos tienen motivaciones que van más allá de su interés particular y poseen preferencias de tipo social, como ya vimos en los Capítulos 6 y 7.

Dada la posición central que el diseño de los incentivos en empresas y organizaciones tiene en la ciencia económica, es en cierto modo sorprendente encontrar que la excelente revisión de la literatura de Prendergast (1999) continúa afirmando que *"a pesar de las numerosas y rotundas afirmaciones sobre su supuesta importancia, ha habido una limitada evaluación empírica sobre la provisión de incentivos a los trabajadores"*.

La economía experimental ha tratado de contribuir a la resolución de esta escasez en los últimos años. En este capítulo y en el siguiente presentaremos las principales aportaciones al análisis de los incentivos en las organizaciones tanto cuando el problema está asociado a la predominancia del comportamiento polizón en equipos de trabajo (como ya vimos en el Capítulo 7) como a la relación que en las organizaciones existe entre empleados y empleadores, la llamada relación *principal-agente*.

El capítulo presentará primero el problema de los incentivos en organizaciones horizontales, en las que los trabajadores interactúan entre sí, cuando existen unas instituciones o reglas de juego que regulan su recompensa. En este entorno veremos diferentes maneras de combatir la existencia de agentes oportunistas que pueden tratar de maximizar su utilidad eligiendo niveles de esfuerzo bajos. En la segunda parte del capítulo plantearemos el problema al que se enfrenta la empresa como empleador (el principal) para obtener una respuesta óptima por parte del empleado (el agente). Veremos cómo el análisis teórico se enriquece de forma considerable cuando se lleva al laboratorio y se contrasta empíricamente en un entorno controlado.

La empresa como un equipo

El problema de la producción en equipo

Para plantear el problema de la producción en equipo usaremos un entorno sencillo en el que la función de producción de la organización es por simplicidad lineal. Las ventajas de considerar este caso son dobles.

- La producción del equipo depende directamente de la suma del esfuerzo de sus miembros.

- El esfuerzo de cada trabajador (x) tiene idénticas consecuencias sobre el rendimiento colectivo.

Esto último quiere decir que los trabajadores son, por tanto, homogéneos en sus recursos y habilidades, no existiendo complementariedades entre sus esfuerzos individuales. En consecuencia, la producción es simplemente la suma, es decir $\sum_{i=1}^{N} x_i$.

De manera muy similar a la vida real, la empresa es incapaz de observar directamente el esfuerzo individual de cada trabajador. Hay distintas razones para que esto ocurra: a) puede resultar muy caro poner en marcha un sistema de vigilancia personalizado; b) puede ser fácilmente observable sin ser verificable ante terceros (por ejemplo, ante un juzgado de lo social competente para evaluar el despido de un trabajador con un bajo nivel de esfuerzo).

El beneficio que obtiene cada miembro del equipo es una función creciente del esfuerzo del colectivo y decreciente del esfuerzo propio. Desde el punto de vista de la empresa, cuanto más se esfuercen sus trabajadores mayor será su nivel de producción, y mayores salarios recibirán sus trabajadores. Desde el punto de vista de los trabajadores, esforzarse está siempre asociado a un coste personal, que debe considerarse junto al salario obtenido a la hora de elegir un nivel de esfuerzo óptimo.

Podemos representar el beneficio que obtiene el trabajador de la siguiente manera (véase en el Capítulo 7 una expresión casi idéntica):[1]

$$\pi_i = \pi_i^p + \pi_i^g = (e - x_i) + B \sum_{i=1}^{n} x_i \qquad 1 > B > \frac{1}{n}$$

Así, el beneficio que obtiene el trabajador se compone de un ganancia privada π_i^p y de un beneficio por su trabajo en el grupo (la empresa o equipo) π_i^g.

- El beneficio privado captura el coste del esfuerzo, que por simplicidad suponemos unitario (cada unidad de sus recursos individuales e que invierte esforzándose en la empresa x_i le cuesta una unidad). Así,

  - e representa los recursos individuales del trabajador (por ejemplo, su jornada laboral, sus habilidades, capacidades, etc.),

  - x_i constituye su nivel de esfuerzo individual (por ejemplo, el número de horas en las que realmente se esfuerza al máximo, dentro de su jornada laboral).

- El beneficio π_i^g que obtiene por su trabajo depende del esfuerzo de todos los trabajadores, y es función de B, un parámetro que captura la externalidad positiva asociada a realizar la tarea en el grupo, y de N, que es el tamaño del grupo.

Tratemos de comprender el proceso de decisión de un trabajador. La dinámica de este modelo es interesante a pesar de su extrema simplicidad. Cada trabajador compara el coste de oportunidad de esforzarse (la ganancia privada π_i^p depende negativamente del nivel de esfuerzo elegido) con los beneficios asociados a la productividad del grupo (las ganancias del grupo π_i^g dependen positivamente del esfuerzo de todos).

Bajos los supuestos conocidos, racionalidad y conocimiento común, calcular la decisión óptima no es complicado. Dado que $B < 1$, y que los beneficios de grupo (π_i^g) se obtienen independientemente del nivel de esfuerzo individual, sea cual sea el nivel de esfuerzo de los demás miembros del equipo, la mejor respuesta es elegir siempre el nivel de esfuerzo mínimo $x_i = 0$. Podemos identificar esta estrategia como el único equilibrio de Nash (EN) del juego, que sobrevive a la repetición finita del mismo, aplicando el argumento de inducción hacia atrás (véanse los Capítulos 3 y 7).

Desde el punto de vista de la empresa esta solución dista mucho de ser la óp-

---

[1] Como el lector ya habrá adivinado, se trata de un problema de bienes públicos.

tima. Para la empresa la mejor situación es aquella en la que el esfuerzo de todos los trabajadores es máximo. De hecho, los primeros interesados en alcanzar un nivel de esfuerzo positivo son los propios trabajadores, dado que si todos eligen el nivel de esfuerzo mínimo sus ganancias colectivas (π_i^g) son cero. Dado que el esfuerzo de cada integrante del equipo tiene un resultado positivo para todos sus miembros, y que la productividad marginal de cada unidad de esfuerzo (B) es estrictamente mayor que 1/N, la solución que hace máximos los beneficios colectivos[2] consiste en elegir un nivel de esfuerzo máximo $x_i = e$. En esa situación, el beneficio de cada miembro del equipo ($B \cdot N \cdot e$) es superior al que obtiene si nadie se esfuerza (e).

En otras palabras, el problema de la producción en equipo aparece cuando es imposible, o muy costoso, monitorizar los niveles individuales de esfuerzo de los trabajadores, y hay una tensión entre lo individual y lo colectivo. Esa tensión se traduce en una lucha entre la racionalidad individual del EN (no esforzarse) y la racionalidad colectiva de hacerlo al máximo (que no constituye una mejor respuesta individual a las acciones de los otros). Alchian y Demsetz (1972) fueron probablemente los primeros en identificar este dilema al que se enfrentan los trabajadores: afrontar en su totalidad los costes del esfuerzo individual, recibiendo tan sólo 1/N del beneficio colectivo.

Este tipo de interacciones han sido analizadas en el laboratorio tanto bajo la forma de problemas de producción en equipo como de juegos de contribución voluntaria (véase el Capítulo 7). Como el lector ya habrá observado, el beneficio del equipo cumple las dos condiciones de un bien público puro: su consumo es no excluyente y no rival. El trabajo de Ledyard (1995) analiza de manera extensiva toda esta literatura experimental.

En estos trabajos de laboratorio observamos que los resultados distan mucho de coincidir con la tajante predicción teórica, pero también se distancian notablemente de la solución óptima asociada a un nivel de esfuerzo máximo. Además, los resultados se acercan al EN a medida que el juego se repite. Croson *et ál.* (2005) es un buen ejemplo de esta dinámica. Los niveles de esfuerzo medios comienzan en torno al 50% de los recursos individuales. Como es común en este tipo de juegos, se observa una caída notable a lo largo del juego que hace que los niveles de esfuerzo bajen ostensiblemente hacía el único EN, de manera que los niveles de esfuerzo medio apenas superan el 10% de los recursos en el último periodo.

---

2 Esta es la situación óptima para el equipo, ya que permite que los beneficios del grupo en su conjunto alcancen un máximo: el beneficio del grupo si cada miembro elige un nivel de esfuerzo $x_i = e$ es $N \cdot BNe$, superior a la que obtiene el grupo si nadie se esfuerza ($N \cdot e$).

Sanciones, recompensas e incentivos competitivos

Una de las preguntas que es natural plantearse es cómo podemos evitar este colapso de la productividad en organizaciones expuestas a problemas de producción en equipo. Una respuesta también natural es introducir un sistema de monitorización de los trabajadores que eligen un bajo nivel de esfuerzo. El trabajo seminal de Nalbantian y Schotter (1997) muestra que sistemas basados en la inspección aleatoria y la sanción de los polizones (los trabajadores con un nivel de esfuerzo arbitrariamente bajo) sólo funcionan cuando la probabilidad de ser inspeccionado es prohibitivamente alta.

La introducción de sanciones aleatorias es analizada por Fatas, Morales y Úbeda (2010). En este estudio, cada trabajador recibe una sanción consistente en la pérdida de sus beneficios de grupo (π_i^g) con una probabilidad que depende inversamente del rendimiento R de su equipo. En el extremo, si el equipo tiene un rendimiento óptimo, la probabilidad individual de ser sancionado es del 0% mientras que si el rendimiento es nulo la probabilidad es del 100%.

A la función de beneficio anterior le incorporamos las sanciones para obtener una nueva función de pagos (π_i^s):

$$\pi_i^s = \begin{cases} (e - x_i) + B\sum_{i=1}^{N} x_i & \text{con probabilidad R} \\ (e - x_i) & \text{con probabilidad } (1 - R) \end{cases}$$

Dado que esta probabilidad de sanción es idéntica para cada miembro del equipo, la empresa no necesita recabar información sobre los niveles de esfuerzo individuales, reduciendo su coste de implementación. Sin embargo, el mecanismo no es capaz de detectar el esfuerzo de aquellos miembros del grupo que sí que se esfuerzan, ya que la probabilidad de ser sancionado es la misma para todos sus miembros. No es difícil comprobar que el mecanismo no modifica la predicción teórica del juego, usando de nuevo la inducción hacia atrás y suponiendo que los sujetos son neutrales al riesgo. Es decir, el EN predice que los sujetos no se esforzarán.

El resultado de este mecanismo sancionador está recogido en la Tabla 14.1, donde se observa que, independientemente de si es aplicado desde el inicio (rondas 1 a 20) o tras un bloque de 20 rondas sin sanciones (rondas 21 a 40), la sanción aleatoria consigue casi duplicar los niveles de esfuerzo y, en cierta manera, prevenir el declive del rendimiento del equipo.

La imposibilidad de discriminar entre diferentes niveles de esfuerzo dentro de un mismo grupo acaba suponiendo un coste importante. Los trabajadores más pro-

	Esfuerzo medio (%)			
	Bloque 1		Bloque 2	
Período	1	1 al 20	21	21 al 40
Sin sanciones	38,62	27,07	37,00	20,38
Con sanciones	54,06	50,40	48,98	38,35

Tabla 14.1. Productividad y sanciones.

ductivos reaccionan a la sanción con disminuciones pronunciadas y persistentes de sus niveles de esfuerzo al haber sido castigados a pesar de trabajar. Por el contrario, los trabajadores menos productivos, aunque se esfuerzan más que los trabajadores menos productivos no sometidos al régimen de sanciones, no reaccionan de forma significativa al castigo.

Para reducir estos efectos negativos sobre el esfuerzo de los trabajadores más productivos, una opción analizada extensamente en la literatura reciente es la de incorporar a la empresa uno de los mecanismos de ajuste más queridos por los economistas: el mercado. La idea fue planteada en el terreno teórico por, entre otros, Baker, Gibbons y Murphy (2001), y pasa por incorporar mecanismos competitivos que asignen automáticamente los mejores salarios a aquellos miembros de la organización que salen vencedores de la competición.

Nalbatian y Schotter (1997) comprobaron que la distribución de un pequeño premio fijo entre dos equipos de trabajadores que competían por él, en función de su rendimiento relativo, era un poderoso incentivo que obtenía mejores resultados que cualquier otro sistema de monitorización o de contratos por objetivos.

Croson, Fatas y Neugebauer (2006) analizan este tipo de mecanismos competitivos bajo la forma de un sistema de sanciones similares a las expresadas en función de beneficios anteriores. El miembro del equipo con un esfuerzo relativamente menor era sancionado con la pérdida de π_i^g. Las ganancias π_i^c asociadas a esta competición vienen representadas por la expresión siguiente:

$$\pi_i^c = \begin{cases} (e - x_i) & \text{si } \max\{x_j\} > x_i = \min\{x_j\}; j = 1,...,n \\ (e - x_i) + B\sum_{i=1}^{N} x_i & \text{en cualquier otro caso} \end{cases} \tag{3}$$

Este mecanismo simplemente establece que cada individuo cuya contribución al equipo sea la mínima del grupo (hay algún otro trabajador que se esfuerza más) es sancionado, lo que quiere decir que no recibe el bien público.

El número de sancionados puede ser mayor que uno, si dos trabajadores eligen el mismo nivel de esfuerzo mínimo, o incluso cero, si todos eligen el mismo nivel de esfuerzo, y no hay por lo tanto un esfuerzo *mínimo*.[3]

El análisis teórico de este juego de producción en equipo revela multiplicidad de equilibrios si se juega una sola vez. De hecho, cada perfil simétrico de esfuerzos es un equilibrio: ningún trabajador tiene un incentivo para cambiar su nivel de esfuerzo si todos han elegido el mismo.[4] Este mecanismo de exclusión competitiva genera una potente reacción por parte de los participantes en un experimento que consta de dos bloques de 10 rondas cada uno, resumida en la Tabla 14.2. Nótese que los niveles de esfuerzo medio alcanzan el 93% del máximo posible en las últimas 10 rondas.

	Esfuerzo medio (%)			
	Bloque 1		Bloque 2	
Período	1	1 al 10	11	11 al 20
Sin sanciones	40	32	40	29
Con sanciones	70	82	92	93

Tabla 14.2. Productividad y competición.

Los sistemas de incentivos competitivos analizados en el laboratorio presentan ventajas dobles sobre los basados exclusivamente en sanciones: son más efectivos a la hora de elevar los niveles de esfuerzo, y surgen como consecuencia de la presión que el mecanismo competitivo ejerce sobre los propios trabajadores.

Sin embargo, el lector debe advertir que este sistema competitivo requiere más información sobre los niveles de esfuerzo individuales que el basado en sanciones aleatorias. Hay que tener al menos información ordinal del esfuerzo (para determinar el trabajador que se esfuerza menos). En este sentido este mecanismo requiere menos vigilancia que uno que castigara a cada trabajador por su (des-

---

[3] La lógica del mecanismo es que sólo se sanciona a los trabajadores que menos se esfuerzan porque se esfuerzan menos que los demás. Si todos se esfuerzan igual, nadie se esfuerza menos que los demás, por lo que incluso si todos eligen un nivel muy bajo de esfuerzo, el mecanismo competitivo de exclusión no sanciona a ningún miembro del equipo.

[4] La intuición es sencilla: ningún trabajador tiene incentivos para cambiar su nivel de esfuerzo si todos han elegido el mismo nivel de esfuerzo. Si desde cualquier posición simétrica elevo mi nivel de esfuerzo en una unidad de forma unilateral, asumo individualmente el coste de mi esfuerzo (1) y a cambio obtengo un beneficio menor ($B < 1$); luego no me interesa elevar mi esfuerzo. Pero tampoco me interesa disminuir mi nivel de esfuerzo en una unidad, dado que aunque aumento mis beneficios privados en 1, soy sancionado por elegir el nivel mínimo de esfuerzo, por lo que pierdo todo el beneficio de grupo.

viación en el) esfuerzo, ya que para ello necesitaríamos información cardinal, es decir, el nivel de esfuerzo absoluto de cada trabajador.

El modelo principal-agente

Si tratamos de analizar el problema de los incentivos desde el punto de vista de la empresa –como un agente más que participa en el juego– el esquema horizontal de producción en equipo es una herramienta inútil. Debemos recurrir entonces al paradigma clásico para el estudio de las relaciones laborales, que es el *principal-agente.*

En sus términos más básicos, un individuo (el principal) contrata a otro individuo (el agente) para que realice una acción o tarea para él. El caballo de batalla de esta relación contractual es que después de la firma del contrato se producirá una asimetría en la información. Por ejemplo, si el principal es una empresa que contrata a un directivo, es muy posible que el dueño de la empresa no pueda observar el esfuerzo que éste pone en el desempeño de sus funciones, o es más que probable que el directivo acabe teniendo una mejor información sobre las distintas oportunidades de la empresa.

Estos problemas de información deben ser previstos por las partes contratantes y especialmente por el principal, que se enfrentará a la tarea de diseñar un contrato que mitigue las consecuencias adversas de estas asimetrías de información.

El análisis teórico de los problemas de principal-agente, tanto si involucran asimetrías relacionadas con información oculta o con acciones que no pueden observarse (problemas de riesgo moral), fue objeto de un enorme esfuerzo investigador durante el último cuarto del siglo xx. Fruto de este esfuerzo, se produjo una caracterización de los contratos óptimos en función de variables observables y verificables. Dado que una de las variables observables por las empresas es su nivel de producción, la provisión óptima de incentivos requiere vincular el nivel de esfuerzo del trabajador al nivel de producción conseguido, estableciendo de esta forma un sistema de remuneración a destajo o por pieza. Una referencia clásica es Hart y Hölmstrom (1987), mientras que Salanié (1997) y Bolton y Dewatripont (2005) son libros de texto recomendados sobre el tema.

La oleada experimental aplicada a la economía laboral tuvo que esperar hasta que la metodología experimental se asentase definitivamente en economía. De hecho, el primer experimento del modelo básico principal-agente en el que se examina la relación entre el esfuerzo (esfuerzo real) y el salario ofrecido aparece en una revista de contabilidad (Swenson, 1988). En él se fija un salario por cada unidad producida y la variable tratamiento es el nivel de impuestos. El principal resultado es que tanto la oferta de trabajo como los ingresos por impuestos se curvan hacia atrás.

Hasta finales de los noventa los economistas no se deciden a realizar estas verificaciones experimentales en el laboratorio. Uno de los resultados más interesantes fue que los incentivos monetarios –aquellos proporcionados por el experimentador– interferían con otro tipo de incentivos, propios de la situación objeto de estudio. Gneezy y Rustichini (2000) contrastan el modelo básico principal-agente con esfuerzo real tanto en el laboratorio como en experimentos de campo. La idea básica del artículo es verificar un razonamiento económico típico: si la retribución depende del esfuerzo y a la gente le disgusta el esfuerzo pero le gusta el dinero, entonces a mayor retribución, mayor esfuerzo.

Gneezy y Rustichini no hallan esta relación positiva entre niveles de retribución y niveles de esfuerzo, sino que cuando la retribución es baja, el esfuerzo es menor que cuando no se paga nada (de ahí el título del artículo "Paga lo suficiente o no pagues nada"). Autores posteriores han confirmado de nuevo la falta de relación monótona entre compensación monetaria y esfuerzo (véase Ariely, Gneezy, Loewenstein y Mazar, 2009).

No obstante, quizá la principal aportación de la economía experimental al estudio del problema del principal-agente sea la abrumadora evidencia a favor de la existencia de preferencias sociales en el laboratorio. Como vimos en el Capítulo 6, las consideraciones de reciprocidad y de equidad influyen en el comportamiento de los sujetos experimentales. Antes de analizar con cierto detalle el experimento que inicia esta línea de investigación, Fehr, Kirchsteiger y Riedl (1993) –FKR de aquí en adelante–, analizaremos el trabajo de Anderhub, Gätcher y Königstein (2002).

Su trabajo hace hincapié en la verificación experimental de las dos principales restricciones a las que se enfrenta el principal a la hora de diseñar el contrato: la *restricción de compatibilidad de incentivos* y la *restricción de participación*.

a) La primera de ellas significa que el principal debe suponer que el agente realizará el esfuerzo que más le convenga a él y no tendrá en cuenta los intereses del principal.

b) La segunda de ellas significa que el principal extrae todo el excedente posible del agente, hasta dejarlo indiferente entre aceptar o rechazar su contrato.

En el experimento, el principal puede ofrecer al agente cualquier contrato lineal, consistente en un salario fijo y una remuneración variable, definida como un porcentaje de los ingresos de la empresa, al mismo tiempo que puede sugerir el nivel de esfuerzo del agente. Los valores extremos son interesantes:

- salarios fijos negativos significan de hecho un pago del agente al principal,

- mientras que una tasa de retorno del 100% significa que todos los ingresos de la empresa van a parar al trabajador (equivalente a que el agente sea el dueño de la empresa).

Una vez ofrecido un contrato, el agente puede aceptarlo o rechazarlo (restricción de participación) y, en caso de ser aceptado, el agente debe elegir un nivel de esfuerzo que determina el nivel de ingresos de la empresa pero que significa un coste para el agente. Ni que decir tiene que el nivel de esfuerzo sugerido por el principal es sólo eso: una sugerencia (restricción de compatibilidad de incentivos).

El contrato eficiente tiene una estructura muy sencilla en este experimento: dado que la única diferencia entre el principal y el agente es que este último decide el nivel de ingresos de la empresa (a través de su esfuerzo), lo óptimo es "convertirlo en jefe", es decir, "venderle" la empresa. De esa forma, se solventa el problema de incentivos: el agente se controla a sí mismo. En cuanto al precio de venta, éste viene determinado por la restricción de participación.

Los autores consideran que efectivamente la venta de la empresa, es decir, una remuneración variable del 100%, se observa en casi todos los casos, que el esfuerzo sugerido es el eficiente y que el esfuerzo realizado por el trabajador es también el eficiente en prácticamente todos los casos.

Hasta aquí todo en orden, pero hay un par de matices importantes. *i*) El primero de ellos es que aquellos agentes que reciben ofertas más generosas son los que eligen un nivel de esfuerzo por encima del eficiente; es decir, los agentes reciprocan el buen comportamiento de los principales. *ii*) El segundo de ellos tiene que ver con el nivel del salario fijo. En este punto, no se observa que el principal extraiga todo el excedente del agente, puesto que se rechazan con cierta asiduidad precios de venta demasiado altos que no reparten equitativamente el excedente de la relación contractual.[5]

El modelo de comportamiento principal-agente

Tal como expresan Gary Charness y Peter Kuhn en su capítulo del "Handbook of

---

[5] Adviértase que esta conclusión es la misma que se observa en el juego del ultimátum (véanse los Capítulos 6 y 8).

Labor Economics" (2010), el experimento que más ha marcado la economía laboral es el juego del *intercambio de favores* desarrollado por FKR. La idea teórica se remonta a diez años antes, cuanto Akerlof (1982) destacó el carácter incompleto de las relaciones laborales: un contrato es incompleto cuando no contempla todas las contingencias posibles que pueden afectar la relación laboral. Esto ocurre típicamente con el nivel de esfuerzo del trabajador; si el esfuerzo no es verificable, entonces aparecen incentivos para que el trabajador no se esfuerce en su puesto de trabajo y, por tanto, para que el volumen de producción sea ineficiente.

Dado que una total ineficiencia no parece ser una característica de las empresas en el mundo real, Akerlof argumentó que debe existir entre empresa y trabajador una cooperación voluntaria: la empresa paga un salario por encima del necesario al trabajador y éste devuelve el favor realizando un esfuerzo por encima del mínimo; es por tanto un intercambio de favores que da lugar a una relación positiva entre esfuerzos y salarios.

FKR diseñan un experimento para verificar la teoría del intercambio de favores de Akerlof. Es un experimento basado en un juego en dos etapas: en la primera de ellas se establece una subasta oral de tres minutos de duración en la que las empresas pujan por los trabajadores. Las empresas hacen ofertas salariales y cualquier trabajador es libre de elegir la oferta que más le convenga. Si un trabajador acepta una oferta salarial, entonces se establece un contrato vinculante entre el trabajador y la empresa en la segunda etapa del juego. Si una oferta salarial no es aceptada, entonces la empresa es libre, si queda tiempo, de actualizar al alza su oferta salarial. Pasados los tres minutos, el mercado laboral se cierra y aquellos agentes económicos que no han firmado ningún acuerdo vinculante reciben una ganancia cero. En la segunda etapa, la tarea de cada trabajador es proporcionar un nivel de esfuerzo de forma *anónima*.

En cuanto a los procedimientos experimentales, FKR asignan el papel de empresa o trabajador de forma aleatoria entre los sujetos experimentales. Consideraron distintas sesiones caracterizadas todas ellas por un exceso de oferta de trabajadores. La identidad de cada pareja empresa-trabajador es anónima, de forma que los sujetos no conocen en ningún momento la identidad de la persona con la que están interactuando. De hecho, trabajadores y empresas estaban situados en habitaciones separadas, y la comunicación entre ambas habitaciones se realizaba vía telefónica. La principal finalidad de este supuesto es evitar que las empresas (trabajadores) recompensaran acciones anteriores de un trabajador (empresa). Finalmente, cada par de etapas constituye un periodo y el juego se repite durante doce periodos para permitir el aprendizaje a los sujetos experimentales.

Sea x_j el esfuerzo realizado por el trabajador j y sea w_j el salario por unidad de trabajo aceptado por el trabajador j. Los costes en términos monetarios asociados al esfuerzo x del trabajador vienen dados por una función creciente, $m = m(x)$ con $m(x_{min}) = 0$, recogida en la Tabla 14.3.

x	0,1	0,2	0,3	0,4	0,5	0,6	0,7	0,8	0,9	1
m(x)	0	1	2	4	6	8	10	12	15	18

Tabla 14.3. Esquema m(x).

Para el trabajador hay dos tipos de costes: el coste de ir trabajar y el esfuerzo desempeñado. Al primero lo llamaremos o y es el coste de oportunidad de estar en el puesto de trabajo; al segundo lo llamamos $m(x)$ y es el coste del desempeño en el puesto de trabajo y, como hemos explicitado en la Tabla 14.3, crece con el esfuerzo. Por tanto, la ganancia de un trabajador j con salario w_j y esfuerzo x_j viene dada por

$$u_j = w_j\text{-}o\text{-}m(x_j) \ .$$

Para la empresa i, cuyo trabajador elige un esfuerzo x_i, la ganancia viene determinada por

$$\pi_i = (v\text{-}w_i)x_i \ ,$$

donde vx_i se interpreta como el ingreso de la empresa, en el sentido en que cada unidad de esfuerzo produce una unidad de producto que se vende a un precio 1. En el experimento de FKR se usaron los valores $v = 126$ y $o = 26$.

Como es habitual en teoría económica supondremos que los agentes son maximizadores y que la racionalidad es conocimiento común. Pensemos, por tanto, en términos del EN y, concretamente en el EN perfecto en subjuegos que aparece en el entorno de FKR. Empecemos por la segunda etapa.

- Dado que el esfuerzo es costoso para los trabajadores, y dado que los trabajadores no pueden ser castigados *ex-post* por ofrecer un esfuerzo bajo, no existen incentivos monetarios para elegir un nivel de esfuerzo superior al mínimo, x_{min}.

- Dado que la empresa prevé que el trabajador elegirá un nivel de esfuerzo mínimo (y que esto es independiente del salario ofrecido), lo racional es que la empresa ofrezca el coste de oportunidad de aceptar el trabajo, o.

En este punto es interesante entender por qué FKR añaden la subasta oral entre empresas al problema básico del principal-agente. La idea es incorporar un mercado por los contratos laborales y, dado el exceso de oferta de trabajadores, hacer que este mercado sea competitivo, para que de esa forma se converja al equilibrio competitivo ($w = o, x = x_{min}$). Como vimos en el Capítulo 10, la predicción y la confirmación de que un mercado competitivo experimental converge al equilibrio competitivo es (casi) tan antigua como la economía experimental (Smith, 1964).

En el experimento de FKR no se da la menor oportunidad al surgimiento del intercambio de favores: la presión del mercado competitivo hacia salarios iguales al coste de oportunidad del trabajo hará inviable que existan favores de las empresas que serán agradecidos por los trabajadores en forma de mayores esfuerzos.

La Tabla 14.4 recoge los resultados experimentales básicos, en lo relativo a salarios ofrecidos y esfuerzos ofrecidos.

Salario	Esfuerzo medio	Esfuerzo mediano
30-44	0,17	0,1
45-59	0,18	0,2
60-74	0,34	0,4
75-89	0,45	0,4
90-110	0,52	0,5

Tabla 14.4. La relación entre el salario y el esfuerzo.

Como se puede observar, los resultados experimentales muestran la existencia del intercambio de favores: aparece una relación creciente entre salarios y esfuerzos, muy por encima de la predicción competitiva (el salario medio fue 72 y el esfuerzo medio es 0,4).

La conclusión fundamental es que consideraciones de justicia y equidad sobreviven en mercados competitivos, evitando que los salarios converjan a sus niveles competitivos. Las empresas esperaban que al ofrecer salarios más altos los trabajadores reciprocarían ofreciendo esfuerzos altos. Y esta expectativa era confirmada por el comportamiento de los trabajadores.

La presencia del intercambio de favores ha sido confirmada posteriormente en otros experimentos, mostrando su robustez experimental. Fehr, Kirchler, Weichbold y Gätcher (1998) la encuentran en ausencia de presiones competitivas –igual número de empresas y trabajadores–, Gätcher y Falk (2002) la observan en entornos repetidos, en donde el mismo par empresa-trabajador se enfrenta al juego de intercambio de favores interactuando repetidamente. La razón es que en el juego repetido, los sujetos egoístas imitan a los sujetos que reciprocan. Maximiano, Sloof y Sonnemans (2007) la observan en el caso de múltiples trabajadores.

Conclusiones

El recurso a la metodología experimental permite acotar y resolver algunos de los interrogantes básicos que afectan la fijación de salarios e incentivos por parte de las empresas. El laboratorio nos enseña que, parafraseando a Nalbatian y Schotter (1997), unas gotas de competición producen un efecto muy poderoso en el comportamiento de los sujetos que participan en este tipo de estudios. Mientras un sistema vertical de sanciones consigue duplicar el nivel de esfuerzo de los miembros del equipo, un sistema competitivo de exclusión, basado en la amenaza de una sanción idéntica, hace que los niveles de esfuerzo se aproximen de manera sostenida al óptimo.

La existencia del intercambio de favores en el seno de la empresa nos proporciona un mensaje complementario. La relación creciente entre salarios y esfuerzos apunta a que la existencia de patrones de conducta social puede ser explotada por las empresas para diseñar sus sistemas de remuneración. Una relación entre empleados y empleadores que dé cabida a ofertas basadas en consideraciones explícitas de equidad puede no sólo sobrevivir en entornos competitivos, sino mejorar los resultados de la empresa en su conjunto.

15. Experimentos sobre organizaciones

Jordi Brandts
Universitat Autònoma de Barcelona e Instituto de Análisis Económico (IAE/ CSIC)

Carles Solà
Universitat Autònoma de Barcelona

Introducción

Las organizaciones son entidades cruciales desde el punto de vista económico. Muchas transacciones tienen lugar en mercados pero muchas otras ocurren dentro de todo tipo de organizaciones o entre organizaciones, con comportamientos que pueden ser diferentes a los que podrían tener individuos interactuando en mercados. Los temas a cubrir para describir con cierto detalle el comportamiento de las organizaciones son amplios y podríamos citar cuestiones como la creación de organizaciones, el aprendizaje organizacional, la innovación, la cultura organizativa, la comunicación u otros (véase por ejemplo, Robbins, 2010). Por este motivo vamos a concentrarnos en dos tipos de problemas que deben resolver las organizaciones y que tienen una base fundamentalmente económica: los problemas para proveer incentivos adecuados a los agentes interesados en la organización y los problemas para coordinar las acciones de los mismos. En la medida de lo posible presentaremos trabajos que relacionen estas cuestiones con otras fundamentales en las organizaciones. Las dos cuestiones tienen el mismo objetivo: favorecer la creación de valor en la organización.

La provisión de incentivos es un problema clásico analizado por investigadores de diferentes campos, con una acumulación de resultados que nos permite destacar principalmente dos aspectos. El primero tiene que ver con las notables divergencias que han constatado las investigaciones con el modelo estándar que utiliza la economía, el modelo principal-agente. El segundo tiene que ver con la dificultad de integrar la dimensión social de las organizaciones en los problemas de incentivos (Camerer y Malmendier, 2007).

Por otro lado, la coordinación de las actividades de los participantes de una organización se consigue a través de diversos mecanismos: la creación de jerarquías, la formalización o la cultura. Todos ellos son elementos reconocidos como destinados a favorecer la coordinación de actividades.

Incentivos individuales y el trabajo en grupo

Las organizaciones se caracterizan por agrupar recursos y agentes que (voluntariamente) participan en actividades que aumentan la generación agregada de valor y se reparten la riqueza obtenida por esas actividades. Así, la dimensión grupal es clave para entender las organizaciones desde la perspectiva con la que la economía ha abordado su estudio desde Alchian y Demsetz (1972).

Además de reconocer esta dimensión de las organizaciones que nos lleva a hablar de grupos, también es importante destacar que éstas se estructuran sobre la base de grupos de personas que:

- realizan actividades que tienen objetivos diferentes y,

- que necesitan coordinarse.

La producción en equipo existe porque, en determinadas situaciones, es más productivo utilizar conjuntamente un grupo de trabajadores, como puede ser una cadena de montaje en la que existe especialización, o los equipos de calidad en los que se produce una transferencia de conocimientos.

El interés por la producción en equipo reside pues en su prevalencia en las empresas y en los problemas que se plantean para conseguir que los mismos funcionen de forma eficiente. El análisis teórico de referencia en el tema es el trabajo de Holmstrom (1982), desarrollado luego en otros trabajos como Holmstrom y Tirole (1989) en que se analiza la producción en equipo y se ilustra el problema principal: la imposibilidad de obtener un nivel de producción eficiente como resultado de un equilibrio de Nash (véanse el Capítulo 3 y siguientes).

Ante este problema clásico se pueden articular diferentes soluciones que pasan por cambios más o menos radicales en el marco de análisis. En esta sección veremos algunos de estos enfoques sucintamente (véase también Salas, 1996) y los resultados experimentales asociados. En primer lugar vamos a ver algunas propuestas clásicas para solventar el problema de la eficiencia de los equipos sin cambiar las condiciones del modelo. Las soluciones clásicas del problema del polizón en la producción en equipo (individuos que aprovechándose del trabajo de los demás hacen un esfuerzo menor) pasan por la supervisión de un agente especializado que hace la función del empresario clásico (Alchian y Demsetz, 1972). Otra solución al problema de la ineficiencia del grupo pasa por establecer premios y por fijar ciertos objetivos (o castigos). La predicción aquí es un poco más problemática: el nivel del premio debe ser tal que los esfuerzos requeridos a los miembros del grupo sean máximos, ya que si no puede existir una multiplicidad de equilibrios que permita a algunos dejar de trabajar obligando a los demás a un mayor esfuerzo (Holmstrom 1982). Otra forma de generar eficiencia en la producción en equipo consistiría en establecer fianzas a los trabajadores. Los ejemplos de este tipo de mecanismos pueden observarse en las franquicias.

Obviamente, el aspecto más destacado del trabajo en grupo consiste en poner a prueba el resultado de Holmstrom sobre la imposibilidad de obtener una producción eficiente en un equipo. Los tests de este resultado enlazan con los experimentos sobre el dilema de los presos o los juegos de contribuciones voluntarias (JCV) dada su equivalencia estratégica (véase el Capítulo 7 para un análisis detallado de los mismos).

Formalmente, la producción en equipos se puede sintetizar de la siguiente manera: consideramos un grupo de N trabajadores, donde:

- cada trabajador aporta a la producción el esfuerzo e_i, $i=1,...,N$,

- el coste de oportunidad de cada trabajador se puede representar como $C(e_i)$

- la producción obtenida se representa como $Y=F(e_1, e_2,...,e_N)$.

Cada trabajador recibe una remuneración acorde con el resultado conjunto, ya que la empresa no puede observar el esfuerzo individual de cada uno de ellos. Como consecuencia, una forma estándar de establecer la compensación a los trabajadores es $R_i(Y) = (1/N)*Y$, es decir la empresa asigna una proporción "simétrica" de la producción a cada trabajador. El resultado ya comentado de comportamiento tipo polizón se obtiene porque el ingreso marginal del trabajador será inferior al producto marginal, es decir, lo que marginalmente recibe un trabajador (por una unidad adicional de esfuerzo) es menor a su contribución a la producción.

Los resultados experimentales generales se pueden encontrar en Davis y Holt (1993) y Ledyard (1995). Por ejemplo, los trabajos ya clásicos de Isaac y Walker (1988a, 1988b y 1991) y Nalbantian y Schotter (1997) obtienen resultados similares utilizando diseños diferentes. Los individuos tienden a aportar niveles de esfuerzo que rondan entre el 40% y el 60% de sus recursos, aunque estos resultados cambian cuando las interacciones se repiten, llegando a niveles que pueden estar alrededor del 10%. Las heterogeneidades en costes de oportunidad no generan resultados agregados diferentes, según Fisher *et ál.* (1995).

En otro tipo de trabajo, en el que se compara el desarrollo de una cierta tarea de forma individual o conjuntamente, Van Dijk *et ál.* (2001) observan que una forma de remuneración individual (el pago a destajo) induce el mismo nivel de esfuerzo agregado que la remuneración por equipos. Este resultado también aparece en otro contexto en Vandergrift y Yavas (2011). En los equipos, los comportamientos tipo polizón se compensan entre miembros del grupo con sobreesfuerzos por parte algunos. Estos sobreesfuerzos son los que acaban generando niveles de esfuerzo medio parecidos a los que generan otros sistemas de incentivos.

Vistos estos resultados, caben diversas respuestas. Parece que, de alguna forma, las predicciones sobre la ineficiencia se cumplen sólo parcialmente, aunque alguna de las soluciones propuestas tiene efectos importantes (los bonos generan resultados), como parecen mostrar los resultados obtenidos por Erev y Rapoport (1990) en otro tipo de contexto. Una posibilidad consiste en pensar que el modelo no se ajusta a los resultados porque aquél debería incorporar ciertos cambios. El tipo de modificación más habitual consiste en pensar que la interacción real en los grupos se produce de forma repetida (y muchos de los resultados experimentales tienen repeticiones, tal como hemos comentado). Los resultados tradicionales de la teoría de los juegos nos permiten continuar el diálogo teoría-experimentos sin muchas dificultades.

i) Si entendemos la tecnología de equipo como un juego entre los trabajadores participantes, entonces cuando se juega una única vez existe un equilibrio único (si pensamos que estamos en un juego simultáneo o secuencial de información completa) que no coincide con la producción eficiente.

ii) Si el juego se repite un número finito de veces entonces la predicción basada en el equilibrio perfecto en subjuegos (véase el Capítulo 3) nos permite afirmar que el equilibrio del juego inicial se repite tantas veces como interacciones existan. Entonces, la teoría predice que las repeticiones finitas no cambian sustancialmente la predicción.

iii) Una alternativa más imaginativa consiste en la propuesta de Kreps (1996). En este trabajo se muestra que cuando la interacción se repite un número fijo de veces puede existir una posibilidad de obtener la producción eficiente como resultado de un equilibrio. El razonamiento consiste en permitir la creencia de que uno de los agentes actúa con una estrategia de "cooperación y castigo". Ante esto puede ser óptimo para un jugador racional comportarse como cooperador, esforzándose, ya que así consigue mantener el comportamiento cooperador del agente "no racional". Esta imitación puede sostener niveles elevados de cooperación hasta los últimos periodos de la interacción, en la que los agentes racionales ya no obtienen beneficios de seguir cooperando ante el próximo final del juego.

Esta forma de modelar la interacción puede parecer forzada pero es consistente con muchos resultados en los que observa cooperación hasta los últimos periodos.

Otra forma tradicional (que podría ser la *iv*) de explicar la cooperación tanto en los juegos de producción en equipo como en los dilemas de los presos consiste en la representación de la interacción como un juego de infinitos periodos en los que existe la probabilidad positiva de que el juego termine (y los jugadores tienen tasas de descuento positivas). Los resultados muestran, una vez más, que es posible en este tipo de interacción sostener elevados niveles de esfuerzo como resultado de equilibrios de Nash (o equilibrios perfectos en subjuegos). El argumento aquí es que se pueden construir estrategias de cooperación que incorporan castigos ante las desviaciones de otros. Estas estrategias pueden constituir equilibrios que sostengan la cooperación, aunque los equilibrios son múltiples y, entre ellos, también aparece la no cooperación.

Otra forma de cambiar el contexto consiste en pensar que, en realidad, los trabajadores pueden obtener información de lo que hacen sus compañeros, aunque ésta no sea verificable. Esto podría llevar a pensar en los equipos como juegos secuenciales. En este caso, hay también resultados experimentales con dilemas de los presos secuenciales como en Clark y Sefton (2000) o Solà (2002) y JCV secuenciales que muestran dinámicas interesantes, en las que la reciprocidad parece tener un peso importante, provocando contribuciones elevadas.

No podemos terminar esta sección sin hacer referencias a otros modelos donde los individuos incorporan otras motivaciones en su función de utilidad. La cooperación en los equipos puede explicarse con otros argumentos "menos estratégicos". Como vimos en el Capítulo 6, las preferencias sociales (en varias de sus descripciones) explican los comportamientos de cooperación que se observan en los experimentos con tecnología de equipo. Como vimos anteriormente, la gama de modelos es amplia: la aversión a la desigualdad de Fehr y Schmidt (1999) y Bolton y Ockenfels (2000), las preferencias distributivas de Charness y Rabin (2002) o la justicia de Rabin (1993). A estos podemos sumar otros, como el de altruismo de Rotemberg (1994) o la reciprocidad de Bowles (1998). Todos estos modelos incorporan la noción de que los trabajadores no se motivan exclusivamente por las ganancias monetarias.

Finalmente, hay también aspectos adicionales que pueden tener un efecto importante sobre la cooperación de los miembros de los equipos. Aspectos como la cultura organizativa son ampliamente aceptados y se pueden analizar siguiendo diversas propuestas como el modelo de presión de Kandel y Lazear (1992) o los modelos que incorporan nociones de identidad como el modelo de Akerlof y Kranton (2005). Algunas de estas propuestas –para explicar la preponderancia de los equipos– cuentan con evidencias tanto en el campo (véase Prendergast, 1999) como en el laboratorio, donde se analizan cuestiones como la comunicación y la identidad (Eckel y Grossman, 2005 o Chen y Li, 2009). Todas ellas nos permiten pensar que esta vía tiene capacidad para explicar la preponderancia de los equipos en las organizaciones y la forma de diseñarlos.

El problema de la coordinación

El otro problema fundamental de la producción en grupo es el de la coordinación entre varios miembros o componentes de una organización. Como vimos en el Capítulo 4, la coordinación es un problema central en la teoría de juegos. En economía experimental la coordinación se ha estudiado mediante los juegos estadísticos de orden, siendo el más popular de todos ellos el juego del mínimo, estudiado por primera vez por Van Huyck *et ál.* (1990). El juego del mínimo o del "eslabón más débil" sirve para representar organizaciones que se caracterizan por una tecnología de la producción cuya producción final se determina por la persona o unidad que –debido a una falta de capacidad o de esfuerzo– contribuye menos a la producción. Kremer (1993, p. 551) describe el problema de la forma siguiente: "*Muchos procesos de producción consisten en una serie de tareas tal que un error en cualquiera de ellas puede reducir drásticamente el valor del producto. Por ejemplo, prendas irregulares con pequeñas imperfecciones se venden a mitad de precio y algunas empresas pueden fracasar debido a problemas de marketing aunque el diseño del producto, la fabricación o la contabilidad sean excelentes*". Éste es un caso extremo de complementariedades en la producción.

Se ha sugerido que la presencia de complementariedades podría ser la raíz de muchos problemas organizativos. Algunos estudios que utilizan datos de compañías concretas analizan los efectos de estas complementariedades. Por ejemplo, Knez y Simester (2002) estudian el exitoso cambio de Continental Airlines a mediados de de los años noventa. El elemento crítico en el éxito de Continental fue la introducción de un programa de incentivos diseñado para mejorar la puntualidad, que finalmente se convirtió en un determinante clave de los beneficios de las líneas aéreas. Knez y Simester señalan la importancia de las complementariedades entre los diferentes grupos autónomos de empleados a la hora de determinar la puntualidad: *"Cuando un vuelo sale con retraso, las puertas, los empleados y los equipamientos no están disponibles para servir otros vuelos que llegan y salen del mismo aeropuerto. El problema es mucho más complejo cuando los vuelos conectan pasajeros con otros vuelos, ya que en estos casos es posible que los vuelos de salida tengan que ser retrasados para permitir que los pasajeros puedan conectar los dos vuelos"*. Knez y Simester conjeturan que la naturaleza global del plan de incentivos de Continental desempeñó un papel central en su éxito, garantizando a los trabajadores que su mayor esfuerzo coincidiría también con el de sus compañeros que trabajaban en otras unidades. En otras palabras, para mejorar la situación de Continental fue necesario un cambio coordinado.

Ichiniowski, Shaw y Prennushi (1997) obtienen resultados similares en un estudio de productividad de plantas de producción de acero. El tipo de producción de acero que estudian tiene lugar en cadenas de montaje con una productividad ampliamente condicionada por periodos de inactividad no programados. Eso implica que un empleado que haga su trabajo incorrectamente (provocando interrupciones en su parte de la cadena de montaje) puede perfectamente acabar con la eficiencia de toda la cadena.

El juego del mínimo es muy fácil de caracterizar. Hay una serie de jugadores que representan los componentes de la organización. Cada jugador escoge simultáneamente con los demás una estrategia que representa su nivel de esfuerzo. El ingreso que recibe cada uno de los jugadores es una función decreciente de su esfuerzo y una función creciente del esfuerzo mínimo de algún jugador o jugadores. La función de ingresos siguiente tiene los rasgos que se acaban de describir, donde i es un componente cualquiera de la organización, K es un ingreso fijo y la organización tiene N componentes:

Ingreso de $i = K - 5*$(esfuerzo de i) $+ 6*$(esfuerzo mínimo de los N componentes)

Obsérvese que coordinarse en cualquier nivel común de esfuerzo es un equilibrio de Nash, es decir, es una situación tal que ninguno de los componentes de la organización puede mejorar unilateralmente su ingreso (véase el Capítulo 3 y también el Capítulo 14). Por ejemplo, si el esfuerzo de cada componente de la organización es 10, cualquiera obtendrá un ingreso inferior si intenta aumentar o disminuir su esfuerzo.

En particular, la situación en que todos los componentes de la organización hacen el esfuerzo mínimo posible es un equilibrio. Por tanto, empleando el juego del eslabón más débil como metáfora puede entenderse que algunas organizaciones o empresas funcionan mal porque han quedado atrapadas en una suerte de trampa en la que todas las partes de la organización trabajan muy por debajo de sus posibilidades y ninguna de ellas puede mejorar las cosas por su cuenta.

La principal cuestión en este caso es cómo llevar a cabo el cambio. En el momento en que una empresa cae en una trampa de bajo rendimiento, cualquier intento de mejora se enfrenta a obstáculos sustanciales –incluso si los beneficios de una mejor coordinación son evidentes– precisamente porque la situación de bajo rendimiento es un equilibrio: una vez se ha caído en la trampa es difícil escapar de ella. Los resultados experimentales de Van Huyck *et ál.* (1990) muestran que muchos grupos de personas quedan atrapadas en el nivel de esfuerzo mínimo y que, por tanto, el problema no es sólo potencial, sino real. Brandts y Cooper (2006) presentan una serie de experimentos en los que se estudia hasta qué punto el cambio en un determinado parámetro de los incentivos de los miembros de una organización puede permitir, a un grupo de personas atrapadas en una situación donde todos hacen el esfuerzo mínimo, salir de esa situación y coordinarse en un nivel superior de esfuerzo común, con el aumento consiguiente de los ingresos de todos. En términos de la función de ingresos de arriba, la pregunta es qué sucedería si el 6, que multiplica el esfuerzo mínimo de los N componentes, se cambiara, por ejemplo por un 10. Ese número puede interpretarse como una bonificación fijada y pagada por la dirección de la organización.

Es fácil comprobar que, con este cambio, la trampa en teoría no desaparece, puesto que si todos los componentes de la organización siguen haciendo el esfuerzo mínimo ello constituirá un equilibrio. Sin embargo, es posible que ese cambio motive a los componentes de la organización a intentar escapar de la trampa, puesto que ahora un nivel alto de esfuerzo común es más beneficioso. Brandts y Cooper (2006) experimentan con incrementos de diferentes magnitudes de la tasa de bonificación. Los resultados enriquecen notablemente el problema:

i) Un primer resultado de Brandts y Cooper (2006) muestra que efectivamente un aumento de la tasa de bonificación comporta un aumento en el nivel mínimo de esfuerzo.

ii) En segundo lugar (y esto puede resultar sorprendente) no hay una correlación positiva entre la magnitud del incremento en la bonificación y su impacto a largo plazo en los esfuerzos mínimos. Una bonificación más alta, de nivel 14, no genera esfuerzos mínimos más altos. Una interpretación de este hecho es que lo más importante cuando una organización está mal coordinada es que la dirección actúe dando una señal de que se propone mejorar la situación de todos y, no tanto, que la mejora de los incentivos sea muy grande.

iii) Un tercer resultado de Brandts y Cooper (2006) es que se puede reducir la tasa de bonificación una vez se ha conseguido la mejora de la coordinación. Esto es importante porque, desde el punto de vista de la dirección de la organización, la mejora de la coordinación comporta el pago de bonificaciones más altas. Por lo tanto, para la organización es importante saber que se puede reducir la bonificación sin que eso represente un retorno al nivel de esfuerzo mínimo original.

Brandts y Cooper (2007) estudian el papel de la comunicación entre la dirección y los componentes de la organización para resolver los problemas de coordinación. Estudios en el área de comportamiento organizativo indican que la comunicación es una de las variables cruciales a la hora de influir sobre el cambio (véase, por ejemplo, Ford y Ford, 1995 y Kotter, 1996). De hecho, hay razones para creer que la comunicación será particularmente efectiva en organizaciones afectadas por un fallo de coordinación, ya que se trata básicamente de influir positivamente en las creencias de las unidades de la organización. La capacidad para hacerlo puede verse como una característica esencial del liderazgo.

En los experimentos de Brandts y Cooper (2007) se estudian los efectos de variar los canales de comunicación disponibles entre directivos y empleados. En el tratamiento base, los directivos sólo controlan los incentivos financieros y la comunicación no es posible. En otros dos tratamientos se permite la comunicación

- unidireccional –los directivos pueden enviar mensajes a los empleados– y,

- bidireccional –los directivos pueden enviar mensajes a los empleados y viceversa.

El contenido de la comunicación entre directivos y empleados es completamente libre, es decir, los participantes pueden enviar cualquier mensaje que deseen sujeto sólo a unas restricciones mínimas. Una de las características principales del trabajo consiste en el análisis sistemático del impacto del contenido de los diferentes tipos de mensajes. Eso es inusual en economía y conecta este trabajo con estudios organizativos y con la psicología. Se grabaron todos los mensajes y se cuantificó su contenido utilizando una estructura sistemática de codificación, una metodología común en los estudios psicológicos con protocolos verbales así como en anteriores experimentos económicos que incluyen comunicación (véase en el Capítulo 5, ultima sección, un análisis similar).

El objetivo de este estudio no es sólo establecer que la comunicación es una herramienta valiosa para los directivos, sino también explicar cómo la comunicación mejora los beneficios. Las preguntas que se hacen son las siguientes: ¿Más canales de comunicación llevan a un nivel de esfuerzo mínimo mayor, manteniendo fijos los incentivos financieros? ¿Qué estrategias de comunicación serán más efectivas para aumentar el esfuerzo mínimo? ¿Será más importante para aumentar los beneficios la elección de los incentivos financieros o la elección de la estrategia de comunicación?

La conclusión principal del estudio es que la comunicación entre directivos y empleados puede ejercer un papel clave para escapar del fallo de coordinación. Más concretamente, el uso efectivo de la comunicación ayuda a las empresas experimentales a aumentar el esfuerzo mínimo, siendo la comunicación bidireccional entre directivos y empleados superior a la comunicación unidireccional de los directivos a los trabajadores. Una comunicación efectiva es más valiosa a la hora de aumentar los beneficios de los directivos que una manipulación de la tasa de bonificación de los empleados (véase Brandts y Solà, 2010).

No todos los mensajes entre la dirección y los empleados tienen el mismo efecto beneficioso. La estrategia más efectiva de los directivos parece ser bastante simple y, a fin de cuentas, natural. Los directivos tendrían que requerir un nivel de esfuerzo concreto y subrayar los mutuos efectos beneficiosos de un esfuerzo alto. El objetivo es actuar como un buen mecanismo de coordinación. Es útil señalar en qué medida los empleados están bien remunerados, a pesar de que no sea realmente importante que estén especialmente bien pagados. Para los empleados el mensaje más efectivo es aconsejar al directivo, aportando así a la empresa los beneficios de tener más de una persona pensando en superar los problemas colectivos.

El liderazgo

El liderazgo puede ser una de las formas de resolver los dos problemas esenciales de las organizaciones, la provisión de incentivos (en sentido amplio) y la coordinación. En esta sección vamos a destacar algunas de las cuestiones que se han analizado experimentalmente en relación a las formas de liderazgo y sus efectos.

El tema del liderazgo ha sido ampliamente investigado en el campo de la organización de empresas, distinguiendo en primer lugar entrelas características de los líderes y su comportamiento. Posteriormente esta visión se abandonó para incidir en aspectos concretos de las relaciones entre los líderes y sus colaboradores (grupos de referencia) y las formas óptimas de liderazgo. También se han definido ciertos tipos de liderazgo, como el liderazgo transaccional o el carismático (esta idea tiene mucha influencia en los entornos empresariales). La literatura experimental sobre el liderazgo ha centrado sus esfuerzos en aspectos concretos de aquellos comportamientos que llevan a un liderazgo efectivo o a su posible incidencia en los resultados de las organizaciones.

La cuestión del liderazgo es un aspecto clave del funcionamiento de las organizaciones. En particular, cuando una organización está experimentando dificultades es crucial que exista un liderazgo que permita superar la crisis. Existe ya un buen número de trabajos analizando esta cuestión: todos estos estudios toman un juego sencillo como representación de la organización y analizan diversos aspectos del liderazgo.

Una serie de trabajos estudian el papel del liderazgo en el contexto de los juegos de bienes públicos o del dilema de los presos. En este tipo de contextos uno de los desafíos a los que se enfrentan los líderes es el de conseguir que otros hagan algo que no harían en su ausencia. La clave del liderazgo es conseguir que los demás miembros de la organización dejen de lado sus intereses inmediatos para promocionar los intereses más amplios del grupo. Un mecanismo por el cual un líder puede influir en los demás es dando ejemplo. Concretamente:

- en experimentos con el dilema de los presos en forma secuencial se observa que los que deciden en segundo lugar frecuentemente cooperan si la persona que decide primero coopera, pero casi nunca lo hacen si el que decide primero no coopera (Clark y Sefton, 2001).

- Gächter *et ál.* (en prensa) constatan en experimentos con juegos de bienes públicos secuenciales que las contribuciones de los seguidores tienden a aumentar con las contribuciones de los líderes. En este caso, el comportamiento de los seguidores puede verse simplemente como una expresión más de la cooperación condicional que se ha observado en muchos contextos y que puede describirse mediante los modelos ahora ya estándares de Fehr y Schmidt (1999) y Bolton y Ockenfels (2000).

Podría decirse que, visto el comportamiento del líder, los seguidores siguen mecánicamente sus motivaciones. En cambio el líder tiene que tomar su decisión antes de saber si los demás le seguirán y, por tanto, puede considerarse que en esa posición se necesita un impulso emocional adicional que consiste precisamente en poner en movimiento la cooperación condicional. Nótese que en este tipo de situaciones un líder que decide cooperar puede estar motivado tanto por elementos sociales como por cuestiones estratégicas. Gächter *et ál.* (en prensa) estudian en detalle si los líderes que son cooperadores recíprocos son mejores líderes que los individualistas. El resultado de los experimentos muestra que aquellas personas que, en otra tarea, habían sido más cooperadores, contribuyen más al bien público que los individualistas y acaban siendo mejores líderes.

Arbak y Villeval (2007) van un paso más allá y estudian la emergencia endógena del liderazgo así como sus consecuencias. El contexto es –como en el estudio anterior– el de un juego de bienes públicos secuencial de dos personas en el que los participantes pueden escoger si desean ser los primeros o los segundos en tomar decisiones. Los resultados muestran que, aunque resulta en promedio costoso, una proporción importante de los participantes se presentan voluntarios para actuar de líder, tomando la primera decisión del juego. La decisión de liderar está parcialmente influida por el sexo de la persona así como por algunos rasgos de la personalidad, como la generosidad y la apertura de miras. Otro resultado es que las motivaciones de los líderes son diversas. Entre los líderes cooperadores hay gente con motivación altruista, otros que desean enseñar a los demás para conseguir un mejor resultado para el grupo. También hay evidencia de que algunas personas están preocupadas por mantener una buena imagen pública al perfilarse como un líder efectivo.

Un trabajo sobre liderazgo ante problemas de coordinación es el de Brandts, Cooper y Fatás (2007) que, de nuevo, se sitúa en el contexto de coordinación condicionada por eleslabón más débil. En una situación en la que los diferentes componentes de una organización son distintos en cuanto a sus capacidades, la pregunta que se plantea es la de quiénes serán los que tomarán la iniciativa para intentar sacar a la organización de la difícil situación en la que se encuentra. Los resultados son sorprendentes y muestran que el liderazgo no lo asumen los individuos más capaces, sino aquellos cuyas características son más frecuentes, es decir, aquellos que pertenecen al colectivo más numeroso. Este efecto puede deberse a algún tipo de identidad de grupo o a la simplicidad cognitiva de actuar conjuntamente con gente similar.

Conclusiones

Las conclusiones que deseamos sacar tras la presentación de esta serie de estudios experimentales es que el método experimental puede aplicarse con éxito al análisis de algunos problemas claves del funcionamiento de las organizaciones.

Esta metodología permite, además, comprobar hipótesis que fundamentalmente no se habían podido analizar por falta de información interna de las organizaciones. Además de los temas de los incentivos, la coordinación y el liderazgo discutidos más arriba, otros temas importantes que están empezando a abordarse con el método experimental son los procesos de creación y crecimiento de las organizaciones, el aprendizaje organizativo y los procesos de cambio organizativo, entre otros.

CUARTA PARTE
OTRAS APLICACIONES DEL MÉTODO EXPERIMENTAL

16. EXPERIMENTOS DE MACROECONOMÍA

Francisco Lagos
GLOBE: Universidad de Granada

Ernesto Reuben
Columbia University, Nueva York

Introducción[1]

La manipulación controlada de variables macroeconómicas para comprender los efectos de instituciones o políticas alternativas se consideraba imposible, y así, muchos aseguraban que las cuestiones macroeconómicas no podían ser abordadas mediante experimentos de laboratorio. Sin embargo, el creciente uso de métodos de laboratorio para responder a asuntos macroeconómicos se ha debido, por un lado, a los cambios en la modelización macroeconómica y, por otro lado, a una mejora en la tecnología para diseñar experimentos de laboratorio más complejos.

A diferencia de los modelos microeconómicos y la teoría de juegos, que a menudo se esfuerzan por conseguir resultados generales, los modelos macroeconómicos se construyen para analizar algún aspecto muy concreto de la realidad y difícilmente son generalizables a otros campos.

A continuación resumiremos algunos de los experimentos de laboratorio más relevantes en el campo de la macroeconomía en tres sectores distintos. La primera parte se centra en la economía monetaria. La segunda explora algunos aspectos destacados del comercio internacional. Y la tercera discute el uso de experimentos de laboratorio para evaluar las políticas macroeconómicas.

---

[1] Nos gustaría agradecer a John Duffy su excelente revisión de la literatura de experimentos de laboratorio en macroeconomía, condensada en un capítulo que aparecerá en el próximo volumen *Handbook of Experimental Economics, Volume 2*, editado por John H. Kagel y Alvin E. Roth, con el título de "Macroeconomics: A Survey of Laboratory Research". Este trabajo nos ha servido de guía para la elaboración del presente capítulo.

Economía monetaria

Los estudios experimentales en el área de la economía monetaria se basan en las diferentes conceptualizaciones del dinero en las economías de mercado. Se puede decir que el dinero tiene tres funciones: la primera, como reserva de valor; la segunda, como medio de cambio; y la tercera, como unidad de cuenta. En esta sección resumimos varios estudios experimentales diseñados para investigar teorías relacionadas con cada una de estas diferentes funciones del dinero.

El dinero como reserva de valor

Los experimentos que exploran la función del dinero como reserva de valor pretenden entender cuestiones como las siguientes: ¿por qué un objeto que no tiene utilidad intrínseca es utilizado como reserva de valor? y, dado que por sí solo no tiene un valor de consumo, ¿cómo se puede establecer cuál es el precio y la cantidad óptima de tal objeto?

Un buen estudio experimental que explora estas cuestiones es el de Hens *et ál.* (2007).[2] Los autores se concentran en examinar si un objeto que cumple el papel del dinero llega a tener un valor estable. Su estudio se asemeja a un caso muy conocido en el que 150 parejas se pusieron de acuerdo para cuidar sus hijos entre sí (los detalles se encuentran en Sweeny y Sweeny, 1977). Los beneficios del acuerdo son obvios:

• Las parejas que no están pensando en salir una noche pueden fácilmente cuidar los hijos de otras parejas,

• este hecho permite a esas otras parejas tomarse una muy merecida noche libre.

Claramente, para que el acuerdo funcione, tiene que haber un sistema para evitar los abusos. Por esta razón, los organizadores introdujeron una solución natural: emitieron cupones que eran equivalentes a una hora de cuidado de niños. Si una pareja *A* le cuida los hijos a otra pareja *B*, entonces *B* le paga a *A* en cupones que, luego, *A* puede utilizar cualquier otro día para conseguir que cualquier otra pareja, que esté dispuesta, le cuide a sus hijos. En otras palabras, crearon su propia moneda.

Cuando el sistema se puso en marcha, los organizadores descubrieron que sorprendentemente éste era propenso a colapsarse. Por un lado, si emitían muy pocos cupones, las parejas solían acapararlos (es decir, ahorraban demasiado),

---

[2] McCabe (1989) y Deck *et ál.* (2006) utilizan diseños parecidos para estudiar el papel del dinero como reserva de valor.

lo cual ocasionaba poca demanda del servicio de cuidado de niños y el colapso del sistema (una recesión). Por otro lado, si se emitían demasiados cupones se creaba un exceso de demanda del servicio y una drástica reducción en la cantidad de horas de cuidado que las parejas estaban dispuestas a ofrecer por un cupón (inflación).[3]

En el experimento de Hens *et ál.* (2007), en cada período, la preferencia de los sujetos por un bien perecedero se determina aleatoriamente (ya sea con una preferencia fuerte o débil) y deben elegir si desean comprar o vender unidades de ese bien. Para comprar unidades del bien, un sujeto debe poseer cupones en su posesión (esta restricción es precisamente la razón por la cual los cupones tienen valor), y la venta de bienes aumenta la cantidad de cupones poseídos por el sujeto. Con expectativas racionales y un horizonte infinito, la predicción única es que un sujeto opta por comprar bienes dependiendo de su preferencia en ese período de la siguiente manera:

- Caso 1: Si su preferencia es fuerte, el sujeto siempre compra unidades del bien.

- Caso 2: Si su preferencia es débil, pero su inventario de cupones es suficientemente grande, el sujeto también compra unidades del bien.

- Caso 3: Si su preferencia es débil y su inventario de cupones *no* es suficientemente grande, el sujeto vende unidades del bien para así adquirir más cupones.

Es fácil demostrar que existe una única cantidad óptima de cupones que maximiza el número de transacciones y por ende el bienestar social. La variable que los autores manipularon es la cantidad de cupones en la economía experimental. En general, Hens *et ál.* (2007) encuentran que la teoría recibe amplia corroboración: las estrategias de los sujetos son muy parecidas a las estrategias descritas anteriormente. Además, el aumento exógeno de la cantidad total de cupones en la economía produjo inicialmente un aumento en la cifra de transacciones, pero eventualmente, conforme siguieron aumentando, hubo una fuerte disminución en la demanda de cupones ya que a los sujetos no les interesaba seguir acumulándolos. Por último, la cantidad de cupones en la cual el número de transacciones empieza a decrecer se corresponde con la cantidad óptima de cupones prevista por el modelo teórico. Este experimento ilustra muy bien por qué es tan difícil para los bancos centrales determinar la cantidad óptima de dinero en la economía.

---

[3] Debido a los múltiples problemas mencionados, el número de familias que forman parte del acuerdo ha decrecido de más de 250 en los años setenta a menos de 20 en 2010.

El dinero como medio de cambio

Para funcionar como medio de cambio, el dinero debe ser una reserva de valor, pero claramente hay muchos otros objetos que son reservas de valor aunque no son usados como medios de cambio. Por ende, para comprender cuál es la función del dinero, es especialmente importante entender por qué el dinero, como medio de cambio, no es sustituido por otros objetos que tienen mayores tasas de rentabilidad.

Un entorno bien conocido que proporciona al dinero tanto las funciones de reserva de valor como de medio de cambio es el modelo de generaciones solapadas (Samuelson, 1958). Camera *et ál.* (2003) utilizan este modelo para investigar si el dinero es suplantado como medio de cambio cuando existe otro objeto, un bono, que cumple la función de reserva de valor y que además devenga un interés (el bono se concibió de manera que da dividendos en cada periodo y no caduca). La predicción de equilibrio en este contexto es que los individuos utilizarán como un medio de intercambio exclusivamente el objeto que ofrezca la tasa de rentabilidad más alta (el bono) y evitarán emplear el otro objeto (el dinero). Sin embargo, Camera *et ál.* (2003) proponen dos hipótesis complementarias que explican por qué algunos individuos podrían seguir utilizando el dinero en este contexto.

• La acumulación

• El hábito

La primera es una hipótesis de acumulación, que establece que los bonos son retenidos y no se utilizan como medio de cambio porque las personas quieren recibir los dividendos. Esta hipótesis se pone a prueba comparando un tratamiento en el que los bonos se intercambian antes del pago de los dividendos (es decir, el dividendo lo recibe el sujeto que compra el bono) con otro tratamiento en el cual los bonos se intercambian después del pago de los dividendos (es decir, el dividendo lo recibe el sujeto que ha vendido el bono). Si la hipótesis de acumulación es cierta, debe haber más sujetos utilizando el dinero como medio de cambio en el tratamiento con intercambio de bonos antes del pago de dividendos.

La segunda es la hipótesis del hábito, que establece que los sujetos utilizan el dinero en lugar de los bonos porque es un hábito difícil de superar. Esta hipótesis se pone a prueba comparando un tratamiento en el que los sujetos juegan primero con el dinero como la única reserva de valor antes de que se introduzcan los bonos, con otro tratamiento en el cual el dinero y los bonos son introducidos desde el principio.

Camera *et ál.* (2003) encuentran bastante apoyo para la hipótesis del hábito: el dinero coexiste con los bonos como medio de cambio en los tratamientos en los que los sujetos empiezan con el dinero como único medio de cambio y los bonos son introducidos posteriormente. Además, acorde con la hipótesis de acumulación, la coexistencia del dinero y los bonos es más frecuente cuando el pago de dividendos ocurre después del intercambio de bonos. Si los dividendos se pagan antes del intercambio de bonos y el dinero y los bonos se introducen al mismo tiempo, los sujetos utilizan exclusivamente los bonos como el único medio de cambio.

El dinero como unidad de cuenta

El hecho de que el dinero se usa como unidad de cuenta es incuestionable. Claramente, la gran mayoría de los precios se cotizan en unidades monetarias y no, por ejemplo, en términos de aceitunas. Sin embargo, esto plantea un problema ya que la inflación hace que el valor del dinero caiga con el tiempo, mientras que, en general, el valor de los productos, como las aceitunas, sigue siendo el mismo. Para evitar este problema, la mayoría de los modelos macroeconómicos suponen que, a la hora de efectuar transacciones, los agentes económicos piensan exclusivamente en términos reales, es decir, no sufren de ilusión monetaria. Sin embargo, datos provenientes de encuestas (Shafir *et ál.*, 1997) o simplemente la introspección nos sugieren que este supuesto no siempre se cumple. Los estudios experimentales del dinero como unidad de cuenta no sólo estudian si algunos individuos son susceptibles a la ilusión monetaria, sino que también evalúan las consecuencias de la ilusión monetaria sobre la manera en que los precios se comportan en los mercados.

Imaginemos a un consumidor que descubre, para su gran sorpresa, que su sueldo se ha duplicado durante la noche, pero vive en un país en el cual, así como su sueldo, todos los precios también se han duplicado. ¿Se sentirá el consumidor más rico hoy y se comportará de manera diferente a como se comportaba ayer? El supuesto tradicional es que, como el aumento del sueldo es puramente nominal y, en términos reales, no ha habido ningún cambio, el consumidor no va a variar su comportamiento. Sin embargo, los estudios experimentales de Fehr y Tyran demuestran que pensar en términos nominales es común y que, en ciertas circunstancias, puede tener efectos pronunciados sobre los precios de mercado.

Tomemos a Fehr y Tyran (2001) como un ejemplo.[4] En este experimento, los sujetos interactúan repetidamente en un juego en el cual compiten entre sí en un

---

[4] Otros artículos en esta área incluyen: Fehr y Tyran (2007, 2008) y Noussair *et ál.* (2008).

mercado oligopolístico (véase el Capítulo 11). En cada periodo, el ingreso de un sujeto depende de su precio y del precio medio elegido por los otros sujetos. El mercado fue diseñado de manera que tiene un equilibrio único y, esto es importante, hay complementariedad estratégica en las decisiones de los sujetos: es decir, la estrategia óptima de cada sujeto tiene una relación positiva con el precio medio elegido por los otros sujetos, de manera que si este precio medio aumenta, los sujetos tienen un incentivo para aumentar su propio precio.[5] Aunque matemáticamente la función de demanda del mercado es algo compleja, a cada sujeto simplemente se le da una tabla que indica sus ingresos para cada precio que pueda escoger y para cada precio promedio que pueda ocurrir, con la cual no es complicado encontrar la estrategia óptima.

El propósito principal del experimento es ver cómo reaccionan los sujetos en este mercado a un *shock* nominal.

1. Del periodo 1 hasta el 20, los sujetos primero juegan con una tabla en la cual el precio de equilibrio es de 18 puntos.

2. Del periodo 21 hasta el 40, a todos los sujetos se les cambia la tabla por una en la cual el precio de equilibrio es de 6 puntos (el *shock* nominal).

Aunque en términos nominales los precios han cambiado, como los ingresos son relativos al precio promedio, en términos reales los sujetos se encuentran en la misma situación. Fehr y Tyran (2001) diseñan cuatro tratamientos. En el primer tratamiento, los sujetos reciben tablas que incluyen los precios en términos reales, de manera que calcular la estrategia óptima antes y después del *shock* nominal es una tarea trivial. En el segundo tratamiento, los sujetos reciben tablas con precios sólo en términos nominales, por lo cual tienen que poner un poco más de esfuerzo si desean calcular la estrategia óptima después del *shock* nominal. Las diferencias entre estos dos tratamientos en el comportamiento de los sujetos después del *shock* nominal se pueden atribuir a la ilusión monetaria.

Por último, el tercer y el cuarto tratamiento son idénticos al primer y segundo tratamiento salvo que los sujetos juegan contra jugadores computarizados, sabiendo que éstos han sido programados de manera que siempre juegan de manera óptima en términos reales.[6] Al usar jugadores virtuales con una estrategia preprogramada, los autores se aseguran de que los sujetos saben que los otros jugadores en el mercado no sufren de ilusión monetaria. De esta manera, podemos

---

[5] Un buen ejemplo de un mercado con complementariedad estratégica es un mercado oligopolístico con competencia en cantidades.

[6] Además, en lugar de jugar durante 40 periodos, en estos tratamientos los sujetos jugaron solamente 20 periodos (10 periodos antes y 10 periodos después del *shock* nominal).

separar el efecto de que los sujetos sufran de ilusión monetaria con el efecto de que los sujetos creen que los demás (pero no ellos) sufren de ilusión monetaria.

Los resultados experimentales muestran que, en tres de los cuatro tratamientos, después del (totalmente previsto) *shock* nominal, los precios se ajustan inmediatamente al nuevo equilibrio. El único tratamiento en el que esto no sucedió fue en el tratamiento con la tabla de ingresos nominales y jugadores humanos. En este tratamiento, el ajuste de los precios fue mucho más lento (véase la Figura 16.1).

Estos resultados son interesantes porque sugieren que aun cuando los sujetos no tienen problemas convirtiendo sus ingresos nominales a ingresos reales (cuando juegan contra jugadores computarizados no hay diferencias entre el tratamiento con tablas reales y el tratamiento con tablas nominales), la ilusión monetaria puede tener efectos pronunciados sobre los precios, en mercados con complementariedades estratégicas, simplemente porque los sujetos creen que existen otros sujetos que juegan como si los ingresos nominales fueran los mismos que los ingresos reales.[7]

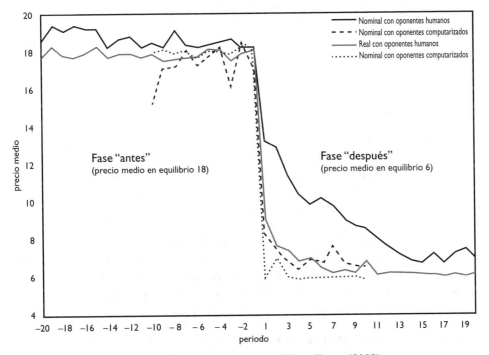

Figura 16.1. Ilusión monetaria en Fehr y Tyran (2008).

[7] En un artículo posterior, Fehr y Tyran (2008) muestran que este efecto se debe a la complementariedad estratégica. Es decir, demuestran que incluso con jugadores humanos, si hay sustitución estratégica en el mercado, el ajuste de precios es muy rápido.

En resumen, la ilusión monetaria tiene importantes efectos sobre los precios de mercado cuando los participantes tienen incentivos para "seguir a la multitud". No obstante, cabe destacar que mientras la ilusión monetaria y la estructura estratégica del mercado son explicaciones interesantes para la rigidez de los precios nominales, muchos macroeconomistas sugieren otras posibles causas para este fenómeno, como por ejemplo la existencia de fricciones en la adquisición y diseminación de la información o la existencia de costes a la hora de ajustar los precios. Estudios experimentales que ayuden a destacar la relevancia de cada una de estas otras explicaciones serán una importante área de investigación en el futuro.

Nuestra comprensión de cómo el dinero actúa en la economía es fundamental, pero a pesar de eso, nuestro conocimiento de cómo las funciones del dinero son afectadas por varias variables todavía es bastante limitado. Preguntas para las que no tenemos respuestas totalmente satisfactorias incluyen: ¿cuál es la cantidad óptima de dinero en la economía y cuándo y por qué ocurre una hiperinflación? ¿Cuáles son los efectos de que el dinero sea visto en términos nominales por algunos, pero no por todos los agentes económicos? Los experimentos discutidos aquí nos dan respuestas plausibles a algunas de estas preguntas, pero aún queda mucho trabajo por hacer.

Comercio internacional

Un campo de la macroeconomía en el que los métodos experimentales han desempeñado un papel relevante es en el comercio internacional. Noussair, Plott y Riezman (1995) (véase el Capítulo 10) llevaron a cabo el primer intento de crear y estudiar a través de un experimento de laboratorio algunas de las características más relevantes del comercio internacional.

En un contexto de intercambio guiado por múltiples mercados interactuando, el objetivo principal de este ambicioso estudio fue contrastar experimentalmente asuntos tales como la ley de la ventaja comparativa, la convergencia del precio de los factores, la eficiencia en la producción y los efectos de los aranceles en las transacciones internacionales. Ellos consideran dos escenarios:

- El primero motivado por el modelo *ricardiano* de comercio internacional: el factor trabajo como único input.

- El segundo, con capital y trabajo como inputs en la producción.

En ambos escenarios hay dos países y dentro de cada país dos tipos de agentes:

consumidores y productores. Hay un número idéntico de consumidores y productores en cada país (cuatro consumidores y cuatro productores).

En el primer escenario, los consumidores son propietarios del único factor de producción, *L*, y tienen preferencias inducidas para consumir los bienes finales llamados *Y* y *Z*. Los productores también tienen una dotación inicial del input *L* para producir y después vender los bienes finales *Y* y *Z*. Además, todos los agentes pueden intentar obtener beneficios especulando tanto con sus inputs como con sus outputs (bienes finales). El factor de producción no es móvil entre países y los bienes finales *Y* y *Z* pueden ser intercambiados entre aquéllos. Los dos países difieren sólo en sus tecnologías de producción. El país 1 tiene ventaja comparativa en la producción del bien *Y*, y el país 2 tiene ventaja comparativa en la producción del bien *Z*. La Tabla 16.1 recoge los principales parámetros experimentales de ambos escenarios.

		Escenario 1	Escenario 2
	Consumidores, país 1	$L_1 = 2$	$L_1 = 5, K_1 = 3$
	Consumidores, país 2	$L_2 = 2$	$L_2 = 3, K_2 = 5$
Dotaciones	Productores, país 1	$L_1 = 1$	$L_1 = 0, K_1 = 0$
	Productores, país 2	$L_2 = 2$	$L_2 = 0, K_2 = 0$
Tecnologías de producción	País 1	$Y = 3L, Z = L$	$Y = L, Z = K$
	País 2	$Y = L, Z = 2L$	$Y = L, Z = K$

Tabla 16.1. Experimento de Noussair, Plott y Riezman (1995).

La economía funciona de la siguiente forma:

- Los consumidores venden su dotación de *L* a los productores de su propio país, y después compran unidades de *Y* y *Z* producidos en cualquiera de los dos países.

- Los consumidores obtienen utilidad (dinero) tanto de consumir como de los beneficios generados especulando.

- Los productores en cada país compran *L* a los consumidores de su país, y pueden usar ese *L* para producir *Y* y *Z*, que luego venden a los consumidores de cualquiera de los dos países.

- Los productores obtienen utilidad (dinero) tanto de sus actividades de producción como de los beneficios generados especulando.

Mientras que en algunas sesiones experimentales el libre comercio internacional fue permitido, en otras se impuso un arancel al comercio entre países.

En el segundo escenario se añade capital, K, como input de producción y ambos países tienen idénticas tecnologías de producción lineales pero diferentes dotaciones de los inputs capital y trabajo. En los escenarios 1 y 2 hubo, respectivamente, seis y ocho mercados operando simultáneamente. Cada variable tenía su propio mercado (por ejemplo, el bien final Y_1 producido en el país 1 tenía un mercado propio). Estos mercados se implementaron usando un sistema informatizado de subastas dobles (véanse los Capítulos 10, 12 y 13).

La principal hipótesis que se pone a prueba en el escenario 1 es la ley de la ventaja comparativa. Sobre esta ley, el modelo competitivo predice que los países 1 y 2 producirán exclusivamente los bienes Y y Z, respectivamente, y que cada uno de los dos países será un exportador neto del bien que produce. De acuerdo con el modelo competitivo, los precios de los bienes se igualarán en ambos países y los precios de los inputs se igualarán a sus productividades marginales. Esta predicción puede ser contrastada con el resultado ineficiente de la autarquía en el que no hay intercambio entre países y, por tanto, no emerge la especialización.

En el escenario 2, el modelo competitivo predice que ambos países producirán los dos bienes finales. Sin embargo, según el modelo, el país 1 será un exportador neto del bien Y, y el país 2 será un exportador neto del bien Z. Bajo condiciones de libre intercambio, los precios de los bienes se igualarán entre países y esto implicará una convergencia en los precios de los factores. Esta igualdad no ocurrirá bajo el modelo autárquico.

El principal resultado de este trabajo pionero es que experimentalmente se observa, por primera vez, que la ley de la ventaja comparativa predice con robustez patrones de comercio e intercambio. En el escenario *ricardiano* hay casi especialización completa por parte de los productores en los dos países, y en el escenario con capital, los dos países son exportadores netos de aquellos bienes en los que poseen una ventaja comparativa. En general, las predicciones cualitativas del modelo se confirman. Los procesos de convergencia están presentes y esta convergencia se da más rápidamente para cantidades que para precios. De acuerdo con estos experimentos, el modelo autárquico sale poco reforzado.

Con un diseño más simplificado, Noussair, Plott y Riezman (1997) realizaron los primeros experimentos para explorar el comportamiento de la economía en mercados financieros internacionales. Más concretamente, el objetivo de estos experimentos fue profundizar en la habilidad del modelo de equilibrio competitivo para predecir y controlar precios y tipos de cambio.

De nuevo, hay dos países y cada uno de ellos produce dos bienes finales Y y Z.

Sin embargo, a diferencia del experimento anterior, no existen inputs ni procesos de producción. Cada país está compuesto de seis sujetos:

- Tres de ellos son vendedores del (dotados con) bien Y y compradores del bien Z.

- Tres son vendedores del (dotados con) bien Z y compradores del bien Y.

Además, cada comprador es indiferente, en términos de utilidad, con respecto a qué país le suministra el bien Y o el bien Z. Todos los sujetos reciben una gran cantidad inicial de monedas (solo) de su propio país, y para poder realizar compras en el otro necesitan adquirir previamente moneda de ese país. Por tanto, esta economía tiene dos países con seis agentes cada uno, dos bienes, y dos tipos de monedas que solo poseen valor para los agentes en su propio país. Las preferencias de los sujetos fueron inducidas para valorar ambos bienes y únicamente la moneda local (el valor de reembolso de la moneda extranjera al final del experimento era cero). En cada país, los mercados de ambos bienes y el de moneda extranjera fueron implementados usando un sistema informatizado de subastas dobles (véanse los Capítulos 10, 12 y 13).

Se impusieron algunas restricciones para forzar el uso del mercado financiero internacional. Primero, todas las compras y ventas en un país debían ser hechas en la moneda local. Segundo, a ningún agente se le permitía exportar, pero todos los agentes podían importar. Es decir, los agentes, para poder comprar en el otro país, debían acudir al mercado financiero y comprar moneda extranjera con su moneda local. Una vez habían hecho sus compras en el otro país, los agentes podían transportarlas a su país sin coste alguno y una vez allí podían consumirlas o revenderlas a cambio de la moneda local.

El tipo de cambio, es decir, el precio de la moneda del país 1 en términos de la moneda del país 2, se determinó de tal forma que equilibraba la balanza de pagos. Así, el tipo de cambio aseguraba la igualdad entre la demanda y la oferta de divisas de ambos países que se derivan del flujo de las transacciones internacionales. En este sentido, la principal hipótesis que se debe contrastar se refiere a la ley del precio único (que garantiza la paridad del poder adquisitivo). La hipótesis alternativa es de nuevo el modelo autárquico, en el cual el intercambio no ocurre y, por tanto, la ley del precio único no se cumple.

De acuerdo con los autores, el modelo autárquico es sólidamente rechazado por estos experimentos. Ellos encuentran que, en general, el modelo competitivo funciona bastante bien, pero ciertas partes del modelo no. Por ejemplo, los tipos de cambio convergen rápidamente con los valores de equilibrio predichos por el modelo, pero los precios en algunos de los bienes no. Además, la ley del precio único no se cumple. Los autores conjeturan que este fracaso reside no tanto en el modelo de equilibrio competitivo como en las diferentes velocidades de convergencia en el ajuste de los precios en los dos mercados locales.

Fisher (2001), en un trabajo posterior, revisa el asunto de la ley del precio único y la paridad del poder adquisitivo en una versión enormemente simplificada del experimento de Noussair, Plott y Riezman (1997). En este nuevo diseño, hay:

- Dos tipos de bienes: verdes y rojos.

- Dos tipos de monedas: verdes y rojas.

Hay dos países y cada uno de ellos produce un único bien. Los bienes verdes están disponibles en una oferta elástica a un precio (de moneda verde) constante en cada periodo, y los bienes rojos están disponibles en una oferta elástica a un precio (de moneda roja) que se anuncia al principio de cada periodo. En esencia, el experimentador controla la oferta de los bienes en el mercado. Además, monedas verdes y rojas son intercambiables en el mercado.

Mientras que a cada sujeto se le dotó con una amplia oferta de monedas verdes, en cada periodo había una oferta fija (y, por tanto, perfectamente inelástica) de monedas rojas en el mercado. Una vez el precio del bien rojo era anunciado, las monedas rojas se subastaban bajo "segundo precio con oferta sellada" (véase el Capítulo 12). El precio de equilibrio que vaciaba el mercado (el precio que iguala la segunda apuesta más baja) de una unidad de moneda roja en términos de una unidad de moneda verde, era interpretado como el tipo de cambio nominal para ese periodo.

Una vez determinado el tipo de cambio, los sujetos podían comprar unidades del bien rojo y del bien verde. La principal hipótesis que contrastó Fisher fue –una versión relativa de la paridad del poder adquisitivo– que el tipo de cambio nominal se mantenía constante entre periodos. Una segunda hipótesis fue –la paridad del poder adquisitivo absoluta– que el tipo de cambio real es igual a la tasa de sustitución entre los bienes extranjeros y locales.

Fisher encuentra evidencia experimental convincente para ambas versiones, absoluta y relativa, de la paridad del poder adquisitivo. Este hallazgo parece confirmar la conjetura de Noussair, Plott y Riezman (1997) de por qué no encuentran en sus experimentos apoyo para la paridad del poder adquisitivo. Esto es, las diferentes velocidades de convergencia en el ajuste de los precios en los dos mercados locales parecen relevantes y deben ser tenidas en cuenta a la hora de diseñar experimentos de laboratorio.

Políticas macroeconómicas

Ya que experimentar con políticas macroeconómicas reales es normalmente imposible (y cuestionable éticamente), el laboratorio proporciona un entorno ideal para evaluar el posible impacto de las políticas macroeconómicas antes de que estas sean aplicadas. En esta sección discutimos dos áreas en las cuales se han utilizado los experimentos de laboratorio.

Compromisos creíbles

Una pregunta muy importante para la práctica de las políticas macroeconómicas es cómo superar los problemas relacionados con el uso de políticas discrecionales que son óptimas (para los políticos) en el corto plazo, pero no lo son en el largo plazo. Un claro ejemplo de este problema surge en los modelos donde los políticos tienen incentivos para crear inflación con el fin de tratar de reducir el desempleo (la conocida curva de Phillips). Kydland y Prescott (1977) muestran como este tipo de políticas discrecionales generan una situación en la que los políticos ratifican las expectativas inflacionarias de los ciudadanos, por lo cual se termina con altos niveles de inflación sin mejora alguna en el desempleo.

Si los políticos fueran capaces de comprometerse con credibilidad a una política de inflación cero, se evitaría el problema y el óptimo social seria alcanzable. En teoría, Barro y Gordon (1983) resuelven este problema al modelar la situación como un juego repetido infinitamente entre los políticos y los ciudadanos. En su modelo, los jugadores usan estrategias de manera que los políticos poseen una reputación que les permite aplicar la política social óptima (como en todos los juegos repetidos infinitamente, también existen muchos otros equilibrios). Los experimentos de Van Huyck *et ál.* (1995, 2001) fueron diseñados para poner a prueba estas ideas teóricas.

Van Huyck *et ál.* (1995, 2001) utilizan un juego que captura de manera muy sencilla las tres situaciones mencionadas anteriormente. Nos preocupa la formulación de las políticas en situaciones en las que los políticos:

- No tienen una forma de comprometerse.

- Si pueden comprometerse creíblemente.

- Pueden comprometerse creíblemente para mantener su reputación en un juego repetido infinitamente.

Cada repetición del juego tiene dos períodos y dos jugadores. En cada repetición, los sujetos son asignados aleatoriamente ya sea al papel de político o al de ciudadano.

En el primer periodo de una repetición, el ciudadano recibe un ingreso, Y, y debe decidir cuánto consumir en este periodo, $C_1 \geq 0$, y cuánto invertir, $I \geq 0$, a una tasa de rentabilidad, $r > 0$. La cantidad disponible para consumir en el segundo periodo, $C_2 \geq 0$, depende de la cantidad invertida en el periodo 1 y la fracción transferida al político por medio de un tipo impositivo, m, concretamente, $C_2 = (1 - m)(1 + r) \times I$.

En el tratamiento que simula la situación sin compromisos creíbles, el político escoge el tipo impositivo *después* de que el ciudadano tome la decisión de cuánto invertir. En este caso, la acción óptima para el político es siempre escoger el tipo impositivo más alto, $m = 1$, y por ende es óptimo para el ciudadano no invertir, $I = 0$.

En el tratamiento que simula la situación con compromisos creíbles, el político debe escoger el tipo impositivo *antes* de que el ciudadano decida cuánto invertir. En este caso, el político tiene un incentivo para elegir un impuesto más bajo con el fin de estimular al ciudadano para que haga una inversión positiva (de hecho, el político elige el tipo que maximiza el bienestar social: $m^* = r / (1 + r)$ y $I^* = Y$).[8]

Por último, en el tratamiento que simula el juego repetido infinitamente, los sujetos juegan indefinidamente sin compromisos creíbles: juegan repetidamente en parejas fijas y con una probabilidad de continuación que es lo suficientemente alta como para que haya un equilibrio donde se obtiene el óptimo social.

Los resultados verifican que los niveles de inversión son mayores y, en general, están más cerca del óptimo social en los tratamientos con compromisos creíbles que en los tratamientos sin compromisos creíbles (y sin repetición), los cuales se ubican cerca del equilibrio de no inversión. Los tratamientos con repetición indefinida muestran niveles de inversión intermedios.

En otras palabras, los autores encuentran que la reputación no sustituye perfectamente a un mecanismo de compromiso creíble. Este es un resultado importante ya que fuera del laboratorio generalmente no tenemos buenos mecanismos para comprometer a los políticos y, en su lugar, nos conformamos con mecanismos basados en la reputación.

Políticas fiscales

Riedl y Van Winden (2007) diseñaron un experimento para examinar si las prestaciones por desempleo pueden generar un círculo vicioso de desempleo y dete-

---

[8] Las letras con un asterisco m^* e I^* se refieren los valores de m e I que maximizan los ingresos de los jugadores teniendo en cuenta que ambos actúan de manera óptima. En otras palabras, en el equilibrio del juego.

rioro del impulso de una economía en su conjunto.[9] Concretamente, investigan experimentalmente el funcionamiento de aquellas economías que operan bajo un sistema de prestaciones por desempleo financiadas con impuestos sobre el salario, como es común en muchos países desarrollados. Consideran dos tipos de economía: una economía cerrada y una abierta. La economía abierta consta de dos países, un país relativamente pequeño y otro relativamente grande.

En ambas economías hay consumidores y productores. Cada consumidor está dotado con *K* unidades del factor capital y *L* unidades del factor trabajo, que pueden vender a los productores como inputs de producción. Además, los consumidores obtienen una prestación por desempleo por cada unidad del factor trabajo no vendido. Esta prestación por desempleo pueden usarla los consumidores para comprar en los mercados de bienes finales. Los consumidores obtienen utilidad (dinero) del consumo de dos bienes finales, *Y* y *Z*, y del "ocio", esto es, de las unidades no vendidas del factor trabajo.[10] Los bienes *Y* y *Z* se producen en dos sectores separados. Los productores de estos sectores necesitan *K* y *L* como inputs, que se transforman en bienes finales a través de sus tecnologías de producción.[11] Las tecnologías de los dos bienes difieren en el sentido de que la producción del bien *X* es relativamente intensiva en capital, mientras que la producción del bien *Y* es relativamente intensiva en trabajo. Los productores obtienen utilidad (dinero) de sus ventas (una vez descontado el coste de producción). El coste del factor trabajo incluye un impuesto proporcional sobre el salario.

- En la economía cerrada hay cuatro mercados: dos de factores (para *K* y *L*) y dos de bienes finales (para *Y* y *Z*).

- En la economía abierta hay los mismos mercados, pero tanto el de capitales como el del bien final *Y* son mercados abiertos (expuestos), mientras que el mercado de trabajo y el del bien final *Z* son mercados locales (protegidos).

En ambas economías, estos mercados se implementaron usando un sistema informatizado de subastas dobles (véanse los Capítulos 10, 12 y 13). Además, mientras que el número de consumidores y productores fue el mismo para ambos países en la economía abierta, a los consumidores del país *grande* se les dotó con siete veces más unidades de *K* y *L* que a los consumidores del país *pequeño*.

---

[9] Este trabajo de investigación fue realizado a petición del Ministerio de Asuntos Sociales y Empleo holandés. Las autoridades pidieron expresamente a los autores experimentos de laboratorio para indagar en la formulación de sus políticas macroeconómicas.

[10] Las preferencias del consumidor son inducidas por una versión logarítmica-lineal de una función de utilidad del tipo Cobb-Douglas.

[11] Las funciones de producción son aproximaciones discretas de una función de producción tipo CES (elasticidad de sustitución constante).

Los autores encuentran evidencia experimental sobre los efectos económicos negativos de utilizar los impuestos sobre el salario como medio de financiación de las prestaciones por desempleo. Además, ellos encuentran que el empleo puede ser impulsado con déficit presupuestario. Sin embargo, una vez que el impuesto salarial se ve obligado a ajustarse para equilibrar el presupuesto, tanto el nivel de empleo como el PIB real y otros indicadores económicos, poco a poco tienden a estabilizarse en un nivel sustancialmente bajo que no llega a la predicción de equilibrio.

Van der Heijden *et ál.* (1998) analizan una posible explicación de la estabilidad del sistema público de pensiones mediante la presencia de un "contrato social" voluntario entre generaciones. Los autores diseñan un mecanismo de decisiones individuales sobre transferencias en un entorno experimental de generaciones solapadas en el que la generación presente puede vigilar y reaccionar a las transferencias de la generación previa. Con este objetivo, en uno de los tratamientos, a los sujetos se les proporciona información sobre el nivel de transferencias (pensiones) de la generación previa; y en un segundo tratamiento, esta información se halla ausente. En ambos tratamientos, cada sujeto (generación) P_t decide sobre una transferencia (pensión) al sujeto P_{t-1} y, a su vez, el sujeto P_{t+1} decide sobre una transferencia al sujeto P_t, y así sucesivamente. Los sujetos viven dos periodos. En el primer periodo (cuando jóvenes), los sujetos reciben una dotación de nueve unidades, de las cuales solo siete son transferibles. En este primer periodo, los *jóvenes* deben decir cuánto transferir a los *viejos* actuales. Las unidades no transferidas por los jóvenes son destinadas a su propio consumo. En el segundo periodo (cuando viejos), los sujetos reciben una dotación no transferible de una unidad más las unidades transferidas por los *jóvenes* actuales. Además, los sujetos tienen preferencias inducidas para preferir un consumo estable en ambos periodos.

El principal resultado de estos experimentos es que el nivel y la estabilidad del sistema de transferencias no descansa en la posibilidad de controlar (monitorizar) las transferencias de generaciones previas. Esto es, la disponibilidad de los sujetos a mantener la transferencia de jóvenes a viejos parece independiente de la posibilidad de conocer las decisiones previas. Además, los autores encuentran poca evidencia de premio o castigo entre generaciones.

Conclusión

Los estudios empíricos de modelos macroeconómicos son notoriamente difíciles de realizar. En general, los investigadores no pueden observar directamente el comportamiento de los agentes económicos y solo pueden inferir indirectamente el efecto de las políticas macroeconómicas. Además, una evidencia que es consistente con una teoría en particular también puede ser consistente con otras teorías alternativas con supuestos muy diferentes. Los experimentos de laboratorio tienen la ventaja de que pueden descartar de manera convincente teorías alternativas, pero no debemos olvidar que tienen el inconveniente de que estudian necesariamente economías muy sencillas (en comparación con una economía real). Por el contrario, los datos empíricos son mucho más ricos pero dejan abierta al debate la relevancia de las diferentes teorías. Dado que ambos modos de investigación tienen sus ventajas y limitaciones, lo mejor es usarlos de manera complementaria. Por ejemplo, los resultados experimentales se pueden utilizar para reforzar la interpretación de los datos empíricos e inversamente los estudios empíricos pueden inspirar nuevos experimentos de laboratorio.

17. EXPERIMENTOS EN ECONOMÍA POLÍTICA

Humberto Llavador
Universitat Pompeu Fabra y BGSE, Barcelona

Robert Oxoby
University of Calgary

Introducción

Las votaciones y las elecciones ejercen un doble papel como sistemas de decisión social. En primer lugar, son un sistema de agregación de preferencias: sirven para elegir entre distintas alternativas cuando unos ciudadanos prefieren unas y otros ciudadanos prefieren otras. En segundo lugar, son un sistema de agregación de información: cuando los individuos coinciden en sus preferencias pero sólo tienen una información parcial sobre el *estado del mundo* y, por tanto, ignoran cuál es la mejor alternativa, un sistema de votación puede servir para agregar toda esta información descentralizada. De este modo, cada individuo puede mejorar así la probabilidad de escoger la opción correcta.

Los estudios experimentales han analizado ambas facetas y se han preocupado de las mismas preguntas que atraen la atención de los investigadores empíricos de la ciencia política: la participación electoral, el comportamiento estratégico de los votantes, la convergencia de las plataformas electorales, el voto retrospectivo,[1] la coordinación de los votantes cuando hay más de dos alternativas, la importancia de la transmisión de información, etc.

En este capítulo abordamos estos temas utilizando algunos de los experimentos más representativos de la economía política, es decir, la rama de la ciencia política con un planteamiento teórico formal. Obviamente, no podemos cubrir toda la literatura, y en particular omitiremos los experimentos sobre "decisiones

---

[1] Los ciudadanos votan retrospectivamente cuando usan las actuaciones pasadas de los políticos en el poder para evaluarles.

en comités", que en muchos casos son el origen de los experimentos sobre elecciones que aquí presentamos.

Los primeros dos apartados estudian las elecciones como mecanismos de agregación de preferencias, analizando el comportamiento de los votantes y de los candidatos. El tercer apartado estudia la capacidad de las votaciones para agregar información, presentando algunas de sus implicaciones y paradojas más importantes.

Comportamiento del votante

Abstención y participación

Uno de los principales temas de estudio en relación con el comportamiento del votante se conoce como la *paradoja de la participación*: en elecciones con un gran número de votantes, la probabilidad de que un voto sea decisivo o pivote es aproximadamente cero. Es decir, un voto tiene una relevancia ínfima en el resultado de las elecciones. En consecuencia, haciendo un análisis coste-beneficio, votar es irracional, pues los costes (por ejemplo, dejar de ir a la playa) superan los posibles beneficios esperados.[2]

Por tanto, desde una perspectiva racional, es necesario explicar no los niveles de participación relativamente "bajos" en elecciones generales sino, por el contrario, por qué los ciudadanos deciden participar en estas elecciones cuando su voto cuenta muy poco o, lo más probable, nada en absoluto. ¿Ignoran los votantes el cálculo estratégico del voto, basado en la probabilidad de ser el votante decisivo? ¿Votan simplemente porque les gusta votar?

Estas preguntas son especialmente complicadas de analizar empíricamente utilizando datos de campo ya que las variables de interés, en particular la percepción de los beneficios y de los costes de participación, son casi imposibles de medir o incluso de aproximar utilizando variables observadas. Los experimentos de laboratorio se presentan, pues, como una opción especialmente interesante. Pero, ¿cómo diseñar los costes y beneficios de participar en las elecciones?

En sus experimentos, Bornstein (1992) y Schramm y Sonnemans (1996a, b) identifican el acto de votar con la adquisición de fichas para el grupo al que el individuo pertenece. Los participantes se dividen en dos grupos que compiten entre sí para elegir la opción ganadora.

---

[2] La paradoja de la participación fue ya identificada por autores pioneros en el estudio formal de la teoría política, como Downs (1957) o Riker y Ordeshook (1968).

- Cada individuo tiene que decidir cuántas fichas comprar, cuyo coste está dado, sabiendo que sus ganancias dependerán del número total de fichas adquirido por su grupo en relación con el número adquirido por el otro grupo.

- Todos los miembros de un mismo grupo reciben las mismas ganancias.

Lo más interesante es que este diseño permite manipular explícitamente el coste de votar (mediante el precio de cada ficha) y los beneficios de votar (mediante ganancias contingentes al número de fichas adquiridas por el grupo).

A pesar de la simplicidad del diseño, los experimentos de Schramm y Sonnemans permiten analizar no sólo los efectos de los costes y los beneficios sobre el comportamiento de los votantes (es decir, el número de fichas que cada individuo decide comprar), sino también los efectos de las variaciones en el tamaño del grupo.

Más aún, dada la manera tan directa en la que fueron capaces de caracterizar la acción de votar, los autores pudieron manipular el marco institucional para explorar los efectos de distintas instituciones políticas sobre el comportamiento de los votantes. Con respecto a las instituciones, Schramm y Sonnemans consideraron dos sistemas:

- Un sistema de mayoría (con un único grupo ganador).

- Un sistema de representación proporcional.[3]

En el primer sistema sólo los miembros del grupo ganador reciben una ganancia positiva, mientras que en el sistema proporcional cada individuo recibe una ganancia proporcional a la fracción de fichas totales adquiridas por el grupo al que pertenece. Cada votante participó en 20 rondas, y los experimentos se llevaron a cabo con grupos de 12, 24 y 48 votantes en cada elección.

Los resultados de los experimentos son sorprendentes. Primero, mientras que la participación se comporta como era de esperar respecto a los costes y beneficios (la participación aumenta cuando el coste cae y disminuye cuando el coste sube), la participación fue consistentemente mayor en el sistema mayoritario que

---

[3] El sistema proporcional es el dominante en Europa Occidental. En él se eligen varios miembros del Congreso por cada distrito electoral, recibiendo cada partido un número de diputados aproximadamente proporcional al número de votos recibidos. Por otro lado, los países anglosajones, como Reino Unido, Nueva Zelanda, Canadá y Australia, tienden a utilizar un sistema mayoritario, en el que se elige solamente al diputado que más votos tiene en cada circunscripción electoral, por lo que el resto no obtiene representación.

en el de representación proporcional.[4] Los autores también obtuvieron evidencia de que la participación (el número de fichas adquirido) disminuye con el tamaño del grupo, aunque el efecto fue pequeño y estadísticamente no significativo.

En estos experimentos, los costes se mantuvieron constantes entre individuos, sugiriendo que los cambios de comportamiento en diferentes marcos institucionales y con distintos tamaños de grupo responden fundamentalmente a la percepción de los distintos beneficios del voto. En otras palabras, los resultados sugieren que los votantes son más sensibles a los beneficios percibidos que a los costes de votar.[5]

Un problema importante de este tipo de modelos es la multiplicidad de equilibrios y el elevado grado de incertidumbre estratégica por parte de los sujetos, lo que dificulta la interpretación de los resultados (véase el Capítulo 3). Levine y Palfrey (2007) evitan este problema con un planteamiento distinto. En sus experimentos, todos los miembros de un mismo partido (o grupo) reciben los mismos beneficios, pero tienen distintos costes. El coste de cada individuo es información privada, pero todos conocen la distribución de la que se deriva. Este diseño permite elegir una distribución que implique un único equilibrio.[6]

Detrás de este experimento se encuentra el modelo teórico de Palfrey y Rosenthal (1985), que no detallaremos en este capítulo pero que implica tres hipótesis a contrastar con los resultados del experimento.

i) La *hipótesis del tamaño*: manteniendo las preferencias constantes, la participación debería disminuir conforme aumenta el tamaño del electorado.

ii) La *hipótesis de la competencia*: manteniendo el tamaño del electorado constante, la participación debería aumentar conforme la fracción de votantes a favor de cada partido se acerca al 50%.

---

[4] Las primeras rondas del sistema mayoritario presentaron una participación en torno al 50%, que fue cayendo consistentemente hasta el 20% en las últimas rondas. En el sistema proporcional, la participación inicial se colocó en torno al 30%, cayendo muy gradualmente hasta el 20% en las últimas dos rondas. Es importante remarcar, sin embargo, que en ninguno de los dos casos es posible saber si la participación hubiese seguido cayendo con la experiencia, de haberse continuado un mayor número de rondas.

[5] Después de las 20 rondas oficiales, Schramm y Sonnemans permitieron la comunicación entre los participantes de un mismo grupo, que pudieron intercambiar impresiones sobre los resultados de las rondas anteriores. Después realizaron una serie de "rondas sorpresa" de votación. En estas rondas la participación prácticamente se dobló, sugiriendo que la comunicación (y el invo-lucramiento que genera) pueden tener un importante papel en la determinación de la participación electoral.

[6] En equilibrio existen valores críticos de los costes, de manera que:
• todos los miembros de un grupo con costes por encima del valor crítico de ese grupo se abstienen; y
• el resto de miembros del grupo, con costes por debajo del valor crítico, votan.

iii) La *hipótesis del perdedor:* los partidarios del partido minoritario (aquel con menos de la mitad de la población a su favor) deberían decidirse por votar en mayor proporción que los del partido mayoritario.

Los resultados de los experimentos de Levine y Palfrey (2007) apoyan las tres hipótesis, aunque la participación tiende a ser mayor que en las predicciones teóricas en elecciones con un mayor número de votantes, y menores que en las predicciones teóricas en elecciones con un menor número de votantes. Estos resultados los puede observar en la Tabla 17.1, en la que se comparan las tasas de participación en el equilibrio teórico con las obtenidas en los experimentos.

Tamaño de los partidos (partido mayoritario-partido minoritario)	2-1	5-4	6-3	14-13	18-9	26-25	34-17
Participación de la minoría en equilibrio	54	41	46	27	30	21	24
Participación real de la minoría (datos)	53	44	48	38	38	33	39
Participación de la mayoría en equilibrio	64	37	45	23	30	17	23
Participación real de la mayoría (datos)	64	40	45	28	36	27	36

Nota: Reproducción de la Tabla 1 en Palfrey (2009). Fuente: Levine y Palfrey (2007).

Tabla 17.1. Porcentaje de participación: equilibrio y datos.

Comportamiento estratégico

Además del tema de la participación, los experimentos también ofrecen la oportunidad de investigar hasta qué punto los votantes se comportan estratégicamente y deciden apoyar a candidatos que, sin ser sus preferidos, pueden ayudar a obtener un resultado electoral más favorable. El voto estratégico puede tener importantes consecuencias. Por ejemplo, considera unas elecciones por mayoría con tres candidatos, A, B y C, y las siguientes características:

- La mayoría del electorado (digamos un 60%) prefiere A o B a C, pero está repartida por igual entre los dos candidatos: el 30% apoya a A y el 30% a B.

- El restante 40% tiene a C como su opción preferida.

En ausencia de voto estratégico, si los individuos votaran por su candidato favorito, C ganaría las elecciones a pesar de que una mayoría preferiría que ganase cualquiera de los otros dos candidatos.[7] Observa que el voto estratégico no es su-

---

[7] Se dice que un candidato es un *perdedor de Condorcet* si siempre pierde en una elección cara a cara frente a cualquiera de los otros candidatos. En nuestro ejemplo, el candidato C es un perdedor de Condorcet ya que en una votación dos a dos recibiría el voto en contra del

ficiente para evitar esta situación, pues los votantes han de coordinarse respecto a qué candidato, entre sus preferidos, escoger.

Forsythe (1993) plantea un procedimiento que es común a este tipo de experimentos: hay tres opciones políticas y los participantes (los votantes) son asignados a "grupos de votantes" que comparten su opción preferida. De esta manera, el experimentador puede manipular las ganancias y el tamaño de los grupos y, en particular, el grado de división de la mayoría de los votantes entre las dos opciones con mayor apoyo.

A grandes rasgos, los resultados de los experimentos muestran que los perdedores de Condorcet aparecen en ausencia de señales que indiquen cómo votarán los individuos. En estas circunstancias, los individuos, ignorando la distribución de las preferencias, pueden no votar o simplemente votar sinceramente por su candidato favorito.

Sin embargo, en presencia de señales informativas sobre la distribución de las preferencias (mediante encuestas o campañas electorales que favorecen a uno de los candidatos mayoritarios), una mayoría de los individuos se comporta estratégicamente y vota por el candidato con un apoyo mayoritario, aunque no coincida con su candidato favorito.

Elecciones y competencia política

El votante mediano o elecciones con dos candidatos
El teorema del votante mediano (TVM) establece que, bajo ciertas circunstancias, en una votación por mayoría con sólo dos candidatos, las plataformas electorales convergen al punto ideal del votante mediano. En otras palabras, si existen ganadores de Condorcet, entonces serán elegidos. Pero, ¿sucede esto en la realidad? A primera vista parece que existe una divergencia significativa entre las plataformas de distintos candidatos o distintos partidos, y ello incluso en sistemas de votación por mayoría con un único ganador. Es decir, ni siquiera en entornos propicios para esta teoría (con un ganador por mayoría y votaciones cara a cara) las plataformas políticas tienden a ser idénticas y, por tanto, difícilmente convergen al votante mediano.

Para analizar esta cuestión en el laboratorio, McKelvey y Ordeshook (1982) diseñaron toda una serie de experimentos con dos candidatos en un espacio políti-

---

60% de los votantes. En contraposición, un candidato se dice que es un *ganador de Condorcet* si, compitiendo con cualquier otro candidato, nunca pierde en una votación por mayoría.

co bidimensional.[8] Cada experimento consistía en una serie de rondas en las que dos sujetos, siempre los mismos o "parejas" (véase el Capítulo 7), seleccionaban sendas estrategias después de haber observado la selección del otro candidato en rondas previas y los consecuentes resultados electorales.

Estos experimentos tenían como único objetivo analizar a los candidatos que, además, no tenían preferencias sobre los distintos temas políticos y sólo obtenían beneficios si ganaban las elecciones. Los votantes eran actores artificiales que simplemente votaban por el candidato con la propuesta más cercana a su política ideal. Finalmente, la configuración de las preferencias y la distribución de los votantes era tal que existía un ganador de Condorcet.

Las Figuras 17.1a y 17.1b resumen las propuestas de políticas de los candidatos en las cinco primeras y las cinco últimas rondas de las elecciones espaciales con cinco votantes y existencia de equilibrio. El lector puede observar que, en este espacio bidimensional de políticas con un ganador de Condorcet, los candidatos convergen al punto donde éste se sitúa. Comparando los gráficos, se puede apreciar además un proceso de aprendizaje y ajuste en el tiempo. De la misma manera en que los mercados competitivos convergen al precio competitivo, las plataformas en elecciones competitivas convergen al ganador de Condorcet.

Estos experimentos se llevaron a cabo en un entorno de información completa: los candidatos (los sujetos de los experimentos) estaban perfectamente informados sobre las preferencias de todos los miembros del electorado y se asumía que el electorado (creado artificialmente) votaba de acuerdo con las estrategias de los candidatos.

Evidentemente, en la realidad los candidatos no disfrutan de tanta información y sólo poseen datos incompletos sobre las preferencias del electorado. Además, los votantes normalmente disponen de una información relativamente pobre sobre las políticas que los candidatos llevarán a cabo. Por tanto, es importante conocer cuánta información se requiere sobre los votantes y sobre los candidatos para obtener el resultado de convergencia al ganador de Condorcet.

---

[8] Un espacio político es multidimensional cuando las políticas se representan por un vector de características (bien porque son intrínsecamente multidimensionales, por ejemplo un sistema de imposición progresivo, o porque se trata de un paquete de políticas, con cada dimensión representando un tema distinto). Cuando hay un solo tema y la política se puede caracterizar por un solo número (por ejemplo, un tipo impositivo), decimos que el espacio político es unidimensional.

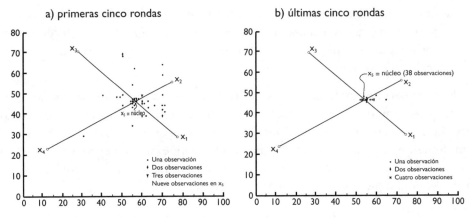

Reproducción de la Figuras 5.8a y 5.8b en McKelvey y Ordeshook (1990). Fuente: McKelvey y Ordeshook (1982).

Figura 17.1. Elecciones espaciales con cinco votantes y existencia de equilibrio.

En relación con el primer punto, la información requerida sobre los votantes, Plott (1991) llevó a cabo 10 experimentos donde los candidatos no conocían las preferencias de los votantes, pero podían hacer preguntas al electorado y, cada cierto tiempo, se realizaban encuestas de intención de voto.[9] La conclusión principal de estos experimentos es que los resultados anteriores tienden a repetirse, apoyando la idea de que la información ofrecida por las encuestas es suficiente para que los candidatos converjan. Sin embargo, los resultados de los experimentos piloto "sin preguntas" sugieren que no se habría obtenido convergencia en ausencia de las encuestas.

En relación con el segundo punto, el pobre nivel de información del que disponen los votantes en los procesos electorales, McKelvey y Ordeshook(1990) realizaron varios experimentos en un espacio político unidimensional.[10] En estos experimentos, cada uno constituido por ocho elecciones, los candidatos estaban perfectamente informados sobre las preferencias de los votantes. Cada elección comenzaba con la selección de las posiciones políticas por parte de los dos candidatos, seguido por dos encuestas de opinión y, a continuación, la votación para determinar el ganador. Había votantes informados y votantes desinformados:

---

[9] Principalmente los candidatos hacían preguntas del tipo: "¿Cuántos de vosotros preferiríais que propusiese el punto x ?".

[10] Aunque los resultados originales de McKelvey y Ordeshook se encuentran en sus publicaciones de los años ochenta (McKelvey y Ordeshook, 1982, 1985a, 1985b), su Capítulo 5 en *Advances in the Spatial Theory of Voting* presenta un interesante resumen de sus resultados (McKelvey y Ordeshook, 1990).

- Una mayoría del electorado (la mitad más uno) eran votantes *informados* a los que se les comunicaba las posiciones de los candidatos.

- El resto del electorado eran votantes *desinformados* que debían basarse en señales (como por ejemplo apoyos, encuestas de opinión o su situación relativa respecto al resto del electorado) para tomar una decisión.

En teoría, la información recibida debía ser suficiente para producir un equilibrio de expectativas racionales en el que todos los votantes votasen como si tuviesen información perfecta sobre la posición de los candidatos.

En los resultados de los experimentos, los votantes desinformados votaron "correctamente" un 84,9% de las veces y los candidatos convergieron rápidamente al punto preferido por el votante mediano. Por tanto, parece que podemos concluir que el teorema del votante mediano es robusto a estas estructuras de información incompleta.

En otras palabras, en un sistema político unidimensional con candidatos exclusivamente interesados en ganar las elecciones, encontramos un fuerte apoyo a la hipótesis de la revelación total a los votantes y también a la convergencia de los candidatos.[11]

A pesar de que los sujetos participaban en una serie de rondas de manera que pudiesen aprender los procesos de información, los experimentos descritos hasta ahora se restringían a resultados en una sola elección. Sin embargo, una buena parte de la literatura que estudia el comportamiento de los votantes sugiere que éstos votan retrospectivamente, es decir, basándose en las actuaciones pasadas de los políticos en el poder. Para estudiar este aspecto existe toda una serie de experimentos en los que sólo el candidato que gobierna actualmente (el "titular", que se suele denominar en la literatura como *incumbent*) puede elegir una posición política, la cual determina las ganancias de los votantes.[12]

En ausencia de campañas electorales, los votantes tienen que elegir entre el candidato actual o un candidato alternativo, basándose exclusivamente en el flujo de beneficios recibidos en el pasado. El titular en el gobierno sólo conoce la historia de las posiciones escogidas por los anteriores candidatos en el poder y el apoyo electoral que recibieron y, con esta información, debe escoger su posición

---

[11] Cuando el análisis se extiende a dos dimensiones, la convergencia de los candidatos es más lenta. Se puede pensar que espacios políticos multidimensionales suponen decisiones sustancialmente mucho más difíciles y que, aumentando el número de rondas los candidatos acaban convergiendo. Sin embargo esta conjetura necesita probarse.

[12] Véase, por ejemplo, Collier *et ál.* (1987).

política. Los resultados de los experimentos muestran de nuevo que, en media, los candidatos convergen a la posición del votante mediano, y ello a pesar de la estructura de información tan limitada.

En resumen, incluso en *elecciones de laboratorio*, donde la relevancia de los resultados electorales es limitada, cuando los candidatos son idénticos y sólo obtienen beneficios de ganar las elecciones, el teorema del votante mediano es una buena aproximación a los resultados de un sistema de competencia electoral espacial con dos candidatos. Las estrategias de los candidatos tienden a converger y el ganador de Condorcet es una buena predicción del resultado de unas elecciones competitivas.

Otra cuestión interesante es que el resultado de la convergencia en elecciones con dos candidatos es robusto con respecto a la información que los votantes tienen sobre los candidatos y a la información que los candidatos tienen sobre los votantes. De hecho, es necesaria muy poca información. Por tanto, parece deducirse que es irracional por parte de los votantes acumular información costosa de obtener cuando existen otras fuentes, como son las encuestas, los apoyos o la transmisión de boca en boca, que son prácticamente gratuitas.[13]

Sin embargo, como veremos el apartado *Competiciones asimétricas*, este resultado de convergencia no es inmune a cambios en el entorno y desaparece en presencia de características de los candidatos independientes de sus posiciones políticas (*valence issues*), o cuando los candidatos tienen preferencias políticas y existe incertidumbre sobre la posición del votante mediano.

Elecciones con más de dos candidatos
En muchas elecciones hay más de dos candidatos que compiten bajo un sistema de mayoría simple. Estas elecciones son especialmente interesantes porque los resultados teóricos no son concluyentes y, de hecho, puede ocurrir prácticamente cualquier cosa en equilibrio. Incluso en una elección con tres candidatos y en la que existe un ganador de Condorcet, un candidato que escoge la posición de Condorcet puede quedar presionado por ambos lados por la competencia de los otros candidatos y ser eliminado. Por tanto, puede ocurrir que las posiciones ganadoras de Condorcet no resulten elegidas.

Plott (1991) utiliza el marco experimental descrito en la sección anterior para comparar elecciones con dos y con tres candidatos. La conclusión principal de sus resultados es que los experimentos con tres candidatos tienden a reproducir los

---

[13] De hecho, los resultados en Collier *et ál.* (1989) y Williams (1991) apoyan esta postura cuando extienden el entorno experimental y ofrecen a los votantes la posibilidad de obtener, con un coste, información sobre los candidatos.

resultados de equilibrio observados con dos candidatos: los candidatos tienden a converger, aunque la varianza es mayor en elecciones con tres candidatos. Sin embargo, la dinámica con la que se alcanza el equilibrio en sus experimentos es difícil de predecir ya que es complicado separar los efectos de los candidatos y de los votantes, y existe clara evidencia de un comportamiento estratégico o sofisticado por parte de estos últimos (véase el apartado *Comportamiento estratégico* de la sección anterior). De la observación de la evolución del experimento parece deducirse que el resultado es sensible al momento en que se decide terminar el experimento, es decir, al periodo de duración de la elección. La competencia lleva a los candidatos hacia la posición del mediano, pero el candidato que queda en medio en el equilibrio, presionado entre los otros dos, cambia su política, iniciando un nuevo ciclo y un nuevo proceso de convergencia hacia el equilibrio. En resumen, el voto sofisticado y el momento de finalización parecen explicar los resultados finales.[14]

Hasta ahora, el administrador del experimento asignaba los papeles de candidatos y, por tanto, el número y las características de los candidatos venían dados exógenamente. Los modelos de ciudadano-candidato (*citizen-candidate models*) resuelven esta limitación y son un buen marco para analizar la decisión de presentarse, así como la endogenización del número de candidatos (véase Osborne y Slivinski, 1996, o Besley y Coate, 1997). Considera un conjunto de *n* ciudadanos (los sujetos del experimento):

- A cada sujeto se le asigna su punto ideal en un intervalo.

- Los sujetos tienen que elegir si se presentan como candidatos o no.

- Presentarse como candidato conlleva un coste y, de hecho, sólo pueden nominar su punto ideal como posición política en la elección.

- Las ganancias que reciben están determinadas por su decisión de entrar o no, el beneficio neto de ganar las elecciones (es decir, los beneficios de ganar las elecciones menos el coste de presentarse) y la distancia de su punto ideal con respecto al punto ganador.

- La votación es un acto automático, y el ganador es el candidato cuyo punto ideal está más cercano a una mayoría de los puntos ideales de los votantes. En caso de empate el ganador se determina por sorteo y, si nadie decide presentarse, se escoge aleatoriamente un punto entre todos los puntos ideales.[15]

---

[14] De hecho, en 1 de los 11 experimentos, es justamente el candidato de en medio el que gana las elecciones.

[15] En Cadigan (2005) se pueden encontrar los detalles de este experimento que se llevó a cabo con 5 individuos y en 10 sesiones.

Los resultados son esclarecedores. Cuando los costes de presentarse como candidato eran altos (de manera que el beneficio neto de ganar era bajo), un 86% de las decisiones observadas eran consistentes con la predicción teórica de que sólo se presenta un candidato, que además coincide con la posición del punto mediano.[16]

Cuando el coste es bajo, la teoría es menos concluyente y predice múltiples equilibrios. La parametrización de este experimento podía generar en concreto equilibrios con uno, con dos y con tres candidatos. Sin embargo, los resultados experimentales tendieron a apoyar, en general, un equilibrio simétrico con dos candidatos y con posiciones diferenciadas, aunque el proceso de convergencia fue lento: hasta las cinco últimas rondas no se observa un mayor número de candidatos por parte de ciudadanos a ambos lados de la mediana, y un menor número de candidatos con la posición mediana.

Competiciones asimétricas

En la mayoría de las elecciones los candidatos tienen características asimétricas, es decir, difieren en otros aspectos además de su localización política. Fuentes comunes de asimetría incluyen, entre otras, estar en el poder o ser el titular, los valores personales o la ideología. La implicación relevante de estas asimetrías es que la predicción teórica de equilibrio lleva a la divergencia de las posiciones políticas de los candidatos, incluso cuando el espacio de políticas es unidimensional.

Para la exposición de este apartado nos remitiremos al caso en que los candidatos tienen una característica personal identificable, pero los resultados son similares cuando los candidatos tienen una ideología política, es decir, preferencias sobre las distintas posiciones políticas.

Las valores personales de los candidatos, como por ejemplo el apellido familiar, ser una estrella del cine o del deporte o las características físicas o de personalidad, se distinguen porque otorgan ventaja a uno de los candidatos (más allá de la ventaja o la desventaja derivada de su localización política espacial), ya que la mayoría del electorado los valoran e independientemente de las plataformas electorales. Pensemos en un experimento como el que sigue:

- Dos candidatos escogen simultáneamente una posición entre tres posibles: $\{L,C,R\}$.

- Los candidatos ignoran la localización del votante mediano, pero saben que está en C con probabilidad a y que está en L o R con probabilidad $(1-a)/2$.

---

[16] En este experimento, como se observa frecuentemente en estos *juegos de entrada* (en los que la decisión es binaria: entrar o no entrar), se produce un número excesivo de entradas en relación a la predicción teórica del equilibrio de Nash.

La probabilidad *a* será la variable de control en el análisis. Los valores personales hacen que el candidato 1, el candidato con ventaja, gane las elecciones cuando ambos candidatos se encuentran equidistantes con respecto al votante mediano.

En este contexto, Aragonés y Palfrey (2004, 2005) encuentran apoyo para las siguientes implicaciones teóricas: el candidato desaventajado tiende a localizarse en posiciones más extremas que el candidato aventajado; más aún, conforme la distribución de los votantes se polariza (el valor de *a* se reduce), el candidato desaventajado tiende hacia el centro, mientras que el candidato aventajado tiende a adoptar posiciones más extremas.[17]

De los resultados se deriva que, en presencia de valores personales y con incertidumbre sobre la localización del votante mediano, no sólo los candidatos divergen en sus posiciones políticas sino que, en general, el candidato con desventaja relativa a los valores personales divergirá más cuando la distribución de las preferencias de los votantes sea unimodal.

Agregación de información y votaciones

Además de permitirnos escoger entre diversas opciones o candidatos, las votaciones pueden servir para agregar la información esparcida entre distintos individuos y así permitir tomar decisiones más acertadas. En el modelo habitual de agregación de información, un grupo de individuos comparten intereses y tienen que elegir una alternativa cuyas ganancias dependen del *estado del mundo*. Sin embargo, el grupo sólo tiene información parcial sobre cuál es el estado del mundo. Más aún, la información está descentralizada y cada individuo posee sólo una parte de ella.

La pregunta de interés es, por tanto: ¿puede un sistema de votación agregar esta información descentralizada y encontrar el verdadero valor del estado del mundo que les permita escoger la opción correcta?

Teorema del Jurado de Condorcet
El modelo original de agregación de información se remonta a Condorcet (1785), y las virtudes de la votación por mayoría se resumen en el conocido Teorema del Jurado de Condorcet (TJC). En pocas palabras, este teorema dictamina que, bajo condiciones muy generales, la votación por mayoría agrega la información de

---

[17] Estos resultados se han replicado con diferentes poblaciones de sujetos y con distintos protocolos de instrucciones, demostrando su robustez.

los individuos de manera eficiente y es capaz de descubrir la verdad, o escoger la opción adecuada, siempre que los individuos voten sinceramente. Por ejemplo, si la información de cada individuo es correcta con probabilidad 0,5, la percepción de la mayoría será correcta un mayor número de veces que la de cualquier individuo. En concreto, tres individuos con información estadísticamente independiente que decidan por mayoría acertarán con una probabilidad 0,64, frente al 0,5 en la decisión individual. Además, esta probabilidad tiende a 1 conforme el tamaño del grupo aumenta hasta el infinito. Por tanto, el TJC significa que la votación por mayoría es un buen sistema de agregación de información.

El análisis experimental ha demostrado la validez y robustez del TJC. De especial interés son los experimentos de Ladha *et ál.* (2003) y de Guarnaschelli *et ál.* (2000).[18] Ladha *et ál.* (2003) presentan los primeros experimentos que estudian si la regla de la mayoría supone una mejora respecto a las decisiones individuales. En estos experimentos un grupo formado por tres individuos tenía que descubrir el color de una bola extraída de una urna compuesta por 60 bolas blancas y 40 bolas negras. Obviamente, sin más información, la mejor opción para cada individuo es decir que la bola es blanca y acertar un 60% de las veces. Sin embargo, para analizar la agregación de información, el experimentador ofrecía a los individuos una señal sobre el color de la bola: cada individuo extraía privadamente una bola de una segunda urna, cuya composición dependía del color de la bola inicial:

- Si la bola inicial era negra, la segunda urna sólo contenía bolas negras.

- Si la bola inicial era blanca, la segunda urna contenía 60 bolas blancas y 40 bolas negras.

Por tanto, si un individuo observaba una bola blanca en la segunda urna sabía que el color inicial nunca podría ser negro. Por el contrario, si observaba una bola negra, el color inicial podía ser blanco o negro.[19] Después de recibir sus respectivas señales privadas, los tres individuos de cada grupo votaban y se tomaba una decisión por mayoría, es decir, salía elegido el color con al menos dos votos.

Los resultados de los experimentos de Ladha confirman el potencial de la decisión por mayoría para agregar información. Los grupos que decidían por ma-

---

[18] Ambos artículos obtienen conclusiones similares, aunque el foco principal de Guarnaschelli *et ál.* (2000) son las decisiones por unanimidad que no cubrimos en este tema.

[19] De hecho, si la bola observada era negra, la probabilidad de que el color inicial fuese negro era de un 62,5%. Este resultado se obtiene directamente aplicando el teorema de Bayes (véase el Capítulo 2):

$$\Pr[Negra \mid \text{señal\_Negra}] = \frac{\Pr[\text{señal\_Negra} \mid Negra] \times \Pr[Negra]}{\Pr[\text{señal\_Negra} \mid Negra] \times \Pr[Negra] + \Pr[\text{señal\_Negra} \mid Blanca] \times \Pr[Blanca]} = \frac{1 \times 0,4}{1 \times 0,4 + 0,4 \times 0,6} = 0,625.$$

yoría acertaron el color de la bola inicial un 93,75% de las veces. Sorprendentemente, este dato supera no sólo la tasa de acierto teórica de la decisión individual (76%), sino también la que el TJC predice (78,9%).[20]

La maldición del votante decisivo
Cuando permitimos la opción de abstenerse, la coexistencia de votantes informados y votantes desinformados tiene consecuencias interesantes. La presencia de votantes desinformados puede resultar en lo que Feddersen y Pesendorfer (1996) denominaron "la maldición del votante decisivo": un votante desinformado puede decidir abstenerse (bien no participando o haciendo pública su abstención) con la intención de delegar la decisión en aquellos votantes "mejor informados".

La razón de hablar de maldición es que un voto sólo es relevante cuando es decisivo y, por tanto, un votante desinformado, si es decisivo, puede obstaculizar la decisión de los votantes informados que comparten sus mismos intereses. Es racional, pues, decidir abstenerse, incluso cuando votar no lleva ningún coste asociado. Ahora bien, si existen votantes *partidistas* (quienes siempre apoyan una alternativa, independientemente de la situación), un votante desinformado puede decidir votar, y hacerlo incluso en contra de su información a priori, con el objetivo de compensar el voto de los partidistas y dejar la decisión en manos de los votantes *independientes* e informados. ¿Son los votantes suficientemente sofisticados como para que observemos este tipo de comportamiento?

Battaglini *et ál.* (2010) exploran este problema en el laboratorio. En sus experimentos, dos urnas con un 75% de bolas blancas se diferencian por el color del 25% de bolas restantes, rojas en la urna *A* y amarillas en la urna *B*. Una de las urnas es escogida al azar y cada individuo puede extraer una bola, observar su color y devolverla a la urna. Por tanto, inicialmente los individuos ignoran el estado del mundo (la urna escogida, aunque conocen la probabilidad de que cada urna sea escogida). Es interesante observar qué ocurre después de observar su señal (la bola extraída):

• Unos ciudadanos se convierten en informados cuando su bola es roja o amarilla.

---

[20] Estos valores se obtienen calculando la probabilidad de acierto condicionada a la señal obtenida. Un individuo que siga la información de la señal, acertará con la siguiente probabilidad:

Pr[señal_blanca | *Blanca*] × Pr[*Blanca*] + Pr[señal_Negra | *Negra*] × Pr[*Negra*] = 0,6 × 0,6 + 1 × 0,4 = 0,76.
Tres individuos eligiendo por mayoría acertarán siempre que al menos dos de ellos acierten, es decir, obtengan la señal correcta:

(Pr[{blanca, blanca, blanca} | *Blanca*] + 3 × [{blanca, blanca, negra} | *Blanca*]) × Pr [*Blanca*] +
(Pr[{negra, negra, negra} | *Negra*] + 3 × [{negra, negra, blanca} | *Negra*]) × Pr [*Negra*] = 0,648 × 0,6 + 1 × 0,4 = 0,789.

• Otros se convierten en desinformados cuando su bola es blanca.

Los resultados son esclarecedores. Los votantes desinformados se abstuvieron aproximadamente un 91% de las veces, apoyando la hipótesis de la maldición del votante decisivo. Además, tras la incorporación de votantes *partidistas* que siempre votaban por *A*, los votantes desinformados tuvieron tasas de participación y de voto incondicional por *B* acordes con las predicciones teóricas. Así pues, los votantes desinformados raramente votaban por *A*, mientras que la frecuencia de sus votos por *B* crecía conforme el número de votantes partidistas aumentaba.

Conclusiones

En este capítulo hemos estudiado algunos de los ejemplos más representativos del análisis experimental en economía política. Obviamente, no hemos sido exhaustivos ni en la lista de experimentos ni en los temas de economía política estudiados por la economía experimental. Aspectos tan relevantes como el papel de los medios de comunicación, el gasto en campañas electorales o la posibilidad de coaliciones de gobierno han sido también estudiados en el laboratorio.

Sin embargo, a pesar del reducido número experimentos presentados, dos conclusiones pueden deducirse de sus resultados, que además son consistentes con los obtenidos en muchos otros experimentos. En primer lugar, la evidencia es clara respecto a la existencia de un comportamiento estratégico y sofisticado por parte de los votantes, el cual se muestra tanto en las decisiones de participación como en presencia de "la maldición del votante decisivo", entre otros casos. En segundo lugar, aunque existen algunas diferencias cuantitativas entre los resultados en el laboratorio y las predicciones teóricas, como por ejemplo una mayor participación electoral en el laboratorio, es interesante remarcar que los resultados experimentales tienden a corroborar la mayoría de las predicciones de los modelos teóricos, como por ejemplo la capacidad de la elección por mayoría para agregar información; o la convergencia de políticas en competiciones simétricas pero su divergencia cuando aparecen asimetrías, fruto de la ideología o de las características personales de los candidatos.

18. Diferencias de género en cooperación y competencia

Eleonora Bottino,
Universidad Carlos III, Madrid

Roberto Hernán González
Economic Science Institute, Chapman University, Orange

Praveen Kujal
Universidad Carlos III, Madrid

Introducción[1]

La evidencia empírica indica que las mujeres reciben un salario menor que los hombres con las mismas habilidades, y que la presencia de mujeres en puestos directivos es menor que en tareas más administrativas. En este capítulo examinaremos los factores que se han propuesto para explicar estas diferencias desde tres perspectivas distintas:

- diferencias desde el lado de la oferta,

- desde el lado de la demanda, y

- el papel de la sociedad frente a la herencia biológica.

En primer lugar revisamos la literatura que analiza, desde el lado de la oferta, las diferencias de sexo en las preferencias por competir, cooperar y tomar riesgos, que pueden reducir la participación femenina en el mercado de trabajo. A continuación, estudiamos los factores que influyen desde la demanda, tales como la discriminación y las percepciones sobre otros grupos en función de su sexo. Por último, se discute qué parte de estas diferencias puede explicarse por la educación, es decir, el condicionamiento social de las personas, y qué parte son

---

[1] Las referencias son reducidas debido a las limitaciones de espacio. El lector puede consultar los trabajos aquí citados para ulteriores referencias.

de la propia naturaleza. Mientras que la naturaleza se refiere a como somos debido a diferencias fisiológicas y evolutivas, la educación se refiere a los efectos del entorno en nuestro comportamiento. Las conclusiones resumen los principales resultados.

Diferencias por el lado de la oferta: ¿Somos diferentes los hombres y las mujeres?

En esta sección analizamos desde varias perspectivas las diferencias entre trabajadores en función de su sexo. Primero analizamos si hay diferencias entre los hombres y las mujeres de cara a afrontar situaciones competitivas. Esto podría explicar por qué hay pocas mujeres ocupando puestos directivos. El segundo aspecto que analizamos son las diferencias en cooperación y, por último, las diferencias en preferencias sociales (las preferencias sobre competir podrían ser una parte de éstas). Las diferencias en las preferencias sociales pueden explicar cómo y por qué las mujeres rehúyen entornos caracterizados por grandes recompensas. Un mayor altruismo podría llevarlas a ser menos egoístas y, por ello, evitar situaciones que maximizaran sus propias ganancias.

Preferencias por competir
Como veremos a lo largo del capítulo, la evidencia empírica indica que a las mujeres les gusta competir menos que a los hombres. Gneezy, Niederle y Rustichini (2003, GNR en adelante) muestran uno de los primeros experimentos en este campo. En él piden a los participantes que resuelvan una serie de rompecabezas, bajo diferentes esquemas de pago:

- variable o a destajo: se paga a cada individuo en función de su rendimiento,

- torneo: sólo se paga al ganador (mayor número de rompecabezas resueltos).

En el entorno no competitivo, los hombres y las mujeres resuelven aproximadamente el mismo número de rompecabezas; en el torneo, en cambio, se constatan grandes diferencias de género.

De hecho, el aumento en el rendimiento de los hombres en el entorno competitivo es mucho mayor que el de las mujeres. Parece que los participantes masculinos reaccionan positivamente, aumentando su rendimiento, en un entorno competitivo. Los hombres responden más a la competencia. En realidad, el rendimiento medio de las mujeres no varía entre las dos modalidades de pago, mientras que el rendimiento de los hombres aumenta significativamente en los entornos competitivos.

Otro resultado interesante es que el rendimiento de las mujeres aumenta si el grupo está compuesto sólo por mujeres. Este resultado apunta a que el entorno afecta mucho más a las mujeres que a los hombres. Dicho de otro modo, los hombres y las mujeres realizan igualmente bien las tareas asignadas en entornos no competitivos, pero difieren en sus rendimientos cuando tienen que competir (véanse GNR, Gneezy y Rustichini, 2004, y Larson, 2005).

Niederle y Vesterlund (2007) examinan las decisiones entre competir y no competir, en un entorno sin discriminación. En sus experimentos, grupos de dos mujeres y dos hombres realizan una tarea real –tienen que sumar series de cinco números de dos dígitos durante cinco minutos– y reciben información de su rendimiento absoluto. Una vez terminada esa fase se les permite elegir el esquema de pago (variable o torneo) para la próxima tarea. Aunque el rendimiento de los sujetos no indica ninguna diferencia de género hay dos resultados interesantes:

• el 73% de los hombres elige el torneo frente a tan sólo el 35% de las mujeres,

• incluso cuando se comparan las opciones de hombres y mujeres con igual rendimiento, las desigualdades de género persisten.

Llama la atención que los hombres con bajo rendimiento inicial participen con frecuencia en el torneo, mientras que las mujeres con alto rendimiento participan poco. Estos resultados pueden tener varias explicaciones:

i) La primera explicación está basada en diferencias en las preferencias, es decir, los hombres y las mujeres difieren en sus gustos por realizar una determinada tarea en un entorno competitivo.

ii) Una segunda explicación es que las mujeres subestiman su capacidad relativa, no se informan sobre ella, o tienen una mayor aversión al riesgo. Los resultados muestran que los hombres tienen generalmente más confianza en su rendimiento que las mujeres.[2]

Otros autores señalan que las diferencias en el grado de aversión al riesgo pueden explicar las diferencias observadas entre competir o no. Si las mujeres renuncian a realizar las tareas más difíciles (que suponen un riesgo mayor),[3] tampoco competirán por obtener puestos de trabajo de perfil más exigente. Niederle y Yestrumskas (2008) permiten a los participantes elegir entre resolver un puzle más fácil o uno más difícil. Los autores encuentran que los hombres eligen la

---

[2] Además, parece que su idea de su rendimiento relativo ayuda en parte a predecir las decisiones de entrar en un torneo, más que otros factores, como la aversión al riesgo.

[3] Véanse, por ejemplo, Schubert *et ál.* (1999), Jianakoplos y Bernasek (1998) y Charness y Gneezy (2010).

tarea difícil casi un 50% más que las mujeres, independientemente de su nivel de rendimiento. Este resultado sugiere que la aversión al riesgo puede ser un factor importante para explicar la menor participación de las mujeres en puestos de trabajo de mayor responsabilidad.

Cooperación

Las empresas prefieren contratar a personas que puedan trabajar en grupo y con otros grupos. Así, personas con mejores habilidades de trabajo en grupo tienen una mayor probabilidad de ser promocionadas y recibir unos salarios más altos. Además, estas habilidades necesarias en el trabajo en grupo pueden tener poco que ver con la capacidad individual de solucionar problemas. Por tanto, analizar el comportamiento cooperativo permite analizar las diferencias de género desde un ángulo distinto al desarrollo individual de una tarea.

A diferencia de la psicología,[4] que ha mostrado que las mujeres exhiben un mayor grado de cooperación, la evidencia de la economía experimental no es concluyente. Los trabajos experimentales se basan mayoritariamente en el dilema de los presos y en decisiones sobre financiación de bienes públicos (véase el Capítulo 7).

Brown-Kruse y Hummel (1993, BKH en adelante) utilizan un mecanismo de contribución voluntaria para evaluar las diferencias de género en las tasas de contribución al bien público, donde la aportación al fondo común (bien público) se multiplica por un parámetro y se distribuye a partes iguales entre todos los miembros del grupo (véase el Capítulo 7). Los autores estudian el efecto de la interacción entre los miembros del grupo (todos del mismo sexo) y de la magnitud del multiplicador del fondo sobre las aportaciones individuales. Los resultados contradicen la hipótesis inicial de que las mujeres son más propensas a contribuir al beneficio social:

- Los hombres y las mujeres parecen reaccionar de forma similar cuando se cambia el valor del multiplicador.

- En general, los grupos formados sólo por hombres suelen contribuir más al fondo colectivo que los grupos compuestos únicamente por mujeres.

Este resultado respalda la idea[5] de que los hombres desarrollan más las relaciones intergrupo; por ejemplo, los hombres están más dispuestos a participar en los deportes de equipo o a formar parte de asociaciones profesionales. Estas actividades contribuyen a *"(...) desarrollar el sentido de cooperación y una mayor capacidad de resolver conflictos"* (BKH, 1993, p. 10).

---

[4] Por ejemplo, Gilligan (1982) y Stockard *et ál.* (1988).
[5] Véase Van Vugt *et ál.* (2007).

Nowell y Tinkler (1994) proponen una variante de BKH donde los participantes pueden dar un porcentaje de su dotación inicial y no todo/nada como en BKH. Esta variación genera el resultado contrario: los grupos de mujeres contribuyen significativamente más al bien público.

Los trabajos en psicología sugieren no sólo que las mujeres son más cooperativas que los hombres, sino que también son más sensibles al entorno del experimento. Cadsby y Maynes (1998) realizan un experimento de bienes públicos con un equilibrio caracterizado por un mínimo de cooperación (véase el Capítulo 14), es decir, donde hay que llegar a una cantidad mínima para que se genere el bien público. Los autores observan que las mujeres se coordinan mejor y contribuyen significativamente más que los hombres después de la primera ronda. Sin embargo, esta diferencia desaparece a lo largo del experimento y, al final del juego, no se encuentran diferencias significativas. Ortmann y Tichy (1999) confirman el resultado de Cadsby y Maynes (1998) de que las diferencias de género desaparecen con el tiempo. Proponen un juego tipo dilema de los presos (véase el Capítulo 7) donde pueden distinguir entre la primera ronda de contribución y las siguientes contribuciones. Esta técnica permite estudiar la reacción de cada sexo a la experiencia. El experimento consiste en tres tratamientos diferentes –sólo mujeres, sólo hombres y grupos mixtos– y las parejas de jugadores se cambian en cada ronda para que ningún jugador pueda deducir la identidad de su oponente. Contrariamente a los tratamientos en los que participaban sólo hombres o sólo mujeres, a los individuos en el tratamiento mixto no se les informó sobre el sexo de su pareja. Los resultados apuntan a que, cuando juegan con una pareja del mismo sexo que ellos, los hombres cooperan más mientras que las mujeres cooperan menos.

Con el objetivo de analizar las diferencias de rendimiento por género cuando se trabaja en equipo, Ivanova-Stenzel y Kübler (2005) realizaron un experimento con una tarea que exigía un esfuerzo real en el que los sujetos tenían 15 minutos para resolver tantos juegos de memoria como pudieran. A pesar de que los participantes trabajaban individualmente, la recompensa final dependía del rendimiento del equipo. Los autores investigaron por separado los grupos formados por participantes del mismo sexo y los grupos mixtos, y diseñaron dos esquemas de incentivos diferentes:

- reparto de beneficios: a cada miembro del equipo se le atribuye la mitad del total de juegos resueltos,

- competición: gana el que tiene más juegos resueltos.

Los resultados revelan que cuando los beneficios se reparten, el rendimiento masculino es mayor que el femenino, dentro de los equipos mixtos. Además, los hombres tienen un rendimiento más alto cuando compiten con otros equipos (grupo de "sólo hombres" contra "sólo hombres") que las mujeres (grupo de "sólo mujeres" contra "sólo mujeres"). Estos resultados muestran la influencia de la composición del equipo en las diferencias de rendimiento entre sexos.

Dargnies (2009) analiza las diferencias de género en un experimento similar al de Niederle y Vesterlund (2007), pero en parejas. La tarea de los participantes consiste en sumar una serie de números de dos dígitos durante un tiempo determinado bajo diferentes incentivos. Los participantes tienen que elegir, antes de realizar la tarea, entre una modalidad a destajo o un torneo, tanto individual como en equipo. Si un participante decide intervenir en un torneo de equipo, sólo sabe que se le asociará al azar con alguien que tomó la misma decisión, y que se le pagará sólo si el rendimiento promedio de su equipo es mayor que el del equipo contrario. El trabajo confirma algunos resultados ya conocidos sobre las diferencias de género en la participación en torneos de forma individual. Por otro lado, en el torneo en equipo se observan unas diferencias de género diferentes:

- las mujeres participan en la misma proporción en torneos individuales o colectivos,

- los hombres participan menos en torneos en equipo.

Uno pensaría que los hombres con mayor rendimiento tratan de evitar competir en equipo, dada la incertidumbre sobre el rendimiento de su pareja. Sin embargo, Dargnies muestra que informar a los participantes sobre el rendimiento de sus compañeros proporciona una solución viable al problema: las diferencias de género en la elección de los torneos desaparecen.

Los experimentos descritos previamente muestran que las diferencias en cooperación entre hombres y mujeres varían según el contexto, es decir, según el diseño experimental. En una panorámica de la literatura, Croson y Gneezy (2009) señalan que los resultados son relativamente más estables para los hombres que para las mujeres. Los autores argumentan que esto tiene que ver con el hecho de que las mujeres son más sensibles al contexto y, por tanto, se debe esperar una mayor variabilidad en sus decisiones. Esto podría ser una forma de organizar las diferencias de género observadas en los experimentos mencionados anteriormente. Sin embargo, todavía existen importantes diferencias de rendimiento por género, tal como demuestran los torneos individuales.

Preferencias sociales
Las preferencias sociales también pueden explicar por qué las mujeres evitarían ocupar puestos de trabajo más exigentes y mejor remunerados. Por ejemplo, en

general se reconoce que la gente puede tener razones sociales o psicológicas para sacrificar parte de sus recompensas monetarias en el curso de maximizar su utilidad. Un amplio conjunto de resultados experimentales indica que la gente elige con frecuencia acciones que no maximizan sus beneficios monetarios. Por ejemplo, un buen número de personas rechaza ofertas positivas en el juego del ultimátum (véase el Capítulo 6), o entrega cantidades positivas a destinatarios anónimos en el juego del dictador (Capítulo 6) y contribuye voluntariamente a la financiación de bienes públicos, lo que reduce sus ganancias monetarias (véase el Capítulo 7).[6] El comportamiento altruista podría explicar este hecho: la gente no se preocupa únicamente por su propio bienestar, sino también por el bienestar de los demás.

Los resultados, tanto en economía como en psicología, sobre las diferencias de género observadas en el juego del dictador no son concluyentes. Bolton y Katok (1998) no encuentran diferencias significativas entre hombres y mujeres cuando los dictadores no conocen el sexo de sus destinatarios. Por otra parte, Eckel y Grossman (1996a) concluyen que los grupos de sólo mujeres son más altruistas que los grupos de sólo hombres, cuando el sexo del receptor es conocido. Una explicación de esta discrepancia puede ser que, aunque las preferencias en el juego del dictador no difieran entre los dos sexos, los participantes crean que sí difieren.

Andreoni y Vesterlund (2001) investigan este mismo tema utilizando una modificación del juego del dictador. Los autores permiten a los participantes decidir entre repartos distintos en los cuales el altruismo tiene precios diferentes. El "dictador" tiene que decidir cómo asignar ocho dotaciones iniciales diferentes entre él y otro jugador. Cada asignación está caracterizada tanto por:

- la cantidad de dinero experimental (fichas) que se debe dividir entre los dos participantes, como

- por el número de puntos (el precio) que cada ficha vale para cada individuo.

Esta configuración permite a los autores capturar la propensión de los sujetos a conceder a los otros cuando el altruismo tiene diferentes precios. Los resultados indican que no hay una única respuesta a la pregunta ¿qué sexo es el más altruista? De hecho, los autores descubren que cuando el altruismo es relativamente caro, las mujeres son más generosas que los hombres, pero cuando el precio de donar disminuye, los hombres comienzan a dar más que las mujeres.

---

6 Véase Ledyard (1995) para un debate más amplio sobre este tema.

Diferencias por el lado de la demanda: La discriminación en el lugar de trabajo

Las diferencias de salarios observadas y la desigual presencia de mujeres y hombres en puestos directivos también pueden estar determinadas por el lado de la demanda. En este sentido, las diferencias observadas se deberían a la existencia de discriminación contra las mujeres. Según Altonji y Blank (1999); podemos definir discriminación en el mercado de trabajo como: *"... una situación en la cual individuos que proporcionan el mismo servicio y son igual de productivos, física o mentalmente, son tratados de forma diferente en función de una característica observable tal como la raza o el sexo"*.

Los modelos teóricos diferencian entre dos tipos de discriminación.

i) La discriminación puede producirse porque las expectativas sobre el desempeño de las mujeres pueden ser diferentes que sobre el de los hombres. Este fenómeno se conoce como discriminación estadística (Phelps, 1972 y Arrow, 1973).

ii) También puede ocurrir que los hombres en la posición de empleados, jefes o clientes, prefieran trabajar con otros hombres antes que con mujeres. Esta es la discriminación basada en los gustos (Becker, 1957).

Sin embargo hay otras explicaciones. Por ejemplo, Bergmann (1974) señala que las diferencias salariales pueden producirse por un efecto de expulsión (*crowding-out*), ya que la exclusión de las mujeres de los sectores dominados por hombres puede provocar un exceso de oferta en los sectores con mayor presencia de mujeres y, con ello, una reducción en los salarios.

Existe una extensa literatura que trata de explicar estadísticamente las diferencias salariales controlando ciertas características relacionadas con la productividad. De esta manera, la parte no explicada por las variables de control se debería a la presencia de discriminación. La mayoría de estos trabajos constatan tanto diferencias de género en las medidas de productividad utilizadas como un cierto grado de discriminación.[7,8] Una de las críticas que se puede hacer a estos estudios es que el conjunto de variables explicativas no recoge perfectamente todas las características que explican las diferencias salariales y, por tanto, siempre se tiende a sobreestimar el grado de discriminación. Este tipo de trabajo empírico parece indicar la existencia de discriminación, pero no estudia el origen y la naturaleza

---

[7] Véase Blau y Kahn (2000) o Booth (2009) para una panorámica de esta literatura.

[8] Véase Altonji y Blank (1999) para una panorámica de los estudios de discriminación en el mercado de trabajo, y Yinger (1998) para una panorámica de la discriminación en la compra y alquiler de casas, venta de coches y comida rápida.

de esa discriminación. Los trabajos experimentales precisamente nos ayudan a comprender, en parte, las causas de la discriminación observada.

En un experimento de campo, Neumark (1996) analiza la contratación de camareros en un conjunto de restaurantes en Filadelfia. Hombres y mujeres con un mismo currículo se presentaban para puestos de camareros en 65 restaurantes. Los resultados muestran una fuerte evidencia de discriminación contra las mujeres en los restaurantes caros, y un menor grado de discriminación en los baratos. Esta discriminación se puede deber a una discriminación no sólo por parte de los empleadores, sino también por los consumidores (que prefieren ser atendidos por un hombre). En otro estudio de campo, Goldin y Rouse (2000) analizan los efectos de establecer un procedimiento de audición ciego en la contratación de músicos. Observan un resultado muy notorio: la realización de la audición detrás de una pantalla aumenta la probabilidad de que las mujeres puedan avanzar en las diferentes rondas del concurso de contratación y de ser contratadas finalmente. Bagues y Esteve-Volart (2007) analizan el proceso de selección de candidatos para la judicatura en España y observan que la composición del comité evaluador es importante. Contrariamente a lo que se podía esperar, los comités formados en su mayoría por mujeres tienden a sobreestimar la valía de los candidatos masculinos.

Riach y Rich (2006) realizan un estudio consistente en el envío de currículos a un número de empresas que ofrecían trabajo. Los currículos fueron enviados a diferentes tipos de puestos de trabajo, distinguiendo entre puestos con una mayor proporción de hombres, de mujeres o mixtos. Los currículos para cada tipo de trabajo eran idénticos a excepción del sexo del candidato (determinado por el nombre). Los resultados muestran que las mujeres son discriminadas para puestos ocupados generalmente por hombres, mientras que los hombres son discriminados para puestos ocupados generalmente por mujeres. Además, obtuvieron un resultado sorprendente: los hombres fueron discriminados estadísticamente en los trabajos con una ocupación mixta. Booth y Leigh (2010) obtienen un resultado parecido, puesto que las mujeres tienen una mayor probabilidad de recibir una llamada del empleador en trabajos ocupados generalmente por mujeres, pero no observan ninguna diferencia en trabajos con mayor presencia de hombres.

Los estudios sobre discriminación en el laboratorio comienzan con Fershtman y Gneezy (2001) y Holm (2000). Fershtman y Gneezy informan a los participantes en el experimento sobre el origen étnico de sus rivales en diferentes juegos. Los experimentos (realizados en Israel) muestran que la discriminación étnica es fundamentalmente un fenómeno observado entre los hombres y no entre las mujeres. Analizaron tres juegos diferentes, el juego de la confianza, el juego del dictador y el juego del ultimátum, donde los individuos eran informados del origen étnico (judío occidental, asquenazí, o judío oriental) de sus rivales a través del nombre. En el juego de la *confianza* (Berg *et ál.*, 1995, véase el Capítulo 3) Fershtman y Gneezy encuentran discriminación –menor grado de confianza– hacia personas de origen oriental. Esta desconfianza no es grupal, ya que todos los individuos enviaban una menor cantidad cuando jugaban con individuos de origen oriental. Este trabajo permite, además, diferenciar este efecto de la discriminación basada en los gustos. Los mismos sujetos participaron en un juego del dictador y no se encontraron diferencias según el origen del dictador. Por tanto, la discriminación hacia los individuos de origen oriental debe de estar basada en una discriminación por estereotipos y no por gustos. Sin embargo, en el juego del ultimátum volvió a aparecer discriminación basada en estereotipos pero de sentido contrario: los de origen oriental recibían mayores cantidades que los de origen judío. Slonim y Guillén (2010) utilizan un procedimiento similar a los anteriores: analizan el comportamiento de los participantes cuando pueden seleccionar el sexo de su pareja en un juego de la confianza y en un juego del dictador. Slonim y Guillén presentan dos resultados paralelos:

- Cuando no pueden seleccionar el sexo de su oponente no encuentran discriminación.

- Cuando se les permite seleccionar el sexo de su pareja, los participantes seleccionan individuos de sexo opuesto al suyo[9] y les envían mayores cantidades.

Slonim y Guillén observan que la discriminación no se puede explicar por diferencias observadas en las cantidades devueltas, pero sí por los gustos y creencias sobre el grado de confianza en sus parejas en función de su sexo.

Holm (2000) analiza el comportamiento de los participantes en juegos de coordinación (véase el Capítulo 4), cuando son informados sobre el sexo de su rival. Su trabajo analiza la capacidad de coordinación cuando existe conflicto de intereses, es decir, en una batalla de los sexos (véase la Tabla 4.2).

- Cuando existe el reparto igualitario, éste es elegido en la mayoría de los casos (más del 90% en los tres experimentos realizados con distintos sujetos).

- Cuando hay conflicto de intereses, los hombres se comportan de forma más agresiva –seleccionando la estrategia que les reporta un mayor beneficio– si juegan contra una mujer que contra otro hombre.

---

[9] Los hombres eligen a las mujeres el 80% de las veces y las mujeres eligen a los hombres el 65% de las veces.

- Al mismo tiempo, las mujeres se adaptan a este comportamiento eligiendo también la estrategia que favorece el equilibrio con mayor reparto para el hombre.

En este sentido, Holm afirma que la discriminación ayuda a las partes a coordinarse y aumenta las ganancias medias de los jugadores en el caso de parejas mixtas respecto al de parejas del mismo sexo.

Las diferencias en la capacidad de negociación entre hombres y mujeres, como una posible causa de discriminación y su efecto en el mercado de trabajo (por ejemplo, en la negociación del salario), han sido analizadas ampliamente en la literatura. En un trabajo de campo, Ayres (1991) encuentra que los vendedores de coches, en una muestra de concesionarios en el área de Chicago, ofrecen mejores precios a hombres blancos que a hombres negros y a mujeres. Esta diferencia es debida tanto a un efecto de discriminación por gustos –los vendedores quieren penalizar a las mujeres y a los negros– como de discriminación estadística –los vendedores calculan el precio de reserva de los clientes en función de su raza y sexo– (Ayres y Siegelman, 1995).[10] Eckel y Grossman (2001) analizan las decisiones en un juego de ultimátum cuando los participantes conocen el sexo del otro jugador. En este experimento, las mujeres presentan un mayor grado de cooperación al aceptar, con una mayor probabilidad que los hombres, ofertas similares. Los hombres se comportan de forma "caballerosa" con las mujeres, aceptando con una mayor probabilidad las ofertas hechas por mujeres que ofertas similares hechas por hombres. Además, las negociaciones entre mujeres obtienen una mayor eficiencia, ya que casi siempre llegan a un acuerdo (lo que Eckel y Grossman denominan "solidaridad"). Sin embargo, utilizando un método estratégico en dos periodos, Solnick (2001) obtiene resultados en parte contradictorios, especialmente en el comportamiento de la parte que acepta o rechaza la oferta. Solnick pregunta a los sujetos las cantidades que enviarán a su pareja y la cantidad mínima que están dispuestos a aceptar cuando les hagan una oferta. En el primer periodo no muestra ninguna información sobre el otro participante, mientras que en el segundo periodo los participantes conocen el sexo de su pareja. En su caso, las ofertas realizadas por mujeres son las que se rechazan con una mayor probabilidad aunque, como señalan Eckel y Grossman, estas diferencias pueden deberse a las diferencias en la metodología utilizada en cada experimento.

---

[10] List (2004) observa una discriminación estadística hacia las minorías (mujeres, personas de color y gente mayor) en la compra-venta de cromos de deportes. Los vendedores (o compradores) realizan ofertas iniciales y finales inferiores a estos grupos minoritarios.

Holm y Engseld (2005) muestran que cuando los participantes pueden elegir el sexo de su pareja en el juego del ultimátum y en el del dictador, prefieren hacer ofertas a jugadores con bajos recursos[11] y a mujeres. También eligen recibir, en mayor proporción, una oferta hecha por una mujer. Bowles, Babcock y Lai (2007) muestran también que las mujeres no sólo son menos propensas a iniciar una negociación,[12] sino que esta iniciativa es penalizada por la otra parte (especialmente hombres) en comparación con negociaciones iniciadas por hombres. Schwieren (2003) analiza en el laboratorio un modelo de negociación salarial utilizando una variante del modelo de Fehr y Falk (1999) de subasta doble con esfuerzo y exceso de oferta de trabajadores. Schwieren observa que las mujeres reciben salarios más bajos que los hombres, independientemente del sexo de la persona que contrata. Curiosamente, la discriminación contra las mujeres se produce incluso cuando la persona que contrata es una mujer.

Utilizando un juego del dictador, Dufwenberg y Muren (2006) observan que tanto los hombres como las mujeres son más generosos cuando la persona que recibe el dinero es una mujer. Sin embargo, no existen diferencias en las cantidades entregadas por hombres y mujeres. En un estudio reciente, utilizando también un juego del dictador, Aguiar *et ál.* (2009) muestran cómo las personas perciben de forma diferente el comportamiento de hombres y de mujeres. Los receptores se encuentran en un aula con dos urnas delante –una con la etiqueta "hombres" y la otra "mujeres"– y se les informa de que contienen las decisiones de los dictadores del sexo correspondiente. A cada sujeto se le pide que elija la urna de la cual se sacará aleatoriamente una donación para él. Las elecciones de los participantes se interpretan como reveladoras de las creencias acerca de qué sexo es el más generoso. Los resultados sugieren que las mujeres consideran que las mujeres son más generosas (75% de las mujeres eligen la urna con etiqueta "mujeres"), pero los hombres no revelan ningún sesgo de género.

Reuben, Sapienza y Zingales (2010) realizan un experimento en el que primero los participantes tienen que realizar sumas y luego son preguntados sobre quiénes creen que habrán hecho más sumas en un concurso entre dos participantes elegidos al azar. Los resultados muestran que las mujeres son discriminadas en términos de habilidades. La creencia inicial general es que las mujeres obtienen peores resultados que los hombres. Además, cuando los concursantes informan al resto de los participantes sobre cuál creen que será el resultado, el sesgo es todavía mayor. Este sesgo se reduce, aunque no completamente, cuan-

---

[11] Antes de tomar sus decisiones en el experimento, los participantes fueron preguntados sobre su nivel de ingresos.

[12] Véanse también Lauterbach y Weiner (1996) y Babcock y Laschever (2003).

do los participantes son informados sobre el rendimiento de los concursantes en períodos anteriores. Reuben, Sapienza y Zingales afirman que estas diferentes creencias son otra causa de la discriminación observada hacia las mujeres.

El papel de los genes y de la educación

¿Cuál de los dos factores importa más? Los biólogos evolucionistas sostienen que las diferencias observadas en el grado de competencia entre machos y hembras de diferentes especies provienen de las diferencias en el coste de reproducirse y en la inversión que hacen en sus crías. Debido al alto coste que la reproducción tiene para ellas, las hembras prefieren tener menos crías y su éxito reproductivo es parcialmente independiente del éxito de otras hembras. Los machos, en cambio, para tener un mayor éxito reproductivo tienen que competir más directamente con otros machos.

Por este motivo, según la *hipótesis de la herencia*, los hombres tienden a competir más que las mujeres. Por el contrario, la *hipótesis de la educación* explica que las diferencias observadas se deben fundamentalmente a diferencias culturales. Esta cuestión es importante desde el punto de vista de la política social. Si los efectos de la educación predominan, deberían diseñarse políticas dirigidas a estratos específicos de la población. Los experimentos, de campo o en el laboratorio, pueden ser una herramienta especialmente útil en este sentido, ya que nos pueden ayudar a entender qué efecto domina y bajo qué condiciones.

Entre los estudios que han tratado de abordar la cuestión de la herencia frente a la educación con un enfoque económico podemos destacar los trabajos de Andersen, Bulte, Gneezy y List (2008), Gneezy, Leonard y List (2009) y Booth y Nolen (2009). El resultado principal de esta línea de investigación es que los factores culturales importan y los resultados parecen ser propensos a cambios en el diseño experimental. Gneezy *et ál.* (2009) en su estudio de una sociedad matriarcal (Khasi) y una sociedad patriarcal (Masai), encuentra que las mujeres Khasi son más competitivas que los hombres Khasi y que la diferencia es de una magnitud superior a la observada en los Masai (donde los hombres son más competitivos que las mujeres). Este resultado sugiere que los condicionamientos sociales y culturales de género son determinantes a la hora de definir el grado de competitividad de las personas.

En otro estudio, Andersen *et ál.* (2008) analizan si las contribuciones a un bien público varían según el sexo en una sociedad matriarcal y en otra patriarcal. Su conclusión es que el nivel de suministro de bienes públicos es mayor en la sociedad matriarcal, aunque la diferencia se debe a que los hombres contribuyen más. Además, la religión está fuertemente correlacionada con las contribuciones individuales. Estos resultados nuevamente parecen apoyar la hipótesis del papel relevante de la educación. Por último, Booth y Nolen (2009) llevan a cabo experimentos con estudiantes menores de 15 años que provienen de escuelas mixtas y de un mismo sexo. Los estudiantes tenían que resolver laberintos bajo tres tratamientos distintos.[13]

- En el primer tratamiento se utilizó un sistema de recompensa por número de laberintos resueltos.

- En el segundo los participantes competían en un torneo.

- En el tercer tratamiento podían elegir entre competir o cobrar individualmente.

Observan que en las escuelas de alumnos del mismo sexo las chicas son tan competitivas como los chicos. Curiosamente, las niñas que forman parte de grupos mixtos formados al azar son tan competitivas como los niños en estos grupos. Este resultado, con las limitaciones debidas a las características de la población, apunta hacia el hecho de que el aprendizaje social, es decir, la educación, puede desempeñar un papel importante en la actitud por competir de cada sexo.

Conclusiones

Este capítulo presenta en un marco unificado varios factores que en conjunto pueden explicar las diferencias, tanto en los niveles profesionales como en los salarios, entre hombres y mujeres. Resulta claro que no existe una única explicación.

Aunque no se puede negar que exista discriminación, los datos experimentales muestran que la discriminación es debida a varios factores y algunos experimentos nos indican que ambos sexos discriminan. Además, las mujeres tienden a discriminar a las personas de su sexo. En la elección de socios, ambos sexos prefieren a una persona del otro sexo. Por otra parte, los hombres tienden a ser más competitivos, mientras que, a la hora de entender el

---

[13] Estos tres tratamientos son muy similares a los utilizados por Niederle y Vesterlund (2007).

comportamiento de las mujeres en situaciones competitivas, es importante tener en cuenta tanto el contexto como la composición de los grupos.

Finalmente, las conclusiones de los experimentos económicos en relación con el debate entre genética y educación son claras a favor de esta última. En general, sin embargo, es preciso concluir que queda todavía mucho por aprender sobre las diferencias observadas en el comportamiento de hombres y mujeres.

19. EXPERIMENTOS DE CAMPO Y ECONOMÍA DEL DESARROLLO

Francisco Alpízar
Environment for Development Initiative, Centro Agronómico Tropical de Investigación y Enseñanza (CATIE), Cartago

Juan Camilo Cárdenas
Universidad de los Andes, Bogotá

Introducción

En este capítulo hablaremos de experimentos de campo en el marco de la economía del desarrollo. Siendo que los experimentos de campo se tratan directamente aquí por primera vez en este libro, nuestro primer objetivo será definirlos. Dado que la economía experimental nace fundamentalmente en la realización de experimentos de laboratorio, es natural que esta definición se construya partiendo de las diferencias entre experimentos de campo y de laboratorio.

Cabe agregar que las diferencias entre un experimento de campo y uno de laboratorio son sobre todo metodológicas, no conceptuales. Esto significa que el marco conceptual desarrollado en los capítulos anteriores de este libro se aplica tanto a un tipo de experimento como al otro.

Armados con una definición funcional, nuestro segundo objetivo es analizar las peculiaridades metodológicas y logísticas propias de un experimento de campo en economía, realizado en el contexto, tanto temático como geográfico, de un país en desarrollo. Nuestro tercer objetivo es hacer un repaso breve de los principales temas tratados hasta la fecha, proponiendo temas nuevos que aún quedan por explorar. Los experimentos de campo pueden ser una herramienta poderosa para explorar las implicaciones y oportunidades que emergen de las características típicas del proceso económico y político de los países en desarrollo, como por ejemplo gobiernos débiles con poca capacidad de implementar políticas, descentralización incompleta de decisiones y políticas públicas, extrema desigualdad de ingreso y oportunidades, y alta dependencia de los recursos naturales, entre otras.

Finalmente, nuestro cuarto objetivo es analizar la influencia que ha tenido, y que podría tener, la investigación con experimentos de campo en las políticas públicas en todos los niveles, desde el gobierno central hasta las comunidades. A pesar de que el grueso de nuestra experiencia y la mayoría de nuestros ejemplos provienen de América Latina, hemos tratado de preparar un texto cuya aplicabilidad trascienda este contexto geográfico.[1]

Experimento de campo: definición[2]

El traslado desde el laboratorio hacia la realización de experimentos de campo se debe sobre todo al deseo de otorgar mayor relevancia a alguna de las características fundamentales del diseño experimental. Inevitablemente, los investigadores han encontrado importante dar realismo a algún componente del diseño, ya sea porque el componente en sí mismo es de interés, o porque se busca explorar hasta qué punto pueden generalizarse los resultados de los experimentos de laboratorio cuando se enfrentan a una situación menos controlada.

Sin embargo, el creciente interés en los experimentos de campo no debe interpretarse como un agotamiento del laboratorio. Por el contrario, las dificultades metodológicas y la pérdida de control inherentes a todo experimento de campo, sus costes potencialmente mayores y su replicabilidad más limitada –por ejemplo, por la menor accesibilidad a participantes con características similares– hacen que éstos sean un mal instrumento para explorar hipótesis desde cero.

Lo recomendable es partir del laboratorio para explorar múltiples tratamientos que a la postre nos permitan afinar el diseño de campo y, más importante aún, relacionar potenciales resultados del campo con el contexto típico del laboratorio, facilitando así la generalización de los resultados y la inferencia. Adicionalmente, los resultados a veces complejos de un experimento de campo podrían requerir ser examinados en un contexto de mayor control, lo que implicaría volver del campo al laboratorio. Los experimentos de campo y de laboratorio son, por tanto, complementarios.

---

[1] El lector encontrará en Cárdenas y Carpenter (2008) una revisión extensa de los estudios experimentales realizados en países en desarrollo o sobre problemas del desarrollo, y que sería difícil por razones de espacio resumir o siquiera esbozar aquí.

[2] Esta sección se basa fundamentalmente en el artículo de Harrison y List (2004). Este artículo, publicado en el *Journal of Economic Literature*, ha logrado constituirse en referencia obligada para describir un experimento de campo.

En su influyente artículo, Harrison y List (2004) describen seis factores que determinan si un experimento es de campo o de laboratorio:

i) El tipo de *participantes*: en el laboratorio se utilizan estudiantes universitarios. En el campo los participantes suelen provenir de un grupo socioeconómicamente más heterogéneo, o un grupo "objetivo" particular (pescadores artesanales, por ejemplo).

ii) El tipo de *información* que enmarca las decisiones: a diferencia del laboratorio, donde las decisiones tienen lugar en un marco abstracto, en un experimento de campo se puede recrear una realidad que, en sus elementos constitutivos, no difiere mucho de la que experimentan los participantes en su vida diaria. Por ejemplo, el experimentador puede usar información sobre la función de producción de un grupo particular, o las características ecológicas de un sistema pesquero, para recrear una situación realista que permita y promueva que los participantes hagan uso de su experiencia "vital" al tomar sus decisiones en el juego.

iii) El tipo de bien o *servicio* que se intercambia o "produce" en el juego: en lugar de abstracto, el foco de atención de los participantes puede ser un bien realista o incluso específico a la realidad de los participantes (por ejemplo, el número de anzuelos por viaje).

iv) El tipo de *decisiones, reglas e instituciones* que enmarcan el experimento: es habitual que el diseño de las reglas e instituciones de un experimento de campo se construyan a partir de las reglas vigentes entre la población estudiada, y que las decisiones de los participantes sean lo suficientemente realistas como para que los participantes se posicionen en un contexto real.

v) La forma de *pago*: aunque tanto en el laboratorio como en el campo se acostumbra a pagar a los participantes, en este último los pagos, en su forma y monto, suelen apegarse a la realidad de los participantes e incluso pueden ser en especie (por ejemplo, un equipo de pesca o artículos para el hogar, equivalentes al ingreso medio diario).

vi) El *contexto* más amplio del experimento: siendo el diseño de un experimento de campo un esfuerzo por acercarse a la realidad, es de esperar que los participantes lleven consigo los patrones usuales de su comportamiento en sociedad, que pueden ir desde el machismo hasta la solidaridad entre pares.

Por ejemplo, como parte de un proceso de interacción entre comunidades, académicos, ONG y autoridades locales, entre 2001 y 2002 se realizó un conjunto de experimentos económicos asociados al problema de la explotación de los recursos del bosque de manglar en la costa Pacífica Nariñense de Colombia (Candelo *et ál.*, 2002). Los resultados fueron presentados a la comunidad para ayudar en la discusión de los retos y posibilidades de la autogestión de los recursos naturales. Los juegos realizados ayudaron a crear un espacio de diálogo para la construcción de acuerdos voluntarios para la explotación responsable del molusco denominado Piangua (*Anadara tuberculosa*).

Los patrones típicos de comportamiento de una sociedad son un determinante obvio de las decisiones de cualquier agente económico y, en sí mismos, pueden ser objeto de estudio; por ejemplo, al comparar el comportamiento solidario de pescadores que pertenecen a distintas comunidades.

Los seis factores anteriores pueden combinarse de muy distintas maneras en un experimento de campo. En su artículo, Harrison y List proponen una tipología de cuatro tipos de experimentos:

i) Experimentos de *laboratorio* convencionales, que utilizan a estudiantes en un contexto abstracto y desligado de la realidad particular de los participantes.

ii) Experimentos de campo *artefactuales*, que difieren del tipo anterior al hacer uso de un tipo de sujetos poco habitual.

iii) Experimentos de campo *contextualizados*, ya sea por las características de la decisión o el marco institucional y de la información disponible por parte de los participantes.

iv) Experimentos de campo *naturales*, en los cuales las decisiones de los participantes no difieren de lo usual, hasta el punto de que no saben a priori que forman parte de un experimento.

Fuera de esta taxonomía quedan dos tipos de experimentos con una relevancia creciente. Por un lado, tenemos los *experimentos controlados aleatorios* (Banerjee y Duflo, 2009), que básicamente giran en torno a la construcción y puesta en práctica de programas o políticas públicas o privadas, a partir de un diseño aleatorio que separa un grupo de control de unos grupos sujetos a diversos tratamientos.

Por otro, los *experimentos naturales*, que ocurren de manera fortuita y no requieren un diseño previo. Al contrario a los experimentos de campo descritos arriba, en este caso la diferencia con el laboratorio no sólo es metodológica, sino también conceptual, alejándose de los temas tratados con anterioridad en este libro. Siendo así, en este capítulo no trataremos estos dos tipos de experimentos.

Peculiaridades metodológicas y economía del desarrollo

En esta sección vamos a presentar las características descritas en un contexto de experimentos de campo aplicados a la economía del desarrollo, profundizando en las peculiaridades metodológicas de una agenda de investigación en esta disciplina.

Tipo de participantes

La razón principal para alejarse de la población típica de estudiantes al hacer experimentos en temas de desarrollo es acercarse a la población de interés, hasta el punto de que muchas veces, por razones de financiación y por los objetivos de la investigación, la población de interés precede al diseño del experimento.

En el contexto de la mayoría de los países en desarrollo, trabajar directamente con una muestra de la población de interés es particularmente importante porque la población de estudiantes universitarios suele ser sistemáticamente distinta. A manera de ilustración, el grupo de personas que logra acceder a educación universitaria en América Latina es pequeño, un 23% para jóvenes entre 18 y 24 años en 2001 (World Bank, 2002), y fundamentalmente distinto a la población que se pretende estudiar, por ejemplo, pequeños agricultores, pescadores y grupos indígenas. Las diferencias entre grupos de población son tales que no es viable pensar que los resultados obtenidos con estudiantes sean extrapolables a estos grupos, una vez corregidos estadísticamente por diferencias socioeconómicas. Además, estas diferencias ocurren a nivel de ingreso a la universidad, y el sesgo de selección no puede corregirse con un muestreo estratificado.

Finalmente, y relacionado con lo anterior, está el hecho de que añadir contexto y realismo al experimento puede ser a priori importante para el investigador, y estos dos elementos pueden hacer inviable el uso de estudiantes, e incluso de forma más general de sujetos sin experiencia con el tema. Por ejemplo, en un estudio reciente, Alpízar, Carlsson y Johansson (2008a,b) estudiaron el comportamiento prosocial de visitantes en un área protegida cuando eran expuestos a un diseño que incluía decisiones reales e hipotéticas, públicas y anónimas. El deseo de comparar una situación hipotética con una real, en un contexto real, obviamente invalidó, en este caso, el uso de estudiantes como sujetos de estudio.

Es importante añadir que apartarse del uso de estudiantes tiene desventajas claras, sobre todo desde la perspectiva de la interpretación del experimento. El riesgo de que los participantes usen reglas *ad hoc* para responder preguntas que no entendieron es mayor. Hay que estar preparados para que los participantes perciban el entorno experimental de forma más ajena que los estudiantes, puesto que su nivel de escolaridad puede ser bajo y no suelen estar acostumbrados a seguir instrucciones escritas. En consecuencia, conviene que el nivel de complejidad del experimento sea bajo, se asigne suficiente tiempo a la lectura y comprensión de las instrucciones y los ejemplos, que deben ser muy claros, y que el diseño de cada experimento de campo sea sometido a repetidas pruebas antes de ser aprobado.

Contextualización y tipo de información

Con frecuencia la agenda de investigación en países en desarrollo y, de forma más general, en temas de desarrollo, está muy influenciada por la disponibilidad de fuentes de financiación: fundaciones, ONG, agencias de gobierno y agencias de desarrollo internacional aportan fondos para la investigación experimental (muchas veces incluso en formato de consultoría), partiendo de una demanda de realismo que requiere la participación de sujetos con experiencia y de grupos de especial interés, y que incluye el uso de condiciones realistas en el diseño de los experimentos. Esto supone tanto retos como oportunidades.

- El reto está en lograr un programa de investigación científicamente sólido y generalizable a partir de contextos a veces muy específicos y agendas de trabajo apresuradas.

- Trabajar bajo demanda de los tomadores de decisiones permite plantear hipótesis más interesantes y lograr una mayor incidencia.

A manera de ejemplo, como investigadores podríamos estar interesados en estudiar cómo miembros de una comunidad toman decisiones en general en torno al manejo de un recurso común escaso. Por ejemplo, Moreno-Sánchez y Maldonado (2010) realizaron experimentos de campo en ocho comunidades de pescadores localizadas en la zona de influencia de un área marina protegida (AMP). Para el diseño del experimento se contó con el apoyo de la administración del área. El objetivo era evaluar una estrategia de gestión colaborativa de los recursos marinos y compararla con un procedimiento de cooperación interna y uno de regulación externa. Los experimentos sirvieron como herramienta pedagógica y han sido la base para iniciar, en las comunidades, la discusión de estrategias alternativas de gestión de las AMP.

Este interés científico podría coincidir con la agenda de trabajo de una ONG en una comunidad pesquera determinada que se enfrentara a este tipo de problema. Para la ONG, y para el programa de investigación, es deseable utilizar a los propios miembros de la comunidad, para que aporten su experiencia y sus vivencias en el momento de participar en el experimento. Pero esa experiencia se utilizaría al máximo si el experimento tuviera además un contexto realista y calibrado con información propia el estado del recurso marino en la comunidad.

- Si las decisiones se diseñan de manera que se asemejen a las decisiones diarias sobre el uso de recursos que toma un pescador representativo de la comunidad.

- Si los pagos por una u otra acción no se alejan de las ganancias diarias de una pesquería artesanal.

Si se cumplieran ambas restricciones, las decisiones que tomase el pescador en el experimento serían próximas a sus decisiones diarias, y los cambios observados en ellas constituirían una reacción a los tratamientos (por ejemplo, un cambio en los incentivos para respetar una veda) y, obviamente, al hecho de que las decisiones se toman sobre el papel y no en el mar. Cuanto mejores sean el diseño y la ejecución del experimento, más atribuible será la reacción al tratamiento, y más relevantes serán los resultados tanto para la ciencia como para la gestión *in situ* del recurso pesquero.

Típicamente, los experimentos de campo en economía del desarrollo han sido contextualizados, y ese contexto es casi siempre un objeto de estudio en sí mismo. La mayoría de las veces, el experimento cuenta con:

i) Participantes experimentados e informados.

ii) Un contexto realista.

iii) Toman decisiones sobre bienes, servicios o inversiones que se ajustan a la realidad.

iv) Las instituciones y reglas les son familiares.

v) Las cantidades y la forma de pago (dinero, horas de trabajo, bolsas de arroz, etc.) reflejan la realidad de la actividad.

Este nivel de realismo trae consigo varios retos adicionales al diseño típico de un experimento de campo. El primero es logístico: en temas de desarrollo, un experimento de campo exige realizar el ejercicio en zonas marginales o rurales, sin acceso a un equipo sofisticado de cómputo y en instalaciones físicas precarias. En un estudio reciente, Alpízar, Carlsson y Naranjo (2010) organizaron once talleres con pequeños productores cafetaleros, en once salones comunales o escuelas distintas. Cada taller exigió el traslado de sillas y mesas, la preparación de café y bocadillos y la organización de actividades paralelas con los niños de la comunidad cuyas madres y padres participaban del experimento.

Otro reto interesante es el manejo de la carga de experiencias y vivencias que traen los participantes en el experimento. Siendo el experimento realista en sus componentes fundamentales, estas vivencias se convierten en una parte intrínseca del experimento. Por ejemplo, los habitantes de zonas marcadas por la violencia acarrean consigo el resentimiento y la desconfianza hacia las autoridades, y el experimentador debe poner especial cuidado en no ser marcado como "oficial" o representante de gobierno, lo cual ocurre con frecuencia cuando las universidades son vistas como entidades oficiales.

Por último, el tercer reto es ético. Este es particularmente relevante en un experimento de campo contextualizado o natural. Dado que el experimento procura reflejar la realidad, es necesario pensar que sus efectos y consecuencias seguirán teniendo efecto aún después de la última ronda. Esto obliga al experimentador a utilizar información veraz y que no sea mal interpretable, y a asegurarse de que cualquier comportamiento que surja del experimento (sobre todo si es negativo) no trascienda el entorno experimental. Por ejemplo, la ruptura de acuerdos verbales en un experimento relacionado con la búsqueda coordinada del óptimo social en el caso de bienes comunes –juegos de altruismo, confianza o bienes públicos– puede acabar en recriminaciones y enfrentamientos que fácilmente desborden el contexto experimental, y que pueden afectar negativamente el capital social de una comunidad.

El camino recorrido por la economía experimental en el contexto de América Latina y su influencia en la zona

La región latinoamericana ha sido terreno fértil para el uso y desarrollo de herramientas experimentales y sus aplicaciones en el campo, tema central de este capítulo. En su mayoría, estas aplicaciones se han centrado en problemáticas del contexto rural y en buena medida en problemas ambientales y de recursos naturales Una panorámica de los estudios que se han realizado en la región nos permite identificar varios que se han concentrado en hacer mediciones de aspectos del comportamiento como el ahorro, la confianza y el capital social (Barr y Packard, 2000; Lazzarini et ál., 2004; Schechter 2004, 2007). Los estudios antropológicos que usan métodos experimentales también han estado presentes en la región (véanse por ejemplo los estudios de Henrich et ál., 2006, 2010; Kirby et ál., 2002). Una buena parte de este tipo de estudios desde la economía, psicología y antropología se han concentrado en la medición de las preferencias y los comportamientos con el ánimo de compararlos con los observados en países industrializados, donde estos estudios son más frecuentes. Un ejemplo de investigación sobre el consumo conspicuo y el ingreso relativo en Costa Rica es Alpízar *et ál.* (2005).

En otro interesante estudio realizado en dos cuencas hidrográficas de Kenia y Colombia, Cárdenas *et ál.* (2010) aplicaron un experimento inspirado en el problema de provisión voluntaria de bienes públicos, y la extracción de recursos de uso común, para emular un problema de cooperación entre quienes se ubican en la parte alta de un sistema de irrigación y quienes lo hacen en la parte baja. La distribución del recurso en el experimento se hacía desde los de arriba hacia los de abajo, imponiendo una externalidad secuencial adicional al problema de la provisión. En ese estudio se observó que la desconfianza entre los habitantes de la parte baja y de la parte alta conducía a una distribución desigual.

En otra línea de trabajo, generada principalmente por investigadores localizados en países latinoamericanos, encontramos experimentos motivados por problemáticas relacionadas con las políticas públicas y los problemas del desarrollo de la propia región. Un buen ejemplo es la exploración del papel que ejercen las regulaciones externas en la construcción o destrucción de comportamientos de extracción sostenible de los recursos naturales. En buena parte de estos diseños se encuentran reguladores y regulaciones externas que tienen una capacidad limitada para vigilar y sancionar las violaciones de las reglas, muy acorde con la realidad de la política pública en materia de recursos naturales y con agentes estatales reguladores débiles y sujetos a problemas de vigilancia y sanción.

Varios estudios experimentales de investigadores de la región exploran la interacción entre las preferencias sociales y las regulaciones externas (algunos ejemplos para Colombia son Cárdenas *et ál.*, 2000; López *et ál.*, 2010; Moreno-Sánchez y Maldonado, 2010; Vélez *et ál.*, 2010). Esta línea de trabajo ha permitido explorar los problemas de complementariedad o sustitución entre las normas sociales y las regulaciones económicas con aplicaciones directas al problema del diseño de instrumentos adecuados para la lucha contra la pobreza en un contexto de débil presencia del estado en las comunidades rurales.

Una característica de estos estudios es que están basados en diseños experimentales inspirados en los entornos donde se aplican. Varios de ellos incluyen experimentos realizados en los parques nacionales naturales y en el contexto de prácticas y regulaciones existentes o potencialmente aplicables, o inspirados en condiciones ecológicas como las cuencas hidrográficas (Alpízar *et ál.*, 2008a, 2008b; Cárdenas *et ál.*, 2010; Moreno-Sánchez y Maldonado, 2010). Alpízar y sus colaboradores trabajaron con la agencia administradora de un parque nacional en Costa Rica para explorar a través de un diseño experimental diferentes mecanismos de asignación de tarifas de entrada y donaciones al parque. El experimento se aplicó a visitantes reales del parque con el fin de explorar si una mayor disponibilidad a pagar por encima de las tarifas cobradas a los visitantes, permitía mejorar la recaudación y así financiar las áreas protegidas (véase también la segunda sección del Capítulo 1).

Otras investigaciones interesantes son aquellas en que el investigador establece una colaboración con aplicación directa a un programa de reducción de la pobreza y de microfinanciación, como en el caso del programa FINCA en Perú (véase www.fincaperu.net, Karlan, 2005, 2007).

Existen áreas de investigación y aplicación de experimentos económicos que al parecer se encuentran aún por explorar en el contexto de América Latina. Dos sobresalen en particular:

- La aplicación de experimentos al análisis del comportamiento de los individuos en los mercados competitivos y en aquellos donde el poder de mercado genera problemas de eficiencia.

- El estudio de comportamientos relevantes al contexto urbano como el caso de la contribución a la provisión de servicios públicos, el cumplimiento de normas sociales, problemas de corrupción, y movimientos sociales urbanos y de acción colectiva.

Estos temas son de gran relevancia en el contexto de la región y cobran vigencia en la medida en que las grandes ciudades continúan atrayendo migraciones desde las zonas rurales, y los problemas de pobreza rural y urbana continúan imponiendo retos sustanciales a los gobiernos.

Otros ejemplos de áreas de investigación en las que los métodos experimentales podrían aportar enormemente al diseño y los ajustes de las políticas públicas son el papel que puedan desempeñar los programas de subsidios focalizados en el comportamiento financiero y económico en general de las poblaciones más vulnerables. Programas como Oportunidades/Progresa en México, Familias en Acción en Colombia y Bolsa Familia en Brasil han mostrado unos impactos positivos en la inversión en capital humano gracias a los subsidios, pero plantean preguntas importantes sobre el comportamiento de los hogares en otras áreas del consumo y de participación en la oferta laboral en el mediano y largo plazo.

Aún es temprano para evaluar el impacto que puedan tener los enfoques experimentales sobre el diseño de arreglos institucionales o de las políticas y los programas públicos en los países en desarrollo. El mundo desarrollado apenas comienza a implementar aplicaciones concretas derivadas de estudios de laboratorio y campo, como los realizados por Charles Plott, Alvin Roth y Vernon Smith (véase Capítulo 12 para mayor detalle).

Un espacio con impacto potencial de los métodos experimentales está en la academia, y en particular en los programas de formación de grado y posgrado. Sin embargo, la construcción de laboratorios experimentales en la región está en su infancia, lo mismo que la inclusión de cursos de economía experimental a nivel de pregrado o posgrado, incluso en los programas de mayor prestigio de la región. Los profesores con formación en esta área metodológica son aún pocos y la estructura curricular mantiene todavía una cercanía al canon de una ciencia económica más ortodoxa. Un primer esfuerzo de integración regional se inició en el año 2008 para reunir estudiantes e investigadores interesados en la región con el fin de promover el intercambio de experiencias en el uso de métodos experimentales en economía.[3]

En América Latina aún hay un camino por recorrer para que los experimentos puedan tener un impacto sobre los programas y las políticas públicas, aunque creemos que la serie de experimentos que se han mencionado, por haber involucrado directa o indirectamente a actores locales, podrían sembrar unas semillas para la reflexión acerca del diseño de mecanismos regulatorios locales, o de los supuestos que los diseñadores de políticas puedan tener acerca del comportamiento de los agentes económicos. Los trabajos de Alpízar *et ál.* (2008 a, b) y Moreno-Sánchez y Maldonado (2010) mencionados antes son un buen ejemplo de ello porque los funcionarios de un parque nacional participaron en el propio diseño de los experimentos. Sin embargo, la cercanía de los experimentos de campo con la realidad del diseño institucional no genera un impacto automático sobre el diseño mismo.

En la medida en que las políticas y los programas sean creados con una inercia proclive a la aproximación económica convencional, que no incorpora los avances de las ciencias del comportamiento, será más difícil incorporar los hallazgos y las conclusiones de las investigaciones experimentales en el diseño de los mismos. Un buen ejemplo es el supuesto equivocado de que la totalidad de los usuarios de los recursos pesqueros, forestales o de irrigación se comportan de acuerdo con la "tragedia de los comunes". Las evidencias etnográficas y experimentales confirman la conclusión de que apenas un tercio o menos de la población se ajusta a esta predicción.

---

[3] Latin American Field Experiments Network http://www.decon.edu.uy/LAFEN/

A partir de la experiencia obtenida en los trabajos experimentales hemos identificado una serie de características ideales de lo que sería un estudio experimental con potencial para tener impacto sobre los programas y las políticas públicas:

- Los decisores y diseñadores de las políticas se involucran en el diseño del experimento desde el comienzo, bien porque ellos mismos han motivado la cuestión que se investiga o porque han financiado el estudio. Aquí cobra mucho valor el diálogo entre las preguntas científicas del investigador y las preocupaciones prácticas del financiador. El investigador deberá mantener el rigor de su diseño experimental en términos de control, muestreo, aleatoriedad, el tipo de incentivos o pagos en el experimento, entre otros.

- En algunos casos el experimento puede ser parte de un programa o proyecto más amplio y, en ese sentido, resulta complementario de otros métodos de medición e intervención social.

- La selección de los participantes en el experimento es discutida y acordada con representantes de la población objetivo involucrada en el problema de investigación y con otros actores (*stakeholders*) involucrados.

- En la ejecución de los experimentos contamos con la participación y el apoyo de representantes de esos agentes (por ejemplo, agencias gubernamentales y no gubernamentales, organizaciones locales de la sociedad civil) bien como monitores o en el procesamiento, análisis e interpretación de la información.

- Los resultados de la investigación son socializados y discutidos con representantes de esos participantes y otros agentes involucrados.

- El investigador puede establecer una relación de mayor duración y alcance para realizar nuevas visitas a los lugares o comunidades con las que se realizaron los experimentos y eventualmente hacer un seguimiento de los comportamientos tanto de laboratorio como cotidianos de los participantes.

Ashraf *et ál.* (2010) es un proyecto ambicioso para explorar el comportamiento financiero de los salvadoreños, en el que construyen a través de una intervención aleatoria una serie de posibles mecanismos para determinar el control que los emigrantes pueden tener sobre el uso de las remesas que envían a sus familiares y, en particular, sobre las tasas de ahorro. Además, el proyecto permite también estudiar los efectos positivos externos en el comportamiento ahorrador de los receptores en circunstancias que no implican dichas remesas.

Un último elemento de vital importancia en el diseño de experimentos que tengan aplicaciones a programas o políticas públicas es el de sus implicaciones éticas. Ya hemos mencionado, en una sección anterior, el reto ético de la diseminación de la información obtenida en un experimento y sus posibles consecuencias sobre el comportamiento posterior de los participantes una vez que el experimento ha terminado. Cuando se introducen aspectos experimentales en un programa o política pública aparecen retos éticos adicionales. Por ejemplo, la asignación aleatoria de los participantes a los diferentes tratamientos puede ocasionar molestias por las desigualdades generadas en la distribución de los beneficios del programa, especialmente cuando se trata de beneficios materiales como dinero y otros elementos de valor económico. En este sentido hay que ser totalmente transparentes en la asignación de los grupos de control y de tratamiento y, en lo posible, buscar mecanismos de incorporación de los grupos de control en los beneficios futuros del programa, sin sacrificar el rigor del diseño experimental.

Otro reto surge cuando las agencias gubernamentales y no gubernamentales, incluso por razones de objetivos legítimos del programa, deciden intervenir en el diseño sacrificando el rigor experimental del mismo; por ejemplo, en el muestreo o en la aplicación de las variables de tratamiento de manera que se puedan inducir resultados a corto plazo que vayan en beneficio de su misión. Los riesgos éticos pueden llegar incluso a impactos inesperados de los programas y las intervenciones, como el caso de un programa de apoyo financiero a grupos de mujeres en Kenia (Gugerty y Kremer, 2008), en el que se usó un diseño experimental para poder medir su impacto en la reducción de pobreza. Los autores muestran que las mujeres con mejores conexiones y mayor nivel educativo fueron apropiándose de los espacios de los grupos asociativos, de modo que lograron tener mayor acceso a los recursos financieros y desplazaron finalmente a las mujeres menos educadas o de mayor edad, lo cual aumentó así aún más la exclusión de las personas más vulnerables de la comunidad.

Conclusiones

La aplicación de experimentos económicos en sus diferentes versiones de laboratorio y de campo es una realidad en los países en desarrollo y aunque su utilización se encuentra en su juventud, el incremento estable en cantidad y calidad de experimentos realizados permite ofrecer algunas lecciones del camino que se debe seguir y de las lecciones aprendidas. Existe ya una experiencia acumulada de algunos académicos que en colaboración con redes de investigación internacionales y con agencias gubernamentales y no gubernamentales han logrado enfrentar preguntas importantes sobre los problemas del desarrollo. El estudio del comportamiento humano frente a problemas de conservación del medio ambiente, de provisión de bienes públicos o de explotación sostenible de los recursos de uso común cuenta hoy con una cantidad considerable y rica de evidencia experimental en América Latina. Los problemas de confianza, cooperación, capital social, riesgo o redes sociales son parte de una agenda de investigación experimental que cuenta con una acumulación de estudios en estos países.

En la medida en que estos estudios replicaron y adaptaron los métodos utilizados en otras latitudes se han podido derivar conclusiones interesantes para el problema del desarrollo en los países en desarrollo. Siendo la replicabilidad una de las virtudes de los experimentos económicos, podemos decir que una primera evaluación muestra un resultado positivo y promisorio. Algunos de los estudios referenciados en este capítulo dan cuenta de esta evaluación preliminar del camino recorrido.

Más aún, creemos que en estos países la cercanía especial de los experimentalistas con la realidad de los problemas del desarrollo y con los actores internacionales, nacionales y locales interesados en usar estas herramientas ha traído unos beneficios adicionales para enriquecer la agenda científica así como el diseño de programas y políticas públicas. El permanente diálogo y asociación con los financiadores de los programas de desarrollo invita a los científicos a pensar en diseños experimentales pertinentes, aplicables y de utilidad para enriquecer las respuestas a las preguntas del desarrollo. Por otra parte, la creciente formalización de los sistemas de evaluación y promoción en las academias de los países en desarrollo obliga a los investigadores a mantener el rigor de sus diseños y el aporte a la frontera del conocimiento en las áreas de sus investigaciones. Estas dos condiciones deberían convertirse en determinantes del futuro de la aplicación de los métodos experimentales a los problemas del desarrollo.

REFERENCIAS

Advani, Raj, Walter Yuan, y Peter Bossaerts. 2003. *jMarkets*. Free software.

Aguiar, Fernando, Pablo Brañas Garza, Ramón Cobo Reyes, Natalia Jiménez y Luis M. Miller. 2009. "Are Women Expected to Be More Generous?" *Experimental Economics*, 12(1): 93-98.

Akerlof, George A. 1982. "Labor Contracts as Partial Gift Exchange" *Quarterly Journal of Economics*, 97(4): 543-569.

Akerlof, George, y Rachel Kranton. 2005. "Identity and the Economics of Organizations" *Journal of Economic Perspectives*, 19: 9-32.

Alchian, Armen A., y Harold Demestz. 1972. "Production, Information Costs and Economic Organization" *American Economic Review*, 62, 5: 777-795.

Allais, Maurice. 1953. "Le comportement de l'homme rationnel devant le risque: Critique des postulats et axiomes de l'école Americaine" *Econometrica*, 21: 503-546.

Alpízar, Francisco, Fredrik Carlsson y Maria A. Naranjo. 2010. "The Effect of Ambiguous Risk, and Coordination on Farmers' Adaptation to Climate Change: A Framed Field Experiment" *EfD Discussion Paper 09-18*, Environment for Development Initiative and Resources for the Future, Washington DC.

Alpízar, Francisco, Fredrik Carlsson y Olof Johansson. 2005. "How Much Do We Care About Absolute versus Relative Income and Consumption?" *Journal of Economic Behavior & Organization*, 56(3): 405-421.

Alpízar, Francisco, Fredrik Carlsson y Olof Johansson. 2008a. "Anonymity, Reciprocity and Conformity: Evidence from Voluntary Contributions to a National Park in Costa Rica" *Journal of Public Economics*, 92(5-6): 1047-1060.

Alpízar, Francisco, Fredrik Carlsson y Olof Johansson. 2008b. "Does Context Matter More for Hypothetical than for Actual Contributions? Evidence from a Natural Field Experiment" *Experimental Economics*, 11: 299-314.

Altavilla, Carlo, Luigi Luini y Patrizia Sbriglia. 2006. "Social Learning in Market Games" *Journal of Economic Behavior & Organization*, 61: 632-652.

Altonji, Joseph G., y Rebecca M. Blank. 1999. "Race and Gender in the Labor Market". *Handbook of Labor Economics*. O. Ashenfelter y D. Card, eds. Amsterdam: North-Holland, 3143-3259.

Anderhub, Vital, Simon Gächter y Manfred Königstein. 2002. "Efficient Contracting and Fair Play in a Simple Principal-Agent Experiment" *Experimental Economics*, 5(1): 5-27.

Andersen, Steffen, Erwin Bulte, Uri Gneezy y John A. List. 2008. "Do Women Supply More Public Goods than Men? Preliminary Experimental Evidence from Matrilineal and Patriarchal Societies" *American Economic Review: Papers and Proceedings*, 98(2): 376-381.

Anderson, Christopher y Louis Putterman. 2006. "Do Non-Strategic Sanctions Obey the Law of Demand? The Demand for Punishment in the Voluntary Contribution Mechanism" *Games and Economic Behavior*, 54: 1-24.

Anderson, Steven W., Antoine Bechara, Hanna Damasio, Daniel Tranel y Antonio R. Damasio. 1999. "Impairment of Social and Moral Behavior Related to Early Damage in the Human Prefrontal Cortex" *Nature Neuroscience*, 2: 1032-1037.

Andersson, Ola, Matteo M. Galizzi, Tim Hoppe, Sebastian Kranz, Karen van der Wiel y Erik Wengström. 2010. "Persuasion in Experimental Ultimatum Games" *Economics Letters*, 108(1): 16-18.

Andreoni, James y Croson, Rachel. 2008. "Partners versus Strangers: Random Rematching in Public Goods Experiments" *Handbook of Experimental Economics Results*, 1, 776-783.

Andreoni, James, y John H. Miller. 2002. "Giving According to GARP: An Experimental Study of Rationality and Altruism" *Econometrica*, 70: 737-753.

Andreoni, James, y Lise Vesterlund. 2001. "Which is the Fair Sex? Gender Differences in Altruism" *Quarterly Journal of Economics*, 116(1): 293-312.

Andreoni, James. 1988. "Why Free Ride? Strategies and Learning in Public Goods Experiments" *Journal of Public Economics*, 37(3): 291–304.

Andreoni, James. 1995a. "Cooperation in Public-Goods Experiments - Kindness or Confusion?" *American Economic Review*, 85(4): 891-904.

Andreoni, James. 1995b. "Warm-Glow versus Cold-Pickle: The Effects of Positive and Negative Framing on Cooperation in Experiments" *Quarterly Journal of Economics*, 110(1): 1–21.

Andreou, Adamos, Sophía Andreou, Aurora García-Gallego y Nikolaos Georgantzís. 2010. "An Ultimatum Wage Bargaining Experiment on Trade Union Efficiency" *mimeo.*

Angerer, Martin, Jurgen Huber y Michael Kirchler. 2009. "Experimental Asset Markets with Endogenous Choice of Costly Asymmetric Information" *mimeo* disponible en http://ssrn.com/abstract=1399359.

Aragonés, Enriqueta, y Thomas Palfrey. 2004. "The Effect of Candidate Quality on Electoral Equilibrium: An Experimental Study" *American Political Science Review*, 98: 77-90.

Aragonés, Enriqueta, y Thomas Palfrey. 2005. "Electoral Competition between Two Candidates of Different Quality: The Effects of Candidate Ideology and Private Information" *Social Choice and Strategic Decisions: Essays in Honor of Jeffrey S. Banks*, David Austen-Smith y John Duggan, eds. Berlín: Springer.

Arbak, Emrah, y Marie-Claire Villeval. 2007. "Endogenous Leadership: Selection and Influence" *IZA Discussion Paper* No. 2732.

Argueta, Rafael, Diego Aycinena, Edwin Castro, Juan Carlos Córdova, Juan Carlos Moratya y Fernando Moscoso. 2010. "Use of a Combinatorial Auction to Allocate 6 BOO Power Transmission Contracts: A Case Study about Guatemala" *mimeo.*

Ariely, Dan, Uri Gneezy, George Loewenstein y Nina Mazar. 2009. "Large Stakes and Big Mistakes" *Review of Economic Studies*, 76(2): 451-469.

Arrow, Kenneth J. 1973. "The Theory of Discrimination" *Discrimination in Labor Markets*. O. A. Ashenfelter y A. Rees, eds. Princeton: Princeton University Press, 3-33.

Arrow, Kenneth J., y Gerard Debreu. 1954. "Existence of an Equilibrium for a Competitive Economy" *Econometrica*, 22: 265-290.

Ashraf, Nava, Diego Aycinena, Claudia A. Martínez y Dean Yang. 2010. "Remittances and the Problem of Control: A Field Experiment among Migrants from El Salvador" *mimeo.*

Asparouhova, Elena, Peter Bossaerts, Jon Eguia y William Zame. 2009. "Cognitive Biases, Ambiguity Aversion and Asset Pricing in Financial Markets" *mimeo.*

Ausubel, Lawrence, Peter Cramton y Paul Milgrom. 2006. *The Clock-proxy Auction: A Practical Combinatorial Auction Design*. Combinatorial Auctions. Peter Cramton, Yoav Shoham y Richard Steinberg, eds. Cambridge: MIT Press. 115-138.

Ayres, Ian, y Peter Siegelman. 1995. "Race and Gender Discrimination in Bargaining for a New Car" *American Economic Review*, 85(3): 304-321.

Ayres, Ian. 1991. "Fair Driving: Gender and Race Discrimination in Retail Car Negotiations" *Harvard Law Review*, 104(4): 817-822.

Babcock, Linda, y Sara Laschever. 2003. *Women Don't Ask: Negotiation and the Gender Divide*. Princeton: Princeton University Press.

Bacharach, Michael J., y Michele Bernasconi. 1997. "The Variable Frame Theory of Focal Points: An Experimental Study" *Games and Economic Behavior*, 19: 1-45.

Bagues, Manuel F., y Berta Esteve-Volart. 2007. "Can Gender Parity Break the Glass Ceiling? Evidence from a Repeated Randomized Experiment" *FEDEA Working Paper 07-15*.

Baker, George, Michael Gibbs y Bengt Hölmström. 1994. "The Internal Economics of the Firm: Evidence from Personnel Data" *Quarterly Journal of Economics*, 109: 881-919.

Baker, George, Robert Gibbons y Kevin J. Murphy. 2001. "Bringing the Market Inside the Firm?" *American Economic Review*, 91, 2: 212-218.

Balliet, Daniel. 2010. "Communication and Cooperation in Social Dilemmas: A Meta-Analytic Review" *Journal of Conflict Resolution*, 54(1): 39-57.

Bandiera, Oriana, Iwan Barankay e Imran Rasul. 2010. "Social Incentives in the Workplace" *Review of Economic Studies*, 77(2): 417-458.

Banerjee, Abhijit V., y Esther Duflo. 2009. "The Experimental Approach to Development Economics" *Annual Review of Economics*, 1: 151-178.

Bardsley, Nicholas, Judith Metha, Chris Starmer y Robert Sudgen. 2010. "Explaining Focal Points: Cognitive Hierarchy versus Team Reasoning" *Economic Journal*, 120(543): 40-70.

Bardsley, Nick, Robin Cubitt, Graham Loomes, Peter Moffat, Chris Starmer, y Robert Sugden. 2010. *Experimental Economics, Rethinking the Rules*. Princeton: Princeton University Press.

Barr, Abigail, y Truman Packard. 2000. "Revealed and Concealed Preferences in the Chilean Pension System: An Experimental Investigation" *Department of Economics Discussion Paper Serie*, University of Oxford.

Barreda Tarrazona, Ivan, Ainhoa Jaramillo Gutiérrez, Daniel Navarro Martínez y Gerardo Sabater Grande. 2011. "Risk Attitude Elicitation Using a Multi-lottery Choice

Task: Real vs. Hypothetical Incentives" *Spanish Journal of Finance and Accounting.*

Barreda Tarrazona, Ivan, Aurora García Gallego, Nikolaos Georgantzís, Joaquin Andaluz y Augustin Gil. 2011. "An Experimental Study of Spatial Competition with Endogenous Pricing" *International Journal of Industrial Organization,* 29: 74-83.

Barro, Robert J., y David B. Gordon. 1983. "A Positive Theory of Monetary Policy in a Natural Rate Model" *Journal of Political Economy,* 91: 589-610.

Bartling, Björn, y Ferdinand von Siemens. 2010. "The Intensity of Incentives in Firms and Markets: Moral Hazard with Envious Agents" *Labour Economics,* 17(3): 598-607.

Battaglini, Marco, Rebecca Morton y Thomas Palfrey. 2010. "The Swing Voter's Curse in the Laboratory" *Review of Economic Studies,* 77: 61-89.

Bearden, J. Neil. 2001. "Ultimatum Bargaining Experiments: The State of the Art" http://ssrn.com/abstract=626183.

Bechara, Antoine, Antonio R. Damasio, Hanna Damasio y Steven W. Anderson. 1994. "Insensitivity to Future Consequences Following Damage to Human Prefrontal Cortex" *Cognition,* 50(1-3): 7-15.

Bechara, Antoine, Daniel Tranel y Hanna Damasio. 2000b. "Characterization of the Decision Making Deficit of Patients with Ventromedial Prefrontal Cortex Lesions" *Brain,* 123(11): 2189-2202.

Bechara, Antoine, Hanna Damasio y Antonio R. Damasio. 2000a. "Emotion, Decision Making and the Orbitofrontal Cortex" *Cerebral Cortex,* 10(3): 295-307.

Becker, Gary. 1957. *The Economics of Discrimination.* Chicago: University of Chicago Press.

Benito, Jon, Pablo Brañas Garza, Penélope Hernández y Juan Sanchis. 2011. "Sequential versus Simultaneous Schelling Models" *Journal of Conflict Resolution,* 55(1): 33-59.

Berg, Joyce, John Dickhaut y Kevin McCabe. 1995. "Trust, Reciprocity, and Social History" *Games and Economic Behavior,* 10: 122-142.

Bergmann, Barbara R. 1974. "Occupational Segregation, Wages and Profits When Employers Discriminate by Race and Sex" *Eastern Economic Journal,* 1(1-2): 103-110.

Bergstrom, Theodore C., y John H. Miller. 2009. *Experimentos con los principios económicos, 2.ª ed.* Barcelona: Antoni Bosch editor.

Bernoulli, Daniel. 1954. "Exposition of a New Theory on the Measurement of Risk" *Econometrica*, 22: 23-36.

Bertrand, Joseph F.L. 1883. "Thèorie mathèmatiques de la richesse sociale" *Journal des Savants*, 499-508.

Besley, Timothy, y Stephen Coate. 1997. "An Economic Model of Representative Democracy" *Quarterly Journal of Economics*, 112: 85-114.

Bessen, Stanley M., y Joseph Farrell. 1994. "Choosing How to Compete: Strategies and Tactics in Standardization" *Journal of Economic Perspectives*, 8(2): 117-131.

Binmore, Ken, y Larry Samuelson. 2006. "The Evolution of Focal Points" *Games and Economic Behavior*, 55: 21-42.

Binmore, Ken, Avinash Shaked y John Sutton. 1985. "Testing Non cooperative Bargaining Theory: A Preliminary Study" *American Economic Review*, 75(5): 1178-1180.

Binmore, Ken, Joseph Swierzbinski y Chris Tomlinson. 2007. "An Experimental Test of Rubinstein's Bargaining Model" *ELSE Working Papers* 260.

Binmore, Ken, y Avner Shaked. 2010. "Experimental Economics: Where next?" *Journal of Economic Behavior & Organization,* 73: 87-100.

Blau, Francine D., y Lawrence M. Kahn. 2000. "Gender Differences in Pay" *Journal of Economic Perspectives*, 14(4): 75-99.

Bochet, Olivier, Talbot Page y Louis Putterman. 2006. "Communication and Punishment in Voluntary Contribution Experiments" *Journal of Economic Behavior & Organization*, 60: 11-26.

Bolton, Gary E., y Elena Katok. 1998. "An Experimental Test of the Crowding Out Hypothesis: The Nature of Beneficent Behavior" *Journal of Economic Behavior & Organization*, 37(3): 315-331.

Bolton, Gary, y Axel Ockenfels. 2000. "ERC: A Theory of Equity, Reciprocity and Competition" *American Economic Review*, 90: 166-193.

Bolton, Gary, Elena Katok y Rami Zwick. 1998. "Dictator Game Giving: Rules of Fairness versus Acts of Kindness" *International Journal of Game Theory*, 27(2): 269-299.

Bolton, Patrick, y Mathias Dewatripont. 2005. *Contract Theory.* Cambridge: MIT Press.

Booth, Alison L. 2009. "Gender and Competition" *Labor Economics*, 16(6): 599-606.

Booth, Alison L., y Andrew Leigh. 2010. "Do Employers Discriminate by Gender? A Field Experiment in Female-dominated Occupations" *Economics Letters*, 107(2): 236-238.

Booth, Alison L., y Patrick J. Nolen. 2009. "Choosing to Compete: How Different are Girls and Boys?" *IZA Discussion paper 4027*.

Bornstein, Gary, 1992. "The Free-rider Problem in Intergroup Conflict over Step-level and Continuous Public Goods" *Journal of Personality and Social Psychology*, 62: 597-606.

Bornstein, Gary, y Ilan Yaniv. 1998. "Individual and Group Behavior in the Ultimatum Game: Are Groups more Rational Players?" *Experimental Economics*, 1: 101-108.

Bosch Domènech, Antoni, José García Montalvo, Rosemarie Nagel y Albert Satorra. 2002. "One, Two, (Three), Infinity...: Newspaper and Lab Beauty-Contest Experiments" *American Economic Review*, 92(5): 1687-1701.

Bosch Domènech, Antoni, y Joaquim Silvestre. 1997. "Credit Constraints in General Equilibrium: Experimental Results" *Economic Journal*, 107 (444): 1445-1464.

Bosch Doménech, Antoni, y Nicolaas Vriend. 2003. "Imitation of Successful Behavior in Cournot Markets" *Economic Journal*, 113: 495-524.

Bosch Domènech, Antoni, y Shyam Sunder. 2000. "Tracking the Invisible Hand: Convergence of Double Auctions to Competitive Equilibrium" *Computational Economics*, 16: 257-284.

Bossaerts, Peter, y Charles Plott. 2008. "Basic Principles of Asset Pricing Theory: Evidence from Large-Scale Experimental Financial Markets" *Review of Finance*, 8: 135-169.

Bossaerts, Peter, Charles Plott y William Zame. 2007. "Prices and Portfolio Choices in Financial Markets: Theory, Econometrics, Experiments" *Econometrica*, 75: 993-1038.

Bossaerts, Peter, Paolo Ghirardato, Serena Guarnaschelli y William Zame. 2010. "Ambiguity in Asset Markets: Theory and Experiments" *Review of Financial Studies*, 23: 1325-1359.

Bowles, Hannah R., Linda Babcock y Lei Lai. 2007. "Social Incentives for Gender Differences in the Propensity to Initiate Negotiations: Sometimes it Does Hurt to Ask" *Organizational Behavior and Human Decision Processes*, 103(1): 84-103.

Bowles, Samuel. 1998. "Endogenous Preferences: The Cultural Consequences of

Markets and other Economic Institutions" *Journal of Economic Literature*, 36: 75-111.

Brandts, Jordi, y Carles Solà. 2010. "Personal Relations and Their Effect on Behavior in an Organizational Setting: An Experimental Study" *Journal of Economic Behavior & Organization*, 73: 246-253.

Brandts, Jordi, y David Cooper. 2006. "A Change Would Do You Good: An Experimental Study of How to Overcome Coordination Failure in Organizations" *American Economic Review*, 96: 669-693.

Brandts, Jordi, y David Cooper. 2007. "It's What You Say Not What You Pay: An Experimental Study of Manager-employee Relationships in Overcoming Coordination Failure" *Journal of the European Economic Association*, 5: 1223-1268.

Brandts, Jordi, y Schram, Arthur. 2001. "Cooperation and Noise in Public Goods Experiments: Applying the Contribution Function Approach" *Journal of Public Economics*, 79: 399-427.

Brandts, Jordi, y W. Bentley MacLeod. 1995. "Equilibrium Selection in Experimental Games with Recommended Play" *Games and Economic Behavior*, 11, 36-63.

Brandts, Jordi, David Cooper y Enrique Fatás. 2007. "Leadership and Overcoming Coordination Failure with Asymmetric Costs" *Experimental Economics*, 10: 269-284.

Brandts, Jordi, Paul Pezanis-Christou y Alan Schram. 2008. "Competition with Forward Contracts: A Laboratory Analysis Motivated by Electricity Market Design" *Economic Journal*, 118(525): 192-214.

Brandts, Jordi, y Gary Charnes. 2000. "Hot vs. Cold: Sequential Responses and Preference Stability in Experimental Games" *Experimental Economics*, 2: 227-238.

Brandts, Jordi. 2009. "La economía experimental y la economía del comportamiento" *Sobre la economía y sus métodos*. J. C. García Bermejo, ed. Madrid: Trotta, 125-142.

Brañas Garza, Pablo, Ramón Cobo, María Paz Espinosa, Natalia Jiménez, Jaromir Kovarik y Giovanni Ponti. 2010. "Altruism and Social Integration" *Games and Economic Behavior*, 69: 249-257.

Brañas Garza, Pablo, y Natalia Jiménez. 2009. "Preferencias por los demás" *Sobre la economía y sus métodos*. J. C. García Bermejo, ed. Madrid: Trotta, 197-208.

Brañas Garza, Pablo. 2006. "Poverty in Dictator Games: Awakening Solidarity" *Journal of Economic Behavior & Organization*, 60: 306-320.

Brañas Garza, Pablo. 2007. "Promoting Helping Behavior with Framing in Dictator Games" *Journal of Economic Psychology*, 28: 477-486.

Brañas Garza, Pablo, María Paz Espinosa y Pedro Rey Biel. 2011. "Travelers' Types" *Journal of Economic Behavior & Organization*, 78: 25-36.

Brown-Kruse, Jamie, y David J. Schenk. 2000. "Location, Cooperation and Communication: An Experimental Examination" *International Journal of Industrial Organization*, 18: 59-80.

Brown-Kruse, Jamie, y David Hummels. 1993. "Gender Effects in Laboratory Public Goods Contribution: Do Individuals put their Money where their Mouth Is?" *Journal of Economic Behavior & Organization*, 22: 255-267.

Byrne, Ruth M. J. 2002. "Mental Models and Counterfactual Thoughts About What Might Have Been" *Trends in Cognitive Sciences*, 6: 426-431.

Cabrales, Antonio, Antoni Calvó Armengol y Nicola Pavoni. 2008. "Social Preferences, Skill Segregation and Wage Dynamics" *Review of Economic Studies*, 75: 65-98.

Cabrales, Antonio, Raffaele Miniaci, Marco Piovesan y Giovanni Ponti. 2010. "Social Preferences and Strategic Uncertainty: An Experiment on Markets and Contracts" *American Economic Review*, 100: 2261-2278.

Cabrales, Antonio. 2010. "The Causes and Economic Consequences of Envy" *SERIEs, Journal of the Spanish Economic Association*, 1: 371-386.

Cadigan, John. 2005. "The Citizen Candidate Model: An Experimental Analysis" *Public Choice*, 123: 197-216.

Cadsby, C. Bram, y Elizabeth Maynes. 1998. "Gender and Free Riding in a Threshold Public Goods Game: Experimental Evidence" *Journal of Economic Behavior & Organization*, 34(4): 603-620.

Camacho Cuena, Eva, Aurora García Gallego, Nikolaos Georgantzís y Gerardo Sabater Grande. 2005. "Buyer-Seller Interaction in Experimental Spatial Markets" *Regional Science and Urban Economics*, 35: 89-105.

Camera, Gabriele, Charles N. Noussair y Steven Tucker. 2003. "Rate-of-return Dominance and Efficiency in an Experimental Economy" *Economic Theory*, 22: 629-660.

Camerer, Colin F. 2008. "Neuroeconomics: Opening the Gray Box" *Neuron*, 60(3): 416-419.

Camerer, Colin F. 2003. *Behavioral Game Theory*. Princeton: Princeton University Press.

Camerer, Colin F., George Loewenstein, y Drazen Prelec. 2004. "Neuroeconomics: How Neuroscience can Inform Economics" *Journal of Economic Literature*, 43: 9-64.

Camerer, Colin, y Ulrike Malmendier. 2007. *Behavioral Economics of Organizations*. Behavioral Economics and Its Applications. P. Diamond y H. Vartiainen, eds. Princeton: Princeton University Press.

Camerer, Colin, George Loewenstein y Matthew Rabin. 2003. *Advances in Behavioral Economics*. Princeton: Princeton University Press.

Camerer, Colin, y George Loewenstein. 2003. "Introduction" *Advances in Behavioral Economics*. Princeton: Princeton University Press.

Camerer, Colin, y Roberto Weber. 2006. "Behavioral Experiments in Economics" *Experimental Economics*, 9: 187-192.

Camerer, Colin. 1987. "Do Biases in Probability Judgment Matter in Markets? Experimental Evidence" *American Economic Review*, 77: 981-997.

Camille, Nathalie, Giorgio Coricelli, Jerome Sallet, Pascal Pradat-Diehl, Jean-René Duhamel y Angela Sirigu. 2004. "The Involvement of the Orbitofrontal Cortex in the Experience of Regret" *Science*, 304: 1167-1170.

Candelo, Carmen, Juan C. Cárdenas, J. E. Correa, María Claudia López, Diana Lucía Maya, María Ximena Zorrilla y Ana María Roldán. 2002. *Juegos económicos y diagnóstico rural participativo. Un manual con ejemplos de aplicación para la cooperación*. Universidad Javeriana y WWF Colombia.

Cantillon, Estelle, y Martin Pesendorfer. 2006. *Auctioning Bus Routes: The London Experience*. Combinatorial Auctions. Peter Cramton, Yoav Shoham y Richard Steinberg, ed. 115-138. Cambridge: MIT Press.

Capra, C. Mónica, Kelly Lanier y Shireen Meer. 2008. *Attitudinal and Behavioral Measures of Trust: A New Comparison, mimeo*. Emory University.

Cárdenas, Juan C., John K. Stranlund y Cleve E. Willis. 2000. "Local Environmental Control and Institutional Crowding-out" *World Development*, 28(10): 1719-1733.

Cárdenas, Juan C., Luz Ángela Rodríguez y Nancy Johnson. "Collective Action for Watershed Management: Field Experiments in Colombia and Kenya" *Environment and Development Economics*.

Cárdenas, Juan C., y Jeffrey Carpenter. 2008. "Behavioral Development Economics: Lessons from Field Labs in the Developing World" *Journal of Development Studies*, 44(3): 337-364.

Carpenter, Jeffrey P. 2007. "The Demand for Punishment" *Journal of Economic Behavior & Organization*, 62: 522-542.

Chamberlin, Edward H. 1948. "An Experimental Imperfect Market" *Journal of Political Economy*, 56(2): 95-108.

Charness, Gary, y Martin Dufwenberg. 2006. "Promises and Partnerships" *Econometrica*, 74(6): 1579-1601.

Charness, Gary, y Matthew Rabin. 2002. "Understanding Social Preferences with Simple Tests" *Quarterly Journal of Economics*, 117: 817-869.

Charness, Gary, y Peter Kuhn. 2010. "Lab Labor: What Can Labor Economists Learn from the Lab?" *IZA DP* No. 4941.

Charness, Gary, y Uri Gneezy. 2008. "What's in a Name? Anonymity and Social Distance in Dictator and Ultimatum Games" *Journal of Economic Behavior & Organization*, 68: 29-35.

Charness, Gary, y Uri Gneezy. 2010. "Portfolio Choice and Risk Attitudes: An Experiment" *Economic Inquiry*, 48(1): 133-146.

Chen, Chun-Ting, Chen-Ying Huang y Joseph Tao-yi Wang. 2009. "A Window of Cognition: Eyetracking the Reasoning Process in Spatial Beauty Contest Games" http://homepage.ntu.edu.tw/~josephw/SpatialBeautyContest_09July14.pdf.

Chen, Yan, y Sherry Li. 2009. "Group Identity and Social Preferences" *American Economic Review*, 99: 431-457.

Clark, Kenneth, y Martin Sefton. 2001. "The Sequential Prisoner's Dilemma: Evidence on Reciprocation" *Economic Journal*, 111: 51-68.

Collier, Kenneth E., Richard D. McKelvey, Peter C. Ordeshook y Kenneth C. Williams. 1987. "Retrospective Voting: An Experimental Study" *Public Choice*, 53: 101-130.

Collins, Richard, y Katerina Sherstyuk. 2000. "Spatial Competition with Three Firms: An Experimental Study" *Economic Inquiry*, 38: 73-94.

Condorcet, Marquis de. 1785. *Essai sur l'application de l'analyse à la probabilité des décisions rendues à la pluralité des voix.* París: Imprimerie Royale.

Cookson, Richard. 2000. "Framing Effects in Public Goods Experiments" *Experimental Economics*, 3 (1): 55-79.

Cooper, Russell W., y Andrew John. 1988. "Coordinating Coordination Failures in Keynesian Models" *Quarterly Journal of Economics*, 103(3): 441-463.

Cooper, Russell W., Douglas DeJong, Bob Forsythe y Thomas Ross. 1994. "Alternative Institutions for Resolving Coordination Problems: Experimental Evidence on Forward Induction and Preplay Communication" *Problems of Coordination in Economic Activity.* J. Friedman ed. Dordrecht: Kluwer.

Cooper, Russell W., Douglas DeJong, Bob Forsythe y Thomas Ross. 1990. "Selection Criteria in Coordination Games: Some Experimental Results" *American Economic Review*, 80: 218-233.

Coppinger, Vicki M., Vernon L. Smith y Jon A. Titus. 1980. "Incentives and Behavior in English, Dutch and Sealed-bid Auctions" *Economic Inquiry*, 18(1): 1-22.

Coricelli, Giorgio, Hugo D. Critchley, Mateus Joffily, John P. O'Doherty, Angela Sirigu y Raymond J. Dolan. 2005. "Regret and its Avoidance: A Neuroimaging Study of Choice Behavior" *Nature Neuroscience*, 8: 1255-1262.

Coricelli, Giorgio, y Rosemarie Nagel. 2009. "Neural Correlates of Depth of Strategic Reasoning in Medial Prefrontal Cortex" *Proceedings of the National Academy of Sciences*, 23: 9163-9168.

Costa-Gomes, Miguel, y Georg Weizsäcker. 2008. "Stated Beliefs and Play in Normal Form Games" *Review of Economic Studies*, 75(3): 729-762.

Costa-Gomes, Miguel, Vince P. Crawford y Bruno Broseta. 2001. "Cognition and Behavior in Normal Form Games: an Experimental Study" *Econometrica*, 68: 1193-1235.

Costa-Gomes, Miguel, y Klaus G. Zauner. 2001. "Ultimatum Bargaining Behavior in Israel, Japan, Slovenia, and the United States. A Social Utility Analysis" *Games and Economic Behavior*, 34: 238-269.

Cournot, Augustin A. 1838. *Recherches sur les principes mathèmatiques de la thèorie des richesses.* París: Hachette.

Cox, James C., Daniel Friedman y Steve Gjerstad. 2007. "A Tractable Model of Reciprocity and Fairness" *Games and Economic Behavior*, 59: 17-45.

Cox, James C., Daniel Friedman y Vjollca Sadiraj. 2008. "Revealed Altruism" *Econometrica*, 76: 31-70.

Cramton, Peter, Yoav Shoham y Richard Steinberg. 2006. *Introduction to Combinatorial Auctions.* Combinatorial Auctions. Peter Cramton, Yoav Shoham y Richard Steinberg, eds. 1-13. Cambridge: MIT Press.

Crawford, Vincent P., y Hans Haller. 1990. "Learning How to Cooperate: Optimal Play in Repeated Coordination Games" *Econometrica*, 58: 571-595.

Crawford, Vincent P., Uri Gneezy y Yuval Rottenstreich. 2008. "The Power of Focal Points is Limited: Even Minute Payoff Asymmetry May Yield Large Coordination Failures" *American Economic Review*, 98(4): 1443-1458.

Croson, Rachel, Enrique Fatás y Tibor Neugebauer. 2005. "Conditional Contribution in Two Public Goods Games: The Weakest Link and the VCM" *Economics Letters*, 87: 97-101.

Croson, Rachel, Enrique Fatás y Tibor Neugebauer. 2006. "Excludability and Team Production" *Wharton School of Economics Working Paper*.

Croson, Rachel, y Uri Gneezy. 2009. "Gender Differences in Preferences" *Journal of Economic Literature*, 47(2): 448-474.

Croson, Rachel. 1996. "Partners and Strangers Revisited" *Economic Letters*, 53: 25-32.

Cyert, Richard, y Morris H. DeGroot. 1973. "An Analysis of Cooperation and Learning in a Duopoly Context" *American Economic Review*, 63: 26-37.

Damasio, Antonio R. 1994. *Descartes' Error: Emotion, Reason, and the Human Brain*. Nueva York: Putnam.

Dargnies, Marie-Pierre. 2009. "Does Team Competition Eliminate the Gender Gap in Entry in Competitive Environments?" Documents de travail du Centre d'Economie de la Sorbonne 09006.

Davis, Douglas D., y Bart J. Wilson. 2005. "Differentiated Product Competition and the Antitrust Logit Model: An Experimental Analysis" *Journal of Economic Behavior & Organization*, 57: 89-113.

Davis, Douglas, y Charles A. Holt. 1993. *Experimental Economics*. Princeton: Princeton University Press.

Dawkins, Richard. 1976. *The Selfish Gene*. Oxford: Oxford University Press.

De Bondt, Werner, y Richard Thaler. 1995. "Financial Decision Making in Markets and Firms: A Behavioral Finance Perspective" *Handbooks in Operations Research and Management Science*, (9) *Finance*. R. Jarrow, V. Maksimovic y W. Ziemba, eds. Amsterdam: Elsevier, 385-410.

De Quervain, Dominique J. F., Urs Fischbacher, Valerie Treyer, Melanie Schellhammer, Ulrich Schnyder, Alfred Buck y Ernst Fehr. 2004. "The Neural Basis of Altruistic Punishment" *Science*, 305(5688): 1254-1258.

Deck, Cary A., Kevin A. McCabe y David P. Porter. 2006. "Why Stable Fiat Money Hyperinflates: Results from an Experimental Economy" *Journal of Economic Behavior & Organization*, 61: 471-486.

Denton, Michael, Stephen Rassenti, Steven Backerman y Vernon L. Smith. 2001. "Market Power in a Deregulated Electrical Industry" *Decision Support System*, 30(3): 357-381.

Dixit, Avinash K., y Barry J. Nalebuff. 2010. *El arte de la estrategia. La teoría de juegos, guía del éxito en sus negocios y en su vida diaria*. Barcelona: Antoni Bosch.

Downs, Anthony. 1957. *An Economic Theory of Democracy*. Nueva York: Harper & Row.

Duffy, John, y Nick Feltovich. 2002. "Do Actions Speak Louder Than Words? Observation vs. Cheap Talk as Coordination Devices" *Games and Economic Behavior*, 39: 1-27.

Duffy, John. 1993. *Macroeconomics: A Survey of Laboratory Research*. Handbook of Experimental Economics, Vol. 2. John H. Kagel y Alvin E. Roth, eds. Princeton: Princeton University Press.

Dufwenberg, Martin, y Astri Muren. 2006. "Generosity, Anonymity, Gender" *Journal of Economic Behavior & Organization*, 61(1): 42-49.

Durham, Yvonne. 2000. "An Experimental Examination of Double Marginalization and Vertical Relationships" *Journal of Economic Behavior & Organization*, 42: 207-230.

Eckel, Catherine C., y Philip J. Grossman. 1996. "The Relative Price of Fairness: Gender Differences in a Punishment Game." *Journal of Economic Behavior & Organization*, 30(2): 143-158.

Eckel, Catherine C., y Philip J. Grossman. 2001. "Chivalry and Solidarity in Ultimatum Games" *Economic Inquiry*, 39(2): 42-49.

Eckel, Catherine C., y Philip J. Grossman. 2005. "Managing Diversity by Creating Team Identity" *Journal of Economic Behavior & Organization*, 58 (3): 371-392.

Edgeworth, Francis Y. 1881. *Mathematical Psychics*. Londres: Kegam Paul.

Eisenegger, Christoph, Valerie Treyer, Ernst Fehr y Daria Knoch. 2008. "Timecourse of 'Off-line' Prefrontal rTMS Effects - A PET Study" *Neuroimage*, 42: 379-384.

Ellsberg, Daniel. 1961. "Risk, Ambiguity, and the Savage Axioms." *Quarterly Journal of Economics*, 75: 643-669.

Elmaghraby, Wedad, y Pinar Keskinocak. 2004. *Combinatorial Auctions in Procurement. The Practice of Supply Chain Management: Where Theory and Application Con-*

verge. Harrison, Terry P., Hau L. Lee, y John J. Neale, eds. 245-258. Springer US, International Series in Operations Research & Management Science, Vol. 62.

Engelmann, Dirk, y Martin Strobel. 2004. "Inequality Aversion, Efficiency and Maximum Preferences in Simple Distribution Experiments" *American Economic Review*, 94: 857-869.

Epstein, Rafael, Lysette Henríquez, Jaime Catalán, Gabriel Y. Weintraub y Cristián Martínez. 2002. "A Combinatorial Auction Improves School Meals in Chile" *Interfaces*, 32(6): 1-14.

Erev, Ido, y Amnon Rapoport. 1990. "Provision of Step-Level Public Goods: The Sequential Contribution Mechanism" *Journal of Conflict Resolution*, 34(3): 401-425.

Eshel, Ilan, Larry Samuelson y Avner Shaked. 1998. "Altruists, Egoists and Hooligans in a Local Interaction Model" *American Economic Review*, 88: 157-179.

Eslinger, Paul J., y Antonio R. Damasio. 1995. "Severe Disturbance of Higher Cognition after Bilateral Frontal Lobe Ablation: Patient EVR" *Neurology*, 35: 1731-1741.

Espinosa, María Paz, Jaromír Kovárík y Giovanni Ponti. 2011. "Strategic Interaction and Conventions" *Revista Internacional de Sociología*. Aceptado para su publicación.

Falk, Armin, Ernst Fehr y Urs Fischbacher. 2005. "Driving Forces behind Informal Sanctions" *Econometrica*, 7(6): 2017-2030.

Fatas, Enrique, Antonio J. Morales y Paloma Úbeda. 2010. "Blind Justice" *Journal of Economic Psychology*, 31, 3: 358-373.

Feddersen, Timothy, y Wolfgang Pesendorfer. 1996. "The Swing Voter's Curse" *American Economic Review*, 86: 408-424.

Fehr Ernst, Alexander Klein, y Klaus M. Schmidt. 2007. "Fairness, Incentives and Contractual Incompleteness" *Econometrica*, 75: 121-154.

Fehr, Ernst, Georg Kirchsteiger, y Arno Riedl. 1993. "Does Fairness Prevent Market Clearing? An Experimental Investigation" *Quarterly Journal of Economics*, 108: 437-460.

Fehr, Ernst, y Armin Falk. 1999. "Wage Rigidity in a Competitive Incomplete Contract Market" *Journal of Political Economy*, 107(1): 106-134.

Fehr, Ernst, y Jean-Robert Tyran. 2005. "Individual Irrationality and Aggregate Outcomes" *Journal of Economic Perspectives*, 19: 43-66.

Fehr, Ernst, y Klaus M. Schmidt. 1999. "A Theory of Fairness, Competition and Cooperation" *Quarterly Journal of Economics*, 114: 817-868.

Fehr, Ernst, y Simon Gächter. 2000. "Cooperation and Punishment in Public Goods Experiments" *American Economic Review*, 90: 980-994.

Fehr, Ernst, Erich Kirchler, Andreas Weichbold y Simon Gächter. 1998. "When Social Norms Overpower Competition: Gift Exchange in Experimental Labor Markets" *Journal of Labor Economics*, 16(2): 324-351.

Fehr, Ernst, y Jean-Robert Tyran. 2001. "Does Money Illusion Matter?" *American Economic Review*, 91: 1239-1262.

Fehr, Ernst, y Jean-Robert Tyran. 2007. "Money Illusion and Coordination Failure" *Games and Economic Behavior*, 58: 246-268.

Fehr, Ernst, y Jean-Robert Tyran. 2008. "Limited Rationality and Strategic Interaction: The Impact of the Strategic Environment on Nominal Inertia" *Econometrica*, 76: 353-394.

Fehr, Ernst, y Klaus M. Schmidt. 1999. "A Theory of Fairness, Competition and Cooperation" *Quarterly Journal of Economics*, 114: 817-868.

Fehr, Ernst, y Simon Gächter. 2000. "Cooperation and Punishment in Public Goods Experiments" *American Economic Review*, 90: 980-994.

Fehr, Ernst, y Simon Gächter. 2002. "Altruistic Punishment in Humans" *Nature*, 415: 137-140.

Ferreira, Jose Luis, Praveen Kujal, y Stephen Rassenti. 2010. "Multiple Openings of Forward Markets: Experimental Evidence" *Economics Working Papers*, we1023. Universidad Carlos III.

Fershtman, Chaim, y Kenneth L. Judd. 1987. "Equilibrium Incentives in Oligopoly" *American Economic Review*, 77: 927-940.

Fershtman, Chaim, Hans K. Hvide y Yoram Weiss. 2006. "Cultural Diversity, Status Concerns and the Organization of Work" *Labor Economics*, 24: 361-396.

Fershtman, Chaim, y Uri Gneezy. 2001. "Discrimination in a Segmented Society: An Experimental Approach" *Quarterly Journal of Economics*, 116(1): 351-377.

Fischbacher, Urs, Christina M. Fong y Ernst Fehr. 2009. "Fairness, Errors and the Power of Competition" *Journal of Economic Behavior & Organization*, 72: 527-545.

Fischbacher, Urs, Simon Gächter y Ernst Fehr. 2001. "Are People Conditionally Cooperative? Evidence from a Public Goods Experiment" *Economics Letters*, 71: 397-404.

Fischbacher, Urs. 2007. "z-Tree: Zurich Toolbox for Ready-made Economic Experiments" *Experimental Economics*, 10: 171-178.

Fisher, Eric O'N. 2001. "Purchasing Power Parity and Interest Parity in the Laboratory" *Australian Economic Papers*, 40: 586-602.

Fisher, Joseph, Mark Isaac, Jeffrey Schatzberg y James Walker. 1995. "Heterogeneous Demand for Public Goods: Behavior in the Voluntary Contributions Mechanism" *Public Choice*, 85: 249-266.

Flabbi, Luca, y Andrea Ichino. 2001. "Productivity, Seniority and Wages: New Evidence from Personnel Data" *Labour Economics*, 8: 359-387.

Flood, Merrill. 1958. "Some Experimental Games" *Management Science,* (5): 5-26.

Fonseca, Miguel A., Steffen Huck y Hans-Theo Normann. 2005. "Playing Cournot Although They Shouldn't" *Economic Theory*, 25: 669-677.

Fonseca, Miguel A., Wieland Müller y Hans-Theo Normann. 2006. "Endogenous Timing with Observable Delay in Duopoly: Experimental Evidence" *International Journal of Game Theory*, 34: 443-456.

Ford, Jefrey, y Laurie Ford. 1995. "The Role of Conversation in Producing Intentional Change in Organizations" *Academy of Management Review*, 20: 541-570.

Forsythe, Robert, y Russell Lundholm. 1990. "Information Aggregation in an Experimental Market" *Econometrica*, 58: 309-347.

Forsythe, Robert, Joel L. Horowitz, N. E. Savin y Martin Sefton. 1994. "Fairness in Simple Bargaining Experiments" *Games and Economic Behavior*, 6: 347-369.

Forsythe, Robert, Thomas Reitz y Robert Weber. 1993. "An Experiment on Coordination in Multi-candidate Elections: The Importance of Polls and Election Histories" *Social Choice and Welfare*, 10: 223-247.

Fouraker, Lawrence, y Sidney Siegel. 1963. *Bargaining Behavior.* Nueva York: McGraw Hill.

Frank, Robert H. 1984. "Are Workers Paid their Marginal Product?" *American Economic Review*, 74: 549-571.

Frank, Robert H. 1985. *Choosing the Right Pond: Human Behavior and the Quest for Status*. Oxford: Oxford University Press.

Friedman, Daniel, y Shyam Sunder. 1994. *Experimental Methods: A Primer for Economists*. Cambridge: Cambridge University Press.

Gächter, Simon, Daniele Nosenzo, Elke Renner, y Martin Sefton. En prensa. "Who Makes a Good Leader? Cooperativeness, Optimism and Leading by Example" *Economic Inquiry*.

Gächter, Simon, y Falk, A. 2002. "Reputation and Reciprocity: Consequences for the Labor Relation" *Scandinavian Journal of Economics* 104: 1-26.

Galinsky, Adam D., William W. Maddux, Debra Gilin, y Judith B. White. 2008. "Why it Pays to get Inside the Head of your Opponent: The Differential Effects of Perspective-taking and Empathy in Strategic Interactions" *Psychological Science*, 19(4): 378-384.

García Gallego, Aurora, y Nikolaos Georgantzís. 2001a. "Multiproduct Activity in an Experimental Differentiated Oligopoly" *International Journal of Industrial Organization*, 19: 493-518.

García Gallego, Aurora, y Nikolaos Georgantzís. 2001b. "Adaptive Learning by Single-Product and Multiproduct Price-Setting Firms in Experimental Markets" Instituto Valenciano de Investigaciones Económicas *WP-AD 2001-2013*.

García Gallego, Aurora, Nikolaos Georgantzís, y Ainhoa Jaramillo Gutiérrez. 2008. "Ultimatum Salary Bargaining with Real Effort" *Economics Letters*, 98: 78-83.

García Gallego, Aurora, Nikolaos Georgantzís, y Gerardo Sabater Grande. 2004. "Identified Consumers: An Experiment on the Informativeness of Cross-Demand Price Effects" *Cuadernos de Economía*, 27: 185-216.

García Gallego, Aurora, Nikolaos Georgantzís, y Praven Kujal. 2008. "Experimental Insights into the Efficiency of Alternative Water Management Institutions" *Game Theory and Policy Making in Natural Resources and the Environment*. Dinar, A., J. Albiac y J. Sánchez Soriano, eds. 209-235. Londres/Nueva York: Routledge, Taylor & Francis Group.

García Gallego, Aurora, Nikolaos Georgantzís, Georgios Panos, y Ioannis Theodossiou. 2010. "Ultimatum Bargaining and Preference Elicitation in Real-Task Experimental Labor Markets" *mimeo.*

García Gallego, Aurora. 1998. "Oligopoly Experimentation of Learning with Simulated Markets" *Journal of Economic Behavior & Organization*, 35: 333-335.

Gawande, Atul. 2011. *El efecto checklist.* Barcelona: Antoni Bosch editor.

Georgantzís, Nikolaos, Constantine Manasakis, Evaggelos Mitrokostas, y Emanuel Petrakis. 2008. "Strategic Delegation in Experimental Duopolies with Endogenous Incentive Contracts" *Working Papers 0809.* University of Crete, Department of Economics.

Ghosal, Sayantan, y Marcus Miller. 2003. "Co-ordination Failure, Moral Hazard and Sovereign Bankruptcy Procedures" *Economic Journal,* 113, 487(4): 276-304.

Gibbons, Robert, y Michael Waldman. 1999. "A Theory of Wage and Promotion Dynamics Inside Firms" *Quarterly Journal of Economics,* 114: 1321-1358.

Gibbons, Robert. 1993. *Un primer curso de teoría de juegos.* Barcelona: Antoni Bosch.

Gigerenzer, Gerd, y Reinhard Selten. 2001. *Bounded Rationality: The Adaptive Toolbox.* Cambridge: MIT Press.

Gilligan, Carol. 1982. *In a Different Voice: Psychological Theory and Women's Development.* Cambridge: Harvard University Press.

Gladwell, Malcolm. 2005. *Blink: The power thinking without thinking.* Nueva York: Little, Brown and Company.

Glaeser, Edward, David Laibson, Jose Scheinkman, y Christine Soutter. 2000. "What is Social Capital? The Determinants of Trust and Trustworthiness" *Quarterly Journal of Economics,* 115: 811-846.

Glimcher, Paul W., y Aldo Rustichini. 2004. "Neuroeconomics: The Consilience of Brain and Decision" *Science,* 306(5695): 447-452.

Gneezy, Uri, y Aldo Rustichini. 2000. "Pay Enough or Don't Pay At All" *Quarterly Journal of Economics* 115(3): 791-810.

Gneezy, Uri, Kenneth L. Leonard, y John A. List. 2009. "Gender Differences in Competition: Evidence From a Matrilineal and a Patriarchal Society" *Econometrica,* 77(5): 1637-1664.

Gneezy, Uri, Muriel Niederle y Aldo Rustichini. 2003. "Performance in Competitive Environments: Gender Differences" *Quarterly Journal of Economics,* 118(3): 1049-1074.

Gneezy, Uri, y Aldo Rustichini. 2004. "Gender and Competition at a Young Age" *American Economic Review: Papers and Proceedings,* 94(2): 377-381.

Gode, Dhananjay K., y Shyam Sunder. 1993a. "Allocative Efficiency of Markets with Zero-intelligence Traders: Market as a Partial Substitute for Individual Rationality" *Journal of Political Economy*, 101(1): 119-137.

Gode, Dhananjay K., y Shyam Sunder. 1993b. "Lower Bounds for Efficiency of Surplus Extraction in Double Auctions" *The Double Auction Market*. Santa Fe Institute Studies in the Sciences of Complexity, Proc. Volume XIV. Nueva York: Addison Wesley.

Goeree, Jacob K., y Charles A. Holt. 2001. "Ten Little Treasures of Game Theory and Ten Intuitive Contradictions" *The American Economic Review*, 91(5): 1402-1422.

Goeree, Jacob K., Charles A. Holt y Susan K. Laury. 2002. "Private Costs and Public Benefits: Unraveling the Effects of Altruism and Noisy Behavior" *Journal of Public Economics*, 83(2): 255-276.

Goldin, Claudia, y Cecilia Rouse. 2000. "Orchestrating Impartiality: The Impact of *Blind* Auditions on Female Musicians" *American Economic Review*, 90(4): 715-741.

Goodfellow, Jessica, y Charles R. Plott. 1990. "An Experimental Examination of the Simultaneous Determination of Input Prices and Output Prices" *Southern Economic Journal*, 56 (4): 969-983.

Guarnaschelli, Serena, Richard McKelvey, y Thomas Palfrey. 2000. "An Experimental Study of Jury Decision Rules" *American Political Science Review*, 94: 407-423.

Gugerty, Mary K., y Michael Kremer. 2008. "Outside Funding and the Dynamics of Participation in Community Organizations" *American Journal of Political Science*, 52(3): 585-602.

Güth, Werner, Rolf Schmittberger, y Bernd Schwarze. 1982. "An Experimental Analysis of Ultimatum Bargaining" *Journal of Economic Behavior & Organization*, 3(4): 367-388.

Güth, Werner, y Eric van Damme. 1998. "Information, Strategic Behavior and Fairness in Ultimatum Bargaining: An Experimental Study" *Journal of Mathematical Psychology*, 42: 227-247.

Güth, Werner. 1995. "On Ultimatum Bargaining Experiments: A Personal Review" *Journal of Economic Behavior & Organization*, 27: 329-344.

Hamilton, W. D. 1964. "The Genetical Evolution of Social Behavior" *Journal of Theoretical Biology*, 7(1): 1-52.

Hargreaves-Heap, Shaun, y Yanis Varoufakis. 2002. "Some Experimental Evidence on the Evolution of Discrimination, Co-operation and Perceptions of Fairness" *Economic Journal*, 112: 679-703.

Harris, Milton, y Bengt Hölmström. 1982. "A Theory of Wage Dynamics" *Review of Economic Studies*, 49: 315-333.

Harrison, Glenn, y John A. List. 2004. "Field Experiments" *Journal of Economic Literature*, XLII: 1009-1055.

Harsanyi, John C. 1955. "Individualistic Ethics and Interpersonal Comparisons of Utility" *Journal of Political Economy*, 63(4): 309-321.

Harstad, Ronald, Stephen Martin, y Hans-Theo Normann. 1998. "Intertemporal Pricing Schemes: Experimental Tests for Consciously Parallel Behavior in Oligopoly" *Applied Industrial Economics*. L. Phlips, ed. 123-151. Cambridge: Cambridge University Press.

Harstad, Ronald. 2000. "Dominant Strategy Adoption and Bidders Experience with Pricing Rules" *Experimental Economics*, 3(3): 261-280.

Hart, O., y B. Holmstrom. 1987. "The Theory of Contracts" Advances in Economic Theory, Fifth World Congress. Truman Bewley ed. Cambridge: Cambridge University Press, 71-155.

Heath, Chip, Richard P. Larrick, y George Wu. 1999. "Goals as Reference Points" *Cognitive Psychology*, 38: 79-109.

Heinemann, Frank, Peter Ockenfels, y Rosemarie Nagel. 2009. "Measuring Strategic Uncertainty in Coordination Games" *Review of Economic Studies*, 76: 181-221.

Henrich, Joseph, Jean Ensimger, Richard McElreath, Abigail Barr, Clark Barrett, Alexander Bolyanatz, Juan C. Cárdenas, Michael Gurven, Edwins Gwako, Natalie Henrich, Carolyn Lesorogol, Frank Marlowe, David Tracer, y John Ziker. 2010. "Markets, Religion, Community Size, and the Evolution of Fairness and Punishment" *Science*, 327: 1480-1484.

Henrich, Joseph, Richard McElreath, Abigail Barr, Jean Ensminger, Clark Barrett, Alexander Bolyanatz, Juan C. Cárdenas, Michael Gurven, Edwins Gwako, Natalie Henrich, Carolyn Lesorogol, Frank Marlowe, David Tracer, y John Ziker. 2006. "Costly Punishment Across Human Societies" *Science*, 312: 1767-1770.

Henrich, Joseph, Robert Boyd, Samuel Bowles, Colin Camerer, Ernst Fehr, Herbert Gintis, y Richard McElreath. 2001. "In Search of Homo Economicus: Experiments in 15 Small-scale Societies" *American Economic Review*, 91: 73-79.

Hens, Thorsten, Klaus R. Schenk-Hoppe, y Bodo Vogt. 2007. "The Great Capitol Hill Baby Sitting Co-op: Anecdote or Evidence for the Optimum Quantity of Money?" *Journal of Money, Credit and Banking*, 39: 1305-1333.

Hey, John D., y Daniela di Cagno. 1998. "Sequential Markets: An Experimental Investigation of Clower's Dual Decision Hypothesis" *Experimental Economics*, 1 (1): 63-85

Hey, John. 1991. *Experiments in Economics*. Cambridge: Blackwell.

Hoffman, Elisabeth, Kevin McCabe, y Vernon Smith. 1996. "Social Distance and Other- Regarding Behavior in Dictator Games" *American Economic Review*, 86: 653-660.

Hoffman, Elizabeth, Kevin McCabe, Keith Shachat, y Vernon L. Smith. 1994. "Preferences, Property Rights and Anonymity in Bargaining Games" *Games and Economic Behavior*, 7: 346-380.

Hoffrage, Ulrich, Samuel Lindsey, Ralph Hertwig, y Gerd Gigerenzer. 2000. "Communicating Statistical Information" *Science* 209: 2261-2262.

Hogarth, Robin M., y Natalia Karelaia. 2007. "Heuristic and Linear Models of Judgment: Matching Rules and Environments" *Psychological Review*, 114(3): 733-758.

Holm, Håkan J. 2000. "Gender-based Focal Points" *Games and Economic Behavior*, 32(2): 292-314.

Holm, Håkan J., y Peter Engseld. 2005. "Choosing Bargaining Partners: An Experimental Study on the Impact of Information about Income, Status and Gender" *Experimental Economics*, 8(3): 183-216.

Holmstrom, Bengt, y Jean Tirole. 1989. *The Theory of the Firm*. Handbook of Industrial Economics Part 1. R. Schmalensee, y R.Willig, comp. Amsterdam: Elsevier Publishing B.V.

Holmstrom, Bengt. 1982. "Moral Hazard in Teams" *Bell Journal of Economics*, 13: 324–340.

Holt, Charles A. 1995. "Industrial Organization: A Survey of Laboratory Research" *Handbook of Experimental Economics*. Kagel, J., y A. Roth, eds. 349-434. Princeton: Princeton University Press.

Holt, Charles A., Loren W. Langan, y Anne P. Villamil. 1986. "Market Power in Oral Double Auctions" *Economic Inquiry*, 24 (1): 107-123.

Hong, James T., y Charles R. Plott. 1982. "Rate Filing Policies for Inland Water Transportation: An Experimental Approach" *Bell Journal of Economics*, 13: 1-19.

Hotelling, Harold. 1929. "Stability in Competition" *Economic Journal*, 39: 41-57.

Huck, Steffen, Hans-Theo Normann, y Jorg Oechssler. 1999. "Learning in Cournot Oligopoly: An Experiment" *Economic Journal*, 109: 80-95.

Huck, Steffen, Hans-Theo Normann, y Jorg Oechssler. 2000. "Does Information About Competitors Actions' Increase or Decrease Competition in Experimental Oligopoly Markets?" *International Journal of Industrial Organization*, 18: 39-57.

Huck, Steffen, Hans-Theo Normann, y Jorg Oechssler. 2001. "Market Volatility and Inequality in Earnings: Experimental Evidence" *Economics Letters*, 70: 363-368.

Huck, Steffen, Wieland Müller, y Hans-Theo Normann. 2001. "Stackelberg Beats Cournot-on Collusion and Efficiency in Experimental Markets" *Economic Journal*, 111: 749-766.

Huck, Steffen, Wieland Müller, y Hans-Theo Normann. 2002. "To Commit or Not to Commit: Endogenous Timing in Experimental Duopoly Markets" *Games and Economic Behavior*, 38: 240-264.

Huck, Steffen, Wieland Müller, y Hans-Theo Normann. 2004. "Strategic Delegation in Experimental Markets" *International Journal of Industrial Organization*, 22: 561-574.

Huck, Steffen, Wieland Müller, y Nicolaas J. Vriend. 2002. "The East End, the West End, and King's Cross: On Clustering in the Four-Player Hotelling Game" *Economic Inquiry*, 40: 231-240.

Huck, Steffen, Wieland Müller, y Vicky Knoblauch. 2006. "Spatial Voting with Endogenous Timing" *Journal of Institutional and Theoretical Economics*, 162: 557-570.

Huck, Steffen, Wieland Müller, Kai Konrad, y Hans-Theo Normann. 2006. "The Merger Paradox and Why Aspiration Levels Let it Fail in the Laboratory" *Economic Journal*, 117: 1073-1095.

Hurwicz, Leonid, Roy Radner, y Stanley Reiter. 1975a. "A Stochastic Decentralized Resource Allocation Process: Part 1" *Econometrica*, 43: 187-221.

Hurwicz, Leonid, Roy Radner, y Stanley Reiter. 1975b. "A Stochastic Decentralized Resource Allocation Process: Part 2" *Econometrica*, 43: 363-393.

Ichniowski, Casey, Kathryn Shaw, y Giovanna Prennushi. 1997. "The Effects of Human Resource Management Practices on Productivity: A Study of Steel Finishing Lines" *American Economic Review*, 87: 291-313.

Isaac, Mark, y James Walker. 1988b. "Communication and Free Riding Behavior: The Voluntary Contributions Mechanism" *Economic Inquiry*, 26: 585-608.

Isaac, Mark, y James Walker. 1991. *Costly Communication: An Experiment in a Nested Public Goods Problem, Contemporary Laboratory Research in Political Economy.* Thomas Palfrey, comp. Ann Arbor: University of Michigan Press.

Isaac, R. M., y James M. Walker. 1988a. "Group Size Effects in Public Goods Provision: The Voluntary Contribution Mechanism" *Quarterly Journal of Economics*, 103(1): 179-199.

Isaac, R., D. Schmidtz, y James M. Walker. 1988. "The Assurance Problem in a Laboratory Market" *Public Choice*, 62(3): 217-236.

Ivanova-Stenzel, Radosveta, y Dorothea Kübler. 2005. "Courtesy and Idleness: Gender Differences in Team Work and Team Competition" *IZA Discussion Papers 1768*.

Jianakoplos, Nancy Ammon, y Alexandra Bernasek. 1998. "Are Women More Risk Averse?" *Economic Inquiry*, 36(4): 620-630.

Johnson, Noel, y Alexandra Mislin. 2009. "Cultures of Kindness: A Meta-analysis of Trust Game Experiments" *Working Paper, George Mason University*.

Kagel, John H., 1995. *Auctions: A Survey of Experimental Research.* The Handbook or Experimental Economics. John H. Kagel, y Alvin E. Roth, eds. Princeton: Princeton University Press. 501-586.

Kagel, John H., y Dan Levin. 1985. "Individual Bidder Behavior in First-price Private Value Auctions" *Economic Letters*, 19: 125-128.

Kagel, John H., y David Levin. Auctions: A Survey of Experimental Research, 1995-2008. The Handbook of Experimental Economics. John H. Kagel, y Alvin E. Roth, ed. Princeton: Princeton University Press.

Kagel, John H., y David Levin. 1993. "Independent Private Value Auctions: Bidder Behaviour in First-, Second- and Third-price Auctions with Varying Numbers of Bidders" *Economic Journal*, 103(419): 868-879.

Kagel, John H., Ronald Harstad, y David Levin. 1987. "Information Impact and Allocation Rules in Auctions with Affiliated Private Values: A Laboratory Study" *Econometrica*, 55(6): 1275-1304.

Kahneman, Daniel, y Amos Tversky. 1979. "Prospect Theory: An Analysis of Decision under Risk" *Econometrica*, 47: 263-291.

Kahneman, Daniel, y Amos Tversky. 1986. "Rational Choice and the Framing of Decisions" *Journal of Business*, 59: 251-278.

Kalisch, G. K., John W. Milnor, John F. Nash, y E. D. Nering. 1954. "Some Experimental N-Person Games" *Decision Processes*. Thrall, R. M., C. H. Coombs, y R. L. Davis, eds. Nueva York: Wiley, 301-327.

Kandel, Eugene, y Edward Lazear. 1992. "Peer Pressure and Partnerships" *Journal of Political Economy*, 100: 801-817.

Karlan, Dean. 2005. "Using Experimental Economics to Measure Social Capital and Predict Financial Decisions" *American Economic Review*, 95(5): 1688-1699.

Karlan, Dean. 2007. "Social Connections and Group Banking" *The Economic Journal*, 117: F52–F84.

Katsikopoulos, Konstantinos V., y Barbara Fasolo. 2006. "New Tools for Decision Analysts" *IEEE Transactions on Systems, Man, and Cybernetics Part A: Systems and Humans*, 36(5): 960-967.

Kelly, Frank. 1995. "Laboratory Subjects as Multiproduct Monopoly Firms: An Experimental Investigation" *Journal of Economic Behavior & Organization*, 27: 401-420.

Keser, Claudia, y Frans van Winden. 2000. "Conditional Cooperation and Voluntary Contributions to Public Goods" *Scandinavian Journal of Economics*, 102 (1): 23-39.

Kirby, Kris N., Ricardo Godoy, Victoria Reyes García, Elizabeth Byron, Lilian Apaza, William Leonard, Eddy Pérez, Vincent Vadez, y David Wilkie. 2002. "Correlates of Delay-discount Rates: Evidence from Tsimane Amerindians of the Bolivian Rain Forest" *Journal of Economic Psychology*, 23: 291-316.

Klemperer, Paul. 2002. "What Really Matters in Auction Design" *Journal of Economics Perspectives*, 16(1): 169-189.

Knez, Marc, y Duncan Simester. 2002. "Form-Wide Incentives and Mutual Monitoring At Continental Airlines" *Journal of Labor Economics*, 19: 743-772.

Knoch, Daria, Álvaro Pascual Leone, Kaspar Meyer, Valerie Treyer, y Ernst Fehr. 2006. "Diminishing Reciprocal Fairness by Disrupting the Right Prefrontal Cortex" *Science*, 314(5800): 829-832.

Knoch, Daria, Michael A. Nitsche, Urs Fischbacher, Paul J. Eisenegger, Álvaro Pascual Leone, y Ernst Fehr. 2008. "Studying the Neurobiology of Social Interaction with Transcranial Direct Current Stimulation: The Example of Punishing Unfairness" *Cerebral Cortex*, 18: 1987-1990.

Koechlin, Etienne, Chrystèle Ody, y Frédérique Kouneiher. 2003. "The Architecture of Cognitive Control in the Human Prefrontal Cortex" *Science*, 302 (5648): 1181-1185.

Kosfeld, Michael, y Ferdinand von Siemens. 2009. "Worker Self-selection and the Profits from Cooperation" *Journal of the European Economic Association*, 7: 573-582.

Kotter, John. 1996. *Leading Change*, Boston: Harvard University School Press.

Kremer, Michael. 1993. "The O-Ring Theory of Economic Development" *Quarterly Journal of Economics*, 107: 551- 575.

Kreps, David. 1996. *Corporate Culture and Economic Theory*. Firms, Organizations and Contracts. A Reader in Industrial Organization. P. J. Buckley, y J. Michie, eds. Oxford University Press.

Kübler, Dorothea, y Wieland Müller. 2002. "Simultaneous and Sequential Price Competition on Heterogeneous Duopoly Markets: Experimental Evidence" *International Journal of Industrial Organization*, 20: 1437-1460.

Kurzban, Robert, y Daniel Houser. 2005. "Experiments Investigating Cooperative Types in Humans: A Complement to Evolutionary Theory and Simulations" *Proceedings of the National Academy of Sciences of the United States of America*, 102(5): 1803-1807.

Kydland, Finn E., y Edward C. Prescott. 1977. "Rules Rather than Discretion: The Inconsistency of Optimal Plans" *Journal of Political Economy*, 85: 473-490.

Ladha, Krishna, Gary Miller, y Joe Oppenheimer. 2003. "Information Aggregation by Majority Rule: Theory and Experiments" http://www.bsos.umd.edu/gvpt/oppenheimer/research/jury.pdf.

Laibson, David. 1997. "Golden Eggs and Hyperbolic Discounting" *Quarterly Journal of Economics*, 62: 443-478.

Larson, L. Christine. 2005. "When Girls Stop Competing Against Boys: An Experimental Analysis of the Competitive Behavior of Young Children" *Harvard Honors Thesis*.

Lauterbach, Karen E., y Bryan J. Weiner. 1996. "Dynamics of Upward Influence: How Male and Female Managers Get their Way" *Leadership Quarterly*, 7(1): 87-107.

Lazzarini, Sergio, Regina Madalozzo, Rinaldo Artes, y José de Oliveira Siqueira. 2004. "Measuring Trust: An Experiment in Brazil" *IBMEC Working Paper-WPE-2004-1*.

Le Coq, Chloé, y Henrik Orzen. 2006. "Do Forward Markets Enhance Competition?: Experimental Evidence" *Journal of Economic Behavior & Organization*, 61(3): 415-431.

Ledyard, J. 1995. "Public Goods: A Survey of Experimental Research" *Handbook of Experimental Economics*. J. Kagel, y A. E. Roth, eds. Princeton: Princeton University Press.

Ledyard, John O., Mark Olson, David Porter, Joseph A. Swanson, y David P. Torma. 2002. "The First Use of a Combined-value Auction for Transportation Services" *Interfaces*, 32(5): 4-12.

Lei, Vivian, Charles Noussair, y Charles Plott. 2001. "Nonspeculative Bubbles in Experimental Asset Markets: Lack of Common Knowledge of Rationality vs. Actual Irrationality" *Econometrica*, 69: 831-859.

Leider, Stephen, Markus M. Mobius, Tanya Rosenblat, y Quoc-Anh Do. 2009. "Directed Altruism and Enforced Reciprocity in Social Networks" *Quarterly Journal of Economics*, 124(4): 1815-1851.

Levine, David K. 1998. "Modeling Altruism and Spitefulness in Experiments" *Review of Economic Dynamics*, 1: 593-622.

Levine, David K., y Thomas Palfrey. 2007. "The Paradox of Voter Participation? A Laboratory Study" *American Political Science Review*, 101: 143-158.

Lian, Peng, y Charles R. Plott. 1998. "General Equilibrium, Markets, Macroeconomics and Money in a Laboratory Experimental Environment" *Economic Theory*, 12 (1): 21-75.

List, John A. 2004. "The Nature and Extent of Discrimination in the Marketplace: Evidence from the Field" *Quarterly Journal of Economics*, 119(1): 49-89.

List, John A. 2007. "On the Interpretation of Giving in Dictator Games" *Journal of Political Economy*, 115: 482-493.

List, John A., y David Lucking-Reiley. 2002. "Demand Reduction in Multiunit Auctions: Evidence from a Sportscard Field Experiment" *American Economic Review*, 90(4): 961-972.

List, John A., y Todd L. Cherry. 2000. "Learning to Accept in Ultimatum Games: Evidence from an Experimental Design that Generates Offers" *Experimental Economics*, 3: 11-29.

Loewenstein, George, F., Leigh Thompson, y Max H. Bazerman. 1989. "Social

Utility and Decision Making in Interpersonal Contexts" *Journal of Personality and Social Psychology*, 57(3): 426-441.

López Pérez, Raúl, y Marc Vorsatz. 2010. "On Approval and Disapproval: Theory and Experiments" *Journal of Economic Psychology*, 31: 527-541.

López, María Claudia, James J. Murphy, John M. Spraggon, y John K. Stranlund. "Comparing the Effectiveness of Regulation and Pro-Social Emotions to Enhance Cooperation: Experimental Evidence from Fishing Communities in Colombia" *Economic Inquiry*.

Lucking-Reiley, David. 2000. "Vickery Auctions in Practice: From Nineteenth-century Philately to Twenty-first-century E-commerce" *Journal of Economic Perspectives*, 14(3): 183-192.

Makowski, Louis. 1980. "A Characterization of Perfectly Competitive Economies with Production" *Journal of Economic Theory*, 22 (2): 208-221.

Marshall, Alfred. 1890. *Principles of Economics: Volume I*. Londres: Macmillan.

Martin, S., Hans-Theo Normann, y C.M. Snyder. 2001. "Vertical Foreclosure in Experimental Markets" *Rand Journal of Economics*, 3: 466-496.

Masclet, David, Charles Noussair, Steven Tucker, y Marie-Claire Villeval. 2003. "Monetary and Non-monetary Punishment in the Voluntary Contributions Mechanism" *American Economic Review*, 93: 366-380.

Mason, Charles F., y Owen R. Phillips. 1997. "Information and Cost Asymmetry in Experimental Duopoly Markets" *Review of Economics and Statistics*, 49: 290-299.

Maximiano, Sandra, Randolph Sloof, y Joep Sonnemans. 2006. "Gift Exchange in a Multi-worker Firm" *Economic Journal*, 117(522): 1025-1050.

McCabe, Kevin A. 1989. "Fiat Money as a Store of Value in an Experimental Market" *Journal of Economic Behavior & Organization*, 12: 215-231.

McCabe, Kevin A., Stephen J. Rassenti, y Vernon L. Smith. 1990. "Auction Institutional Design: Theory and Behavior of Simultaneous Multiple Unit Generalizations of the Dutch and English Auctions" *American Economic Review*, 80(5): 1276-1283.

McCabe, Kevin A., Stephen J. Rassenti, y Vernon L. Smith. 1991. "Smart Computer-assisted Markets" *Science*, 254(5031): 534-534.

McCabe, Kevin A., Stephen J. Rassenti, y Vernon L. Smith. 1991. *Testing Vickrey's and Other Simultaneous Multiple Unit Versions of the English Auction*. Research in Experimental Economics, Vol. 4. R. M. Isaac, ed. Greenwich: JAI Press. 45-79.

McCabe, Kevin. 2003. *Neuroeconomics. Encyclopedia of Cognitive Science.* Lynn Nadel, ed. Nueva York: Nature Publishing Group, Macmillan Publishing, 294-298.

McKelvey, Richard D., y Peter C. Ordeshook. 1982. "Two-Candidate Elections without Majority Rule Equilibria: An Experimental Study" *Simulation and Games,* 13: 311-335.

McKelvey, Richard D., y Peter C. Ordeshook. 1985a. "Rational Expectations in Elections: Some Experimental Results Based on a Multidimensional Model" *Public Choice,* 44: 61-102.

McKelvey, Richard D., y Peter C. Ordeshook. 1985b. "Elections with Limited Information: A Fulfilled Expectations Model Using Contemporaneous Poll and Endorsement Data as Information Sources" *Journal of Economic Theory,* 36: 55-85.

McKelvey, Richard D., y Peter C. Ordeshook. 1990. "A Decade of Experimental Research on Spatial Models" *Advances in the Spatial Theory of Voting.* James M. Enelow, y Melvin J. Hinich, eds. Cambridge: Cambridge University Press.

McKelvey, Richard D., y Thomas R. Palfrey. 1995. "Quantal Response Equilibrium for Normal Form Games" *Games and Economic Behavior,* 10: 6-38.

Medoff, James L., y Katherine G. Abraham. 1980. "Experience, Performance and Earnings" *Quarterly Journal of Economics,* 95: 703-736.

Miettinen, Toppi, y Sigrid Suetens. 2008. "Communication and Guilt in a Prisoner's Dilemma" *Journal of Conflict Resolution,* 52: 945-960.

Milgrom, Paul. 2000. "Putting Auction Theory to Work: The Simultaneous Ascending Auction" *Journal of Political Economy,* 108(2): 245-272.

Miller, Earl K., y Jonathan D. Cohen. 2001. "An Integrative Theory of Prefrontal Cortex Function" *Annual Review of Neuroscience,* 24: 167-202.

Mintzberg, Henry. 1994. *The Rise and Fall of Strategic Planning.* Nueva York: The Free Press.

Moreno Sánchez, Rocío, y Jorge Maldonado. 2010. "Evaluating the Role of Co-management in Improving Governance of Marine Protected Areas: An Experimental Approach in the Colombian Caribbean" *Ecological Economics,* 69: 2557-2567.

Müller, Julia, y Christiane Schwieren. 2010. "There's More to it Than Meets the Eye: Eye-tracking Levels of Reasoning" *mimeo.*

Müller, Wieland. 2006. "Allowing for Two Production Periods in the Cournot

Duopoly: Experimental Evidence" *Journal of Economic Behavior & Organization*, 60: 100-111.

Murningham, J. Keith, Alvin E. Roth, y Francoise Schoumaker. 1988. "Risk Aversion in Bargaining: An Experimental Study" *Journal of Risk and Uncertainty*, 1: 101-124.

Myerson, Roger B., Gregory B. Pollock, y Jeroen M. Swinkels. 1991. "Viscous Population Equilibria" *Games and Economic Behavior*, 3: 101-109.

Nagel, Rosemarie, y Nicollas J. Vriend. 1999. "An Experimental Study of Adaptive Behavior in an Oligopolistic Market Game" *Journal of Evolutionary Economics*, 9: 27-65.

Nagel, Rosemarie. 1995. "Unraveling in Guessing Games: An Experimental Study" *American Economic Review*, 85: 1313-1326.

Nalbantian, Haig R., y Andrew Schotter. 1997. "Productivity under Group Incentives: An Experimental Study" *American Economic Review*, 87(3): 314-341.

Nash, John F. 1950. *Non Cooperative Games*. Ph. D. Dissertation Princeton University.

Nash, John. 1950. "The Bargaining Problem" *Econometrica*, 28: 155-162.

Neumark, David. 1996. "Sex Discrimination in Restaurant Hiring: An Audit Study" *Quarterly Journal of Economics*, 111(3): 915-941.

Niederle, Muriel, y Alexandra H. Yestrumskas. 2008. "Gender Differences in Seeking Challenges: The Role of Institutions" *National Bureau of Economic Research Working Papers 13922*.

Niederle, Muriel, y Lise Vesterlund. 2007. "Do Women Shy Away from Competition? Do Men Compete too Much?" *Quarterly Journal of Economics*, 122(3): 1067-1101.

Nikiforakis, Nikos. 2008. "Punishment and Counter-Punishment in Public Good Games: Can We Really Govern Ourselves?" *Journal of Public Economics*, 92: 91-112.

Normann, Hans-Theo. 2002. "Endogenous Timing with Incomplete Information and with Observable Delay" *Games and Economic Behavior*, 39: 282-291.

Noussair, Charles N., Charles R. Plott, y Raymond G. Riezman. 1995. "An Experimental Investigation of the Patterns of International Trade" *American Economic Review*, 85: 462-491.

Noussair, Charles N., Charles R. Plott, y Raymond G. Riezman. 1997. "The Principles of Exchange Rate Determination in an International Financial Experiment" *Journal of Political Economy*, 105: 822-861.

Noussair, Charles N., Charles R. Plott, y Raymond G. Riezman. 2007. "Production, Trade, Prices, Exchange Rates and Equilibration in Large Experimental Economies" *European Economic Review*, 51: 49-76.

Noussair, Charles N., Gregers Richter, y Jean-Robert Tyran. 2011. "Money Illusion and Nominal Inertia in Experimental Asset Markets" *Journal of Behavioral Finance*.

Nowak, Martin A., y Robert M. May. 1992. "Evolutionary Games and Spatial Chaos" *Nature*, 359: 826-829.

Nowell, Clifford, y Sarah Tinkler. 1994. "The Influence of Gender on the Provision of a Public Good" *Journal of Economic Behavior & Organization*, 25(1): 25-36.

Ochs, Jack, y Alvin E. Roth. 1989. "An Experimental Study of Sequential Bargaining" *American Economic Review*, 79: 355-364.

Offerman, Theo, y Joep Sonnemans. 1998. "Learning by Experience and Learning by Imitating Successful Others" *Journal of Economic Behavior & Organization*, 34: 559-576.

Offerman, Theo, Jans Potters, y Joep Sonnemans. 2002. "Imitation and Belief Learning in an Oligopoly Experiment" *Review of Economic Studies*, 69: 973-997.

Olcina, Gonzalo, y Vicente Calabuig. 2002. *Conducta estratégica y economía: Una introducción a la teoría de juegos*. Valencia: Editorial Tirant lo Blanch.

Olson, Mark A., Stephen J. Rassenti, Vernon L. Smith, Mary L. Rigdon, y Michael J. Ziegler. 1999. "Market Design and Motivated Human Trading Behavior in Electricity Markets" Proceedings of the 32nd International Conference on Systems Sciences.

Orbell, John, Alphons van de Kragt, y Robyn Dawes. 1988. "Explaining Discussion-induced Cooperation" *Journal of Personality and Social Psychology*, 54: 811-819.

Ortmann, Andreas, y Lisa K. Tichy. 1999. "Gender Differences in the Laboratory: Evidence from Prisoner's Dilemma Games" *Journal of Economic Behavior & Organization*, 39(3): 327-339.

Osborne, Martin, y Al Slivinski. 1996. "A Model of Political Competition with Citizen-candidates" *Quarterly Journal of Economics*, 111: 65-96.

Ostrom, Elinor, James M. Walker, y Roy Gardner. 1992. "Covenants with and without a Sword: Self-Governance is Possible" *American Political Science Review*, 86(2): 404-417.

Ostrom, Elinor, y James Walker. 2003. *Trust and Reciprocity*. Nueva York: Russell Sage.

Ostroy, Joseph M. 1980. "The No-surplus Condition as a Characterization of Perfectly Competitive Equilibrium" *Journal of Economic Theory*, 22 (2): 183-207.

Padoa-Schioppa, Camillo, y John A. Assad. 2006. "Neurons in the Orbitofrontal Cortex Encode Economic Value" *Nature*, 441: 223-226.

Palfrey, Thomas R., y Jeffrey E. Prisbrey. 1997. "Anomalous Behavior in Public Goods Experiments: How Much and Why?" *American Economic Review*, 87(5): 829-46.

Palfrey, Thomas R., y Howard Rosenthal. 1985. "Voter Turnout with Strategic Uncertainty" *Public Choice*, 41: 7-53.

Palfrey, Thomas R., 2009. "Laboratory Experiments in Political Economy" *Annual Review of Political Science*, 12: 379-388.

Phelps, Edmund S. 1972. "The Statistical Theory of Racism and Sexism" *American Economic Review*, 62(4): 659-661.

Plott, Charles R. 1982. "Industrial Organization Theory and Experimental Economics" *Journal of Economic Literature*, 20: 1485-1527.

Plott, Charles R., y Vernon L. Smith. 1978. "An Experimental Examination of Two Exchange Institutions" *Review of Economic Studies*, 45: 133-153.

Plott, Charles R., y Shyam Sunder. 1982. "Efficiency of Experimental Security Markets with Insider Information: An Application of Rational-Expectations Models" *Journal of Political Economy*, 90: 663-698.

Plott, Charles R., 1991. *A Comparative Analysis of Direct Democracy, Two Candidate Elections, and Three Candidate Elections in and Experimental Environment*. Laboratory Research in Political Economy. Thomas Palfrey, ed. Ann Arbor: University of Michigan Press.

Poldrack, Russell A. 2006. "Can Cognitive Processes be Inferred From Neuroimaging Data?" *TRENDS in Cognitive Sciences*, 10(2): 59-63.

Porter, David, y Stephen J. Rassenti. 2010. "Combinatorial Auctions" Wiley Encyclopedia of Operations.

Porter, David, Stephen J. Rassenti, Anil Roopnarine, y Vernon L. Smith. 2003. "Combinatorial Auction Design" *Proceedings of the National Academy of Sciences,* 100(19): 11153.

Porter, David, y Vernon L. Smith. 2006. "FCC License Auction Design: A 12-year Experiment" *Journal of Law, Economics and Policy,* 3: 63-85.

Prendergast, Canice. 1999. "The Provision of Incentives in Firms" *Journal of Economic Literature,* 37(1): 7-63.

Quiggin, John. 1993. *Generalized Expected Utility Theory. The Rank-Dependent Model.* Boston: Kluwer Academic Publishers.

Rabin, Matthew. 1993. "Incorporating Fairness into Economics and Game Theory" *American Economic Review,* 83: 1281-1302.

Rankin, Frederick W. 2003. "Communication in Ultimatum Games" *Economics Letters,* 81: 267-271.

Rapoport, Anatol. 1997. "Order of Play in Strategically Equivalent Games in Extensive Form" *International Journal of Game Theory,* 26: 113-136.

Rassenti, Stephen J., Vernon L. Smith, y Bart J. Wilson. 2003. "Controlling Market Power and Price Spikes in Electricity Networks: Demand-side Bidding" *Proceedings of the National Academy of Sciences,* 100(5): 2998.

Rassenti, Stephen J., Vernon L. Smith, y Bart J. Wilson. 2003. "Discriminatory Price Auctions in Electricity Markets: Low Volatility at the Expense of High Price Levels" *Journal of Regulatory Economics,* 23(2): 109-123.

Rassenti, Stephen J., Vernon L. Smith, y Robert L. Bulfin. 1982. "A Combinatorial Auction Mechanism for Airport Time Slot Allocation" *Bell Journal of Economics,* 13(2): 402-417.

Rassenti, Stephen, Stanley S. Reynolds, Vernon L. Smith, y Ferenc Szidarovszky. 2000. "Adaptation and Convergence of Behavior in Repeated Experimental Cournot Games" *Journal of Economic Behavior & Organization,* 41: 117-146.

Reiley, David H., Sai-Ming Li, y Randall A. Lewis. 2010. *Northern Exposure: A Field Experiment Measuring Externalities Between Search Advertisements.* Proceedings of the 11th ACM Conference on Electronic Commerce. David C. Parkes, Chrysanthos Dellarocas, y Moshe Tennenholtz, ed., 297-304.

Reuben, Ernesto, Paola Sapienza, y Luigi Zingales. 2010. "The Glass Ceiling in Experimental Markets" *Working Paper 5-2010.*

Rey Biel, Pedro. 2008. "Economía experimental y teoría de juegos" *Economía, sociedad y teoría de juegos*. F. Aguiar, J. Barragan, y N. Lara, eds. Madrid: McGraw-Hill, 137-159.

Rey Biel, Pedro. 2008. "Inequity Aversion and Team Incentives" *Scandinavian Journal of Economics*, 110: 297-320.

Rey Biel, Pedro. 2009. "Equilibrium Play and Best Response to (Stated) Beliefs in Normal Form Games" *Games and Economic Behavior*, 65(2): 572-585.

Riach, Peter A., y Judith Rich. 2006. "An Experimental Investigation of Sexual Discrimination in Hiring in the English Labor Market" *The B.E. Journal of Economic Analysis & Policy*, 6(2): 0-20.

Ricardo, David. 1817. *On the Principles of Political Economy, and Taxation*. Londres: John Murray.

Riedl, Arno, y Frans van Winden. 2007. "An Experimental Investigation of Wage Taxation and Unemployment in Closed and Open Economies" *European Economic Review*, 51: 871-900.

Riker, William, y Peter Ordeshook. 1968. "A Theory of the Calculus of Voting" *American Political Science Review*, 62: 25-42.

Riley, Matt. 2010. *The Rational Optimist*. Londres: Fourth State.

River, Charles and Associates Inc., y Market Design Inc. 1998a. *Report 1B: Package Bidding for Spectrum Licenses*. Charles River and Associates Report No. 1351-00. Cambridge: Charles River and Associates.

River, Charles and Associates Inc., y Market Design Inc. 1998b. *Report 2: Simultaneous Ascending Auctions with Package Bidding*. Charles River and Associates Report No. 1351-00. Cambridge: Charles River and Associates.

Robbins, Stephen. 2010. *Comportamiento organizativo*. Prentice Hall.

Rojo, David. 2010. "On the Content of Focal Points" University of East Anglia, CBESS. *Working Paper*, 10-16.

Rolls, Edmund T. 1999. *The brain and emotion*. Nueva York: Oxford University Press.

Rotemberg, Julio. 1994. "Human Relations in the Workplace" *Journal of Political Economy*, 102(4): 684-717.

Roth, Alvin E. 1995. *Introduction to Experimental Economics*. Handbook of Experimental Economics. John H. Kagel and Alvin Roth, eds. Princeton: Princeton University Press. 3-98.

Roth, Alvin E. 2002. "The Economist as Engineer: Game Theory Experimentation and Computation as Tools for Design Economics" *Econometrica*, 70(4): 1341-1378.

Roth, Alvin E., y Michael W. K. Malouf. 1979. "Game Theoretic Models and the Role of Information in Bargaining" *Psychological Review*, 86(6): 574-594.

Roth, Alvin E., y Tayfun Sönmez. 2005. "A Kidney Exchange Clearinghouse in New England" *American Economic Review*, 95(2): 376-380.

Roth, Alvin E., y Tayfun Sönmez. 2007. "Efficient Kidney Exchange: Coincidence of Wants in Markets with Compatibility-based Preferences" *American Economic Review*, 97(3): 828-851.

Roth, Alvin E., Vesna Prasnikar, Masahiro Okuno-Fujiwara, y Shmuel Zamir. 1991. "Bargaining and Market Behavior in Jerusalem, Ljubljana, Pittsburgh and Tokyo: An Experimental Study" *American Economic Review*, 81: 1068-1095.

Rousseau, Jean-Jacques. 1826. "Discours sur l'origine et les fondements de l'inégalité parmi les hommes" *Oeuvres complètes de J.J. Rousseau*. Paris: Dalibon.

Rubinstein, Ariel. 1982. "Perfect Equilibrium in a Bargaining Model" *Econometrica*, 50 (1): 97-109.

Rubinstein, Ariel. 2007. "Instinctive and Cognitive Reasoning: A Study of Response Times" *Economic Journal*, 117: 1243-1259.

Sabater Grande, Gerardo, y Nikolaos Georgantzís. 2002. "Accounting for Risk Aversion in Repeated Prisoners' Dilemma Games" *Journal of Economic Behavior & Organization*, 48: 37-50.

Sack, A. 2010. "Does TMS Need Functional Imaging?" *Cortex*, 46(1): 131-133.

Salanié, Bernard. 1997. *The Economics of Contracts: A Primer*. Cambridge: MIT Press.

Salas, Vicente. 1996. *Economía de la Empresa*. Ariel Economía.

Sally, David. 1995. "Conversation and Cooperation in Social Dilemmas: A Meta-Analysis of Experiments from 1958 to 1992" *Rationality and Society*, 7(1): 58-92.

Samuelson, Paul A. 1958. "An Exact Consumption-loan Model of Interest with or without the Social Contrivance of Money" *Journal of Political Economy*, 66: 467-468.

Samuelson, Paul A., y William Nordhaus. 1985. *Economía*. Madrid: McGraw-Hill.

Sanfey, Alan G., George Loewenstein, Samuel M. McClure, y Jonathan D. Cohen. 2006. "Neuroeconomics: Cross-currents in Research on Decision Making" *TRENDS in Cognitive Sciences*, 10: 108-116.

Sanfey, Alan G., James K. Rilling, Jessica A. Aronson, Leigh E. Nystrom, y Jonathan D. Cohen. 2003. "The Neural Basis of Economic Decision-making in the Ultimatum Game" *Science*, 300(5626): 1755-1758.

Sauermann, Heinz, y Reinhard Selten. 1959. "Ein Oligopolexperiment" *Zeitschrift für die Gesamte Staatswissenschaft*, 115: 427-471.

Saver, Jeffrey L., y Antonio R. Damasio. 1991. "Preserved Access and Processing of Social Knowledge in a Patient with Acquired Sociopathy due to Ventromedial Frontal Damage" *Neuropsychologia*, 29(12): 1241-1249.

Schachter, Stanley, y Jerome E. Singer. 1962. "Cognitive, Social and Physiological Determinants of Emotional States" *Psychological Review*, 69: 379-399.

Schechter, Laura. 2004. "Traditional Trust Measurement and the Risk Confound: An Experiment in Rural Paraguay" *Journal of Economic Behavior & Organization*, 62(2): 272-292.

Schechter, Laura. 2007. "Theft, Gift-Giving, and Trustworthiness: Honesty is Its Own Reward in Rural Paraguay" *American Economic Review*, 97(5): 1560-1582.

Schelling, Thomas C. 1957. "Bargaining, Communication and Limited War" *Journal of Conflict Resolution*, 1: 19-36.

Schelling, Thomas C. 1960. *The Strategy of Conflict*. Cambridge: Harvard University Press.

Schelling, Thomas C. 1971. "Dynamic Models of Segregation" *Journal of Mathematical Sociology*, 1: 143-186.

Schramm, Arthur, y Joep Sonnemans. 1996a. "Voter Turnout as a Participation Game" *International Journal of Game Theory*, 25: 385-406.

Schramm, Arthur, y Joep Sonnemans. 1996b. "Why People Vote: Experimental Evidence" *Journal of Economic Psychology*, 17: 417-442.

Schubert, Renate, Martin Brown, y Hans Wolfgang Brachinger. 1999. "Financial Decision-making: Are Women Really More Risk-averse?" *American Economic Review*, 89(2): 381-385.

Schultz, Wolfram, Peter Dayan, y P. Read Montague. 1997. "A Neural Substrate of Prediction and Reward" *Science*, 275(5306): 1593-1599.

Schultz, Wolfram. 1998. "Predictive Reward Signal of Dopamine Neurons" *Journal of Neurophysiology*, 80: 1-27.

Schultz, Wolfram. 2002. "Getting Formal with Dopamine and Reward" *Neuron*, 36(2): 241-263.

Schwieren, Christiane. 2003. "The Gender Wage Gap: Due to Differences in Efficiency Wage Effects or Discrimination?" Maastricht Research School of Economics of Technology and Organization. *Research Memoranda 046*.

Selten, Reinhard. 1978. "The Equity Principle in Economic Behavior" *Decision Theory and Social Ethics, Issues in Social Choice*. H. Gottinger, y W. Leinfellner, eds. Netherlands: Reidel Dordrecht, 289-305.

Sen, Amartya K. 1977. "Rational Fools: A Critique of the Behavioral Foundations of Economic Theory" *Philosophy and Public Affairs*, 6(4): 317-344.

Shafir, Eldar, Peter Diamond, y Amos Tversky. 1997. "Money Illusion" *Quarterly Journal of Economics*, 112: 341-374.

Siegel, Sidney, y Lawrence Fouraker. 1960. *Bargaining and Group Decision Making: Experiments in Bilateral Monopoly*. Nueva York: McGraw-Hill.

Slonim, Robert, y Alvin E. Roth. 1998. "Learning in High Stakes Ultimatum Games: An Experiment in the Slovak Republic" *Econometrica*, 66: 569-596.

Slonim, Robert, y Pablo Guillén. 2010. "Gender Selection Discrimination: Evidence from a Trust Game" *Journal of Economic Behavior & Organization*, 76(2): 385-405.

Smith, Adam. 1776. *The Wealth of Nations*. Londres: W. Strahan & T. Cadell.

Smith, Vernon L. 1962. "An Experimental Study of Competitive Market Behavior" *Journal of Political Economy*, 70: 111-137.

Smith, Vernon L. 1965. "Experimental Auction Markets and the Walrasian Hypothesis" *Journal of Political Economy*, 73(4): 387-393.

Smith, Vernon L. 1964. "The Effect of Market Organization on Competitive Equilibrium" *Quarterly Journal of Economics*, 78: 181-201.

Smith, Vernon L. 1976. "Experimental Economics: Induced Value Theory" *American Economic Review*, 66(2): 274-279.

Smith, Vernon L. 1982. "Microeconomic Systems as an Experimental Science" *American Economic Review*, 72(5): 923-955.

Smith, Vernon L. 1989. "Theory, Experiment and Economics" *Journal of Economic Perspectives*, 3(1): 151-169.

Smith, Vernon L. 1991. *Papers in Experimental Economics.* Cambridge: Cambridge University Press.

Smith, Vernon L., Gerry Suhanek, y Arlington Williams. 1988. "Bubbles, Crashes, and Endogenous Expectations in Experimental Spot Asset Markets" *Econometrica*, 56: 1119-1151.

Smith, Vernon L. 1991. "Rational Choice: The Contrast between Economics and Psychology" *Journal of Political Economy*, 99: 877-897.

Solà, Carles. 2002. *The Sequential Prisoners' Dilemma Game: Reciprocity and Group Size Effects.* Experimental Economics: Financial Markets, Auctions, and Decision Making. F. Andersson, y H.J. Holm, eds. Kluwer Academic Publishers.

Solnick, Sara J. 2001. "Gender Differences in the Ultimatum Game" *Economic Inquiry*, 39(2): 189-200.

Sönmez, Tayfun, y M. Utku Ünver. 2010. "Course Bidding at Business Schools" *International Economic Review*, 51(1): 99-123.

Sonnemans, Joep, Arthur Schram, y Theo Offerman. 1999. "Strategic Behavior in Public Good Games: When Parejas Drift Apart" *Economics Letters*, 62: 35-41.

Stahl, Dale, y Paul Wilson. 1994. "Experimental Evidence on Players' Models of Other Players" *Journal of Economic Behavior & Organization*, 2(5): 309-327.

Stahl, Dale, y Paul Wilson. 1995. "On Players' Models of Other Players: Theory and Experimental Evidence" *Games and Economic Behavior*, 10(1): 218-254.

Stockard, Jean, Alphons van de Kragt, y Patricia J. Dodge. 1988. "Gender Roles and Behavior in Social Dilemmas: Are There Sex Differences in Cooperation and in its Justification?" *Social Psychology Quarterly*, 51(2): 154-163.

Straub, Paul G., y J. Keith Murninghan.1995. "An Experimental Investigation of Ultimatum Games: Information, Fairness, Expectations and Lowers Acceptable Offers" *Journal of Economic Behavior & Organization*, 27: 345-364.

Straub, Paul. 1995. "Risk Dominance and Coordination Failures in Static Games" *Quarterly Review of Economics and Finance*, 35: 339-365.

Sunder, Shyam, 1992. "Market for Information: Experimental Evidence" *Econometrica*, 60: 667-695.

Sweeney, Joan, y Richard J. Sweeney. 1977. "Monetary Theory and the Great Capitol Hill Baby Sitting Co-op Crisis" *Journal of Money, Credit and Banking*, 9: 86-89.

Swenson, Charles W. 1988. "Taxpayer Behavior in Response to Taxation: An Experimental Analysis" *Journal of Accounting and Public Policy*, 7: 1-28.

Teyssier, Sabrina. 2007. "Optimal Group Incentives with Social Preferences and Self-selection" *GATE WP 07-10*.

Teyssier, Sabrina. 2008. "Experimental Evidence on Inequity Aversion and Self-selection Between Incentive Contracts" *GATE WP 08-21*.

Thurstone, Louis L. 1931. "The Indifference Function" *Journal of Social Psychology*, 2: 139-167.

Tobler, Philippe N., Christopher D. Fiorillo, y Wolfram Schultz. 2005. "Adaptive Coding of Reward Value by Dopamine Neurons" *Science*, 307(5715): 1642-1645.

Tremblay, Léon, y Wolfram Schultz. 1999. "Relative Reward Preference in Primate Orbitofrontal Cortex" *Nature*, 398: 704-708.

Tversky, Amos. 1972. "Elimination by Aspects: A Theory of Choice" *Psychological Review*, 79(4): 281-299.

Tziralis, Georgios, y Ilias Tatsiopoulos. 2007. "Prediction Markets: An Extended Literature Review" *Journal of Prediction Markets*, 1(1): 75-91.

Van der Heijden, Eline C. M., Jan H. M. Nelissen, Jan J. M. Potters, y Harrie A. A. Verbon. 1998. "Transfers and the Effect of Monitoring in an Overlapping-Generations Experiment" *European Economic Review*, 42: 1363-1391.

Van Dijk, Frans, Joep Sonnemans, y Frans van Winden. 2001. "Incentive Systems in a Real Effort Experiment" *European Economic Review*, 45: 187-214.

Van Huyck, John B., Ann B. Gillette, y Raymond C. Battalio. 1992. "Credible Assignments in Coordination Games" *Games and Economic Behavior*, 4: 606-626.

Van Huyck, John B., Raymond C. Battalio, y Mary F. Walters. 1995. "Commitment versus Discretion in the Peasant-Dictator Game" *Games and Economic Behavior*, 10: 143-171.

Van Huyck, John B., Raymond C. Battalio, y Mary F. Walters. 2001. "Is Reputation a Substitute for Commitment in the Peasant-Dictator Game?" *Working Paper, Texas A&M University*.

Van Huyck, John, Raymond Battalio, y Richard Beil. 1990. "Tacit Coordination Games, Strategic Uncertainty, and Coordination Failure" *American Economic Review*, 80(1): 234-248.

Van Koten, Silvester, y Andreas Ortmann. 2010. "Structural versus Behavioral Remedies in the Deregulation of Electricity Markets: An Experimental Investigation Guided by Theory and Policy Concerns" CERGE-EI and EUI Loyola de Palacio. *Working paper.*

Van Vugt, Mark, David de Cremer, y Dirk P. Janssen. 2007. "Gender Differences in Cooperation and Competition: The Male Warrior Hypothesis" *Psychological Science*, 18(1): 19-23.

Van't Wout, Mascha, René S. Kahn, Alan G. Sanfey, y André Aleman. 2005. "Repetitive Transcranial Magnetic Stimulation over the Right Dorsolateral Prefrontal Cortex Affects Strategic Decision Making" *NeuroReport*, 16(16): 1849-1852.

Van't Wout, Mascha, René S. Kahn, Alan G. Sanfey, y André Aleman. 2006. "Affective State and Decision Making in the Ultimatum Game" *Experimental Brain Research*, 169: 564-568.

Vandergrift, Donald, y Abdullah Yavas. 2011. "An Experimental Test of Behavior under Team Production" *Managerial and Decision Economics*, 32(1): 35-51.

Varian, Hal R. 2007. "Position Auctions" *International Journal of Industrial Organization*, 25(6): 1163-1178.

Varian, Hal R. 2009. "Online Ad Auctions" *American Economic Review*, 99(2): 430-434.

Vélez, María Alejandra, James J. Murphy, y John K. Stranlund. 2010. "Centralized and Decentralized Management of Local Common Pool Resources in the Developing World: Experimental Evidence from Fishing Communities in Colombia" *Economic Inquiry*, 48(2): 254-265.

Vickers, John. 1985. "Delegation and the Theory of the Firm" *Economic Journal*, 95: 138-147.

Vickery, William. 1962. "Auctions and Bidding Games" *Recent Advances in Game Theory*, 29: 15-27.

Vickrey, William. 1961. "Counterspeculation, Auctions and Competitive Sealed Tenders" *Journal of Finance*, 16(1): 8-37.

Von Neumann, John, y Oskar Morgenstern. 1944. *Theory of Games and Economic Behavior*. Princeton: Princeton University Press.

Von Siemens, Ferdinand A. 2009. "Social Preferences, Sorting and Competition" WP.

Von Stackelberg, H. 1934. *Marktform und Gleichgewicht.* Berlín: Julius Springer.

Vyrastekova, Jana, y Daan van Soest. 2008. "On the (In)Effectiveness of Rewards in Sustaining Cooperation" *Experimental Economics*, 11: 53-65.

Wallis, W. Allen, y Milton Friedman. 1942. "The Empirical Derivation of Indifference Functions" *Studies in Mathematical Economics and Econometrics in Memory of Henry Schultz.* O. Lange, F. McIntyre, y T. O. Yntema, eds. Chicago: University of Chicago Press, 175-189.

Walras, Léon. 1874. *Élements d'économie politique pure.* Lausanne: L. Corbaz.

Weber, Roberto A., y Robyn Dawes. 2005. "Behavioral Economics" *Handbook of Economic Sociology.* N. Smelser, y R. Swedberg, eds. Princeton: Princeton University Press.

Weg, Eythan, y Rami Zwick. 1999. *Infinite Horizon Bargaining Games: Theory and Experiments.* Games and Human Behavior: Essays in Honor of Amnon Rapoport. David Budescu, Ido Erev, y Rami Zwick, eds. Mahwah: Lawrence Erlbaum Associates, 259-298.

Weibull, Jörgen. 2004. "Testing Game Theory" *Experiments and Bounded Rationality: Essays in Honour of Werner Güth.* Steffen Huck ed. Palgrave Macmillan.

Wessen, Randii R., y David Porter. 2007. "The Cassini Resource Exchange,"ASK Magazine, The Academy Project Engineering Leadership, 28: 14-18.

Williams, Arlington. 1980. "Computerized Double-Auction Markets: Some Initial Experimental Results" *Journal of Business*, 53: 235-258.

Williams, Kenneth. 1991. *Candidate Convergence and Information Costs in Spatial Elections: An Experiment Analysis.* Laboratory Research in Political Economy. Thomas Palfrey, ed. Ann Arbor: University of Michigan Press.

Wolfers, Justin, y Eric Zitzewitz. 2004. "Prediction Markets" *Journal of Economic Perspectives*, 18(2): 107-126.

World Bank. 2002. *World Development Indicators 2002.* Washington, DC.

Yinger, John. 1998. "Evidence on Discrimination in Consumer Markets" *American Economic Review*, 12(2): 23-40.

Zelmer, Jennifer. 2003. "Linear Public Goods Experiments: A Meta-Analysis" *Experimental Economics*, 6: 299–310.

ÍNDICE ANALÍTICO